Claudia Barth

Esoterik – die Suche nach dem Selbst

Reflexive Sozialpsychologie

Hrsg. von Heiner Keupp | Band 7

Claudia Barth (Dr. phil.) forscht im Bereich Sozialpsychologie/neue religiöse Bewegung und ist in der Jugend- und Erwachsenenbildung tätig.

Claudia Barth

Esoterik – die Suche nach dem Selbst

Sozialpsychologische Studien zu einer Form moderner Religiosität

[transcript]

Dissertation an der Ludwig-Maximilians-Universität München, 2009.

Gedruckt mit freundlicher Unterstützung der Hans-Böckler-Stiftung.

Bibliografische Information der Deutschen Nationalbibliothek
Die Deutsche Nationalbibliothek verzeichnet diese Publikation in der Deutschen Nationalbibliografie; detaillierte bibliografische Daten sind im Internet über http://dnb.d-nb.de abrufbar.

Umschlagkonzept: Kordula Röckenhaus, Bielefeld
Lektorat: Walburga Rempe-Baldin
Satz: Rainer Wolf
Druck: Majuskel Medienproduktion GmbH, Wetzlar
ISBN 978-3-8376-1627-9

Gedruckt auf alterungsbeständigem Papier mit chlorfrei gebleichtem Zellstoff.
Besuchen Sie uns im Internet: *http://www.transcript-verlag.de*
Bitte fordern Sie unser Gesamtverzeichnis und andere Broschüren an unter: *info@transcript-verlag.de*

Inhalt

Vorwort

Esoterische Heilsversprechen und Welterklärungen einer ideologiekritischen Analyse auszusetzen, ist eine wichtige und notwendige Aufgabe. Claudia Barth hat sich seit Jahren dafür engagiert und mit ihrem Buch „Über alles in der Welt – Esoterik und Leitkultur: Eine Einführung in die Kritik irrationaler Welterklärungen" (2006) dazu einen wichtigen Beitrag geleistet. Er bezieht sich vor allem auf die esoterische Angebotsseite, aber damit ist noch nicht der „Hunger" nach esoterischen Angeboten erklärt, der ja in den letzten Jahren eher wächst als abnimmt. Wir wissen noch nicht sehr viel darüber, wie Subjekte die esoterischen Deutungsangebote in ihre subjektiven Weltbilder, ihre Lebensbewältigung und Identitätsarbeit integrieren. Das aber will Claudia Barth mit ihrer neuen Untersuchung herausfinden. Ihr aufklärerischer Anspruch ist ungebrochen, aber sie geht davon aus, dass wirksame Aufklärung letztlich erst einsetzen kann, wenn diese psychologischen Zusammenhänge differenziert aufgezeigt und die „Bewältigungsversprechen" und „Lösungshoffnungen", die Menschen mit der Esoterik verknüpfen, rekonstruiert worden sind.

Mit ihrem Forschungsprojekt versucht Claudia Barth herauszufinden, ob ihre Vermutung, dass esoterische Weltdeutungen immer dann eine besondere gesellschaftliche Relevanz bekommen, wenn Menschen verunsichert sind und sie nach „Erklärungen" für ihre als krisenhaft erlebte Lebenssituation suchen, theoretisch und empirisch tragfähig ist. In den letzten Jahren ist das Potenzial an Verunsicherung und Zukunftsängsten ständig gewachsen, und damit auch die Sehnsucht nach „erlösenden" Auswegen. Das ist die Schlüsselkonstellation, in der esoterisches „Wissen" den Menschen Ein- und Durchblick suggeriert, und es darf von daher nicht verwundern, dass diese Deutungssysteme gerade jetzt eine wachsende Anhängerschaft rekrutieren.

Zunächst aber entwirft Claudia Barth einen weitgespannten theoretischen Rahmen, der in differenzierter Weise einerseits ihren eigenen konzeptuellen Zugang zum Thema aufzeigen soll und andererseits das vorhandene fachlich bearbeitete Wissen zum esoterischen Feld umreißt. In diesem Teil wird deutlich, welch eine hohe Expertenschaft sich Claudia Barth für das esoterische Feld erworben hat. Sie versteht es, die wichtigsten Strömungen und die mit ihnen verbundenen Deutungsmuster übersichtlich darzustellen.

Im Zentrum des Interesses von Claudia Barth steht aber nicht die Analyse esoterischer Weltbilder. Es geht ihr vielmehr um die Rekonstruktion von Selbstentwürfen, die Menschen in esoterischen Angeboten „suchen, verteidigen und gleichzeitig in einer Gemeinschaftlichkeit authentisch leben und auflösen möchten". Um dieses Ziel erreichen zu können, benötigt die Autorin die passenden theoretischen „tools" und greift auf klassische und aktuelle Theorieansätze zurück: von identitäts-, rollen-, attributions- und copingtheoretischen Ansätzen bis zum Modell der Salutogenese. Auch wenn das auf den ersten Blick als ein sehr heterogenes Potpourri erscheint, sieht Claudia Barth deren Gemeinsamkeit darin, dass sie alle die Herstellung bzw. Sicherung eines positiven Selbstkonzepts und Zukunftsbezugs ins Zentrum ihrer Perspektiven rücken.

Ein ganz wertvolles und intellektuell anspruchsvolles Kapitel liefert einen philosophiehistorisch und sozialgeschichtlich angelegten Zugang zu der widersprüchlichen „Subjektwerdung" des bürgerlichen Individuums. Subjektkategorien transportieren in ambivalenter Weise Selbstverständnis und Ideologie, Anspruch und Wirklichkeit des neuzeitlichen Individuums. Sie setzen einerseits die einzelne Person in eine Relation zur sozialen Wirklichkeit und sehen diese als aktive Instanz der Erkenntnis und Praxis, die zielgerichtet auf die natürliche und soziale Umwelt einwirkt. Der Subjektbegriff transportiert also auch eine spezifisch normative Vorstellung von der Person: Er setzt sie in ein aktiv-gestaltendes Verhältnis zu ihrer Welt und ist nicht Resultat ihrer natürlichen und gesellschaftlichen Lebensbedingungen. Andererseits drückt der Subjektbegriff schon vom Wortstamm her das Scheitern des absoluten Souveränitätsanspruchs aus: Das Sub-jekt ist das sich „unterwerfende" Individuum, das sich in eine immer schon gegebene und machtstrukturierte Welt einzugliedern hat und dies notwendigerweise als Einschränkung seiner Selbstwirksamkeit erlebt. Die begleitenden ideologischen Chöre sind allerdings meist wenig geeignet, diese Ambivalenz zu thematisieren und aus der Analyse der Widersprüche emanzipatorische Perspektiven zu eröffnen. Im Gegenteil: Sie geben Deutungen in Gestalt von Menschen- und Gesellschaftsbildern weiter, die zu einer Affirmation der individuellen Lebensführung an die bestehenden Verhältnisse führen. Genau unter diesem speziellen Fokus will Claudia Barth das esoterische Deutungs- und Handlungsangebot untersuchen.

Claudia Barth hat sich um eine offene Interviewführung bemüht und sich auf erzählgenerierende Anstöße beschränkt. Dadurch hatte sie die Chance, die subjektiven Konstruktionen esoterischer Selbst- und Weltdeutungen zu erfassen und ihre Funktionalität im Rahmen spätmoderner Identitätsarbeit analytisch rekonstruierbar zu machen. Genau durch diese Offenheit erschlossen sich ihr auch bei der Auswertung Deutungsmöglichkeiten, die sie gar nicht erwartet hatte.

Die Auswertung der Befragungen liest sich nicht nur deshalb fesselnd, weil hier höchst unterschiedliche Biographien und die identitäre Arbeit an diesen Biographien herausgearbeitet werden, sondern weil sich die befragten Personen mit teilweise sehr unterschiedlichen Angeboten aus dem esoterischen Feld beschäftigen und identifizieren, um Lösungen für lebensgeschichtliche Brüche, Leidens- und Entfremdungserfahrungen zu suchen. Auch die Geschlechter- und die Ost-West-Erfahrungsdifferenzen bringen erhebliche Varianzmöglichkeiten in das Interviewmaterial. Es gelingt der Autorin auch, jeden Auswertungsschematismus zu vermeiden und aus ihrer theoretischen Werkzeugkiste jeweils unterschiedliche Deutungsmöglichkeiten zu nutzen. Sehr hilfreich sind die immer an den passenden Stellen eingefügten Informationskästen, die zu bestimmten Themen oder Stichworten aus dem esoterischen Revier (z. B. „Neurolinguistisches Programmieren", „Familienstellen nach Bert Hellinger", „Reinkarnation", „Transzendentale Meditation" oder „Qi-Gong") nützliche Informationen liefern. Durch Fußnoten werden den mit Esoterik nicht so vertrauten Leserinnen und Lesern Begriffe und esoterische Praktiken erklärt.

Angesichts der empirischen Fülle stellt sich die Frage, ob sich so etwas wie ein zusammenhängendes Erklärungsmuster aus der interpretativen Detailarbeit ergibt. Und diese Frage kann ich uneingeschränkt positiv beantworten. Claudia Barth gelingt es, in der Vielfalt biographischer Sondersituationen gemeinsame Elemente zu isolieren. Sie kann zeigen, dass fast immer ein Scheitern oder Leiden an bestehenden Normalitäts- und Leistungszwängen der Ausgangspunkt für eine Neusortierung der Lebenskonzepte ist. Die Suche nach lebenswerten Alternativen ist ein wichtiger Antrieb, und es ist vor allem die Suche nach Authentizität und Kohärenz, die der identitären Neuverortung die Richtung weisen soll. Es wird aber auch sehr deutlich, dass für diese Suche im Feld der Esoterik ein hoher „Preis" zu entrichten ist, denn – so würde es die Psychoanalyse ausdrücken – die „Lösungen" sind „autoplastisch", sie bleiben auf der Ebene der inneren Subjektgestaltung. Das damit verbundene subjektive Empfinden kann durchaus positive bis emphatische Elemente beinhalten und der eigenen Psychohygiene dienen, gleichzeitig bedeutet es aber auch, die bedrückenden gesellschaftlichen Verhältnisse aus dem Veränderungsprozess auszuschließen und sie damit zu affirmieren.

Mit ihrer dieser Studie hat Claudia Barth einen bemerkenswerten sozialpsychologischen Versuch unternommen, den subjektiven „Gebrauchswert" esoterischer Identitätsprojekte aufzuzeigen, gegen die noch so scharfsinnige ideologiekritische Dekonstruktionen keine Überzeugungschance haben. Sie zeigt aber auch den Preis auf, der dafür zu zahlen ist. Wenn ich den Ausgangspunkt der Autorin bedenke, die zu Recht erst einmal ideologiekritisch bei der Esoterik ansetzt, dann finde ich bemerkenswert, wie offen sie letztlich für die befragten Personen war. Man spürt durchgängig die Achtsamkeit für die Subjekte und den verstehenden Nachvollzug ihrer Richtungsentscheidungen. Die Autorin hat es nicht nur geschafft, einen interdisziplinär ansetzenden Zugang zur einschlägigen Forschungsliteratur zu finden und diese souverän darzustellen, sondern sie hat auch die richtige Mischung von Theorie und Empirie gefunden.

München, im Winter 2010/11
Heiner Keupp

Esoterik und ihre Bedeutung für die Interviewpartner_innen dieser Studie

„Esoterik schlicht als, als 'n Weg, der sich mit dem eigenen Innenleben beschäftigt mit dem Ziel, sich zu befreien." (Erwin)

„Befreiung, [...] ja. Also, schon das Gefühl, jetzt irgendwie, mit meinem Gefühl nicht ganz, äh, äh, auf 'm Holzweg zu sein." (Mona)

„Seelenarbeit [...] du schaffst es, dich von all diesen alten Dingen zu lösen und kannst dann einfach des sein, was du bist." (Elektra)

„Des gehört so in mein Leben rein, weil es mich nährt und mich trägt und mich hält." (Elvira Böhm)

„Auf 'n Boden kommen, Wurzeln finden. [...] Wieder wirklich seine Füße spüren, auf 'n Boden kommen, äh, Boden unter der Erde, unter den Füßen spüren. Sich verwurzeln." (Stella-Rosa)

„Wer man eigentlich selber ist. Und was man hier macht, in der Gesellschaft." (Thomas Ranke)

„Ich denke, äh, ich denke schon, dass man, also wenn man, wenn man Menschen das Selbstvertrauen gibt, wenn man ihr, sie, sie akzeptiert und toleriert, wenn man sie ins Leben reinsteckt und ihnen auch ein lebenswertes Leben hier gibt, wo sie hinkommen können, dass dann im Prinzip diese Art, äh, Glaube nicht mehr der Mittelpunkt ihres Daseins ist." (Michael)

Einleitung

NEW AGE ALS POSTMODERNES PHÄNOMEN

Während langer Jahre der kritisch-wissenschaftlichen Befassung mit esoterischen Lehren und deren häufig aufscheinendem gesellschaftspolitisch brisantem – weil dezidiert anti-emanzipatorischem – Gehalt traf ich immer wieder Menschen, die beteuerten, Esoterik für sich gänzlich anders zu verstehen und zu leben. Ich ließ mich darauf ein, mir in langen Gesprächen erzählen zu lassen, was diesen Menschen Esoterik persönlich bedeutet. Das Ergebnis war erstaunlich: Es ging nicht um Erklärungen für weltübergreifende oder gesellschaftliche Probleme, sondern um das persönliche Leben, das nahe Umfeld, Arbeit und Beziehungen der Gesprächspartner_innen.

In insgesamt sechs detailliert ausgewerteten Einzelfallinterviews entspinnt sich das Bild von Menschen, die auf der Suche nach subjektivem Sinn und dem Kern ihres Daseins sind; ebenso geht es um Erfahrungen des Scheiterns an vorgegebenen Rollenkonzepten und um den Aufbau neuer Identitätskonstruktionen. Alle Interviewten sind auf dem Weg, eine weitreichende Umstrukturierung ihrer eigenen Weltsicht vorzunehmen, ihrer Werte und Selbstkonzepte, um ein besseres Bestehen im alltäglichen Dschungel der Realität zu erreichen. Dabei ist ihnen von zentraler Bedeutung, eigener Gefühle gewahr zu werden und eine authentische Handlungsfähigkeit zu erlernen. Identität wird im sozialen Aushandlungsprozess in esoterischen Freiräumen neu konstruiert.

I

Esoterische Religiosität wird in der vorliegenden Untersuchung als Denksystem und Lebenspraxis verstanden, die zwar einem weitgehend homogenen Kanon[1] entnommen sind, der jedoch individuell passend gemacht wird. Als weltanschauliches Konstrukt zur Sinn- und Orientierungsfindung erfordert Esoterik im Alltag persönliche Herstellungsarbeit. Die Theorie muss

1 Vgl. Barth 2006; Untersuchung zu gemeinsamen Theoremen esoterischer Literatur der Gegenwart in Deutschland

durch individuelle Aneignung ins persönliche Sinnsystem transferiert werden. Reziprok wird esoterische Religiosität dabei zur Matrix, auf der Lebens- und Identitätskonzepte formuliert werden. Ideologieproduktion wird dadurch wirksam, dass sie in die Alltagspraxis eingebaut wird. „Erst wenn man die informellen und vielfältigen Normalisierungspraxen im Alltag der kleinen Leute selbst“ einbezieht, erklärt „sich die gewaltige Resonanz der Normalisierungsstrategien der verfassten ideologischen Mächte. Das Do-it-yourself der Ideologie im Alltag bildet den Resonanzboden“ (Haug 1986, S. 8; zit. in: Keupp 1994, S. 259).

Nachdem ich mich intensiv mit den das öffentliche Bild der Esoterik bestimmenden und damit ideologisch den Ton angebenden Schriften auseinandergesetzt habe, richtet sich das Erkenntnisinteresse meiner vorliegenden Studie auf die Fragen: Wie wird diese Ideologie auf der Seite der Haug'schen „kleinen Leute“, der Subjekte, im Alltag nicht nur reproduziert, sondern re-formuliert, neu geordnet, als eigenes Glaubensbekenntnis passend gemacht und in die eigene Sichtweise von sich selbst und der Welt übernommen? In welcher Weise korrespondiert die individuelle, subjektive Sicht auf sich selbst und die Welt mit esoterischer Religiosität? Weshalb wird esoterische Religiosität individuell als adäquater Ausdruck gesehen und genutzt, um innere Verfasstheit ausdrücken zu können und eigene Orientierungsprozesse auf ihr auszuhandeln?

II

Es geht in den Interviews um ein Selbst, das die interviewten Menschen suchen, verteidigen und gleichzeitig in einer Gemeinschaftlichkeit authentisch leben und auflösen möchten. Diese Innerlichkeit, die dabei immer wieder Gegenstand der Erklärungen ist, wird in dieser Arbeit nicht als metaphysisch oder biologisch vorgegebene menschliche Konstitutive aufgefasst, sondern als sozial konstruierte Vorstellung des Selbst des Menschen:

> „Selbst ein innerer Raum, den es zu erkunden, auszugestalten und zu pflegen gelte, ist keineswegs selbstverständlich, sondern ein Effekt spezifischer Regime der Selbst- und Fremdführung. Die Genealogie der Subjektivierung lässt die Unterscheidung von Innen und Außen nicht fallen, doch statt Höhlenforschung oder Innenarchitektur der Seele zu betreiben, fragt sie danach, welche Wissensdispositive und Verfahren Menschen veranlassen konnten und können, ihr Selbstverhältnis in dieser Weise topographisch zu bestimmen. Sie untersucht, wie sich ein Innenleben konstruiert, ohne es immer schon vorauszusetzen“ (Bröckling 2007, S. 34).

In Kapitel I.6 wird eine historisch-sozialphilosophische Herleitung dieses Gedankens unternommen, die grundlegend für das Verständnis des weiteren Aufbaus der Arbeit ist. Hier wird die Entwicklung der Subjektvorstellung des modernen Menschen nachvollzogen, um zu einem Verständnis dafür zu gelangen, weshalb die Beschäftigung mit der Innenwelt, wie sie die Interviewten pflegen, einen derart breiten Raum in ihrer Existenz einnimmt. Diese Aufschlüsselung der Vorstellung von der Innerlichkeit des Menschen wird im Abschlussteil der Arbeit insofern fortgesetzt, als dort die aktuellen Tendenzen der Umstrukturierung des Subjekts dargelegt werden und ihre Passförmigkeit mit dem herausgearbeitet wird, was die Interviewten in ihrer Lebensführung und Identitätskonstruktion leisten. Dabei wird die Dienlichkeit esoterischer Konstrukte für die postmodernen Anforderungen an die Strukturierung der Subjekte deutlich. *Postmoderne* wird hierbei im Sinne Baumans als „ontologische Bodenlosigkeit" verstanden, in welcher das „moderne Freisetzen aller gebundenen Identität zum Abschluss kommt. Es ist jetzt leicht, Identität zu wählen, aber nicht mehr möglich, sie festzuhalten" (Bauman 1993; zit. in: Keupp 1996, S. 393f).

Die Interviewauswertungen basieren, wie im Methodenteil eingehend erläutert, auf einer diffizilen, feingliedrigen, konsequent offenen Auswertung nach der Grounded Theory. Es wurden keine vorgelagerten Hypothesen zur Untersuchung herangezogen, sondern die jeweilige Thematik aus jedem Interview einzeln sorgsam herausgearbeitet. Nach den ersten Auswertungen ergab sich als überschneidendes Thema die Suche nach dem eigenen Selbst und die angestrebte Auflösung desselben in einer höheren Vergesellschaftung. Nach diesen Erkenntnissen entstand der oben erwähnte theoretische Rahmen der vorliegenden Studie, die Genealogie des modernen Selbst und seine Umsetzung durch die individuellen interviewten Menschen. Die nachfolgenden Interviews unterlagen wiederum jeweils einer systematisch offen geführten Auswertung. Einzelne Spezifika individueller Nutzung esoterischer Selbstfindungsangebote konnten dabei herauskristallisiert werden, das übergeordnete Thema der inneren Neustrukturierung entsprechend eines flexiblen, entgrenzten Subjekts, welches seine Subjektivität jedoch verankern, behalten, sich ihrer versichern und sie gegen Entgrenzung verteidigen möchte, zeigte sich auch hier.

In die Interviewauswertungen wurden sowohl religionspsychologische Theoreme miteinbezogen, die religiöses Verhalten zu erklären suchen, als auch neuere Forschungsansätze zur New-Age-Bewegung, welche in dieser ein Hilfsmittel zur Innenweltreflexion und -gestaltung, zur Erlangung von Handlungsfähigkeit und Selbstermächtigung erblicken (vgl. Kap. I.4). Dazu wurden sozialpsychologische Theorien moderner Identitätskonstruktion, salutogenetische Überlegungen und Coping-Konzepte benutzt.

In der abschließenden Gesamtauswertung wird der Hauptstrang der Themen der Interviews – die Suche nach einem authentischen Selbst, die Suche nach Befreiung von übernommenen Rollenkonzepten, Entfliehen aus der Entfremdung und Hoffnung auf positive Vergesellschaftung – komprimiert und ins Verhältnis zu aktuellen Konzepten der „neuen Subjektivität" gesetzt, wie sie unter den Stichworten „flexibler Mensch", „unternehmerisches Selbst" bis hin zum „erschöpften Selbst" derzeit die Diskussion um die neuen Anforderungen der Postmoderne an das Individuum prägen.

III

Die Begrifflichkeiten *New Age* und *Esoterik* sind heute Synonyme. Der Begriff *New Age* wurde im 20. Jahrhundert gebräuchlich. Er verweist auf ein in der esoterischen Szene erwartetes *neues Zeitalter*, in welchem Krieg und Entbehrung beendet sein sollen und menschliches Zusammenleben sowie der Umgang miteinander auf eine neue Stufe gehoben würden. Die Interviewten sprechen vielfach von ihren Erwartungen einer solchen neuen Zeit, als deren Vorboten sie sich selbst begreifen. Damit drücken sie ihre Hoffnungen aus, dass über die bestehende Gesellschaft hinaus doch auch auf Erden ein anderes menschliches Zusammenleben möglich sein könnte. Diese Idee korreliert diametral mit der versuchten, esoterisch unterstützten Einfindung in die bestehenden Verhältnisse, welche das Streben der Interviewten auszeichnet.

Die Heilserwartung des Neuen Zeitalters/New Age dient sowohl als rettende Gewissheit angesichts innerer Diskrepanzerfahrung zwischen persönlichem Sinn und realer Erfahrung, als wie sie auch die Sehnsucht danach zeigt, in anderen Verhältnissen zu leben.

CB: „Und was ist die Seele?“

S-R: „Stell dir vor: ein Taxi. Und das Taxi ist dein Körper. Und der Fahrer ist dein Verstand. Und die Seele sitzt hinten drin und lässt sich kutschieren.“

CB: „Und wer bestimmt wo ’s Taxi hinfährt?“

S-R: „Ja, wer bestimmt das?“

CB: „Der Gast, oder?“

S-R: „Aber machen tut ’s der Fahrer. Du musst erst mal hinhören, wo sie hin will.“

CB: „Sonst wär’ er ja gar nicht losgefahren.“

S-R: „Genau. Wir sind alle an der richtigen Stelle und am richtigen Ort. Verstehst du? Ich bin da mittlerweile irgendwie. Also, so ganz am Anfang, wo ich da so angefangen hab: ‚Ja, jetzt bin ich endlich auf dem richtigen Weg!‘ Und: ‚Der hat mir den richtigen Weg gezeigt‘. Also, wie wenn sie vorher irgendwie auf dem falschen gewesen wären. Quatsch. Du suchst dir deine Eltern aus. Du suchst dir deinen Papa, deine Mama aus. Deine Geschwister. Du suchst dir die Familie aus, wo du inkarnieren willst. Du suchst dir die Aufgaben aus, die du in deinem Leben bewältigen willst. Du bist auf dem richtigen Weg. Und das stößt dir alles, ich denk mir manchmal, du hast, triffst im richtigen Moment, die richtigen Menschen, ja. Es kommt auf dich zu, und du kannst sowieso nichts dagegen tun. Wir wollen nur immer alles im Kopf machen, ja. Wir meinen, wir müssen ’s machen. Aber, man kann viel mehr geschehen lassen und viel mehr passiv sein. So ’n Urvertrauen, was man auch wieder zurückgewinnt. So ’n Urvertrauen in sein Leben und, und in die Welt überhaupt. Dass das alles seinen Sinn hat, so.“

(Stella-Rosa)

I Theoretischer Rahmen

1 Esoterik und Sozialpsychologie

Psychologie und Religion

Religion ist ein historischer Vorläufer des Faches Psychologie. Sie stellte vor der Ausdifferenzierung der Wissenschaftsdisziplinen die Frage nach dem Woher und Warum menschlicher Existenz, nach dem inneren Erleben und der angemessenen inneren Strukturierung des Menschen. Das, was heute unter dem Begriff des „Psychischen" firmiert, fasste die Religion seit Jahrhunderten als „Seele" und meinte damit das zu umschreiben, was den Menschen als Menschen innerlich ausmache, seine Gefühle, seine Gedanken, sein Wollen.

Trotz – oder vielleicht gerade wegen – dieser Vorgeschichte tut sich die Psychologie in Deutschland heute schwer mit ihrem historischen Erbe. Die Auseinandersetzung mit Religion seitens der psychologischen Fachdisziplin blieb in Deutschland lange Zeit ein Stiefkind. Bis heute existiert in Deutschland kein einziger Lehrstuhl für Religionspsychologie, erst in den letzten Jahren zeigt sich anhand von Publikationen ein allmählich anwachsendes Interesse. Das mutet vor allem angesichts des nicht nur hierzulande, sondern weltweit zu verzeichnenden Aufschwungs religiöser Bewegungen seltsam an. Religiöse Konzepte feiern in Deutschland spätestens seit dem gesellschaftlichen Umbruch 1990 fröhliche Urständ, ohne dass dieses Massenphänomen psychologisch ernst genommen würde.

Umgekehrt ist dies sehr wohl der Fall: Religion schöpft hierzulande reichlich aus den Erkenntnissen der Psychologie, um ihrem selbst gestellten Auftrag als Seelsorgerin gut nachkommen zu können.

Auch mit dem esoterischen Boom ist eine florierende Nutzung psychologischer Techniken entstanden, die als Versatzstücke in Heilslehren und religiös-autoritär untermauerten Selbstfindungsgruppen Eingang gefunden haben. Trotzdem sehen sich nur vereinzelte Psychologen veranlasst, sich der Hintergründe dieses neuen Trends anzunehmen. Allein das redliche Verständnis von der eigenen Professionalität müsste Psychologen dazu anhalten, gegen den in der Szene teils offenkundigen Missbrauch psychologischer

Kenntnisse anzugehen. Stattdessen herrscht weitgehendes Schweigen den neuen Heilslehren gegenüber.

Religionspsychologie

Ein eigenständiger Forschungszweig Religionspsychologie steckt in Deutschland in den Kinderschuhen – im Gegensatz zu den USA, die über eine etablierte religionspsychologische Tradition verfügen, welche sich auch als fester Bestandteil innerhalb der praktizierenden Psychologenschaft fortsetzt.[2] Die wenige deutschsprachige Forschung zum Thema unterliegt deutlich dem Einfluss der Kirchen, was sich dem überproportionalen Anteil an Theologen entnehmen lässt, die in diesem Bereich forschen und publizieren (vgl. Utsch 1998, S. 27f). So wurden beispielsweise beinahe alle in den letzten 20 Jahren erschienenen deutschsprachigen Einführungswerke in die Religionspsychologie von Theologen verfasst (siehe Kasten).

Religionspsychologie als Domäne der Kirchen
Nachforschungen an der bayerischen Staatsbibliothek (einer universalen Forschungsbibliothek von internationalem Rang) ergaben, dass nahezu alle dort gelisteten deutschsprachigen Einführungen in die Religionspsychologie, die seit 1990 erschienen sind, aus theologischer Perspektive verfasst wurden. (Kurzrecherchen der Veröffentlichungen vor 1990 lassen auf eine ähnliche Situation schließen.) Unter dem Schlagwort „Religionspsychologie" sind sieben deutschsprachige Werke[3] aufgeführt.

---

2 So ist die Religionspsychologie innerhalb der American Psychological Association, des nordamerikanischen Fachverbandes für Psychologie, mit einer starken eigenen Abteilung (Division 36) von 2.600 Mitgliedern vertreten.

3 Grom, Bernhard: *Religionspsychologie*, Kösel und Vandenhoeck & Ruprecht, München und Göttingen 1992

Heine, Susanne: *Grundlagen der Religionspsychologie*, Vandenhoeck & Ruprecht, Göttingen 2005

Hemminger, Hansjörg: *Grundwissen Religionspsychologie*, Herder, Freiburg i. Br., Basel, Wien 2003

Henning, Christian/Murken, Sebastian/Nestler, Erich (Hg.): *Einführung in die Religionspsychologie*, Verlag Ferdinand Schöningh, UTB, Paderborn 2003

Holm, Nils G.: *Einführung in die Religionspsychologie*, UTB Ernst Reinhardt Verlag, München und Basel 1990

Lämmermann, Godwin: *Einführung in die Religionspsychologie. Grundfragen – Theorien – Themen*, Neukirchener Verlag, Neukirchen-Vluyn 2006

Davon sind

- fünf von hochrangigen Theologen verfasst (Utsch, Grom, Lämmermann, Heine, Henning/Nestler[4])
- ein weiteres von einem Referenten der Evangelischen Zentralstelle für Weltanschauungsfragen EZW (Hemminger).
- Das siebte wurde vom Schwedischen ins Deutsche übersetzt und stammt von Prof. Nils Holm, der an der theologischen Fakultät der finnischen Universität Åbo Akademi University das Department of Comparative Religion leitet.

Unkenrufen zufolge könnte in Deutschland demnach eher von einer religiösen Psychologie denn von einer Religionspsychologie gesprochen werden. So gibt etwa Hemminger in seinem Standardwerk *Grundwissen Religionspsychologie* (2003) die Koordinaten seiner Forschung gleich zu Beginn redlicherweise offen an und benennt ihre Ausrichtung auf die „Nutzanwendung für den Alltag deutscher Katholiken" (Hemminger 2003, S. 14). Die Nutzung der Psychologie erfolge dementsprechend „eklektisch" (Hemminger 2003, S. 7).

Forschung, die mit dem Ziel geschieht, Psychologie für klerikale Zwecke nutzbar zu machen, basiert auf drei Grundprämissen, die in gewissem Maße den möglichen Erkenntnisgewinn vorweg eingrenzen:

Erstens geht sie von der Existenz Gottes aus. Damit wird der zu untersuchenden Religiosität eine Instanz hinzugefügt, die es verbietet, religiöses Handeln lediglich als Projektion menschlicher Gefühle und Bedürfnisse zu betrachten. Ein spekulativer Teil der Religiosität, die angenommene Existenz und Abhängigkeit von mächtigen metaphysischen Wesenheiten, wird als unhinterfragbare Realität angenommen. Nicht mehr der Mensch ist der alleinige Ausgangspunkt der Forschung, sondern ein ihm übergeordnetes Wesen wird als Konstante in der Theoriebildung mitgedacht. Der Mensch ist ohne Gott nicht denkbar, eine religiöse Neigung wird dem Menschen qua Natur unterstellt. Das religiöse Treiben des Menschen wird als anthropologische Konstante betrachtet, was in Begriffen von Religiosität als einer „conditio humana" (Hemminger 2003, S. 15) oder „evolutionsbiologisch" im Gehirn angelegt (Straube 2005, S. 27ff) zum Ausdruck kommt.

Utsch, Michael: *Religionspsychologie. Voraussetzungen, Grundlagen, Forschungsüberblick*, Verlag W. Kohlhammer, Berlin und Köln 1998

4 In Co-Herausgeberschaft mit S. Murken, der kein Theologe ist.

Zweitens ist Forschung mit klerikalem Hintergrund bemüht, positive Aspekte eines als richtig angesehenen Glaubens hervorzukehren. Die wohl regste religionspsychologische Forschung im deutschsprachigen Bereich findet derzeit im Bemühen statt, positive Effekte des Glaubens auf physisches und psychisches Befinden nachzuweisen. Zahlreiche Studien der letzten Jahre befassen sich mit unterschiedlichen medizinischen und therapeutischen Teilgebieten und deren Beeinflussbarkeit durch religiöse Praxis (z. B. Murken 1994, 1998; Müller 2004; Kremer 2001; Büssing 2006; Amberger 2000; Fuchs 2002; Frick 2005; Zwingmann 2004). Lämmermann kommt zu dem Ergebnis, dass beispielsweise evangelikale Forscher_innen ein durchweg positives Bild für den Zusammenhang Religion-Gesundheit zeichnen, während „konträre Beobachtungen [...] in Bausch und Bogen als atheistische Propaganda [...] disqualifiziert werden" (2006, S. 252).

Ein Pionier der Forschung in diesem Bereich ist Sebastian Murken, der insbesondere mit seiner empirischen Studie *Gottesbild und psychische Gesundheit* (1998) die Theoriebildung in Deutschland beeinflusste. Murken konnte keinen allgemein positiven Effekt von Religiosität für psychische Stabilität und Wohlbefinden herausfinden und folgerte, „dass ein linearer Zusammenhang zwischen psychischer Gesundheit und einer als hilfreich erlebten Religiosität empirisch hier nicht nachgewiesen werden konnte" (Murken 1998, S. 135). Ein Zusammenhang bestehe jedoch zwischen negativer Selbstwahrnehmung und dem Gottesbild eines strafenden und zornigen Gottes. Im Ergebnis der Studie korreliert das Bild eines liebenden und gütigen Gottes neutral bzw. partiell positiv mit psychischem Wohlbefinden, wohingegen ein als strafend und zornig angesehenen Gott „als ein Vulnerabiliätsfaktor[5] angesehen werden [kann], der mit einer Einschränkung personaler Ressourcen und psychischer Gesundheit korreliert" (Murken 1998, S. 156). Damit bedient Murken die Vorstellungen, die landläufig einem altbiblischen versus einem neutestamentarischen Gott anheim gestellt werden, wobei die Annahme des alttestamentarischen Gottesbildes eine ungünstige Prognose erlaube.

Murken ist mit seiner Arbeitsgruppe Religionspsychologie am Forschungszentrum für Psychobiologie und Psychosomatik (FPP) an der Universität Trier der ausgewiesenste Religionspsychologe in Deutschland. Als nahezu einziger in diesem Themengebiet arbeitender renommierter Forscher hat er keinen theologischen Hintergrund. In seine Forschungsprojekte, die mit großen Summen z. B. von der Deutschen Krebshilfe oder der Volkswagen-Stiftung (mit 800.000 €; Reinhold 2004, S. 46) gefördert werden, bindet Murken jedoch an führender Stelle wiederum Theologen ein. So war am Projekt *Psychology of Religion: Development of Instruments and Empirical*

5 Vulnerabilitätsfaktor: Faktor, der ein Erkrankungsrisiko erhöht oder sogar erst entstehen lässt.

Research, in dem mit der Entwicklung von Messskalen zur Ermittlung individueller Religiosität Grundlagenforschung betrieben wurde, der Theologe Stefan Huber als Co-Leiter und Verantwortlicher für die Grundlagenforschung beteiligt. Damit wird Religiosität grundsätzlich als positives Faktum gesehen, was sich z. B. dadurch zeigt, dass Huber Religiosität als „konstruktive Kompetenz" versteht (Reinhold 2004, S. 48) und sich als Zielvorgabe erhofft, die Forschungsergebnisse mögen von Nutzen sein in „der Seelsorge und der Gemeindeberatung" (ebd., S. 48).

Auch in den Begrifflichkeiten Murkens ist der Einfluss religiöser Interessen zu spüren, wenn er in seiner Untersuchung an zentraler Stelle mit dem „Seelen"-Begriff arbeitet (Murken 1998, S. 90).

Drittens sieht eine christlich ausgerichtete Religionspsychologie in der neuen esoterischen Gläubigkeit eine gefährliche Konkurrenz auf sich zukommen. Seit 1990 ist die Mitgliedschaft der christlichen Kirchen durch Austritte um weit mehr als 10% geschrumpft. Dazu kommt eine große Anzahl von Mitgliedern, die alternativen spirituellen Glaubensvorstellungen zuneigt und in ihrem individuellen Religionsverständnis Teile des esoterischen Glaubenskanons mit christlichen Elementen derart vermengt, dass es den christlichen Lehren widerspricht. Jörns (1997, S. 211) nennt hier Reinkarnation, Pantheismus sowie Telepathie als Beispiele. Offensichtlich erfüllen esoterische Lehren und Praktiken aktuelle Bedürfnisse der Gläubigen, worin ihre massenweise Hinwendung zu derlei Theorien begründet ist. Christliche Religionspsychologie tut also gut daran, den esoterischen Trend nicht pauschal abzulehnen, sondern sich differenziert damit auseinanderzusetzen, um selbst als Anbieter psychischer Hilfe und Orientierung am Puls der Zeit zu bleiben.

In Deutschland sind es derzeit fast ausschließlich Kirchen, die mit Sekten- und Weltanschauungsbeauftragten Anlaufstellen für verunsicherte und hilfesuchende Angehörige bieten, wenn ein Einstieg in esoterische oder sektoide Praktiken zu Konflikten mit dem sozialen Umfeld führt. In fast allen Bundesländern sind konfessionelle Beratungsstellen die einzigen existierenden Anlaufstellen für Sekten- und Psychokultgeschädigte. Die evangelische Kirche verfügt über einige hervorragende Beratungsstellen und mit der Evangelischen Zentralstelle für Weltanschauungsfragen (EZW) auch über eine eigene Studien- und Fortbildungseinrichtung zum Umgang mit religiösen Zeitgeistströmungen.

Weitaus weniger gut aufgestellt gegenüber modernen religiösen Bestrebungen sind dagegen säkulare Forschungs- und Beratungsstellen. Einige private Initiativen, wie beispielsweise der Verein *Sekten-Info Nordrhein-Westfalen* oder die *Aktion für Geistige und Psychische Freiheit* arbeiten seit Jahren mit großem, auch ehrenamtlichem Engagement gegen dieses Defizit an.

Das in der Bundesrepublik herrschende Subsidiaritätsprinzip fördert die Vormachtstellung der Kirchen im Beratungssektor. Für Konfessionslose und

Andersgläubige besteht damit in weiten Teilen des Landes keine Beratungs- und Hilfseinrichtung, wollen sie nicht Gefahr laufen, sich der Deutungslogik eines anderen religiösen Systems auszusetzen.

Franz Buggle (geb. 1933, religionskritischer Psychologe und seit 1988 emeritierter Lehrstuhlinhaber für Klinische und Entwicklungspsychologie an der Albert-Ludwigs-Universität Freiburg i. Br.), der sich bereits Anfang der 1990er Jahre mit den Gründen für die annähernde Nicht-Existenz einer deutschsprachigen Religionspsychologie beschäftigte, sah auch in der Vormachtstellung der Kirchen im Beratungs- und sozialen Sektor einen Grund für das Fehlen einer kritischen psychologischen Auseinandersetzung mit Religion:

> „Zu fragen wäre weiterhin, ob nicht auch zumindest partiell eine gewisse Scheu heutiger Psychologen vor möglichen Konflikten mit religiösen Institutionen, die ja gerade im Psycho- und sozialen Arbeitsbereich über sehr viel Einfluss, finanzielle Möglichkeiten, Macht (die Kirchen stellen bekanntlich neben dem Staat den größten Arbeitgeber im Psycho- und Sozialbereich dar) verfügen, dem auffälligen Schweigen der deutschen Psychologie zu religiösen Fragen zugrunde liegen könnte“ (Buggle 1991, S. 15).

Dass der reale Einfluss christlicher Lehre in der psychologischen Praxis immens ist, zeigt eine im Jahr 2000 in Franken durchgeführte Umfrage unter praktizierenden Psychotherapeuten. Demnach bezeichneten sich 78,5% als religiös eingestellt bzw. religiös praktizierend, 20% gaben an, schon einmal für Patienten gebetet zu haben (Demling/Wörthmüller/O'Conolly: *Psychotherapie und Religion*, 2001, S. 76 ff; zit. in: Schowalter/Murken 2003, S. 140). Davon auszugehen, dass die für die psychologische Theoriebildung skizzierten Folgen einer christlich-religiösen Ausrichtung der Religionspsychologie in Deutschland sich durch die christliche Grundhaltung von mehr als ¾ der Psychotherapeuten linear fortsetze, wäre zu kurz geschlossen. Durch den grundlegenden Einfluss Freuds, der Religion negativ besetzte, ist vielmehr ein widersprüchliches Bild bezüglich Religion zu erwarten. Freud „sah den Glauben an den ‚Vatergott‘ als ein nicht aufgelöstes Relikt des Ödipuskomplexes und Religion als ‚universelle Zwangsneurose‘. Religion spende zwar Trost, sei jedoch gleichzeitig eine unreife Form der Realitätsbewältigung“ (Schowalter/Murken 2003, S. 139). „Religion ist danach im Kern eine regressive Illusion, die unerkannte Wiederbelebung der ödipalen Konfliktsituation, ferner das kollektive Gegenstück zur individuellen Pathologie der Zwangsneurose“ (Muller/Balz/Krause 1998, S. 9). Da die Auseinandersetzung mit „Religion und Religiosität in der deutschen universitären Psychologie nach wie vor keine Rolle“ (Schowalter/Murken 2003, S. 142) spielt, werden die praktizierenden Psychologen und Therapeuten mit diesem Widerspruch alleingelassen.

Die Dominanz der Theologie in der deutschsprachigen Religionspsychologie wirft also einige grundlegende Probleme sowohl für die Theoriebildung als auch für die Beratungspraxis auf. Mit dieser Arbeit soll ein anderer psychologischer Rahmen gegeben werden, sich der modernen esoterischen Gläubigkeit zu nähern.

Gemäß Belzen[6] „ist Religionspsychologie der Versuch, unterschiedlichste Formen von Religion mit den Mitteln der Psychologie zu erforschen bzw. zu reflektieren. Religionspsychologie ist also der Versuch, das theoretische und methodische Instrumentarium unterschiedlicher Psychologien auf religiöse Phänomene anzuwenden. (Wundt[7] sprach seinerzeit, wahrscheinlich korrekter, vom Ausdehnen der Psychologie auf die Religion statt vom Anwenden darauf [...])" (Belzen 2008). In der vorliegenden Arbeit erfolgt eine Annäherung aus der Sicht der reflexiven Sozialpsychologie.

Dabei wird die moderne Religiosität esoterischen Inhalts als empirisch vorhandener Ausgangspunkt genommen, der für eine Vielzahl von Menschen die passende Möglichkeit darstellt, ihr Denken und Fühlen in fassbare Formen zu gießen. Esoterische Praxis bildet offensichtlich den kulturellen Ausdruck für eine kollektive innere Verfasstheit von Menschen in unserer Gesellschaft. Eine Befassung mit der esoterischen Religiosität trägt daher nicht nur zum Verständnis der psychischen Lage vieler Menschen bei, sondern kann diese in ihrer Bedingtheit durch die und Wechselwirkung mit der sozialen Realität verständlich machen.

Reflexiv-sozialpsychologische Annäherung an Religiosität

Esoterische Gläubigkeit mit einem reflexiv-sozialpsychologischen Zugang zu erforschen bedeutet, nicht die Religion, sondern den Mensch in den Mittelpunkt des Interesses zu stellen. Sozialpsychologie geht von der Grundannahme aus, dass der Mensch ein gesellschaftliches Wesen ist und seine Psyche als Widerspiegelungs-, Verarbeitungs- und Erkenntnisphänomen dessen zu betrachten ist, was dem Subjekt in der Auseinandersetzung mit seiner gesellschaftlichen Existenz widerfährt. Gesellschaft und Individuum gehen im sozialpsychologischen Ansatz eine unauflösbare Wechselbeziehung ein. Reflexive Sozialpsychologie berücksichtigt zudem, dass das Individuum in der gegenwärtigen Gesellschaft einem Macht- und Zwangsgefälle unterliegt, durch welches sich gesellschaftliche Ordnungskriterien übertragen: „Es geht

---

6 Jakob A. v. Belzen ist Kulturpsychologe; er hat den Lehrstuhl für Religionspsychologie an der Universität von Amsterdam inne.

7 Wilhelm Wundt (1832–1920), Begründer der experimentellen Psychologie, beschäftigte sich ebenfalls mit Religiosität als Gegenstand der Psychologie. Er sah in der Religion eine Projektion von Wünschen und Bedürfnissen der Menschen (vgl. Wundt 1904; Holm 1990, S. 13).

in der Sozialpsychologie, wie in allen Sozialwissenschaften, um die Frage: Wie entsteht gesellschaftliche Ordnung und wie verankert sie sich in den Subjekten? Wie entsteht so etwas wie Verlässlichkeit im normalen Alltagsleben?" (Keupp 1994, S. 13) Die *Verlässlichkeit* ist dabei in zweifacher Richtung zu denken: aus Sicht des Subjekts wie aus Sicht der Gesellschaft.

Zum einen ist Verlässlichkeit für das Subjekt bedeutend im Hinblick auf die Überschaubarkeit und Handhabbarkeit seiner Lebensrealität. Durch die Herausbildung standardisierter Sinngebungs- und Handlungsmuster versetzt sich der Mensch in die Lage, den täglichen Erfordernissen routiniert und kompetent zu begegnen. Er entwickelt seine Weltsicht und Handlungsschemata, die ihn in die Lage versetzen, die Welt als verlässlich zu erleben, sich in ihr zu orientieren und die eigenen Handlungen subjektiv-vernunftlogisch darauf einstellen zu können.

Zum anderen ist die Herausbildung von Verlässlichkeit ein Anspruch, den die moderne Gesellschaft an das Individuum stellt. Die gesellschaftliche Ordnung kann nur dann aufrechterhalten werden, wenn die einzelnen Mitglieder die an sie herangetragenen Pflichten, Aufgaben und Erwartungen selbstständig und erwartungsgemäß erfüllen (vgl. Kap. I.6).

Die reflexive Sozialpsychologie fragt, so Keupp, also danach, „welche kultur- und gesellschaftsspezifischen Zurichtungen des Subjektes [...] unter spezifischen historischen Bedingungen jeweils erforderlich [sind]" (Keupp 1994, S. 13). In dem Wort „Zurichtungen" klingt ein angenommener Prozess der Veränderung im Sinne einer Unterwerfung unter herrschaftsbedingt vorgegebene Kriterien an.

Exkurs: Identitätskonstruktionen in der Kritik

In der reflexiven Sozialpsychologie wurde seit den 1990er Jahren mit der Weiterentwicklung der Identitätstheorie zum Konzept der alltäglichen Identitätsarbeit (Keupp 2002, im Original 1999) versucht, den Prozess der identitären Strukturierung der Subjekte theoretisch zu erfassen (vgl. Kap. III.1). Gegenwärtig ist dieser Ansatz der Kritik ausgesetzt, dienstbarer Theorielieferant für eine psychologische Praxis der Subjektdisziplinierung zu sein. Da die vorliegende Arbeit zu weiten Teilen aus der Auseinandersetzung mit eben diesem Konzept erwachsen ist, wird vorab auf die Kritik eingegangen, welche die Möglichkeit eines emanzipatorischen Gehalts der *alltäglichen Identitätsarbeit* in Zweifel zieht. Mareis (2008) formuliert eine Kritik aus dem Blickwinkel einer kritischen Psychologie. Seine Hauptaussagen werden im Folgenden kurz wiedergegeben.

Mareis geht von der Annahme aus, dass die Theorie der reflexiv-sozialpsychologischen Identitätskonstruktion nicht nur gebraucht wird, um innermenschlich ablaufende Phänomene näherungsweise zu beschreiben und verstehbar zu machen, sondern dass durch die Forschungsfragen und die darin enthaltenen theoretischen Annahmen über die Verfasstheit des zu untersuchenden Individuums bei diesem auch ein (sozialpsychologischer) Prozess in die theoretisch vordefinierte Richtung in Gang gesetzt würde. Bereits durch die Interviewdurchführung würden Anregungen an die interviewte Person gegeben, ihre inneren Widersprüche im Sinne des/der Forschers_in, d. h. in der Affirmation von dessen/deren Normensystem, zu handhaben. Im Detail beschreibt Mareis damit, worauf seine Argumentation abzielt: Das theoretische Gerüst wird nicht länger als analytische Hilfskonstruktion zur Erfassung innermenschlicher Vorgänge verstanden, sondern die Theorie wird zu einer Anleitung für Individuen, wie sie ihre inneren Widersprüche derart darlegen und selbstreflexiv strukturieren können, dass ihre Selbstzurichtung im Sinne der gesellschaftlich erwünschten Verfasstheit und Funktionalität unterstützt wird. „Identität wird zur Instanz einer Anpassungslehre", nach der „das Subjekt sich zu richten habe", womit Mareis die von Adorno bereits 1970 grundsätzlich gefasste Kritik zustimmend zitiert (Mareis 2008, S. 21; Adorno 2003, S. 151).[8]

Die unkritische Nutzung von Identitätstheorien zu diesem Zweck wird erwartungsgemäß dann anzutreffen sein, wenn Forscher Identität nicht als historisch-gesellschaftlich bedingtes Bewusstseinsphänomen begreifen, sondern den Begriff vermeintlich „neutral" im Sinne eines urwüchsig-natürlichen menschlichen Strebens bzw. Bedürfnisses missverstehen. Der dadurch entstehende affirmative Gebrauch von „Identität" unterstützt die Verlagerung sozialer Widersprüche ins Innere des Individuums, wo versucht wird, sie durch psychologische Techniken der Identitäts- und Selbstfindung im Dienste des gesellschaftlichen Funktionierens zu neutralisieren.

Die hier verkürzt wiedergegebene Argumentation Mareis trifft den Kern der Kritik, die sich die reflexiv-sozialpsychologische Identitätstheorie gefallen lassen muss, insofern sie nicht einen „radikalen Zweifel" (Keupp 1994, S. 15) in ihre eigene Theorie mit einbaut. Keupp selbst warnt vor der Gefahr, den von ihm entwickelten Ansatz als ein „Synchronisations-" oder „Integrationsmodell" zu verstehen, „in dem das Einfügen des Subjekts in ge-

8 Mareis warnt vor der reflexiv-sozialpsychologischen Identitätstheorie als einer „von außen ideologisch herangetragene[n] Verleimungstechnik" (Mareis 2008, S. 18), die im Subjekt einen „intrinsischen Zurichtungscharakter" (ebd., S. 18) entfalte. Sie wirke, indem sie das Subjekt „im postmodernen Chaos normativ performativ mit dem Gesicht auf seine individuelle Problemexistenz in der globalisierten Gesellschaft stößt" (ebd., S. 18) um ihm anschließend „den Kanon [...] entsprechender normativer gouvernementaler Verhaltenssteuerung bereit [zu]stellen" (ebd., S. 19). Identitätstheorie erfülle damit die Funktion des „Wolfes im Schafspelz" (ebd., S. 19), die vorgibt, die Zurichtung des Menschen zu kritisieren, um ihn im Anschluss daran herrschaftstauglich zu kategorisieren und zu funktionalisieren.

sellschaftliche Strukturen als normal und normativ erwünscht betrachtet wird" (Keupp 1994, S. 15). Ergänzend spricht er von der „prinzipiellen Unvereinbarkeit [...] menschlicher Bedürfnisse mit [...] den vorherrschenden [...] gesellschaftlichen Verhältnissen" und von einem Forschungsansatz, der nach den „Kosten", fragt, also einem Preis, den das Individuum zu entrichten habe, wenn es die Anpassungsmodi an die Gesellschaft vollzieht. Explizit warnt Keupp davor, diese Anpassungsmodi als „‚natürliche' zu akzeptieren" (Keupp 1994, S. 15). Im Sinne dieses „Widerspruchsmodell[s]" (Keupp 1994, S. 15) wird in der vorliegenden Arbeit mit Kategorien und Erkenntnissen der reflexiv-sozialpsychologischen Identitätstheorie gearbeitet. Sie geben näherungsweise ein Abbild dessen, wie die Verhältnisse im Inneren des Menschen ihre Auswirkungen zeitigen. „Identität" wird mit dem Grundansatz gebraucht, wie ihn Hall gefasst hat: „Einheit und Homogenität sind keine natürlichen, sondern konstruierte Formen der Schließung, die jeder Identität als Notwendigkeit unterstellt werden [...]. So sind die ‚Einheiten', die Identitäten verkünden, tatsächlich innerhalb des Spiels der Macht und des Ausschlusses konstruiert. Identitäten sind nicht das Ergebnis einer natürlichen und unvermeidlichen oder ursprünglichen Totalität, sondern das eines naturalisierten, überdeterminierten Prozesses der ‚Schließung'" (Hall 2004, S. 172). Identität scheint nach allem, was über die innere Formierung des modernen Subjekts bekannt ist, ein geeignetes Konzept, die divergierenden, gespaltenen und zwanghaft zur Kohärenz gebündelten Zentrifugalkräfte, die das Subjekt treiben, zu fassen. Dabei soll niemals der Fehler gemacht werden, vor dem Ludwig Feuerbach in der Auseinandersetzung mit den „spekulativen Philosophen" warnte: „Die so genannten spekulativen Philosophen sind [...] *die* Philosophen, welche nicht ihre Begriffe nach den Dingen, sondern vielmehr die Dinge nach den Begriffen einrichten" (Feuerbach 1851, 4. Vorlesung, S. 31). Ebenso verheerend wären psychologische Wissenschaftler_innen, die mit ihren Begriffen nicht versuchten, das menschliche Erleben angemessen zu beschreiben, sondern versuchten, die Menschen nach ihrer Theorie einzurichten.

Religion

Religionssoziologen unterscheiden zwischen Definitionen, die eine funktionale Beschreibung vom Untersuchungsgegenstand Religion geben, und solchen, die Religion substantiell erklären. „Substantielle Definitionen sagen, was Religion ist; funktionale Definitionen sagen, was sie leistet" (Kehrer 1988, S. 21).

Funktionale Definitionen fragen nach dem Gebrauchswert von religiösen Vorstellungen und Handlungen für Menschen. Sie gehen wesentlich auf religionssoziologische Betrachtungen von Émile Durkheim (1858–1917) zurück. Dieser hob insbesondere die Funktion von Religion als gesellschaftliches Integrationsinstrument hervor, das sowohl den/die EinzelneN immer wieder rituell einbinde als auch die subjektiv empfundene Übermacht der gesellschaftlichen Verhältnisse für den/die EinzelneN annehmbar mache (Kehrer 1988, S. 35 ff).

Funktionale Annäherungen an religionspsychologische Fragestellungen erfreuen sich zur Zeit größter Beliebtheit, wie auch Buggle feststellt:

> „Die zu einem wesentlichen Teil auf Émile Durkheim zurückgehende funktionalistische Betrachtung von Religion und religiösen Institutionen, d. h. ihre primäre Bewertung nach ihrer jeweiligen gesellschaftlichen und privaten Lebensfunktion, ihrer ‚Leistung' bei weitgehender Zurückstellung inhaltlicher Aspekte und Gleichgültigkeit gegenüber religiösen ‚Wahrheiten', so sie nur ihre nützliche Funktion, etwa der ‚Kontingenzbewältigung' oder auch nur der Arterhaltung oder gar ‚Gen-Reproduktion' (so etwa bei verschiedenen ‚soziobiologischen' Autoren wie etwa Wilson, 1989; Reynolds & Tanner, 1983, u. a. [...]) erfüllen, scheint im Rahmen sich aktuell verstärkt zeigender neokonservativer Strömungen wachsende Zustimmung zu finden [...] wenngleich diese Position, eben um die besagte Funktion nicht zu gefährden, meist nicht so offen artikuliert wird [...]. Betrifft der [...] aus dieser neokonservativen funktionalistischen Einstellung sich ergebende ‚Reflexionsstop' [...] auch die Religionspsychologie?" (Buggle 1991, S. 15)

Die zu Beginn des Kapitels angesprochenen, derzeit breit in der deutschsprachigen religionspsychologischen Forschung vertretenen Studien zu gesundheitlichen Auswirkungen religiösen Glaubens sind einem funktionalen Verständnis von Religion zuzuordnen.

Dem stehen substantielle Definitionen von Religion gegenüber, die versuchen, sie existentiell, also das Phänomen ihrer Existenz, zu erklären. So resultiert Kehrers Appell, eine angemessene Haltung gegenüber religiösen Forschungsthemen einzunehmen, aus einem substantiellen Verständnis: „Für den Sozial- und Kulturwissenschaftler ist Religion nichts als eine Äußerung menschlichen Handelns, die sich wie viele Äußerungen so verselbständigen kann, dass sich die Menschen zu ihr und zu den ihr eigentümlichen Implikationen wie zu einem objektiven Gegenstand verhalten" (Kehrer 1988, S. 19). Die wohl prägnanteste substantielle Definition verfasste m. E. Spiro in *Religion: Problems of Definition and Explanation*: „Religion ist eine Institution, welche aus kulturell geformter Interaktion mit kulturell postulierten übermenschlichen Wesen besteht" (Spiro 1966; zit. in: Kehrer 1988, S. 21).

Die folgenden Definitionen von Religion, die für diese Arbeit den Rahmen vorgeben, sind ebenso einem substantiellen Verständnis von Religion zuzurechnen.

Das Augenmerk liegt hierbei auf der Religion als Bewusstseinsform des Menschen, wie sie von Klaus und Buhr (1975) zutreffend zusammengefasst ist. Sie definieren Religion als

„Form gesellschaftlichen Bewusstseins mit Weltanschauungscharakter, deren Besonderheit in einer verzerrten, verkehrten Widerspiegelung der Natur und Gesellschaft im Bewusstsein der Menschen besteht, dergestalt, dass die Erscheinungen der Natur und Gesellschaft auf übernatürliche Ursachen und Zwecke zurückgeführt bzw. als übernatürliche Vorgänge und Mächte dargestellt werden, zu denen die Menschen in einem unmittelbaren Abhängigkeitsverhältnis stehen und denen gegenüber sie sich zu ihrem Wohle zum Vollzug bestimmter Handlungen (wie Gebete, Opfer, Kult, Ritus usw.) verpflichtet fühlen." „Die Religion ist erkenntnismäßig verursacht durch die gedankliche Überschreitung jener Erkenntnisschranken, die die jeweiligen Produktions- und Lebensbedingungen dem objektiven Erfassen der tatsächlichen Zusammenhänge der Natur und besonders der Gesellschaft entgegensetzen, und zwar durch die von Emotionen (Furcht-, Ohnmachts-, Abhängigkeits-, Dankbarkeitsgefühle usw.) in Aktion gesetzte Phantasie" (Klaus/Buhr 1975, Bd. 2, S. 1046f).

Vergleichbar nähern sich auch Luckmann (1991) und Conrad (1999) Religion an. Sie definieren Religion sowie Religiosität nicht über religiöse Institutionen, sondern „von ihrer anthropologischen Funktion her: Als die ‚Weltansicht' eines Menschen oder einer Gesellschaft, die Konstruktion eines Sinnzusammenhangs und eines umfassenden Deutungssystems" (Conrad 1999, S. 399f; vgl. Knoblauch 1991, S. 13).

Die Grenze zwischen funktionalem und substantiellem Herangehen ist, wie am Beispiel von Conrad und Luckmann ersichtlich, nicht immer trennscharf ziehbar. Obgleich sie von einer „Funktion" der Religion sprechen, sind ihre Definitionen nahe am substantiellen Gehalt angesiedelt, da es um die Herstellungsmechanismen von Religion im Menschen und damit um ihre Substanz, den Grund ihrer Existenz, geht.

Um in dieser Arbeit die Aufmerksamkeit darauf zu lenken, dass Religion als Form des Bewusstseins des Menschen (und nicht etwa als dogmatisches Lehrsystem) verstanden wird, wird als Untersuchungsterminus *Religiosität* anstelle von *Religion* verwendet. Er umgrenzt das zu untersuchende Phänomen am deutlichsten.

An diese Auffassung von Religion bzw. Religiosität anschließend wird Heimbrocks Definition der Religionspsychologie im Rahmen dieser Arbeit verwendet: „Als Gegenstand der Religionspsychologie kann im breitesten Sinne die subjektive Religiosität von Menschen in ihren kognitiven und affektiven Elementen gelten, weiterhin religiöse Erfahrung und Ausdrucksformen, das religiöse Verhalten von Gruppen, enger gefasst aber psychische Phänomene, die als psychische Reaktion von Menschen auf institutionalisierte Religionssysteme im Sinne objektiver Kulturtatsachen beschreibbar sind" (Heimbrock 1998, S. 7; zit. in: Lämmermann 2006, S. 27).

Heimbrocks Begriffsbestimmung ergänzt jene von Klaus und Buhr dahingehend, dass sie die gesellschaftlich institutionalisierten Formen von Religion mit in den Blick nimmt, in denen subjektive Religiosität sich entwickelt und an denen sie sich sozialisationsbedingt orientiert (manifeste „Kulturtatsachen“). Religiosität entsteht nicht im leeren Raum, sondern innerhalb kulturspezifischer religiöser Vorgaben. Auch die esoterisch Religiösen, die in dieser Studie zu Wort kommen, bilden ihre Religion aus bestehenden Angeboten auf dem esoterischen Psychomarkt heraus. Von Interesse ist eben, wie die individuelle Umsetzung und Adaptation esoterischer Angebote von Einzelnen vollzogen wird, wie die subjektive Religiosität sich im Rahmen gesellschaftlicher Anforderungen und esoterischer Angebote ausgestaltet.

Gegenstand dieser Untersuchung *ist* ergo *nicht* der esoterische Glaube als theologisches System. Gegenstand *sind* vielmehr die Gedanken und Handlungen von Menschen, die sie selbst in den Kontext religiös-spiritueller Bedeutung stellen.

2 SCHULEN SOZIALPSYCHOLOGISCHER RELIGIONSPSYCHOLOGIE

Erste Grundlagen der ausdifferenzierten psychologischen Befassung mit Religiosität wurden vor etwa 120 Jahren in den USA gelegt.

Identitätstheoretische Anfänge

William James (1842–1910) gilt neben James Henry Leuba (1868–1946) und Edwin Diller Starbuck (1866–1947) als Begründer der Religionspsychologie. In seiner Schrift *The Varieties of Religious Experience* (*Die Vielfalt religiöser Erfahrung*, 1902) legte er eine umfangreiche Sammlung vor, um die psychologische Wirkung von Religiosität in einem theoretischen Rahmen nachzuvollziehen. James stand der philosophischen Bewegung des Pragmatismus nahe. Religion sah er als eine Möglichkeit, ein in sich gespaltenes Subjekt zu vereinen.

Sein psychologisches Konzept teilte die Menschheit in jene, die über einen „gesunden Geist" verfügten (er nannte sie the healthy-minded), und jene, die den Typus der „kranken Seele" (sick-soul) darstellten. Die „Gesunden" seien gleichzeitig die „einmal Geborenen", wohingegen die „kranken Seelen" ein zweites Mal geboren werden müssten, um glücklich leben zu können.[9] Ein Mensch mit „gesundem Geist" lebe in einem harmonischen inneren Gleichgewicht, verfüge über eine klare Linie, deutlich umrissene Ziele, lebe im Einklang mit seinen Wünschen, Vorstellungen und Taten, begreife die Welt als gut und verstehe Gott als lebensspendenden schöpferischen Geist (James 1902/1997, S. 119). Wie Popp-Bayer es in moderne Identitätstheorien übersetzt, laufen in diesem Typus „Idealselbst" und „tatsächliches Selbst" zusammen (Popp-Baier 2003, S. 95).

Der so genannte „zweimal Geborene" (bzw. der, welcher ein zweites Mal geboren werden müsse) verfüge über eine heterogene Persönlichkeitsstruktur, über unvereinbare und gegensätzliche Charakterzüge, über innere Zerrissenheit. Er sei ein

„Mensch mit einer in viele Richtungen gehenden Empfindlichkeit, dem es mehr Schwierigkeiten als anderen bereitet, sein geistiges Haus in Ordnung zu halten und eine gerade Linie zu verfolgen, weil seine Gefühle und Triebe zu stark sind und zu sehr voneinander abweichen. Die ihn heimsuchenden und bedrängenden Vorstellungen, die irrationalen Impulse, krankhaften Skrupel, Ängste und Hemmungen [...] sind

9 Die Idee der einmal/zweimal Geborenen entlehnte James von Francis W. Newman (Newman 1852, S. 89ff; James 1902/1997, S. 112).

ausgezeichnete Beispiele einer heterogenen Persönlichkeitsstruktur" (James 1902/1997, S. 191).

Er leide unter moralischen Gewissensbissen, Schuld- und Reuegefühlen, er kränkle, sorge sich viel, ihn plagten unkontrollierte Triebe (ebd., S. 114; S. 152). In ihm schlage ein gebrochenes, zerknirschtes Herz, er sei krankhaft unzufrieden (ebd., S. 125).

„Als ‚zweimal geboren' beschreibt James einen Persönlichkeitstyp, dessen Identitätsbildung krisenhaft verläuft. Der ‚zweimal Geborene' leidet unter einer heterogenen Persönlichkeitsstruktur, bei der eine besondere Anstrengung nötig ist, um Einheit und Gleichgewicht zu finden. Diese heterogene Persönlichkeitsstruktur ist gekennzeichnet durch ein ‚gespaltenes Selbst', bei dem entweder ‚Idealselbst' und ‚tatsächliches Selbst' einander antagonistisch gegenüberstehen oder situativ unterschiedlich ausgebildete Selbstkonzepte oder auch verschiedene Handlungsorientierungen miteinander im Widerstreit sind" (Popp-Baier 2003, S. 95).

Diese Auslegung Popp-Bayers führt James' Grundideen mit modernen Vorstellungen eines idealisierten Selbstbildes versus möglicherweise schwer zu vereinbarenden Teilidentitäten bzw. konträren situativen Selbstthematisierungen zusammen, wie sie Keupp et al. in den 1990er Jahren beschrieben (Keupp 1994, Keupp/Höfer 1997; vgl. Kap. III.1).

Mittels eines „Vereinigungsprozesses", in dem die innere Einheit der gespaltenen, heterogenen Persönlichkeit hergestellt würde, könne die „sick-soul" geheilt werden. Dieser Weg zur inneren Einheit, zur Verringerung des Zwiespalts, könne schrittweise oder abrupt gegangen werden, könne mittels veränderter Gefühle, Tatkraft oder neuer intellektueller Einsichten gestaltet werden (James 1902/1997, S. 197). Der Vereinigungsprozess wirke sich aus als „Erleichterung", „Glückseligkeit" (ebd., S. 197). Die Religiosität ist nach James einer von vielen Wegen, auf denen dieser Prozess vonstatten gehen kann. Es „ist ein allgemeiner psychologischer Prozess, der mit jeder Art geistigen Materials stattfinden kann und nicht notwendig eine religiöse Form anzunehmen braucht" (ebd., S. 197), obgleich letztere für James die mit der „Wesensneigung des Menschen" übereinstimmende Art darstellt, einen gesunden Geist zu erhalten und zu pflegen (ebd., S. 122).

Mit seinem Konzept eines „gespaltenen Selbst" nahm James identitätstheoretische Überlegungen über die divergierenden Identitätsanteile vorweg, die heute noch in abgewandelter Form – wie etwa im Konzept der „alltäglichen Identitätsarbeit" (Keupp et al. 2002) – diskutiert werden.

Sundéns Rollentheorie

Hjalmar Sundén (1908–1993) gilt heute als einer der „Pioniere der europäischen Religionspsychologie" (Pawlik 2006, S. 904). Er leitete seit 1967 den ersten Lehrstuhl für Religionspsychologie an der Uppsala-Universität in Schweden und war ab 1969 stellvertretender und später Ehrenvorsitzender der Internationalen Gesellschaft für Religionspsychologie.

Sundén entwickelte Ende der 1950er Jahre eine Religionspsychologie, die auf theologischer Grundlage und rollentheoretischen Konzepten (u. a. nach Ralph Linton 1893–1953) aufbaut.

In Anlehnung an Linton definiert Sundén Rollen auf der Basis von sozial zugewiesenem Status. Eine Rolle umfasse demnach „alle die Haltungen, Werte und Verhaltensweisen, welche die Gesellschaft allen Personen zulegt, die einen gewissen Status besitzen" (Sundén 1966, S. 7). Der Status werde aufgrund gesellschaftlicher Ordnungen wie Alter, Geburt, Geschlecht etc. zugeteilt. Jedes Gesellschaftsmitglied verfüge gleichzeitig, nebeneinander über verschiedene Status, die durch Organisationssysteme unserer Gesellschaft bedingt seien. Zu jedem Status gehöre eine Rolle als Verhaltensanweisung, die erlernt werde und im Spiel auch an sich selbst ausprobiert würde. Die Rollen stellen laut Sundén ein „konstantes Element unserer Teilnahme an der inneren Kultur unserer Gesellschaft dar" (Linton 1936, S. 113f; zit. in: Sundén 1966, S. 8; vgl. Sarbin/Allen 1968). Obwohl ein Mensch stets mehrere Rollen bekleide, könne er jeweils nur eine aktiv ausführen („aktiver Status"). Die übrigen Rollen verharrten derweil in einem „latenten Status", seien jedoch trotzdem als „integrierende Teile der kulturellen Ausrüstung des Individuums" wirksam (Linton 1936, S. 113f; zit. in: Sundén 1966, S. 8).

Das entscheidende psychologische Moment an der rollenförmigen Daseinsgestaltung sei jedoch, dass Rollen nicht lediglich als „Spielmuster" fungierten, sondern gleichzeitig einen Deutungshorizont, einen „Referenzrahmen" bildeten, innerhalb dessen das Individuum seine Weltsicht und auch seine Wahrnehmung strukturiere (Sundén 1966, S. 9f). Sundén bezieht sich dabei auf wahrnehmungspsychologische Forschungsansätze der 1950er Jahre, die nachwiesen, dass unsere Sinnesorgane kein exaktes Abbild der Außenwelt in unser Bewusstsein liefern, sondern dass ein enges Zusammenspiel von Nervenreizen und (zumeist unbewusster) Vor-Überzeugung (heute als „confirmation bias" bezeichnet) ein subjektiv wahrgenommenes Bild der Wirklichkeit erzeugen, das von der objektiven Realität abweichen kann (ebd., S. 3).

Wie stark das individuelle Überzeugungssystem die Wahrnehmung strukturiert, beschrieb Sundén an einem bekannten Phänomen: „Mit *einem bestimmten Referenzsystem* in uns fixieren wir ein paar Buchstaben in einem Wort, deuten sie und ergänzen sie so schnell, dass wir das Wort korrekt geschrieben sehen, auch wenn mehrere Buchstaben falsch sind" (Sundén 1966, S. 3f). Er kommt zu dem Schluss: „Der Zweck, das Motivmuster, die Bereitschaft, die Einstellung, das aktuelle Referenzsystem bzw. der Referenzrahmen sind also von entscheidender Bedeutung für den Inhalt einer Wahrnehmung" (ebd., S. 5). Sundén versteht unter dem „frame of reference", dem „Referenzrahmen", eine rollenspezifische Ansammlung von Bereitschaftssignalen und Motiven, die eine bestimmte Wahrnehmung der Realität begünstigen oder verhindern. Auch neuere Theorien, wie die (nachfolgend behandelte) Attributionstheorie, Untersuchungen zum „confirmation bias" oder Coping-Theorien gehen von der Bedeutung individueller Erwartungen und Absichten aus. Sundén jedoch bringt diese Vorerwartungen deutlicher als jene mit gesellschaftlich bestimmten Zuschreibungen (Rollen) in Verbindung und verankert die individuelle Wahrheitsfrage dadurch ausdrücklicher in ihrer sozialen Bedingtheit.

Den Glauben an Götter, Religion, religiöse Verhaltensweisen und Deutungen ordnet Sundén als „religiöse Rollen" ein.[10] Kernaufgabe der Religionspsychologie sei demnach zu untersuchen, inwiefern das religiöse Dasein rollenspezifischen Motiven geschuldet ist. Dieser Ansatz ist im Hinblick auf die Abgrenzung von sozialen Rollen, welche einige der in dieser Studie Interviewten als Schlüsselkategorie benennen, und den Aufbau neuer spiritueller Teilidentitäten, welche für sie neue Bewertungsmaßstäbe zulassen, von Interesse.

„Wir stellen also fest, dass die Funktionsweise des Wahrnehmungsapparates eine gewisse Freiheit in der Ausgestaltung der Erlebnisinhalte erlaubt, eine Freiheit, mit der die meisten Menschen nicht rechnen. Die einfache, eindeutige Welt ist eine Fiktion, es gibt viele Erlebnismöglichkeiten. Wie das Erlebbare erlebt wird, das hängt von der Einstellung des Menschen, von den Referenzrahmen (oder Referenzsystemen) ab, deren er sich gelegentlich oder konstant bedient. ‚Was in unser Bewusstsein tritt, ist immer Erlebnis und Deutung zugleich.'" (Sundén 1966, S. 6)

Mit Sundéns Ansatz besteht die Möglichkeit, den jeweiligen esoterischen Referenzrahmen zur Ausdeutung von Erlebtem nicht nur als individuelle Motivation, sondern in seiner gesellschaftlichen Funktion und Dimension zu begreifen.

Der attributionstheoretische Ansatz (nach Spilka)

Einen Meilenstein sozialpsychologischer Religionspsychologie setzte Bernard Spilka mit dem „attributionstheoretischen Ansatz" in den 1980er Jahren. Spilka et al. gehen davon aus, dass Menschen bestrebt sind, der Welt Bedeutung beizumessen. „The basic premise of attribution theory is that the fundamental motivation of people is to make sense out of their world"

10 Zur Wirksamkeit eines Gottes oder religiösen Gegenstandes gehört dessen Aufladung mit Attributen durch die ihm Huldigenden. Insofern kann auch eine Religion oder Gottheit nur durch Rollenverhalten der Gläubigen in Bezug auf das behauptete Heilige existieren.

(Spilka/Hood/Gorsuch 1985, S. 20). Menschen schreiben Ereignissen und Phänomenen Ursachen und Motive zu, um durch diese Attribution die Welt für sich übersichtlich, erklärbar und kontrollierbar zu machen.

Im Wesentlichen würden Menschen aus drei Motiven Attribuierungen vornehmen:

1) Bedürfnis nach Sinn:
Es bestünde ein grundlegendes Bedürfnis des Menschen, die Welt und das eigene Leben darin als sinnvoll zu begreifen, „to make the world meaningful" (Spilka/Hood/Gorsuch 1985, S. 20).

2) Bedürfnis nach Kontrolle über das eigene Leben:
Insbesondere im Fall einer Bedrohung oder Verletzung suche der/die Einzelne nach Möglichkeiten, Ereignisse vorherzusagen und zu kontrollieren. Er/sie versuche, durch Unterlegung der Vorgänge mit Ursache-Wirkungs-Zusammenhängen Erklärungen zu finden, um kognitiv die kausalen Strukturen der Umwelt zu erfassen und sie zum eigenen Vorteil nutzen zu können.

3) Aufrechterhaltung bzw. Erhöhung eines positiven Selbstkonzepts:
Als dritte motivationale Quelle unterstellten Menschen Kausalitäten, um ihr Selbstwertgefühl zu stützen oder zu erhöhen (defensiv-schützende Tradition). Durch die Attribuierung, Bedeutungsunterlegung, würden die individuellen Einflussmöglichkeiten in einer Art bezeichnet und wahrgenommen, die das Selbstwertgefühl unterstütze. Dies gelänge sowohl durch eine Eigendarstellung als handlungs- und steuerungskompetent wie auch durch ein ohnmächtiges Bild der eigenen Einflussnahme, wenn damit z. B. subjektiv empfundener Verantwortungsdruck genommen würde und eine Entlastung stattfände.

Ob die Attribuierung eines Ereignisses religiöse Züge annimmt oder profanen Erklärungsmustern verhaftet bleibt, wird laut Spilka, Hood und Gorsuch (1985, S. 21ff) durch eine Reihe von Faktoren bestimmt, die aus dem individuellen Kontext hervorgehen, in dem das Individuum seine Bedeutungsgebung vornimmt. Entscheidende Variablen sind – in Anlehnung an Spilka et al. – der *soziale Hintergrund*, das *Welt- und Selbstbild* des Attributors sowie der *Kontext des Ereignisses* (vgl. auch Grom 2007, S. 54ff).

Sozialer Hintergrund, Weltbild und Selbstbild des Attributors

Eine Voraussetzung für religiöse Attribuierungen, also religiöse Ausdeutungen von Ereignissen, sei das Vorhandensein entsprechender religiöser Deutungsmuster in der jeweiligen Kultur. Menschen griffen auf Erklärungsmuster zurück, welche ihnen im Laufe ihrer Sozialisation vertraut und glaubhaft geworden seien. Je nach Bildungshintergrund, sozialer Schichtzugehörigkeit und geschlechtsspezifischen Merkmalen unterschieden sich die religiösen bzw. säkularen Deutungstraditionen in ihren Inhalten. (Entgegen verbreiteter Vorstellungen lässt sich jedoch keine Korrelation von höherem Bildungsgrad und niedrigerer Glaubensbereitschaft feststellen; vgl. Noelle/Petersen 2006, Sozioland 2008, Jörns 1997.)

Ein weiterer Faktor, der die Art der Attribuierung beeinflusse, sei die *soziale Erwünschtheit* der jeweiligen Ausdeutung bzw. die mit der jeweils kulturell-sozial konnotierten Bedeutungsunterlegung zu erwartende soziale Anerkennung. Der Zusammenhang zwischen psychischer Stabilität und einem der hiesigen Kirchenmeinung angepassten Gottesbild (wie Murken in seiner Studie 1998 feststellte) erscheint demnach plausibel: Auf ein Verhalten entsprechend der sozialen Erwünschtheit folgt soziale Anerkennung und eine erhöhte Selbstwertschätzung.

Sozial vorgegebene Erklärungsmuster seien die Grundlage, auf der sich individuelle Attributionen entfalten. Soziale Anerkennung für bestimmte Attributionen sei dabei ein Faktor, der die Wahrscheinlichkeit der Annahme bestimmter Deutungen maßgeblich bestimme.

Bei grundsätzlich religiösen Menschen sei das individuelle religiöse Verständnis entscheidend dafür, inwieweit ein Ereignis mit weltlichen oder religiösen Attributen versehen wird. Einem Ereignis können auch mehrere Erklärungsansätze zugeordnet werden (multifaktorieller Erklärungsansatz), die unterschiedlichen weltanschaulichen Deutungszusammenhängen entlehnt sind und nicht unbedingt in logisch widerspruchsfreier Verknüpfung zueinander stehen.[11]

Je nach individueller Religion würden weltliche Ereignisse auch in unterschiedlichem Ausmaß als metaphysisch verursacht angesehen. In der esoterischen Weltsicht ist die pantheistische Vorstellung einer göttlich-universalen Kraft verbreitet. Sie gehe durch jede Pflanze und jeden Stein und wirke auch durch den Menschen. Dieser könne sich in den Dienst jener Kraft stellen, seinen eigenen freien Willen aufgeben und sich durch das Einssein mit der universellen schöpferischen Energie selbst vergöttlichen. Damit wird fast jedem Ereignis unterstellt, es sei von höheren Einsichten und Sinnstrukturen getragen. Weltliche oder menschliche Ursachen dagegen werden kaum mehr zur Kenntnis genommen.

Das im christlichen wie auch im jüdischen und islamischen Religionsverständnis verbreitete Gottesbild mutet in seinen theoretischen Grundzügen dagegen fast liberal an. In diesem dualistischen Gottesverständnis wird davon ausgegangen, dass eine höhere Macht, Gott, getrennt von den Menschen existiert. Diese sind in ihrem Leben auf Erden freie autonome Wesen. Phänomene und Ereignisse lassen sich nach dem dualistischen Verständnis ein-

11 Dieser Widerspruch wird jedoch nicht oder in vernachlässigbarer Weise wirksam, wenn die Erklärungsansätze in unterschiedlichen Teilidentitäten unverknüpft gebraucht werden. Eine konsistente, durchgängige Attribuierung ist dann nicht notwendig.

facher auf weltliche Ursachen und Erklärungen zurückführen als im pantheistischen Weltverständnis, in welchem das Wirken der göttlichen Kraft per Definition in allem vermutet wird.

Charakteristika und Kontext des Ereignisses

Das soziale Setting, in welchem ein Ereignis stattfindet, beeinflusse die religiöse oder weltliche Ausdeutung. Unterschiedliche Kontexte, in denen eine Begebenheit eingebettet ist, beeinflussten die Attribuierung, welche vorgenommen wird. In einer religiös-emotional aufgeladenen Situation, wie etwa Bet-Ritualen im Kreis von Kranken, werde eine positive Entwicklung in die gewünschte Richtung – in diesem Fall eine Genesung – verstärkt als göttlich bedingt attribuiert. Demgegenüber werde die Genesung in einem Kontext, in dem sich eine weltliche Wendung des Geschehens andeutet, wie etwa durch Therapiesitzungen oder intensive medizinisch-technische Betreuung, verstärkt durch als diesseitig bedingt angesehen.

Ein wichtiger Faktor für religiöse Ausdeutungen sei der Schutz vor Verzweiflung und Resignation und die Aufrechterhaltung einer positiven Aufgeschlossenheit für zukünftige Geschehnisse. Vor allem bei schwerwiegenden negativen Ereignissen nütze eine religiöse Attribuierung, da sie auf eine positive Wendung hoffen lasse. Das könne die psychische Stabilisierung unterstützen. Spilka et al. nennen hier religiöse Leitsätze wie die Vorstellung, Gott wolle durch Leid einen individuellen Lerneffekt hervorrufen, oder die Annahme, auch Unverständliches und Leidvolles enthalte einen (noch verborgenen) Sinn, der für das Erlittene entschädigen werde (vgl. Spilka/Hood/Gorsuch 1985, S. 23).

Spilka et al. zählen noch eine Reihe weiterer Faktoren auf, die individuelle Attributionen in religiöser oder weltlicher Richtung beeinflussen und sich den beiden oben beschriebenen Überkategorien zuordnen lassen. Speziell hingewiesen sei auf die Kategorie *Cognitive-Linguistic Factors*, in der die Macht der Sprache als Strukturelement des Denkens angesprochen wird. In Anlehnung an Carroll (1956) gehen Spilka et al. davon aus, dass die vorhandenen sprachlichen Möglichkeiten die Art und Weise strukturieren, wie wir über Phänomene und Ereignisse denken. „Attributions depend on having available a language that both permits and supports thinking along certain lines" (Spilka/Hood/Gorsuch 1985, S. 25). Erfahrung wird nur mitteilbar und kognitiv fassbar, wenn wir sprachlich über Begrifflichkeiten verfügen, sie auszudrücken. Gleichfalls fördert dies die Auseinandersetzung mit der jeweiligen Thematik in vorgegebener Weise, da jede Begrifflichkeit Denktraditionen und Hintergrundvorstellungen transportiert, die uns dazu anstoßen, in bestimmten Schemata zu denken. Deutlich wird dies an religiösen Begrifflichkeiten, die Eingang in die Alltagssprache gefunden haben und zu einer kulturell-religiös akzeptierten Art der Attribuierung von Ereignissen anhalten. Die häufige Verwendung des Wortes „Schicksal" etwa, wo neutral von „Lebenswegen" oder „Biographien" gesprochen werden müsste, ist ein

Beispiel hierfür. Durch die alltagssprachliche Verwendung religiös gefärbter Attribuierungen und Wortwendungen wird die Tradition, eigene Erfahrungen im religiös akzeptierten Sinn zu deuten, unterstützt.

Weitere relevante sozialpsychologische Konzepte im religionspsychologischen Feld

Coping-Theory

In der sich seit den 1960er Jahren etablierenden Coping-Forschung hat sich eine religionspsychologische Richtung herausgebildet, die Religiosität vor allem als Hilfsmittel zur Bewältigung von Krisensituationen begreift (vgl. Utsch 1998, S. 158).

Die Coping-Theorie gründet auf den Arbeiten von Lazarus (1966) bzw. Lazarus und Folkman (1984). Ihre kognitiv-psychologische Konzeption von Stress und die darauf aufbauende Coping-Theorie basieren auf einer transaktionalen Sichtweise auf persönliche Reaktion auf Umweltreize.

Lazarus und Folkman teilen ihre Reiz-(Re-)Aktionstheorie in zwei klassischerweise nacheinander ablaufende, aber ineinandergreifende Prozesse auf:
a) Einschätzung einer Belastungssituation (cognitive appraisal) und
b) darauf folgende Bewältigungsversuche (coping).

Ziel einer Mensch-Umwelt-Interaktion sei demnach ein erfolgreicher Coping-Prozess mit als Stress empfundenen Umständen bzw. Anforderungen. Unter Stress verstehen Lazarus und Folkman eine Situation, die von den Betroffenen als Gefährdung ihres Wohlseins (well-being) eingeschätzt wird, so dass er/sie Ressourcen in Anspruch nehmen muss, um dieses zu erhalten.[12]

a) Appraisal
Einem Coping-Versuch gehe die Einschätzung einer Situation als belastend voran. Diese primäre Bewertung (primary appraisal) als Belastung erfolge in der Regel dann, wenn das Ereignis als Schädigung/Verlust (harm/loss), Bedrohung (threat) oder Herausforderung (challenge) empfunden wird.

Eine als belastend bewertete Situation setze einen weiteren Prozess in Gang: die Suche nach Reaktions- bzw. Aktionsmöglichkeiten (secondary appraisal). Die eigenen Handlungsmöglichkeiten bemesse das Individuum anhand seiner persönlichen Ressourcen. Ob die Situation als kontrollierbar

12 „Psychological stress is a particular relationship between the person and the environment that is appraised by the person as taxing or exceeding his or her resources and endangering his or her well-being" (Lazarus/Folkman 1984, S. 19).

oder unkontrollierbar eingeschätzt wird sei entscheidend dafür, welche Strategie eingeschlagen wird. Die Einschätzung, über keine wirksamen Mittel zur Kontrolle der Situation zu verfügen, werde in der Regel Vermeidungs- bzw. defensive Verteidigungsstrategien zur Folge haben, die zu einer notwendigen Anpassung der persönlichen Bereiche an die Umstände führten.

Lazarus und Folkman bezeichnen diese Form der Einschätzung einer Situation zwar als „kognitiv", räumen jedoch ein, dass dieser Vorgang nicht unbedingt bewusst ablaufen muss, sondern von unbewussten Grundüberzeugungen gespeist sein kann (Lazarus/Folkman 1984, S. 54, S. 151). Entscheidend für die Einschätzung von Situationen seien Commitments (Bekenntnisse, tendenziell rationalisiert) sowie Beliefs (Einstellungen, eher nicht rational) (ebd., S. 54, S. 56ff). Commitments sind von Überzeugungen, Sachmeinungen, Werthaltungen getragen. Beliefs betreffen die individuelle grundlegende Einschätzung, wie viel Kontrolle über das eigene Leben möglich ist. Diese beiden Arten von Überzeugungen reichten jedoch nicht aus, den situationsspezifischen Appraisal zu erklären (ebd., S. 54, S. 81), der zusätzlich entscheidend von situativen rollenspezifischen Mustern bestimmt werde, die zu den Grundüberzeugungen (beliefs, commitments) in Widerspruch stehen können (vgl. Faltermaier 1987, S. 69).

Ein Vorteil der Stresstheorie besteht darin, dass sie dem Individuum die Deutungshoheit über seine Situation belässt. Objektive Faktoren werden in ihrer jeweils subjektiv unterschiedlichen Auswirkung erkannt und verschiedene Wege, mit der Realität umzugehen, werden durch Aufschlüsselung der persönlichen Bedeutungsstruktur nachvollziehbar gemacht.

b) Coping

Erfolgte die persönliche Einschätzung der Situation als belastend (in einer der drei oben genannten Kategorien), so dass eine Veränderung notwendig erscheint, schließe sich der Prozess des Copings an. Coping wird in deutschen Übersetzungen zumeist mit „Bewältigung" gleichgesetzt. Oftmals wird auch umgangssprachlich davon geschrieben, mit einer Situation „fertig" zu werden (Faltermaier 1987, S. 65), ihrer „Herr" zu werden. Dies suggeriert eine einseitige, extrovertierte Änderung der Situation durch das Individuum: Indem der einzelne Mensch die Situation „meistert", ihr gewissermaßen überlegen wird, erscheint sie nach seinem Wunsch veränderbar. Lazarus und Folkman weisen selbst auf diese oft missverstandene Dimension des Coping-Begriffs hin. Sie betonen: „Finally, coping should not be equated with mastery over the environment; many sources of stress cannot be mastered, and effective coping under these conditions is that which allows the person to tolerate, minimize, accept, or ignore what cannot be mastered" (Lazarus/Folkman 1984, S. 140). Erfolgreicher Umgang mit einer Situation im Sinne der Coping-Theorie bedeutet also einen beidseitigen Prozess, der sowohl die äußeren Gegebenheiten zu verändern sucht als auch die innere Einstellung derart umgestaltet, dass die Situation nicht länger als *Stress* wahrgenommen wird. Lazarus und Folkman unterscheiden demgemäß zwei Arten von Coping: emotions- sowie problemfokussierte Formen (emotional versus problem focused forms of coping).

Emotionsfokussierte Formen des Copings

Diese würden vor allem dann angewendet, wenn Menschen es als aussichtslos einschätzen, eine Situation positiv verändern zu können (Lazarus/Folkman 1984, S. 150). Neue Informationen und Sichtweisen würden herangezogen, um das als belastend empfundene Verhältnis zwischen den eigenen Möglichkeiten und den Anforderungen der Stress-Situation zu verbessern. Emotionsfokussiertes Coping diene dazu, „Hoffnung und Optimismus aufrechtzuerhalten" (ebd., S. 151), oftmals zum Preis der „self-deception" (Selbstbetrug/Selbsttäuschung) (ebd., S. 151). Bei dieser Form der Stressminimierung würden kurzzeitig oder langfristig bestimmte Aspekte ausgeblendet, nicht mehr wahrgenommen. Die Selbsttäuschung über Sachverhalte gelänge nur dann, wenn sie unbewusst geschähe, da sie ansonsten ihre Wirksamkeit verlöre (ebd., S. 151). Lazarus und Folkman zählen drei Widersprüchlichkeiten auf, anhand derer sich Selbsttäuschungen diagnostiziert lassen:

- Zwischen dem, was gesagt und getan wird.
- Zwischen dem, was in einem und in einem anderen Moment gesagt wird.
- Zwischen dem, was gesagt und gefühlt wird (Lazarus/Folkman 1984, S. 152).

Werden nicht nur einzelne Aspekte einer Situation ausgeblendet, sondern wird sie insgesamt umgedeutet, handele es sich um eine kognitive Neubewertung (cognitive reappraisal). Dies geschehe zumeist, aber nicht ausschließlich, in eine defensive Richtung. Defensive Neubewertungen (defensive reappraisals) können sich zeitlich sowohl auf die Vergangenheit beziehen, um sie rückblickend positiver zu interpretieren, als auch auf die Gegenwart, um ihre beschädigenden Aspekte weniger deutlich wahrzunehmen (Lazarus/Folkman 1984, S. 38, S. 54).

Problemfokussierte Formen des Copings

Problemzentrierte Formen des Copings sind mit Problemlösungsstrategien verwandt, welche Prozesse analysieren und zumeist nach Lösungen durch Veränderung der Umwelt suchen, jedoch auch auf innerpsychische Änderungen abzielen können. Menschen, die problemzentrierte Formen des Copings anwenden, würden mit alternativen Lösungsmustern arbeiten, Kosten und Nutzen abwägen und zielorientiert handeln (vgl. Lazarus/Folkman 1984, S. 152f).

Um die unklare Grenzziehung zwischen Problem- und Emotionsfokussierung zu vermeiden, haben andere Forscher abgewandelte Dimensionen des Copings vorgeschlagen. So untergliedern Pearlin und Schooler (1978) Coping-Möglichkeiten nach sozialen Ressourcen, die zum erfolgreichen

Umgang mit einer Situation beitragen, sowie nach psychologischen Ressourcen. Letztere beinhalten vor allem ein hohes Selbstwertgefühl, Kontrollbewusstsein und fehlende Tendenzen zur Selbstabwertung (vgl. Faltermaier 1987, S. 67).

Bedeutung der Coping-Theorie für die Religionspsychologie

Die esoterische Bewegung hat einen starken Zweig im so genannten *Human Potential Movement* (vgl. von Stuckrad 2004, S. 233), einer Empowerment-Strategie der transpersonalen Psychologie, die im Individuum Kraft mobilisieren und sein Denken derart strukturieren soll, dass Hemmungen überwunden und zielgerichtetes, erfolgreiches Handeln befördert wird. Mit der Coping-Strategie der Reappraisals, in denen auch Beliefs und Committments neu bewertet und gestaltet werden, kann es im Rahmen religiöser Deutungssysteme gelingen, aus destruktiven Mustern herauszukommen und sich für den Moment nützlichere und lustvollere Denk- und Verhaltensweisen anzueignen. Inwieweit diese Strategie auf Dauer trägt, ist zu prüfen, da Lazarus und Folkman betonen, dass die defensiven Reappraisals lediglich auf Kosten einer Realitätsverleugnung möglich sind.

Das partielle Ausblenden schädigender Aspekte der Realität wird durch die Aussage von Interviewten bestätigt, wonach ihnen esoterische Praktiken in Zuständen des Haderns mit der Welt geholfen haben, wieder „Land zu gewinnen, nicht verrückt zu werden". Die Aufrechterhaltung von innerer Souveränität und Selbstwertschätzung durch einen Filter, der die wahrgenommenen Aspekte der Realität positiver für das Selbstkonzept erscheinen lässt, ermöglicht diese Entlastungsfunktion und damit ein erfolgreiches Coping.

Salutogenese

Die von Aaron Antonovsky konzipierte Salutogenese baut auf der kognitiven Stresstheorie auf, vollzieht jedoch einen Paradigmenwechsel in der Betrachtung von Krankheit bzw. Gesundheit. In seinem 1979 vorgelegten Buch *Health, Stress and Coping* fragt Antonovsky nach Kriterien, die für die Entstehung und Erhaltung von Gesundheit günstig sind. Damit entwickelte er eine neue Perspektive in der Gesundheits-/Krankheitsforschung, die in der Vergangenheit ihren Schwerpunkt stärker auf die Entstehungsursachen von Krankheit und weniger auf die Erforschung von Bedingungen legte, die Gesundheit fördern. Antonovsky versteht Gesundheit und Krankheit als zwei Pole eines Kontinuums, auf dem sich das Befinden eines Menschen bewege. Die Befindlichkeit wird nicht als Zustand, sondern als in Bewegung verstanden; entscheidendes Kriterium ist, in welche Richtung sich ein Mensch auf der Achse des Gesundheits-Krankheits-Kontinuums (health-ease/disease-continuum) bewegt. Gesundheit kann nach Antonovskys Konzept nur erhalten werden, wenn ein Mensch über Widerstandsressourcen verfügt, mit denen er *Stressoren* erfolgreich handhaben kann.

Stressoren und Widerstandsressourcen

Als Stressoren bezeichnet Antonovsky – in Anlehnung an Lazarus – Anforderungen an ein Individuum, die es zu Aktivität herausfordern, sei es im Sinne von Positiv-Reizvollem oder Bedrohlich-Negativem, also von Eustress oder Distress (Antonvsky 1997, S. 26). Ein und dasselbe Ereignis könne von verschiedenen Individuen unterschiedlich wahrgenommen werden, als Herausforderung (Stressor) oder neutral. Auch im Falle der individuellen Einschätzung einer Situation als Stressor könne das Ereignis, je nach individuellen Voraussetzungen und Ressourcen, pathogen oder salutogenetisch wirken. Entscheidend für die gesundheits- oder krankheitsfördernde Wirkung von Stressoren seien die Widerstandsressourcen, über die ein Mensch verfüge.

Generalisierte Widerstandsressourcen (General Resistance Resources, GRR) nennt Antonovsky jene materiellen und psychosozialen individuellen Voraussetzungen, auf deren Basis ein Mensch Anforderungen taxiert und gegebenenfalls als Stressor bewertet. Widerstandsressourcen helfen, Stressoren zufriedenstellend handhaben zu können und damit das individuelle Wohlbefinden zu erhalten. Umgekehrt seien so genannte generelle Widerstandsdefizite Gründe für eine individuelle Bewegung in Richtung Krankheit, da sie ein erfolgreiches Coping mit Stressoren erschwerten. Als Widerstandsressourcen benennt Antonovsky folgende Bereiche: materielle Sicherheit, Wissen und Intelligenz, Ich-Identität (in Anlehnung an Erikson), flexible, umsichtige Coping-Stile, soziale Unterstützung und Bindungen, kulturelle Stabilität, Magie und Zauber bzw. Religion, Philosophie und Kunst, präventive Gesundheitsorientierung (Antonovsky 1979, S. 102ff).

Der Religion räumt Antonovsky den bedeutendsten Rang vor allen anderen Widerstandsressourcen ein. Durch Religion versorge die Gesellschaft ihre Mitglieder mit fertigen, klaren, stabilen und integrativen Antworten auf existenziell wichtige Fragen. Sie gebe damit Erklärungen für Schmerz und Verlust ebenso wie Halt und Struktur. Diese fertigen Antworten einer Kultur und ihrer sozialen Struktur bezeichnet Antonovsky als „the most powerful GRR of all“ (Antonovsky 1979, S. 119).

Mit dieser pragmatischen Sichtweise von Religion als stabiles, kulturell integrierend wirkendes Sinnkonstrukt steht Antonovsky religionssoziologisch in der Tradition, die Religion rein nach ihrer Funktion betrachtet (vgl. Kap. I.1). Diese funktionale Betrachtungsweise religiösen Verhaltens ermöglicht es, die individuelle Übernahme religiöser Theorien als Coping-Strategie für Anforderungen der Umwelt zu begreifen.

Angesichts des mit persönlicher Lebenshilfe werbenden Esoterikmarktes kann diese Sichtweise ein lohnendes Analyseinstrument darstellen, um die individuelle Nutzung von Esoterik im Umgang mit stresshaft empfundenen Situationen herauszuarbeiten. Es sollte jedoch mit bedacht werden, dass esoterische Religiosität nichts Einseitiges ist, dass es sich nicht um fertige Theorien handelt, die vom Individuum unverändert angewendet werden. Interessant für diese Untersuchung ist, inwiefern Individuen Religion für sich „passend“ machen, wie im Adaptationsprozess vollzogen wird, was modernes religiöses Denken und Tun im Kern ausmacht:

- Durch Abstraktion von realen Problemen einen Kosmos zu erzeugen, in dem die Welt widerscheint, gleichzeitig vereinfacht und mit Balsam versehen wird, um die Unerträglichkeiten annehmbar zu machen.
- Methoden, um ein Refugium zur Erholung und zum partiellen Rückzug aus dieser Welt zu erzeugen.

Religion wird zum kulturell geformten Ergebnis psychischer Verarbeitungsprozesse, die die kollektiv menschlich erzeugten, aber für die Einzelnen übermächtig dastehenden Verhältnisse akzeptabel machen.

In diesem Verständnis von Religiosität bzw. religiösen Formeln und Methoden zur Alltagsbewältigung geht es um die Wechselwirkung zwischen kulturell vorgelebter Religiosität und individueller Adaptation, nicht um ein einseitig vorgegebenes Sinnsystem. Dies bedeutet, Religion als ein sich psychisch reproduzierendes Phänomen zu betrachten, das durch die wechselseitige Beziehung von Individuum und Gesellschaft bedingt ist.

Kohärenzgefühl (Sense of Coherence, SOC)

Zentrales Konstrukt im salutogenetischen Ansatz von Antonovsky ist das Gefühl von Kohärenz, über das ein Mensch verfügt (Sense of Coherence, SOC). Darunter versteht er eine individuell vorhandene „globale Orientierung“, in welcher sich „das Maß ausdrückt, in dem man ein durchdringendes, andauerndes aber dynamisches Gefühl des Vertrauens hat, dass die eigene interne und externe Umwelt vorhersagbar ist und dass es eine hohe Wahrscheinlichkeit gibt, dass sich die Dinge so entwickeln werden, wie vernünftigerweise erwartet werden kann“ (Antonovsky 1997, S. 16, vgl. S. 36). Es geht also um eine positiv-offene Zukunftserwartung, Zuversicht, dass das eigene Leben handhabbar ist, die Entwicklung durch die eigene Person kontrolliert und gesteuert werden kann, dass keine übergroßen, nicht bewältigbaren Gefahren auf dem Weg liegen. Dies sei die Grundlage für ein gesundes Leben. Antonovsky unterteilt das Kohärenzgefühl (Sense of Coherence, SOC) in drei messbare Bereiche, aus denen sich die individuelle Beschaffenheit des SOC ergibt: Verstehbarkeit, Handhabbarkeit und Bedeutsamkeit.

- *Verstehbarkeit* bezeichnet das Ausmaß, in welchem „interne und externe Stimuli als kognitiv sinnhaft“, als „geordnete, konsistente, strukturierte und klare Information und nicht als Rauschen“ wahrgenommen werden

(Antonovsky 1997, S. 34). Verstehbarkeit resultiere aus Lebenserfahrungen von Konsistenz, deren Grundlage insbesondere gute soziale Bindungen darstellten. Personen mit einem hohen Ausmaß an Verstehbarkeit verfügten über vorhersagbare, erklärbare, vertrauensvolle Zukunftserwartungen.

- *Handhabbarkeit* definiert „das Ausmaß, in dem man wahrnimmt, dass man geeignete Ressourcen zur Verfügung hat, um den Anforderungen zu begegnen [...], mit denen man konfrontiert wird" (Antonovsky 1997, S. 35). Ein hoher Grad an Handhabbarkeit verhindere, in eine „Opferrolle" zu geraten, sich vom Leben „betrogen" zu fühlen (ebd., S. 35). Handhabbarkeit entstehe durch eine ausgewogene Belastungsbalance, d. h. durch Anforderungen, die nicht durchgängig über- oder unterfordern.
- *Bedeutsamkeit* ergänzt die erste Dimension des SOC (Verstehbarkeit) insofern, als sie die nicht-kognitiven Aspekte betont. Sie bildet Motivationen ab, Antriebskräfte, Elemente, welche Menschen „am Herzen" liegen, ihnen wertvoll, lieb und verteidigenswert sind, für die sie bereit sind, sich persönlich einzusetzen (Antonovsky 1997, S. 35f). Bedeutsamkeit entstehe durch ein Gefühl der Partizipation, durch die Möglichkeit, Gefühle zu äußern und verstanden zu werden und dadurch Bedürfnisse befriedigen zu können.

Bedeutung des salutogenetischen Ansatzes für die religionspsychologische Sozialpsychologie

Insbesondere mit dem Konzept des Kohärenzgefühls (Sense of Coherence, SOC) ist ein Ansatz gegeben, der in den Bereich eines authentischen Lebensgefühls verweist – etwas, das in den Interviews wiederkehrend zur Sprache kommt. Antonovsky hält in Anlehnung an Kohut (1982) für einen starken SOC zwei Aspekte für bedeutsam: ein Gefühl für das Selbst sowie ein Gefühl der Identität. Das Selbstgefühl beziehe sich auf „tieferliegende Schichten der Persönlichkeit, einen zentralen Zweck, einen Sinn für ein unvergängliches Gleichsein, für Kontinuität", das Identitätsgefühl dagegen lediglich auf soziale Rollen (Antonovsky 1997, S. 41). Ein stabiles Selbst sei demnach Voraussetzung, mit den drei Komponenten des SOC dynamisch umgehen zu können. Ein schwaches Selbst könne ein rigides Festhalten an sozialen Rollen sowie festgefahrene Umgangsweisen in den Bereichen Verstehbarkeit, Handhabbarkeit und Bedeutsamkeit zur Folge haben. Zwar ergäbe sich in dem Fall insgesamt ein hohes Ausmaß an SOC, jedoch in einem rigiden Sinn. Ein Mensch mit rigidem SOC verfüge über keine Modifikationsmöglichkeiten und könne so unter sich verändernden Bedingungen schwer standhalten. Personen mit starkem SOC suchten eine Balance zwischen Regeln und Strategien, zwischen Geschlossenheit und Offenheit ihres inneren Orientierungsgefüges, was trotz unterschiedlicher Lösungswege eine Kontinuität der eigenen Wahrnehmung erlaube.

In den Interviews zeigt sich eine starke Auseinandersetzung der Interviewten mit ihren sozialen Rollen sowie ihre Suche nach einem tragfähigen

Selbstkonzept, das getrennt von den Rollen verortet wird. Den esoterischen Theorien, welche als General Resistance Resources genutzt werden können, um Coping-Strategien zu entwickeln, die auf eine Aufrechterhaltung und Ausweitung von Wohlbefinden trotz hoher Stressoren zielen, kommt dabei besondere Bedeutung zu.

Zusammenfassung der ausgewählten sozialpsychologischen Ansätze der Religionspsychologie

Mit der Entstehung der Religionspsychologie zu Beginn des 20. Jahrhunderts lässt sich bereits in den Schriften von William James die Thematik des innerlich zerrissenen Subjekts erkennen, das mittels Religion oder anderer Praktiken dahin gelange, nicht mehr durch divergierende Gefühle und Vorstellungen über sein ideelles und sein tatsächliches Selbst gequält zu werden. Religion biete „Erleichterung" angesichts des „gespaltenen Selbst" und führe zu einer inneren Vereinigung.

Mitte des 20. Jahrhunderts entwickelte Hjalmar Sundén in Schweden eine wegweisende Theorie, die Religion als gesellschaftlich vordefinierte Rolle ansah. Wie jede andere Rolle beinhalte auch sie spezifische Sinn- und Deutungsmuster, einen bestimmten Wahrnehmungshorizont (Referenzrahmen) und beeinflusse infolgedessen die individuelle Sicht der Realität entscheidend. Dieser Ansatz ist als explizit reflexiv-sozialpsychologischer einzuordnen, weil er die gesellschaftliche Bedingtheit von religiösen Deutungsmustern benennt, ohne die individuelle Konstruktion von Wirklichkeit außer Acht zu lassen.

Das Bedürfnis, der Welt Bedeutung und Sinn beizumessen, kennzeichnet das Herangehen im attributionstheoretischen Ansatz nach Bernard Spilka in den 1980er Jahren. Menschen schrieben Ereignissen bestimmte Ursachen und Motive zu in dem Bestreben, die Welt für sich übersichtlich zu gestalten, Sinn zu erhalten, Kontrolle ausüben zu können sowie ein für sich positives Selbstkonzept zu kreieren. Der soziale Hintergrund, das individuelle Weltbild sowie der spezifische Kontext des jeweiligen Ereignisses entschieden darüber, ob die Ausdeutung (Attribuierung) eines Phänomens in weltlicher oder spiritueller Richtung erfolge.

Die Coping-Theorie von Lazarus und Folkman bietet ebenso Ansätze, um religiöse Phänomene einordnen zu können. Esoterische Religiosität umfasst sowohl den emotionalen wie den kognitiven Bereich von Stressbewältigung. Es ist zu erwarten, dass in diesem Bereich verstärkt defensive Strategien im Umgang mit Stress, wie eine Neubewertung (reappraisal) von Ereignissen, vorzufinden sind (individuelle Neuformulierung von so genannten Beliefs und Committments – also Grundüberzeugungen – mit dem Ziel, beschädigende Aspekte der Realität weniger deutlich wahrzunehmen).

Die auf der Stresstheorie aufbauende Arbeit Aaron Antonovskys (Salutogenese) befasst sich mit (Widerstands-)Ressourcen, die es ermöglichen, Stress (Herausforderungen) erfolgreich zu begegnen. Religion sei die wirkungsmächtigste Ressource, weil sie die drei Ebenen des Kohärenzgefühls (SOC) – Verstehbarkeit der Ereignisse, Handhabbarkeit und Bedeutsamkeit – positiv beeinflusse. Eine Problematik dieses Ansatzes ist die rein funktionale Herangehensweise an Religiosität, die zudem Religion in ihrer Wechselwirkung als gesellschaftliche Gegebenheit und individuelle Konstruktion wenig reflektiert. Die Stärke des Ansatzes für diese Forschungsarbeit liegt aber darin, dass er nach dem Gebrauchswert von esoterischer Religiosität sucht, was der Vorstellungswelt der Interviewten nahekommt.

Die relevanten sozialpsychologischen Theorien in der Religionspsychologie beschreiben alle den Bereich der Herstellung bzw. Aufrechterhaltung einer positiven Selbstwertschätzung, eines positiven Selbstkonzepts sowie einer vertrauensvollen Zugewandtheit zur Zukunft, einer Offenheit und Zuversicht im Hinblick auf künftige Ereignisse. Im Umkehrschluss lässt sich ableiten, dass Selbstzweifel und Zukunftsangst Themenkomplexe sind, mit denen sich die sozialpsychologische Religionspsychologie zu befassen hat, da sie auf existenzielle psychische Problematiken der Menschen in modernen Gesellschaften hinweisen. Hoffnung und Zuversicht zu spenden war zu allen Zeiten eine Aufgabe der Religion. Selbstzweifel zu beseitigen scheint in der modernen Gesellschaft, die jeder und jedem zu verstehen gibt, eine Bewährungsprobe absolvieren zu müssen, die über Aufstieg oder Fall im sozialen Gefüge entscheide, ein naheliegendes Motiv.

3 KURZER GESCHICHTLICHER ABRISS ZUR BEGRIFFSEINGRENZUNG VON „ESOTERIK“

Esoterik als Alltagsphänomen

Wie sich am hohen Verbreitungsgrad esoterischer Weltanschauung ablesen lässt, ist Esoterik zu einem Teil der Alltagskultur geworden. Trotzdem umweht die Esoterik ein Flair des Geheimnisvollen, ja sie steht sogar im Ruf, oppositionell und subversiv zur herrschenden Ordnung zu sein.

Zum Thema der Forschung, finden sich beim Stichwort „Esoterik“ ad hoc aufmerksame Gesprächspartner_innen. Esoterik ist ein Alltagsphänomen, über das gerne gesprochen wird und zu dem sich leicht eigene Erfahrungen beisteuern lassen. Obgleich sofort ein gemeinsamer Bezug zum Thema hergestellt ist und ein Erfahrungsaustausch von statten geht, folgt nach kurzem Gespräch zumeist die Frage an die „Expertin“: Was ist eigentlich esoterisch?

Esoterik als Alltagsphänomen ist also doppelt gekennzeichnet: Zum einen als ein Sujet, das niedrigschwellig zugänglich ist und in die alltägliche Lebenswelt Einzug gehalten hat; zum anderen sind die eigentliche Bedeutung und Reichweite unklar. Insgesamt haben Menschen viel Erfahrung mit dem Untersuchungsfeld, ohne jedoch über eine genaue Kenntnis zur Eingrenzung des Themenfeldes zu verfügen. Allenthalben findet sich jedoch ein starkes Interesse sowohl an Esoterischem als auch am Austausch darüber.

Herkunftsgeschichte

„Esoterik“ wurde zum ersten Mal zu Beginn des 19. Jahrhunderts als eigenständiger Begriff gebraucht (Faivre 2001, S. 12). Die etymologische Herkunft verweist auf das griechische „esoterikón“, das „nach innen Gerichtete“. Die Unklarheit, was mit dem Begriff „Esoterik“ genau bezeichnet wird, setzt sich auch in fachwissenschaftlichen Kreisen fort. Es handele sich um eine Religionsgeschichte, deren Ausgang im Westeuropa des 19./20. Jahrhunderts verortet wird, wobei sie auf älteren philosophischen Strömungen – hermetischen Traditionslinien, die subkulturell unter dem Christentum tradiert wurden – aufbaue. Über die historische Vorgeschichte der „Esoterik“ herrschen in der Forschungslandschaft derzeit weitaus klarere und kongruentere Begriffsbestimmungen als über die aktuelle Eingrenzung des Themas.

Philosophische Wurzeln

Als Ausgangspunkt wird der griechische Gott Hermes Trismegistos bezeichnet (griechischer Name des ägyptischen Mondgottes Thot[13]). Er gilt in der Mythologie als der Verfasser einer spätantiken, im 2./3. Jahrhundert v. u. Z. entstandenen religiösen Geheim- und Offenbarungslehre. In ihr ist „praktisch das gesamte frühe magisch-alchemistisch-astrologische, aber auch naturphilosophische Wissen des hellenistischen Ägyptens“ dargelegt (von Stuckrad 2004, S. 35). Sie enthält Elemente, aus denen sich das esoterische Denken der Neuzeit speist, wie

- die Annahme einer analogen Entsprechung zwischen den Vorgängen auf der Mikro- und auf der Makroebene der Welt (später als Grundelement in die theosophische Weltvorstellung aufgenommen).
- Eine Erlösungsvorstellung, kraft der Erkenntnis die Fesseln der Materie abstreifen zu können und in ein Lichtreich aufzusteigen (eine Grundannahme, die als zentraler Strang innerhalb der Gnosis weitergeführt wurde).
- Die ersehnte Möglichkeit der Erlösung des Menschen aufgrund eines göttlichen Funkens in seiner Seele. Nach dem angenommenen Abstieg von der göttlichen in die irdische Sphäre bleibe ein göttlicher Funke in einer Seeleinstanz des Menschen vorhanden und verweise auf die Möglichkeit zum Wiederaufstieg in die göttliche Sphäre. Das evolutionäre Seelenkonzept wurde im Neuplatonismus aufgegriffen und spielt heute in der Esoterik eine entscheidende Rolle (vgl. Elektra, Kap. III.1).
- Den Glauben an eine Selbst-Vergöttlichung in der Erlösung (hat heute durch buddhistische Anleihen in die Esoterik Eingang gefunden).

Die Gnosis zählt als weiterer philosophischer Baustein zur esoterischen Geistestradition. Über die christliche Gnosis tradierten sich hermetische Einflüsse bis ins Mittelalter. Die gnostische Lehre fußt auf einem strengen Mensch/Kosmos- (bzw. Materie/Gott-)Dualismus, gepaart mit ausgeprägtem Erlösungsglauben. Angestrebt wird die Erlösung aus der anti-göttlichen, menschlich-materiellen diesseitigen Welt und das Aufsteigen in eine jenseitige Lichtwelt. Die göttlichen Mysterien sollen dabei nicht – wie von der Masse der Gottesfürchtigen – *geglaubt*, sondern durch den *Geist erkannt* werden. Die Fähigkeit zu dieser Mysterienschau wird dabei nicht als Gabe und Gnade Gottes, sondern als a priori im gnostischen Menschen liegendes Vermögen angesehen.

Mit diesen Vorläufern esoterischen Denkens sind zwei Grundpfeiler benannt. Daneben beeinflussten zahlreiche weitere geschichtliche Pfade die

13 Thot: In der ägyptischen Götterlehre der Berechner der Mondphasen und des Mondumlaufs sowie Erfinder der Schreib- und Rechenkunst.

neuzeitliche esoterische Bewegung; wichtige Strömungen sind Zoroastertum[14], Manichäismus[15], Alchemie und Kabbalah.

Im 15. Jahrhundert kam es mit der Renaissance zur Wiederentdeckung hermetischer Schriften. In der Folge bildeten sich Zirkel heraus, die okkult-esoterische Überlieferungen kultivierten: Anfang des 17. Jahrhunderts die Rosenkreuzer-Bewegung, die sich auf die Mikro-/Makrokosmos-Lehre des Hermes Trismegistos berief, eine Verfälschung der wahren Lehre durch die etablierte christliche Kirche vermutete und sich gegen eine Alchemie wandte, der „es nur um das ‚gottlose und verfluchte Goldmachen' gehe" (von Stuckrad, S. 185). Die Rosenkreuzer vertraten neben hermetischen Traditionen auch naturphilosophische Ansichten (vor allem in Anlehnung an Paracelsus), erstrebten ein Weiterführen der Reformation und hegten die gesellschaftliche Utopie einer Zeitenwende, welche durch eine friedliche Durchsetzung ihrer Ansichten herbeigeführt würde.

---

14 Zoroaster (Zarathustra): Begründer der monotheistischen Religion des Mazdaismus, deren Ursprünge bereits auf 6000 v. u. Z. datiert werden und die auf strengen Hell/dunkel- und Gut/böse-Vorstellungen basiert. Die Mächte des Lichts („Ormuzd") und die Mächte der Finsternis („Ahriman") stünden gegeneinander, was von Rudolf Steiner in die Anthroposophie eingebracht wurde. Unter dem Namen Mazdaznan führte Ottoman Hanish (gest. 1936) die Ideen des Mazdaismus im 20. Jahrhundert weiter. Er lehrte vor allem Atemübungen, Drüsenpflege und vegetarische Ernährung, um Körper und Seele gesunden zu lassen (Miers 1993, S. 410, S. 676).

15 Manichäismus: In Persien im 3./4. Jh. n. u. Z. entstandene Religion, die sich ins römische Reich und dann über die Seidenstraße (im 8. Jh. als Staatsreligion im uigurischen Reich) bis nach China ausbreitete. Im Westen war die Religion im 6. Jh. weitgehend ausgerottet. Sie lehrt, ähnlich dem Zoroastertum, eine Licht/Finsternis-Dichotomie mit gnostischen Elementen. Der göttliche Herrscher des Lichts (das Gute/der Geist) steht gegen das Reich der Finsternis (das Böse/die Materie). Der Herrscher des Lichtreiches erzeugt in drei Schritten zunächst den Menschen und weitere Lichtgestalten, die sich im Kampf mit den vom Herrscher der Finsternis erzeugten Kreaturen vermischen. Die Befreiung der eingeschlossenen Lichtteilchen, die sich nun auch im Körper der Menschen, in der Natur und den Sternen befinden, kann durch asketisches Leben und strenge Befolgung der Regeln gelingen, was nur den Auserwählten vorbehalten ist. Sie können sich über die Milchstraße und den Mond hin zur Sonne mit dem ewigen göttlichen Urgrund vereinen. Durch Inkarnationen ist ein Aufsteigen bis zum Auserwähltsein möglich.
Die Lehre schließt ebenso islamische wie buddhistische Elemente mit ein (Wiedergeburt). Ihr Endziel ist die Trennung des Lichts von der Finsternis, die Überwindung der materiellen Welt (vgl. Bretfeld 2003).

Die aus handwerklichen Bruderschaften (beispielsweise den Bauhütten im Umfeld des Kathedralenbaus) entstandenen Freimaurer bilden einen zweiten wichtigen Zweig, in dem esoterisches Wissen seit dem ausgehenden 15. Jahrhundert weitergetragen und gepflegt wurde. Im 17. Jahrhundert lösten sich – beginnend in England – die Logen von der Fixierung auf eine Handwerkskunst als Mitgliedskriterium und entwickelten sich zu einer gesellschaftlichen Kraft, die Ideen von Aufklärung, Humanismus und gesellschaftlicher wie politischer Revolution verbreitete. Der Geheimhaltungskodex der Bewegung (eine in drei Einweihungsstufen gegliederte Ordnung) bot dabei – neben einem elitären Reiz – auch Schutz vor Verfolgung durch den absolutistischen Staatsapparat, wie Koselleck (1959, S. 55, S. 58) und Agethen (1987, S. 130, S. 153) feststellen (vgl. ebenso von Stuckrad 2004, S. 190). Der theoretisch radikalste Ausläufer freimaurerischer Zusammenschlüsse mit dem Ordensnamen „Illuminati“ (unter Adam Weishaupt, Professor für Kirchenrecht in Ingolstadt) hielt sich nur acht Jahre (1776–1784), bis er von der bayrischen Regierung verboten und aufgelöst wurde. Weishaupt verlor seine Professur und floh nach Gotha.

Während es durchaus möglich wäre, an die vorhandenen aufklärerisch-emanzipatorischen Traditionslinien anzuknüpfen, verliert die heutige Esoterikbewegung sich darin, Adam Weishaupt (mit dem revolutionären Ordensnamen „Spartacus“) und seinen Bund unter Aufbietung antisemitischer Verschwörungstheorien zu verleumden.

Weitere wegweisende Gründungen, in denen esoterisches Gedankengut weiterentwickelt wurde, waren der *Hermetic Order of the Golden Dawn* (gegründet 1888 erlangte er hauptsächlich in englischsprachigen Ländern Bedeutung) sowie der als eine Abspaltung gegründete Ordo Templis Orientis, kurz OTO. Aleister Crowley verlieh ihm eine sexualmagische Ausrichtung und verband in der Lehre des OTO antike Gottheiten mit theosophischen Motiven und kabbalistischer Magie. Heute lebt seine Vorstellungswelt vor allem in der Pagan-Bewegung wie dem Wicca-Kult weiter.

Spiritismus und Lebensreform

Mitte des 19. Jahrhunderts begann sich – ausgehend von den USA, bald darauf auch in Deutschland – der Spiritismus zu verbreiten. Sein weithin bekannter Ausgangspunkt war die Behauptung von zwei Schwestern in Hydesville (nahe New York), in ihrer Farmerhütte versuchten Geister Verstorbener durch Klopfzeichen Kontakt mit ihnen aufzunehmen. Die Fox-Schwestern wurden bald darauf des Betruges überführt, trotzdem verbreitete sich die Nachricht bzw. der Glaube, mittels bestimmter Praktiken wie Tischchenrücken Kontakt zum Jenseits aufnehmen zu können, wie ein Lauffeuer. Vor allem in gutsituierten Kreisen fanden „Séancen“ statt, Zusammenkünfte zum Zweck der jenseitigen Kontaktaufnahme. Um 1855 bekannten sich angeblich ein bis zwei Millionen der insgesamt 28 Millionen US-Amerikaner zu der neuen Religion des Spiritismus (Linse 1996, S. 55; von Stuckrad 2004, S. 201). Die Bewegung war in den USA mit einer lebensreformerischen Grundhaltung verbunden, die eine umfassende Kultur- und Sozialreform forderte. Barrow (1986) und Linse (1996) zeigten auf, dass der daraus entstehende Spiritismus und die spirituelle Lebensreformbewegung sich in der Folge in zwei Richtungen spalteten: eine der „respektablen" Mittel- und Oberschicht sowie ein „plebejisch"-sozialreformerischer Spiritualismus der Unterschicht (Barrow 1986, S. 96ff; Linse 1996, S. 59).

Die Esoterikbewegung in Deutschland steht wegen ihrer reaktionären Theoreme in der Kritik. Gerade deshalb ist ein kurzer Exkurs zu den so genannten „plebejischen" Tendenzen innerhalb der sich herausbildenden Bewegung sinnvoll – schärft er doch den Blick dafür, dass es möglich ist, bei gleichen vorgegebenen Grundinhalten andere kontextuelle Ausdeutungen vorzunehmen. Insbesondere für diese Arbeit, die psychologische Adaptation esoterischer Lehren untersucht, ist es von Interesse, individuell konträre Ausformungen desselben angebotenen Sinnsystems vergleichend heranzuziehen. Zeigt dies doch, dass religiös-esoterische Vorgaben immer einer Auslegung des Individuums unterliegen und im Sinne weltlich entstandener Bedürfnisse und Wünsche dienstbar sein sollen.

Sozialreformerische Tendenzen in der frühen westeuropäisch-angloamerikanischen Esoterikbewegung 1850-1914

Die Befunde von Oppenheim (1985, S. 39ff, S. 91), Barrow (1986, S. 4ff) und Linse (1996, S. 59ff) sprechen dafür, dass in der frühen, sich gerade formierenden esoterischen Bewegung zwei Strömungen zu finden sind: eine sozialreformerisch/plebejisch ausgerichtete und eine auf die Mittel- und Oberschicht gerichtete.

Die sozialreformerische Linie gründet sich auf den US-Amerikaner Andrew Jackson Davis (1826–1910), Spiritist und Lebensreformer, der Siedlungskommunen förderte und eine neue Gesellschaft im Zeichen einer universellen *Great Harmonia* (so der Titel seines fünfbändigen Werkes 1850–60) propagierte. Er wandte sich gegen Sklaverei, Rassismus, soziale Unterdrückung und die Unterdrückung der Frauen und forderte eine Abkehr vom kirchlichen Konzept der Sünde (Linse 1996, S. 57f). Von Davis inspiriert, brachte der Handwerker David Richmond diese Ideen nach England, wo er im Pennine-District in Yorkshire in der Arbeiterbewegung für seine Religion warb und eine größere Bewegung für einen reformerischen Spiritualismus begründete (Linse 1996, S. 58).

Oppenheim charakterisiert die sozialistischen Tendenzen der spirituellen Bewegung, die sich schwerpunktmäßig in England herauskristallisierten, als „diffuse and unfocused" (Oppenheim 1985, S. 43); sie zeigten sich demnach vor allem in einem Hang zu reformbewegten Themen wie Vegetariertum, Abschaffung der Prügelstrafe oder dem Protest gegen Tierversuche (Oppenheim 1985, S. 44f). Inwiefern Davis und Richmond tatsächlich plebejische Interessen vertraten oder aber diese Klientel lediglich anvisierten, bleibt jedoch anhand von Primärquellen bzw. Zeitberichten nachzuprüfen. Zumindest waren die von den englischen sozialreformerischen Spiritisten angestrebten Sonntagsschulen, „Lyceen“, auch als Orte der Arbeiterbildung gedacht. Die im damaligen England von fortschrittlichen Kreisen gegründeten Sonntagsschulen sollten ein Gegengewicht zu den autoritär-kirchlichen Schulen bilden. In ihnen wurde ein liberaler Umgang gepflegt; ähnlich wie in frühen reformpädagogischen Vorstellungen hielten sie Gedanken der Praxisnähe und Selbsterziehung hoch (Linse 1996, S. 6).

Diese Ideen fanden in Deutschland jedoch kaum positiven Widerhall. Sie wurden als Ausfluss einer amerikanischen Beeinflussung der spiritistischen Bewegung gesehen und von der Mehrheit der Szene in Deutschland nicht mitgetragen. So wurden beispielsweise die sozialrevolutionären Ideen des ehemaligen deutschnationalen Teilnehmers an der 1848er Revolution, Georg von Langsdorff, anlässlich seines 80. Geburtstags in der „Spiritistischen Rundschau“ als von den USA beeinflusster „spiritualistischer Materialismus“ abqualifiziert, der zu wenig tiefsinnig sei und per se nicht zu den Deutschen passe (Zeitschrift für Spiritismus, 9. Jahrgang, 1902, Nr. 10; zit. in: Linse 1996, S. 84).

In Deutschland fanden sich lediglich einzelne Vertreter dieser Richtung, neben dem bereits genannten Georg von Langsdorff beispielsweise Albert Donat. Dass es möglich ist, aus esoterischen Theorien auch sozialrevolutionäre Argumente abzuleiten, zeigte der den Sozialisten zugeneigte Donat: „Möchten doch alle Sozialisten erkennen, dass der Beweis eines Fortlebens und einer gerechten Wiedervergeltung nach dem Tode ein mächtigerer Antrieb zur Gesittung sind [sic.] als der Klassenhass und die Unzufriedenheit“ (Donat 1902, S. 317f; zit. in: Linse 1996, S. 74). Zugespitzt könnte eine linke esoterische Schlussfolgerung aus der Karmatheorie also auch so lauten: Wenn gemäß der Wiedergeburtslehre davon auszugehen ist, dass nicht nur dieses eine Leben, sondern viele weitere auf dieser Erde geführt werden müssen, wäre es an der Zeit, sich heute schon für eine Verbesserung der Verhältnisse einzusetzen.

Insgesamt lässt sich feststellen, dass „ein linker, ‚plebejischer‘ Spiritismus in Deutschland kaum eine soziale Plattform fand“ (Linse 1996, S. 69). Dieser auf die spiritistische Bewegung bezogene Befund trifft auf die sich im damaligen Deutschland formierende Esoterikbewegung insgesamt zu. In den 1930er Jahren hatte sich eine konservativ-nationale neue spirituell-esoterische Religiosität durchgesetzt.

Linse (1996) geht davon aus, dass die Esoterikbewegung in ihrer Entstehungsphase 1880–1930 in Deutschland von der universitären Wissenschaft nicht beachtet und von öffentlich-seriöser, ernsthafter Auseinandersetzung ausgeschlossen wurde. Deshalb hätten sich die esoterischen Protagonist_innen um Herausstellung ihrer Dienstbarkeit für die Gesellschaft bemüht, was zu einem angepassten konservativen Grundtenor in esoterischen Kreisen geführt habe. Ein bedeutender Einflussfaktor ist ebenso die aktive Weiterentwicklung der Esoterik durch völkische Vertreter in Deutschland sowie die Miteinbeziehung rechtsnationaler Theoreme, die in der von Lebensphilosophie und Modernisierungsangst geprägten, sich rapide wandelnden deutschen Gesellschaft auf offene Ohren und Aufnahmebereitschaft trafen. Die Verbreitung antidemokratischen, antimodernen Gedankenguts durch die so genannte Alldeutsche Bewegung und ihre großdeutschen Bestrebungen nach der Reichsgründung 1871 sowie verstärkt nach der Jahrhundertwende bereiteten den Boden dafür.

Die esoterisch durchdrungene Lebensreformbewegung der 1920er Jahre verband sozialreformerische Bestrebungen mit rassenhygienischen, völkisch-germanophilen Ideologien. In der bunten Bewegung tummelten sich Gemeinschafts- und Heilsuchende von ökologisch-utopistischen Anarchisten bis zu völkisch-ständischen Rückwärtsgewandten.

In der heutigen esoterischen Szene in Deutschland sind die oben genannten diffus gesellschaftskritischen Traditionslinien vergessen, weshalb in dieser Arbeit explizit an diese andere Auslegung esoterischer Theorien erinnert werden soll. Dies mag den Blick dafür weiten, dass die in den Interviews vorgetragenen, subjektiv aus esoterischen Theorien konstruierten Sinnzusammenhänge nicht deren einzige Auslegungsmöglichkeit darstellen. Individuelle Werte und Überzeugungen sowie gesellschaftliche Ziele beeinflussen in großem Maße die Ausformung, die eine religiöse Lehre in der Praxis annimmt.

Exkurs: „Germanische Sozialisten" – ein Beispiel aus den 1920er Jahren

Ein Beispiel für die Überschneidung zwischen utopistisch-sozialreformerischen Bestrebungen und völkisch-esoterischen Ansichten zeigt sich beim Blick auf die Zeitschrift *Junge Menschen*, eine Zeitschrift der deutschen lebensreformerischen Jugendbewegung, die 1920–1927 erschien und ein Spiegelbild der Diskussion und Lebenskultur der Bewegung abgibt. 1922 wurde darin – eingerahmt von einem Artikel zur *Befreiung der Frau vom Haushalt* – der Versuch gemacht, mit einem Artikel über die „Symbole der neuen Zeit" esoterisch-völkisches Denken als Grundlage für eine sozialistische Räterepublik zu propagieren:

„Seit Urzeiten ringt die Menschheit immer wieder um eine schöpferische Ordnung. Immer wieder muss die Menschheit unbewusst tiefe Symbole der kosmischen Erfüllung verwirklichen. [...] Die Räteordnung, wie sie sich verwirklichen will, ist die Loslösung und Ordnung der gesamten schöpferischen Kräfte aus dem Volke. [...] Rat: Hier haben wir zuerst die R-Rune = ordnendes Rad: Urfeuer = Sonnenrad. Sein Zeichen wäre das so genannte Hakenkreuz [...] das heilige Zeichen der geistigen und körperlichen Einheit [...] der klassenlosen Volkseinheit. So hatten unsere germanischen Vorväter eine schöpferische Ordnung, die in ihrer tiefen sittlich-religiösen Verpflichtung erst Ende des 15. Jahrhunderts durch die christliche Kirche [...] in ihren letzten Wurzeln zerstört wurde. [...] Heute hat die Goldordnung alle sittliche Kraft des Volkes untergraben. Verteidigt werden Besitz und Mammon! Wehe den Jugendlichen, die für die Freiheit ringen, wehe ihnen, die sich ihre Rechte und Pflichten an der deutschen Scholle erkämpfen wollen! [...] Wer aber das Schwert mit dem Portepee[16] umschlingt, vollzieht eine tiefe symbolische Handlung: er maßt sich das Recht an, den Nornenknoten[17] zu tragen. Der Schicksalszwang eines ganzen Volkes von Brüdern ist in seine Hand gelegt, und wehe dem Deutschen, der nicht erkennt, dass germanisches gemeinwirtschaftliches Recht und die besitzlose Führerschaft, dass die schöpferische Räteordnung der Weg ist, um alle Arbeitskräfte, allen Besitz und alles Wissen der gemeinsamen Volksnot dienstbar zu machen [...]. Erst wenn die ganze Jugend sich zusammenschart unter der roten Fahne der Liebe, unter der Fahne Baldurs, des Frühlings und des Werdens, und über ihren Häuptern der Hammer Thors[18] und die Sichel Friggas[19] sich kreuzen [...] erst dann beginnt die Morgenröte einer neuen Zeit!“ (Heinrich Vogeler 1922)

Diese Zeilen schrieb Heinrich Vogeler (1872–1942), Sozialist, Pazifist, Künstler in Worpswede, Mitbegründer des Kinderheims Barkenhoff der Roten Hilfe in Worpswede, Aktivist der Internationalen Roten Hilfe, gestorben im Exil in der Sowjetunion. Sie zeigen, wie esoterisches Denken im Deutschland der 1920er Jahre an der Schnittstelle von sozialreformerischem und völkisch-esoterischem Denken beheimatet war. Sie sind auch ein Beispiel für die anhaltenden Versuche, Esoterik in „plebejische“ Richtungen weiterzuentwickeln. Es geht jedoch klar hervor, dass mit dem Rekurs auf eine emotional vorgetragene Agitation germanophil-völkischer Vergemeinschaftung kein Raum mehr bleibt für aufklärerische Gedanken zu den sozialen Bestrebungen der Zeit wie dem Rätegedanken.

Indem allein über den gemeinsamen Anfangsbuchtsaben „R“ von „Rat“, „Rad“ und „Rune“ eine mythologische Verbindung zwischen dem sozialistischen Rätegedanken und der germanischen Gemeinschaft gezogen wird, wird der emanzipatorische Gehalt des Rätegedankens durch eine religiösrückwärtsgewandte Volksgemeinschaftsideologie ersetzt.

Dieses Beispiel steht stellvertretend für die Entwicklung der lebensreformerischen Bewegung der 1920er.

16 Portepee: Sicherungsschlaufe am Griff des Degens oder Schwertes für das Handgelenk, um seiner im Kampf nicht verlustig zu gehen.

17 Nornen: Drei germanische Schicksalsfrauen aus der Edda-Sage, die am Wurzelende der Weltesche Yggdrassil wohnen und das Schicksal der Menschen und Götter lenken. In Richard Wagners Opern sind sie als bedeutende Figuren für die herannahende „Götterdämmerung“ eingesetzt.

18 Thor: Nach der nordischen Mythologie in der Edda-Sage der Gott des Donners und Beschützer der Welt der Menschen.

19 Frigga: Nach der nordischen Mythologie in der Edda-Sage die Göttin der Fruchtbarkeit und Liebe, Schutzgöttin für Ehe und Mutterschaft.

Mesmerismus und Gesundheitsbewegung

Franz Anton Mesmer (1734–1815) war ein Vorläufer medizinischer Theorien, wie sie in der Esoterikszene bis heute einen breiten Raum einnehmen. Um seine Theorie zu untermauern, dass mit gezielter Einwirkung von magnetischen Feldern Krankheiten geheilt werden könnten, behauptete er, es existiere ein zugrunde liegendes so genanntes Lebensfluidum, auf das magnetische Felder Einfluss nähmen. Den menschlichen Organismus durchströme demnach eine vitalistische Lebensenergie, die ebenso im Universum vorhanden sei und die durch den Magnetismus wieder in Fluss gebracht werden könne. Ähnliche Annahmen sind bis heute in zahlreichen esoterischen Lehren vorhanden, in denen von einem „Qi“ oder „Prana“ gesprochen wird, das Mensch und Welt durchdringe und mittels bestimmter Techniken – wie Qi-Gong, Feng-Shui, Kinesiologie u. v. m. – wieder zum rechten „Fließen“ gebracht werden solle.

Von Mesmer bis über die lebensreformerischen Ansätze nimmt die Gesundheitsbewegung einen breiten Raum im esoterischen Feld ein. Dabei ist – neben elaboriert ersonnenen medizinischen Systemen wie in der Anthroposophie – die Tendenz einer Laienbewegung in der esoterischen Medizin unverkennbar. Medizin solle sich von einer als autoritär wahrgenommenen Ärzteschaft, die über den Kopf des Patienten hinweg nach unüberschaubaren Kriterien entscheide, weg und zu einer Selbstermächtigung über den eigenen Körper, dessen Befindlichkeit und Behandlung hin entwickeln.

Dabei manifestiert sich in der medizinischen Behandlung des Körpers durch die klassische Medizinerschaft das, was im Großen als Bedrohung für das Subjekt wahrgenommen wird: Eine gesellschaftlich unkontrollierbare und unüberschaubare Instanz nimmt direkt Einfluss auf das intime Subjektive. In der Rolle des kooperativen Patienten hat das Individuum dabei mitzuspielen, ohne die Dimensionen und Reichweite des Vor-sich-Gehenden überblicken oder kompetent mitbestimmen zu können. Es ist dazu verdammt, den eigenen Körper, sich selbst in einer rollenförmig angelegten Interaktion auszuliefern. Je stärker das Gefühl des Kontrollverlustes, der Entfremdung vom Ich durch sozial auferlegte Rollen, in denen es sich nicht handlungs- und deutungsmächtig fühlt, desto angstvoller und ohnmächtiger wird das Individuum der institutionalisierten Medizin mit ihrem autoritären Gebaren gegenüberstehen. Parallel zum Leiden an sozialen Rollen werden Versuche der Selbstermächtigung unternommen. Die Idee der Laienmedizin ist ein Ausdruck davon, sich das veräußerte Identitätsgefühl in den menschlichen Nahbereich zurückzuholen, wo Kontrolle, Vertrauen und Deutungshoheit der Situation beim Individuum und dessen authentischem Empfinden bleiben sollen.

Heute haben sich Gesundheitsberatung und obskure Therapien zu einem festen Standbein des Esoterikmarktes entwickelt, wobei laienmedizinische bzw. laientherapeutische Beratungen gang und gäbe sind. Die beliebte Bezeichnung „Heilpraktiker“ (seit 1939) bzw. „Heilpraktiker für Psychotherapie“ (seit 1993) beispielsweise setzt keinerlei medizinische oder therapeutische Ausbildung voraus, sondern wird vom Staat verliehen, wenn eine Prüfung mit Basiskenntnissen in Medizin (und ggf. Psychologie) im Multiple-Choice-Testverfahren ergeben hat, dass der/die Anwärter_in „keine Gefahr für die Volksgesundheit" darstelle (Goldner 2000, S. 69ff). Dazu kommen Tausende von selbsternannten „Heilern", „Trainern" oder „Beratern", die sich auf dem Esoterikmarkt tummeln und fast gänzlich unbehelligt von den zuständigen Behörden praktizieren können.

Eine neue Religion formiert sich

Theosophie und ihre Weiterentwicklung im deutschsprachigen Raum

Die eigentliche Geburtsstunde der Esoterik als moderner Religion liegt im November des Jahres 1875 in New York, als die gebürtige Russin Helena Petrowna Blavatsky (1831–1891) zusammen mit Henry Steel Olcott (1832–1907) und einigen anderen die Theosophische Gesellschaft gründete. Sie hatte den Anspruch, bisher verstreut weitergetragene esoterische Wissensbestände zu bündeln und in einer einheitlichen Lehre zusammenzufügen. Durch Blavatskys Wirken wurden fernöstliche hinduistische und buddhistische Religionsvorstellungen wie Wiedergeburt und Karma fest mit der esoterischen Bewegung verwoben.

Wiedergeburt und Karma

Wie in buddhistischen und hinduistischen Religionen und in Blavatskys Theosophie bildet die Lehre von der Reinkarnation (Wiedergeburt) und vom Karma heute einen festen Bestandteil der Esoterik. Je nach religiös wohlfeiler oder abtrünniger Lebensgestaltung werde gutes bzw. schlechtes Karma angesammelt. Karma wird als ein Gesetz von Ursache und Wirkung verstanden, d. h. jede moralisch schlechte oder gute Tat wird einen Menschen in einem späteren Leben wieder einholen. Da in der spirituellen Lehre die gängigen Kriterien von Gut und Böse in Frage gestellt werden, muten die karmischen Folgewirkungen, die in esoterischen Kreisen angenommen werden, teils abstrus an. So werden beispielsweise Mörder von ihrer Verantwortung entlastet mit der Behauptung, sie seien nur Erfüllungsgehilfen des Schicksals/Karmas und damit des Willens der ermordeten Person (vgl. Dethlefsen 1984, S. 114ff). Im Einzelfall ist jedoch der individuelle Glaube zumeist ein Konglomerat aus karmischem Determinismus, christlichem Schicksalsglauben und populärwissenschaftlicher Weltsicht, gespeist von Teilwissen aus Psychologie und Naturwissenschaften.

Nach *Isis unveiled* (*Isis entschleiert*, 1877, deutsche Erstausgabe 1909) verfasste Blavatsky ihr Werk *The secret Doctrine* (*Die Geheimlehre*, 1888, New York, der dritte und vierte [Index-]Band wurden posthum veröffentlicht, deutsche Erstausgabe 1899). Von dieser umfangreichen Darlegung esoterischer Theorie ab behauptete Blavatsky selbst, der Inhalt sei ihr von jenseitigen Medien eingegeben worden.

Neben einer ausführlichen Darstellung sämtlicher oben skizzierten historischen esoterischen Bezugsquellen setzt sich Blavatsky in Band I der *Geheimlehre* ausführlich mit dem damaligen Wissensstand in Biologie, Physik, Chemie und der Evolutionstheorie auseinander. Sie ist bestrebt, ihre spirituellen Vorstellungen über die Beschaffenheit des Kosmos – der ihrer Anschauung nach durch geistige Bewegkräfte entstand und gelenkt wird – mit den naturwissenschaftlichen Erkenntnissen der Zeit in Einklang zu bringen. Dieses Bestreben, aktuelle Erkenntnisse, z. B. der Genetik, als Belege für die Richtigkeit der eigenen Anschauungen und Vorhersagen zu bemühen, nimmt heute einen bedeutenden Platz im esoterischen Denken ein.

Einen Schwerpunkt in Blavatskys ideologischem Schaffen bildet die Ausarbeitung einer spirituellen menschlichen Entwicklungsgeschichte. Dieser widmet sie den kompletten zweiten Band der *Geheimlehre* unter dem Titel *Anthropogenesis* (der umfangreichsten der drei Bände). Ihren Bemühungen ist deutlich die Entstehungsepoche des 20. Jahrhunderts anzumerken, da Blavatsky bestrebt ist, die Erkenntnisse Darwins über die *Entstehung der Arten* (1859 veröffentlicht, 20 Jahre vor der *Geheimlehre*) sowohl als evolutionäre Grundidee einzubauen als auch durch idealistisch-metaphysische Umwandlung zu bekämpfen. Damit wies Blavatskys Esoterik weitaus weniger Diskrepanzen zur modernen Weltsicht auf als die traditionellen christlichen Religionen, deren Schöpfungsglaube durch Darwins Evolutionstheorie offen in Frage gestellt worden war. Darwin zeigte auf, dass die Menschen nicht in ewig gleicher Gestalt und Art seit dem Ursprung unverändert geblieben sind, sondern sich im Gegenteil durch Wandlungsprozesse aus der Tierwelt entwickelt haben. Blavatskys Esoterik nahm die wissenschaftlichen Diskussionen der Zeit – eklektisch und ohne ihren materialistischen Impetus einzubeziehen – auf und baute sie in ein angeblich metaphysisch gesteuertes Gesamtkonzept ein. Damit erweist sich die neue Religion der Esoterik als zeitgenössisch angepasster Glaube.

In Blavatskys alternativer Evolutionsgeschichte der Menschheit waltet ein kosmischer Plan über die Entwicklung. Die Menschen seien einst aus dem Äther auf die materielle Welt herabgestiegen, hätten sich dabei von geschlechtslosen Wesen in Frau oder Mann verwandelt und durchliefen einen Weg, der sie vom einstigen spirituellen Hoch über das Abfallen, die Degenerierung zum allmählich wieder erfolgenden spirituellen Aufstieg führe. Nacheinander lösten sich dabei unterschiedliche „Menschenrassen" in evolutionärer, aber kosmisch vorherbestimmter Reihenfolge ab. Ihre alternativ-spirituelle Menschheitsontologie ist geprägt von rassistischen und antisemitischen Klischees (Weiße als höherentwickelte Menschheitsstufen, Juden als unnatürliche Ausformung der Menschheit).

Vorstellungen von einer einstigen Hochkultur auf Atlantis („untergegangene menschliche Wurzelrasse“) sowie eine mythische Verklärung Tibets als Stätte uralter spiritueller Weisheit der Menschheit ziehen sich durch Blavatskys Ausführungen.

Kennzeichnend für ihre Menschheitsgeschichte ist eine Art „Drei-Schritt“, wie er sich in zahlreichen esoterischen Schriften seit dieser Zeit wiederfinden lässt. Demnach existierte einst ein Paradies, in dem Menschen in Gemeinschaft, Natürlichkeit, Einheit mit Gott, mit spirituell hochausgeprägten Sinnen in einer Art „Urzustand“ lebten. Nach und nach sei das Menschengeschlecht herabgesunken, habe sich ins Materielle, Individuelle, Männliche weiterentwickelt, so dass ein Mensch-Gott-Dualismus entstanden sei. „Die Entwicklung begann ursprünglich von oben und schritt nach abwärts vor [sic.], anstatt umgekehrt, wie in der Darwinschen Theorie gelehrt wird. Mit anderen Worten, es hat eine allmähliche Verstofflichung der Formen stattgefunden, bis ein bestimmter Tiefpunkt der Erniedrigung erreicht wurde“ (Blavatsky 1888, Band II, S. 200). Nun folge eine Zeit des Aufstiegs, der mit einem „Zurück“ gleichgesetzt wird; zurück ins Göttliche, Spirituelle, in vollendete Harmonie, Wiederentdeckung der Gemeinschaftlichkeit, Auflösung des Individuellen und Materiellen.[20]

Charakteristika der Weiterentwicklung der Esoterik im deutschen Sprachraum

Blavatskys Ideen fanden rege Verbreitung im damaligen deutschen Reich. Die Gründe dürften in der „verpassten Deutschen Revolution“, dem daraus resultierenden Kulturpessimismus im Bürgertum und der Aufladung der Nationalstaatsidee mit völkischen Kriterien zu lokalisieren sein (vgl. Barth 2006).

Aufgrund der spezifischen deutschen historischen Situation und Geistesgeschichte bildete sich in der zweiten Hälfte des 20. Jahrhunderts eine

20 Ähnliche Argumentationsstränge lassen sich für die Vergangenheit etwa bei Rudolf Steiner, Lanz Liebenfels oder Gusto Gräser nachweisen. In der modernen Esoterik scheint dies vergleichbar in Fritjof Capras Zyklentheorie (vgl. Barth 2006, S. 104ff) auf; in deutlicher Form wird die Drei-Schritt-Theorie im spirituellen Ökofeminismus vertreten (vgl. hierzu *Die Entwicklungsstufen der Liebe* in: *Die weibliche Stimme* 2003, Titelthema S. 20f, einer Zeitschrift aus den Reihen des *Zentrum für experimentelle Gesellschaftsgestaltung – ZEGG*). Interessanterweise lassen sich gleiche Ausführungen auch bei Horst Mahler finden, einem Vordenker der faschistischen Szene in Deutschland und lange Jahre mit faschistoid-heidnisch/esoterischen Kreisen in reger Zusammenarbeit.

eigene Form des Irrationalismus heraus, die Georg Lukács in seiner umfassenden historisch-philosophischen Untersuchung *Die Zerstörung der Vernunft. Der Weg des Irrationalismus von Schelling zu Hitler* (1955) als „die führende" in Europa bezeichnet (Lukács 1955/1988, S. 16).

Für die Esoterik werden zwei Anhänger Blavatskys zu Wegbereitern, die ihre Lehren stark rassistisch-germanophil und antidemokratisch-reaktionär aufladen: Lanz Liebenfels und Guido List. Letzterer führt den Glauben an Runen als altgermanische Urweisheit in die deutsche Esoterik ein. Beide befördern den Kult um das Heidnische als „artgemäße" Religion der Deutschen und die Ablehnung des Römischen, Christlichen und Jüdischen als „wesensfremd" (vgl. Goodrick-Clarke, 2004, S. 36ff; Barth 2006, S. 48ff).

Esoterik heute

Nachdem esoterische Gedanken in Deutschland eine Grundlage für die nationalsozialistische Weltanschauung geboten hatten (Vergleich der Kompatibilität von Grundstrukturen esoterischen und nationalsozialistischen Denkens; vgl. Kratz 1994; Barth 2006, S. 70ff), dauerte es im Nachkriegsdeutschland einige Jahre, bis sich derartige Theorien wieder öffentlich etablieren konnten. Nach einem kontinuierlichen Aufstieg seit den 1960/70er Jahren in Westdeutschland gelangte Esoterisches in den 1990er Jahren zur vollen Blüte. In aktuellen esoterischen Schriften wird das bis hierhin skizzierte altbekannte Material esoterischer Weltdeutung verwendet; die Schriften aus der Zeit nach 1990 ähneln streckenweise originalgetreu der esoterischen Literatur, wie sie im Deutschland der vorangegangenen Jahrhundertwende geschrieben wurde. Rudolf Steiners System etwa wird hierzulande bis heute wortgenau von seinen Anhängern verteidigt, wie die Diskussion um etwaige rassistische Passagen im seinem Werk in den letzten Jahren verdeutlichte (vgl. Hinrichs 2007; Christ 2007).

4 ESOTERIK ALS GEGENSTAND DER FORSCHUNG

Esoterik als Gegenstand der Forschung ist eine junge Disziplin. Seit 1979 besteht an der Sorbonne in Paris eine Professur für die Histoire des courants ésotériques et mystiques dans l'Europe moderne et contemporaine, die Antoine Faivre bis zu seiner Emeritierung im Jahr 2001 innehatte. Faivre selbst spricht davon, dass er erst ab 1990 die Idee einer systematischen Erforschung dieses Gebietes verfolgte (Faivre 2006). Weitere Lehrstühle bzw. Forschungsinstitute wurden in den 1990er Jahren an den Universitäten von Exeter (GB) und Amsterdam (NL) gegründet, wo Nicholas Goodrick-Clarke (Direktor des Exeter Centre for the Study of Esotericism) und Wouter J. Hanegraaff (seit 1999 Lehrstuhlinhaber für die History of Hermetic Philosophy and Related Currents – Geschichte der hermetischen Philosophie und verwandter Strömungen) Forschung und Lehre aufbauten.[21] Studiengänge mit Bachelor- und Masterabschluss werden seit kurzem an beiden Universitäten in der Disziplin Western Esotericism (Exeter) bzw. Mysticism and Western Esotericism (Amsterdam) angeboten.

Im Jahr 2005 wurde als europaweiter Zusammenschluss die European Society for the Study of Western Esotericism (ESSWE) ins Leben gerufen, der Wouter J. Hanegraaff seitdem als Präsident vorsteht.

Faivre, Hanegraaff und Goodrick-Clarke bestimmen wesentlich die derzeitige Diskussion im universitären Bereich der Esoterik-Forschung.

Esoterik als abendländische Denkform

Faivre stellte 1992 in seinem Buch *L'Ésotérisme* (*Esoterik*, deutsche Erstausgabe 1996) eine Begriffsdefinition von Esoterik vor, der zufolge sie als geistesgeschichtliche Tradition westlichen Denkens seit der Renaissance nachvollziehbar sei. Esoterik ist nach Faivre eine „Denkform" (Faivre 1996, S. 11) und durch sechs Merkmale gekennzeichnet – vier davon seien wesentliche Bestandteile, während zwei weitere häufig, jedoch nicht notwendig, hinzukämen.

Er benennt folgende vier Bestandteile, deren „gleichzeitiges Auftreten eine notwendige und hinreichende Bedingung dafür darstellt, dass ein gegebenes Untersuchungsmaterial zur ‚Esoterik' zu rechnen ist" (Faivre 2006, Abs. 13):

21 Hanegraaff wurde im September 2009 durch Peter Forshaw abgelöst. Den Lehrstuhl an der Sorbonne hat seit 2002 Jean-Pierre Brach als Nachfolger Faivres inne.

1) Denken in Entsprechungen (Mikrokosmos = Makrokosmos)
Nach dem Grundsatz *wie oben, so unten* werden *Mikro- und Makrokosmos* gleichgesetzt. Veränderungen auf kosmischer und kleinster weltlicher Ebene entsprächen einander direkt. Der Kosmos und die Welt werden als gigantisches Hologramm verstanden, in dem alles in allem enthalten und unmittelbar miteinander verbunden sei. Deshalb seien Veränderungen durch Paralleleinwirkung erreichbar, sowie in jedem Detail symbolische und reale Hinweise auf die Struktur des Gesamtzusammenhangs zu vermuten (*Prinzip der universalen Beziehungen*).

2) Idee der beseelten Natur
Kosmos, Erde, organische wie anorganische Natur werden als beseelt, von einer lebendigen Energie durchflossen, angesehen. Den Mesmerschen Magnetismus oder die Homöopathie zählt Faivre als Besonderheiten dieser Vorstellung einer „magia naturalis“ auf (Faivre 1996, S. 25). Auch die so genannte *Gaia-Hypothese* (die Welt als lebendiges Wesen, Mensch und Gesellschaft als Subsysteme kosmisch-biologistischer Gesetze), mit der Fritjof Capra eine systemische Betrachtungsweise mit biologistischen Anschauungen vermengte, gründet insbesondere in diesem Bereich (Barth 2006, S. 103).

3) Imagination und Mediation
Durch Versenkung und Intuition sei es möglich, die Botschaften, Zeichen etc. der göttlich-kosmischen Sphäre und ihre Bedeutung für die menschliche Welt zu erkennen. Mystisches Schauen und Imagination seien Wege, um „Vermittler“ der höheren Welten richtig zu erfassen, also z. B. Mandalas auszudeuten, Rituale und Symbole zu verstehen, durch Engel oder Meister Offenbartes zu begreifen. Dies helfe, die Mikroebene nach den göttlich-kosmischen Gesetzen der Makroebene richtig zu strukturieren.

4) Erfahrung der Transmutation
Dabei handelt es sich laut Faivre um eine Art „zweite Geburt“, also den Aufstieg zu einem neuen Menschsein, um „Erleuchtung“. Dazu sei eine Initiation nötig, die im Sinne alchemistischer Traditionen auf folgende Weise ablaufe: Läuterung – Erleuchtung – Vereinigung (Faivre 2001, S. 30).

Zwei weitere Komponenten, die sekundäre, nicht notwendige, aber häufig vorhandene Merkmale von Esoterischem darstellen, umreißt Faivre wie folgt:

5) Praxis der Konkordanzbildung
Gemeint ist damit die Tendenz esoterischer Menschen, mehrere esoterische Traditionen und Ansätze aufzunehmen, um nach dem gemeinsamen Nenner zu suchen, der eine gnostische Erleuchtung ermögliche. Es wird ein gemeinsamer Stamm oder „Urgrund“ aller religiösen Lehren angenommen (vgl.

Blavatsky, die in der Theosophie die extrahierte Weisheit aller Weltreligionen vereinen wollte). Die Rückbesinnung auf solch eine Essenz religiös-spiritueller Lehren geht damit einher, eine Ursprünglichkeit menschlicher Spiritualität zu beschwören. Durch ihre Wiederentdeckung könnten die Grenzen und die Spaltung der modernen Ausdifferenzierung überwunden werden.

6) Initiation durch einen Meister in ritualisierter Form
Die Initiation („Transmission") zur Erlangung „höherer Weisheit" (also die „Erleuchtung") könne nur auf festgelegten ritualisierten Wegen erfolgen, deren „Gültigkeit" und „Authentizität oder ‚Korrektheit' nicht bezweifelt werden" dürfe (Faivre 1996, S. 31). Absolute Anerkennung der in der Regel durch einen Meister vorgegebenen Wege gilt als Bedingung für den Aufstieg in die höhere Welt. Dies impliziert die totale Hingabe des Schülers an den Meister, der Träger der Transmissionsmöglichkeit ist.

Faivres Herangehen an Esoterik ist systemimmanent, denn er zählt wichtige esoterische Kategorien auf, verharrt jedoch in ihrer inhärenten Erklärungslogik. Es fehlt sowohl eine kritische Rückbindung an gesellschaftliche Entwicklung als auch eine Einschätzung der besonderen Bedeutung, die esoterischem Denken konjunkturell in gesellschaftlichen Epochen zukommt. Faivres Sprache lässt keine Distanz zu esoterisch-magischen Behauptungen erkennen, sondern auf eine Übereinstimmung seiner Haltung mit dem zu untersuchenden Phänomen schließen.

Eine an Faivre angelehnte Begriffseingrenzung nimmt von Stuckrad vor, der bis 2009 als Professor am Institut für die Geschichte der hermetischen Philosophie an der Universität von Amsterdam lehrte, bis er als Professor für „Religious studies" an die Universität Groningen wechselte. Von Stuckrad fasst „Esoterisches" als ein „*Diskurselement* der Europäischen Religionsgeschichte" auf, das dazu diene, Erkenntnis des „Eigentlichen", „‚vollkommenen' Wissens" („Philosophia Perennis") zu erzielen (von Stuckrad 2004, S. 21f). Dieses „Eigentliche" lasse sich durch verschiedene „Modi" erreichen, wie durch gnostische und neuplatonische Praxis, „Channelling" („Kommunikation mit geistigen Wesen") oder spezifische Initiationsriten. Zumeist benötige die „Offenbarung" der „verborgenen Wahrheit" eine vermittelnde Autorität; nur in Ausnahmefällen könnten einzelne Personen ohne Mediator selbst Einweihung erlangen. Als entscheidendes Kriterium esoterischer Wissensvermittlung benennt von Stuckrad den Aspekt der individuellen *Erfahrbarkeit* außergewöhnlicher Bewusstseinszustände.

Insgesamt schlägt von Stuckrad vor, besser von „Esoterischem" statt von „Esoterik" zu sprechen, da keine zusammenhängende esoterische Lehre existiere, sondern vielmehr einzelne Motivketten esoterischer Traditionen, die vor allem ein Element „kultureller Prozesse" seien. Trotzdem lässt seine

Darstellung eine Einordnung der Entwicklung des Esoterischen in soziokulturelle Prozesse weitgehend vermissen.

Esoterik in der Moderne

Einen etwas anderen Fokus legt Bohnke in seiner Einführung *Esoterik* (1991). Er konstatiert, die Esoterik verweigere sich „eindeutigen Definitionen“. Er beschreibt den Gegenstand, indem er fünf grundlegende Bereiche und deren Hauptanliegen betrachtet, in die sich Esoterik aufgliedere (Bohnke 1993, S. 13f):

- *Mystik*: Gewollt sei die Entfaltung eines „höheren Selbst“, was gleichzeitig einer Vereinigung mit dem Göttlichen entspreche.
- *Magie*: Ziel sei es, Verfügungsmacht über jenseitige und diesseitige Wesen bzw. Menschen zu erhalten.
- *Wahrsagen*: Bestimmte Methoden (z. B. Tarot, I Ging) sollen Rat und Erkenntnis vermitteln.
- *Psi*: Gemäß dem postulierten Primat des Geistigen vor dem Materiellen wird angenommen, mittels eigener geistiger Kräfte natürliche Gesetzmäßigkeiten aufheben zu können. Techniken dazu seien beispielsweise Telepathie („Gedankenübertragung“) oder Telekinese („Bewegen von Gegenständen durch geistige Kräfte“).
- *Spiritismus*: Ihm liegt der Glaube zugrunde, Verstorbene lebten auf einer anderen Ebene weiter, und mittels bestimmter Techniken (z. B. Tischchenrücken) könnte Kontakt mit ihnen aufgenommen werden.

Bohnke betont zusätzlich die Bedeutung von Selbsterfahrung und Selbstentfaltung, die das Ziel zahlreicher esoterischer Praktiken seien (Bohnke 1991, S. 13). Er zieht die Verbindung zu äußeren Anforderungen des *erfolgreichen Bestehens in der alltäglichen Welt*, das mittels esoterischer Theorie und Praxis gesichert werden soll. Der Hinweis auf dieses Bedürfnis, durch esoterische Techniken besser in der profanen realen Alltagswelt bestehen zu können, ist im Hinblick auf den Gebrauch der Esoterik bei den Interviewten von großer Bedeutung (vgl. Teil III der vorliegenden Arbeit). Auch in den übrigen kurzen Beschreibungen von Sinn und Zweck einzelner esoterischer Sparten verweist Bohnke auf die Bedeutung der persönlichen Ermächtigung (Magie) bzw. besseren Bewältigung des Alltags (Wahrsagen).

Bohnke führt im Weiteren Grundelemente esoterischen Denkens auf, wie

- Mikrokosmos = Makrokosmos (eine Grundlage aus der Smaragdtafel des Hermes Trismegistos),
- die Polarität von Yin und Yang als angenommene Urkräfte der Welt,

- das Bemühen um die Aufnahme moderner wissenschaftlicher Erkenntnisse,
- die herausragende Stellung gesundheits- und krankheitsbezogener Themen sowie des Anspruchs auf Heilung durch geistige bzw. so genannte „feinstoffliche“, quasi nicht-materielle Behandlung inklusive des Versprechens völliger psychischer und körperlicher Heilung,
- Annahme einer Menschheitsentwicklung in drei Phasen (Drei-Schritt-Modell der spirituellen menschlichen Evolutionsgeschichte):
  Erste Phase: einstige göttliche Einheit
  Zweite Phase: Ausdifferenzierung, Individualisierung, gleichzeitig Herabfallen ins Materielle
  Übergang zur dritten Phase: allmähliche Umkehr des Prozesses durch den Menschen, der sich seines göttlichen Ursprungs bewusst wird, wieder aufwärts schreitend hin zur *Vollendung* in einer All-Einheit alles Seienden (Bohnke 1991, S. 77f).

Esoterik des späten 20. Jahrhunderts: New Age

Heute werden *New Age* und *Esoterik* oft gleichgesetzt. Der Begriff „New Age“ hat sich besonders in der zweiten Hälfte des 20. Jahrhunderts, in der wiederaufkommenden „Spirit“-Bewegung in den 1960er Jahren, etabliert. Ausgehend von den USA fand eine Neubelebung esoterischen Denkens statt, die eng an einen Kult um Psychotechniken, die Auflösung gesellschaftlich zugefügter Traumata und die Befreiung von einengenden, als falsch und unauthentisch erlebten Konzessionen an die gesellschaftlich geforderten Verhaltensweisen gekoppelt war. Der „Kult um die Psyche“ ging mit einer Vielzahl entsprechender Selbsterfahrungstechniken einher; deren Begründer innere Heilung und Befreiung versprachen. In der Folge sollten freie Lebensgemeinschaften die Keimzelle für eine bessere, nicht-unterdrückende Gesellschaft sein, in der Wünsche und Bedürfnisse der Einzelnen authentisch ausgesprochen werden könnten und ein neues gemeinschaftliches Leben ohne Angst und Zwang möglich wäre. Verbunden waren diese Versuche mit dem Konsum von Cannabis, synthetischen Drogen (z. B. LSD) sowie anderen Mitteln, die gewohnte Wahrnehmungsweisen außer Kraft setzen und kurzzeitig die Erfahrung von Harmonie, Ich-Auflösung in einem umfassenden Ganzen bei gleichzeitiger Akzeptanz des eigenen Seins ermöglichen sollten.

Eine der bekanntesten dieser neuen Psychotechniken war Arthur Janovs Urschreitherapie, auch Primärtherapie genannt. In dieser neuen Therapieform versuchten Menschen, frühkindliche negative Prägungen aufzudecken und abzulegen, allem voran das „Trauma ihrer Geburt“ nochmals zu durchleben. Mittels Atemtechniken wie der Hyperventilation oder durch enges Einwickeln in Teppiche (um den Uterus zu simulieren) wurden die Patienten in einen unkontrollierten körperlichen Zustand versetzt. Ihr Schreien,

Schluchzen und rauschartige Extremerfahrungen sollten die einst zugefügten kindlichen Leiden aus dem Verdrängten zutage treten und damit heilbar werden lassen.

Anfang der 1970er Jahre entstanden so genannte Encounter-Gruppen. Elvira Böhm berichtet im Interview von ihrer Teilnahme an solchen Treffen (siehe Kap. III.3). Encounter-Gruppen gingen auf Carl Rogers zurück, der mit seiner Humanistischen Therapie bzw. klientenzentrierten Gesprächsführung neue Maßstäbe im Verhältnis Klient-Therapeut setzte. Nicht mehr der Therapeut war der Besserwissende, der Klienten auf den richtigen Weg führen sollte, sondern der Therapeut sah sich als Helfer, der Klienten auf einem selbstbestimmten Weg mit unterstützendem Gespräch gleichberechtigt zur Seite stand. Gefühle sollten akzeptiert und ihr Wert als „gespeicherte Erfahrung" anerkannt werden, statt sie als irrational abzuwerten. Auch im Encounter-Movement, das aus diesem neuen Ansatz schöpfte, standen Gefühle und die ehrliche, mutige Selbstkonfrontation mit ihnen im Mittelpunkt. Den Rahmen gab eine Gruppe ab, vor der die Einzelnen schonungslos ihre Emotionen und Affekte zeigen sollten. Im Mittelpunkt der Encounter-Therapie stehen also eigene Gefühle und Sichtweisen, die aufgrund von gesellschaftlichen Konventionen oder sozialem Druck verleugnet wurden. Ganz im Sinne von Elias und Meads (vgl. Kap. I.6) wird Verleugnung als gesellschaftliche Erfahrung gesehen, die in einem weitgehend unbewusst ablaufenden Prozess verinnerlicht wurde. Die Anpassung des eigenen Fühlens und Verhaltens bedeutet bereits die Unterdrückung nicht-adäquater Antriebe und Gedanken. Diese werden, um im sozialen Gefüge des Alltags bestehen zu können, zurückgesteckt, verdrängt und nicht mehr oder nur mehr als Unwohlsein oder aufblitzende unangepasste Gefühlsregung wahrgenommen. Diese Form der Sozialisierung wird im Encounter als negativ, bedrängend aufgefasst, da sie zum einen eine innere Unzufriedenheit und Unglück erzeugt, zum anderen aber auch in der sozialen Interaktion als dysfunktional gilt.

Das bloße Funktionieren gemäß einer zugeschriebenen Rolle genügt im entwickelten bürgerlich-kapitalistischen Gefüge nicht mehr, um Erfolg zu haben. Seit dem ausgehenden 20. Jahrhundert muss jede_r Einzelne vielmehr sein eigener Projektmanager sein, allzeit bereit, aus eigenem Antrieb Verantwortung für sich und andere zu übernehmen, eigenverantwortlich aus Alternativen zu wählen, um motiviert und schöpferisch Problemkomplexe zu überwinden. Nicht mehr der Acht-Stunden-Tag zählt, sondern der Erfolg des Projekts, für dessen Erreichung jede_r Einzelne oder das Team selbst verantwortlich ist. Eigenmotivation, kreatives Potential ist in der Arbeit von jeder/jedem EinzelneN gefragt, mit allen positiven wie negativen Konsequenzen. Das Gefühl von Selbstbestimmung aufgrund der zugesprochenen eigenen Lösungskompetenz und die stärkere Identifizierung mit der Arbeitsstelle aufgrund des Einbringens eigener Kreativität und Mitbestimmung stehen dem Gefühl der totalen Vereinnahmung, der fehlenden Abgrenzung eigener Interessen gegen die des Unternehmens gegenüber. Die Entwicklung verlangt von jeder/jedem EinzelneN, sich selbst als Unternehmer zu betrachten, die Initiative zu ergreifen, selbst zwischen Alternativen zu wählen und sich vor allem die ständig steigenden Anforderungen an die Herausbildung eines „unternehmerischen Selbst" zu eigen zu machen, wie es Bröckling (2007) beschrieben hat.

Im Umbruch zu diesem neuen, nach ökonomischen Erfordernissen geprägten Menschenbild entstanden in Nordamerika und Europa in den 1960er/1970er Jahren Psychotechniken, die gegen die stupide Anpassung und Erfüllung von Rollen gerichtet sind und das Einbringen des *ganzen* Menschen fordern.

Encounter zielt auf „inneres Wachstum" zu mehr „Selbstwertschätzung". Mit Ermutigungen wie: „Lebe im Jetzt und Hier", „übernimm die volle Verantwortung für Deine Handlungen, Gefühle, Gedanken" bewirbt heute ein esoterisches „Therapiezentrum" im Internet seine Encounter-Seminare[22] (Seminar- und Zencounterzentrum Mitte, Homepage 2007/2009). Encounter verhilft demnach heute nicht nur zu einem authentischen Dasein, geprägt durch einen achtsamen Umgang mit der eigenen Wahrnehmung und Emotion, sondern ebenso zu einem erfolgreichen Bestehen in der alltäglichen Welt. Ziel sei das „Standhalten vor den Problemen des Lebens", ist auf selbiger Homepage zu lesen.

Laut Goldner (2000, S. 239) bestimmen „Encountergedanken [...] bis heute das Geschehen in [esoterischen; CB] Therapie- und Selbsterfahrungsgruppen, in denen die Interaktion der Teilnehmer im Vordergrund" stehe.

Zur „alten" Esoterik kam bei ihrem Wiedererstarken in der zweiten Hälfte des 20. Jahrhunderts Neues hinzu: Techniken der Selbstorganisation des Subjektes, um Rollen und authentische Selbsterfahrung zu bearbeiten und ein stimmiges Bild der eigenen Person zu kreieren.

Alte Grundsätze blieben erhalten, etwa der ungebrochene Glaube an die „Macht der Sterne", die mittels Astrologie zu berechnen sei. In den 1960er Jahren erwartete die esoterische Gemeinde kollektiv das Herannahen eines neuen Zeitalters. Die Erde sollte aus dem Einfluss des „Fische-Sternbildes" unter den Einfluss „Wassermanns" geraten. Der Umbruch sollte zur Jahrtausendwende einsetzen, ein Zeitalter des Friedens und der Harmonie kündigte sich danach an. In Musicals wie „Hair" wurde das Heraufdämmern von „Aquarius" beschworen, das herbeigesehnte „neue Zeitalter", dem die Bewegung den frischen Namen „New Age" verdankte.

Wouter J. Hanegraaff, der in der Tradition Faivres steht, hat sich eingehend mit einer Begriffsbestimmung dieser neuen Bewegung befasst. Anhand von Literaturanalysen der New-Age-Bewegung, die einen Spiegel der

---

22 Was 2007 noch als Encounter dargestellt wurde, dient heute wortgleich als Beschreibung für Zencounter, die „gereifte Form von Encounter" (siehe Seminar- und Zencounterzentrum Mitte, Homepage 2007 bzw. 2009).

Szene in den USA und den Niederlanden darstellen, bestimmte er fünf inhaltliche Hauptrichtungen der gegenwärtigen Esoterik (Hanegraaff 1996, S. 19f):

- Channeling,
- Heilung und Wachstum,
- New-Age-Wissenschaft,
- Neuheidentum und
- New Age im engeren und weiteren Sinn.

Bei der Literaturbetrachtung stellte Hanegraaff fest, dass es sich bei den meisten untersuchten Texten weniger um theorielastige Werke als vielmehr um widerspiegelnde Darlegungen esoterischer Praktiken handelt. Die „praktische Dimension" sei „von großer Bedeutung für eine umfassende Sicht der Bewegung", so Hanegraaff (ebd., S. 18; Übersetzung CB).

Hanegraaff setzt wie Faivre Esoterik als übliche Denkform westlich-abendländischer Kultur an. New Age sieht er als Form, in der sich Esoterik unter dem Einfluss eines säkularen modernen Denkens darstellt. Er verortet den Ursprung des New Age in der Encounter-Bewegung der 1960er Jahre: „The New Age movement is commonly, and rightly, regarded as rooted in the so-called counterculture of the 1960s" (Hanegraaff 1996, S. 10). Er definiert New Age weiter als eine Bewegung „of modern western, industrialized society" (ebd., S. 11). Obwohl die Bewegung von den USA aus nach Europa gelangte, gäbe es in der Literatur – deren publikumswirksame Bestseller zu untersuchen sich Hanegraaff zum Ziel setzte – teils enorme Unterschiede zwischen den Kontinenten[23] (ebd., S. 13).

Für Hanegraaff ist New Age eine Reaktion, eine „Manifestation der Kritik der populären, seit 2000 Jahren vorherrschenden Kultur" (vgl. ebd., S. 331). Damit spielt er auf die esoterische Kritik am Christentum und die damit einhergehende Kritik an Rationalismus, Materialismus und Newtonschem Weltbild an. Esoteriker setzten Anschauungen wie lebendiger Kosmos, (verkürzte) Relativitätstheorie, Ganzheit, Mystizismus, schöpferische Kultur für ein gemeinschaftliches Heil dagegen (ebd., S. 332f). Im Folgenden werden die Ergebnisse seiner thematischen Auswertung der Schriften kurz zusammengefasst:

Die Vision eines neuen Zeitalters, des Wassermann-Zeitalters, werde mit einem „Pathos des Wandels" verknüpft (ebd., S. 336), der eine Entfaltung menschlichen Potentials erwarten lasse. Im Wechsel vom Alten zum Neuen

23 Hanegraaff geht nicht näher auf die kulturellen Rezeptionsunterschiede ein. Der Nachweis einer spezifisch deutschen Entwicklung der Esoterik, wie ich ihn 2003 erbracht habe, spricht jedoch ebenfalls für länderspezifische, kulturell unterschiedliche esoterische Ausformungen.

gerate die Welt in eine Krise. Wie Hanegraaff feststellt, ist die Literatur durchzogen von Behauptungen, dass „die Entwicklung der westlichen Kultur uns nun an einen Punkt extremer Gefahr für die Menschheit und den Planeten als Ganzes gebracht habe“ (ebd., S. 344; Übersetzung CB). Die Gefahr einer Krise der Menschheit, in ihrer gesamten Existenz und die Rettung durch die Esoterik werden geschildert. Nötig sei ein „turning point“, eine Umkehr, die durch neue Gedanken, eine Evolution des Bewusstseins eingeleitet werden könne (ebd., S. 350). Würde eine so genannte „kritische Masse“ an neu Denkenden erreicht, stellte sich laut Rupert Sheldrake der turning-point von selbst ein, da die neue Information dann in einen kollektiven Informationsspeicher, das so genannte „morphogenetische Feld“ eingehe und von dort auf die Menschheit wirke.

In seiner historischen Einordnung von Esoterik definiert Hanegraaff fünf inhaltliche Felder, die als konstitutiv für die New-Age-Bewegung angesehen werden könnten (ebd., S. 365f):

- *Diesseitsbezogenheit* (vorzugsweise in einer schwachen Variante): Erfahrungsbezogenheit als Kriterium für die Realität.
- *Holismus* (universaler Zusammenhang zwischen Menschen und dem Kosmisch-Göttlichen).
- *Evolutionismus*: nahezu durchgängig vorhandene Vorstellung einer teleologisch gesteuerten Evolution. Konkret entwickle sich das Bewusstsein durch selbstgewählte Lektionen der Seele über mehrere Leben hinweg (Reinkarnation).
- Psychologisierung der Religion und *Sakralisierung der Psychologie*: Mit der Entwicklung des Bewusstseins gingen mystisch-gnostische Erfahrungen einher, in der Erleuchtung schließlich fielen Selbsterkenntnis und Gotteserkenntnis in eins. Die innerlich wie äußerlich wahrgenommene „Realität“ sei lediglich Schein, da sie nur durch den Geist entworfen und deshalb auch durch uns selbst frei veränderbar, kreierbar sei.
- *Erwartung eines kommenden neuen Zeitalters/New Age*: Kritisiert wird zumeist die westliche Kultur, insbesondere die Moderne; teilweise wird die Kritik mythisch-historisch angereichert mit dem Glauben an ein „ewiges Weistum“ im Herzen aller Religionen.

Nichts Neues also in der US-amerikanischen und niederländischen Esoterik-Literatur der 1990er? Bis auf den neuen Bereich der Psychologisierung finden sich altbekannte Sujets esoterischer Welterklärung im ideologischen Gepäck.

In Deutschland – stellen Hanegraaff und Christoph Bochinger (1994) fest – sei New Age lediglich ein „Label“, mit dem einige Publizisten und einzelne Akteure der esoterischen Religion ein marktwirtschaftliches Gerüst übergestreift hätten: „‚New Age‘ [...] ist [...] lediglich ein Etikett, das jener neuartigen religiösen Szenerie durch die Verlage, die Sekundärliteratur und wenige Protagonisten ‚aufgesetzt‘ wurde“ (Bochinger 2004, S. 35). Als einheitlich zu charakterisierende Bewegung wie in den USA habe New Age hierzulande – außer in den New-Age-Reihen von Verlagen wie Fischer, Goldmann, Herder und Heyne – nie existiert. Auch die Verlage seien jedoch wieder auf den altbewährten Begriff „Esoterik" anstelle von „New Age" umgeschwenkt (Hanegraaff 1994, S. 377; Bochinger 1994, S. 140ff).

So wenig New Age in Deutschland als Bewegung zu verstehen sei, so wenig sei hierzulande ein kohärenter, überlieferter Wissensbestand von Esoterik vorhanden. „Esoterik" erschöpfe sich allzu oft in einem Konzept der „‚Individualkultur' nach dem Motto: ‚Du hast alles in Dir, probier es aus!'" Esoterik sei wie „Spiritualität" ein Ersatz für „Religion" geworden, in der die subjektiven Elemente innerer Erfahrbarkeit im Zentrum stünden (vgl. Bochinger 1994, S. 376).

In seinem Fazit bezeichnet Hanegraaff New Age als eine populäre Kritik an der westlichen Kultur, die sich als „säkularisierte Esoterik" in Form des New Age ausdrücke (ebd., S. 521ff).

New Age als Modernisierungsphänomen

Stenger hat sich in seiner Untersuchung mit dem Titel *Die soziale Konstruktion okkulter Wirklichkeit. Eine Soziologie des New Age* (1993) darangemacht, moderne Esoterik, New Age, als Modernisierungsphänomen zu erklären. Sein Ausgangspunkt ist ein konstruktivistisches Verständnis von Esoterik als „Praxis der Sinnherstellung" (Stenger 1993, S. 7) in der Moderne. „Esoterische Aktivitäten" hält er für „strukturell [...] besonders brauchbare Strategien im Umgang mit dem Individualisierungsdruck moderner Gesellschaften" (ebd., S. 7).

Kennzeichen der Modernisierung sind für Stenger schneller stetiger Wandel, Gleichzeitigkeit des Ungleichzeitigen, die „Institutionalisierung von Veränderlichkeit und Kontingenz" (ebd., S. 46). Für das Individuum bedeute dies einen „gesellschaftlichen Freisetzungsprozess" (Keupp, zit. nach Stenger 1993, S. 47), Wahlzwang, Individualisierung des Bewusstseins. Beck drückte die Anforderung der Modernisierung an das Individuum treffend aus:

> „Gefordert ist ein aktives Handlungsmodell des Alltags, das das Ich zum Zentrum hat, ihm Handlungschancen zuweist und eröffnet und es auf diese Weise erlaubt, die aufbrechenden Gestaltungs- und Entscheidungsmöglichkeiten in Bezug auf den eigenen Lebenslauf sinnvoll klein zu arbeiten. Dies bedeutet, dass hier hinter der Oberfläche intellektueller Spiegelfechterei für die Zwecke des eigenen Überlebens ein ichzentriertes Weltbild entwickelt werden muss, das das Verhältnis von Ich und Gesellschaft sozusagen auf den Kopf stellt und für die Zwecke der individuellen Lebenslaufgestaltung handhabbar denkt und macht" (Beck 1986, S. 217).

> „In der individualisierten Gesellschaft muss der Einzelne entsprechend bei Strafe seiner permanenten Benachteiligung lernen, sich selbst als Handlungszentrum, als

Planungsbüro in Bezug auf seinen eigenen Lebenslauf, seine Fähigkeiten, Orientierungen, Partnerschaften usw. zu begreifen" (Beck 1986, S. 216f).

Das Individuum sei nun gegensätzlichen Anforderungen ausgesetzt: Einerseits müsse es ein ich-zentriertes Weltbild entwickeln, andererseits bleibe es „marktabhängig" (Stenger 1993, S. 47), was „Standardisierung" und „institutionelle Prägung" bedeute (Beck, zit. nach Stenger 1993, S. 47). Pluralisierung und Differenzierung institutionalisierter Verhaltensmodelle sind laut Stenger die „Grundlage aller Marktförmigkeit individueller Lebensführung" (ebd., S. 48) – was vergleichbar im Konzept der rollenförmigen Existenz aufscheint. Dies führe zu einer grundsätzlichen Konkurrenz der Orientierungselemente für jeden einzelnen Menschen. Diese rollenförmige Marktabhängigkeit erfordere eine „*permanente Anforderung zur Konstruktion von ‚Sinn'*, eine dauerhafte ‚Erklärungsarbeit'" (ebd., S. 48). Diese Anforderung, nach Beck die „strukturelle Notwendigkeit der Ich-Zentrierung", wirke sich auf die Identitätsbildung entscheidend aus. Mehr noch sei hinzugefügt: Sie ist zusammen mit der erzwungenen rollenförmigen Existenz die Grundlage für die Notwendigkeit von Identitätsbildung schlechthin.

Der Mensch würde nicht länger fremdreferentiell strukturiert, sondern strukturiere sich selbstreferentiell, so Stenger (1993, S. 48f). Das Subjekt werde in der Moderne zur „gestalterischen Instanz seiner eigenen Identität" (ebd., S. 49). Es müsse wählen, wie es sich konstruiere, und gewinne ebenso reflexive Distanz gegenüber Identitätsanteilen, die es sozial zugeschrieben bekommt bzw. im Lauf seines Lebens bekam. Es konstruiert seine Biographie in der Auswahl, Zusammensetzung und Integration – sprich Ausdeutung – dieser Anteile. Dies setzt die Fähigkeit zu „reflexiver Distanz" voraus (ebd., S. 49). Gleichzeitig scheint die Frage auf, welches die festen, identitären Kernbestandteile der eigenen Person sind, das unverbrüchliche Wesen der Identität, auf dem die biographische Selbstnarration aufbauen kann. Hier sieht Stenger den Grund esoterischer Sinnkonstruktion: Sie sei eine exzellente „kognitive Strategie [... um] auf einer anderen Seinsebene den festen Kern der eigenen Persönlichkeit auszumachen" (ebd., S. 49). „Die Relativierungen und Wandlungen der eigenen Identität als soziale Alltagserfahrung werden so nicht nur aushaltbar, akzeptabel und handhabbar, sondern sogar zum empirischen Beleg der Oberflächlichkeit oder Scheinhaftigkeit der Alltagswirklichkeit" (ebd., S. 49). Eine Selbstwerterhöhung gegen den bedrohten, fragilen, gesellschaftlich zu erringenden Stand ist damit inkludiert.

Unter den strukturellen Bedingungen der Moderne würden, so Stenger, „die Kategorien der Identitäts- und Subjektivitätserfahrungen [...] zum Zentrum der Weltwahrnehmung" (ebd., S. 50). Die wesentlichen Fähigkeiten, die ein Subjekt psychisch-kognitiv unter Beweis stellen muss, um sich unter diesen Anforderungen passend strukturieren zu können, benennt Stenger in Anlehnung an Berger, Berger und Kellner (1975, S. 70ff) mit:

- Offenheit: Bereitschaft zur Transformation aufgrund der ständig angetragenen gesellschaftlichen Veränderung, die in die Identität integriert werden muss.
- Differenziertheit: Die Weiterentwicklung von „Fremd-" zu „Selbstbeherrschung" (Foucault), von „Fremd-" zu „Selbstreferentialität" (Stenger) erhöht die Wahrnehmung einer „inneren Wirklichkeit" und ermöglicht „tiefere" Selbsterfahrungen.
- Reflexivität: Das Ich muss ständig überprüft werden. Eine Distanz zu den internalisierten Ich-Bestandteilen ist erforderlich, um sie zu prüfen und den unerlässlichen Prozess der Selbstwandlung und identitären Neudefinition bzw. Neubewertung von Identitätsanteilen vornehmen zu können.
- Individuierung: Wie im Rekurs auf Marx deutlich wird, wird der Privatmensch als höchstes Gut der bürgerlichen Verfasstheit gesetzt (vgl. Kap. I.6). Jeder Mensch ist dazu angehalten, Individualität herauszubilden. Er soll unverkennbar sein, zu eigenen Anschauungen und Entschlüssen fähig, ein Original. Die Freiheit, die er qua Verfassung mit unveräußerlichen bürgerlichen Menschenrechten zugesprochen bekommt, soll von ihm ausgefüllt werden. Nicht zuletzt besteht in der erfolgreichen Annahme der größer gewordenen individuellen Möglichkeiten die Legitimität der gesellschaftlichen Ordnung.

All diese Komponenten seien notwendig, um sich unter den Bedingungen der Modernität erfolgreich selbst zu organisieren. Laut Stenger tauchen sie in den grundlegenden Wissens- und Theoriestrukturen der Esoterik auf und ermöglichen so den Einzelnen, logische, kohärente, praktikable, akzeptable und lohnende Sinnzusammenhänge und entsprechende Handlungsmuster zu konstruieren.

Für Stenger liegt die einzig mögliche Erklärung für den „Verbreitungserfolg von New Age/Esoterik" unter den gegenwärtigen Bedingungen darin, dass Menschen mit den in der Esoterik transportierten „Wissensformen gesellschaftlich erfolgreich sind [...] im Hinblick auf den Umgang mit dem Individualisierungsdruck und den Bedingungen der Identitätsbildung" (Stenger 1993, S. 51).

Grundtypen esoterischer Sinnherstellung nach Stenger

Bevor die Typen okkulter Sinnherstellung nach Stenger dargelegt werden, ist es erforderlich, kurz Einblick in sein theoretisches Vorgehen zu nehmen. Folgende Überlegung bildet Stengers Ausgangspunkt: Wenn esoterische Rezipient_innen auf ein esoterisches Angebot (Seminarbeschreibung o. ä.) stoßen, erkennen sie in der dargebotenen esoterischen „Theorie" nicht nur einen Teil des okkulten Faktenuniversums wieder, sondern setzen spezifische Sinnbezüge, verknüpfen also das Angebotene mit vorstrukturierten Erwartungen. Zwei Ebenen sind bereits im Spiel: Eine Definitionsebene, auf der inhaltliche Strukturen wahrgenommen werden, und eine Zielebene, die

Hoffnung, Erwartung und den Nutzen angibt, den der/die Rezipient_in mit der Erprobung des jeweiligen esoterischen Angebots verbindet (vgl. Stenger 1993, S. 113). Stenger kommt in einer vorausgehenden Untersuchung (1990) zu der Erkenntnis, dass die Erwartung „Selbstverwirklichung/ Selbsterfahrung" im Bereich der Zielebene dominiert. Die Aufschlüsselung dieser beiden Substrukturen esoterischer Rezeption bietet interessante Hinweise auf die psychische Bedürftigkeit von Menschen, die in der Esoterik Anleitung und Hilfe suchen. Stenger nennt den Vorgang der individuellen Sinnzuschreibung spezifischen Sinns in vorgefundene Elemente „Kontextualisierung" (Stenger 1993, S. 56f). Jeder Mensch nehme im Alltag „Kontextualisierungen" vor, setze also Sinnbezüge zu den vorgefundenen, gehörten, gesehenen Phänomenen, um sie in sein Weltbild einordnen zu können, sie verstehbar und handhabbar zu machen. „Kontextmarkierungen [zeigen] den Anspruch einer spezifischen Realitätssicht" an (ebd., S. 117).

Auch esoterische Angebote würden „kontextualisiert", also in mehr bzw. weniger relevante Elemente ausgedeutet. Dabei lasse sich eine Theorie- (Definitionsebene) von einer Erwartungsebene (Zielebene) unterscheiden. Letztere liege vor allem im Bereich der Selbsterfahrung. Doch was ist Selbsterfahrung?

„Die ‚Bewegung' ist [...] nicht deshalb erfolgreich, weil etwa esoterische, religiöse Bedürfnisse ‚wiederentdeckt' wurden, sondern weil über esoterische Inhalte das Programm der Selbstentdeckung vorangetrieben werden kann, ohne dass kulturelle Zugangshürden (etwa bei dem ‚Reflexionssystem' Sozialwissenschaften) überwunden werden müssen. [...] ‚Ganzheitlichkeit' und ‚Spiritualität' sind Metaphern für einen veränderten Selbstbezug, der körperlich-sinnliche und emotionale Erfahrungen verstärkt zulässt, fördert, reflektiert und sinnhaft integriert. [...] Es geht in der Innenweltforschung Esoterik ja nicht darum, die eigene Gefühlsvielfalt zu ‚entdecken', sondern die Außenweltwirkung eigener und fremder Emotionen zu reflektieren und intellektuell zu integrieren" (Stenger 1989, S. 129).

Auf diesen Grundlagen aufbauend[24] arbeitet Stenger vier Typen bzw. Substrukturen esoterischer „Sinnherstellungsmuster" heraus, die im Folgenden skizziert werden (Stenger 1993, S. 119ff). Stenger formuliert die ersten beiden detailliert aus, wohingegen die letzten zwei Typen zwar benannt werden, jedoch weit weniger aussagekräftig in Bezug auf die Zielebene sind.

24 Stenger gibt zusätzlich Grundüberzeugungen esoterischen Denkens an, wie den Glauben an die Evolutionsfähigkeit des Bewusstseins und der Menschheit zum Besseren, den Holismus etc. Die von ihm aufgezählten esoterischen Grundideen finden sich bereits in den vorhergehenden Kapiteln dieser Arbeit, so dass eine nochmalige Betrachtung an dieser Stelle redundant wäre.

Stengers Typisierung kann einen sinnvollen Rahmen zur Erfassung von Sinnstruktur und Erwartungshaltung der Interviewten in dieser Arbeit geben. Sein Raster wird im Folgenden an einigen Stellen durch eigene Befunde aus der esoterischen Theorie erweitert.

- Erste Substruktur: der psychologische Kontext,
- Zweite Substruktur: der esoterische Kontext,
- Dritte Substruktur: der körperzentrierte Kontext,
- Vierte Substruktur: der spirituelle Kontext.

Erste Substruktur: der psychologische Kontext

Pragmatische Alltagsrationalität wird nur als kleiner Teil des eigenen Bewusstseins verstanden. Das „wahre" Selbst erscheint als umfassender und wird in anderen Sinnzusammenhängen gedacht als das teilrationale Rollenverhalten im Alltag. „Ganzheitlichkeit", ein Begriff, mit dem in der esoterischen Szene gerne jongliert wird, spiegele die psychische Erfahrung der „Unvollständigkeit des alltäglichen Selbst" wider. Es müsse einen „Zugang zum eigenen Sein jenseits dieser Alltagswelt" geben (Stenger 1993, S. 120). Esoterische Praktiken versprechen nicht nur, diesen Mangel im „Jenseits" zu beheben, sondern den Alltag dauerhaft verbessern zu können: „Der Zugang zur größeren Realität des Selbst verspricht, auch im Hier und Jetzt des Alltags ein anderer Mensch sein zu können, ‚eigentlicher' als zuvor, weil nicht mehr isoliert von zentralen Bereichen der eigenen Person" (ebd., S. 120). Dies sind psychologische Kontextualisierungen, die auf der Zielebene angesetzt werden.

Die Kontextmarkierungen auf der Definitionsebene bemühen „esoterisch-wissenschaftliche" Elemente wie eine unverrückbare eigene „Seele", eine karmische Spur des eigentlichen Ichs, das trotz verschiedener Inkarnationen und Aufgaben dasselbe bleibe. Bemüht werden auch etablierte wissenschaftliche Konzepte, die etwa auf ein verdrängtes eigentliches Selbst (in Anlehnung an Freud) oder ein fremdbestimmtes, entfremdetes Dasein (in Anlehnung an Marx) verweisen. Die „Evolution des Bewusstseins" weise den Weg zur erstrebten Einheit.

Zweite Substruktur: der esoterische Kontext

Laut Stenger geht es hier vornehmlich um die „Handhabbar- und Nutzbarmachung von ‚Kräften' und ‚Energien' der größeren Realität" (Stenger 1993, S. 122). Auf definitorischer Ebene (Theorieebene) wird laut Stenger oftmals ein medizinischer Kontext angesprochen – Krankheit, Behandlung, Heilung seien die Schlüsselworte. Damit schließt die zweite Substruktur an institutionalisierte, etablierte Zusammenhänge an. Dadurch kann sich der/die Rezipient_in einerseits der gesellschaftlichen Akzeptanz seines Interesses gewiss sein und andererseits durch die Anspielungen auf etablierte Wissensbestände der Esoterik eine gewisse Seriosität und Glaubhaftigkeit verleihen. Die Zielebene (Erwartungsebene) in dieser Substruktur hingegen arbeitet nicht mit anerkanntem Wissen aus dem medizinischen Bereich, sondern verweist durch Kontextmarker wie „Lebensenergie“ „Qi“, „göttliche Quelle“, „polare Urkräfte“ auf esoterische Erklärungszusammenhänge. Krankheit resultiere aus einem Ungleichgewicht der Kräfte, aus Energieblockaden. Die Kenntnis der Gesetzmäßigkeiten des „Qi“ und eine erfolgreiche Technik, dieses zu beherrschen, eröffne die Möglichkeit, das eigene Leben in der Hand zu haben. Nach Stenger geht es in dieser Substruktur um den Wunsch nach Beherrschung des eigenen Lebens, um Absicherung und Macht (Stenger 1993, S. 124).

Die Ausführungen zu den nächsten beiden Punkten hält Stenger kürzer, sie scheinen für die Analyse weniger aussagekräftig zu sein als die vorangegangenen.

Dritte Substruktur: der körperzentrierte Kontext
Auch die dritte Substruktur bezieht Stenger eng auf Krankheitsvorstellungen, wie sie in der Esoterik vorherrschen. Der Körper gerät zum Spiegelbild geistig-seelischer Vorgänge, eine Somatisierung psychischer Vorgänge in Form einer körperlichen Krankheit zeige demnach das seelisch-spirituelle Defizit an. In den gängigen esoterischen Theorien wird jegliche körperliche Krankheit auf geistige Ursachen zurückgeführt, der Körper sei nichts weiter als die Projektionsfläche geistiger Vorgänge. Da der Körper als Mikrokosmos ebenfalls eine analoge Ausdrucksform des Makrokosmos darstelle, könne die „feinstoffliche Energie“ bzw. das „Qi“ nur dann zur körperlichen Gesundung führen, wenn die Person sich im Einklang mit den kosmisch-spirituellen Gesetzmäßigkeiten befinde.

Auf definitorischer Ebene gehören zu diesem Typ Grundannahmen aus dem medizinischen Kontext wie Krankheit und Somatisierung. Begriffe wie „Energiefluss“, „Mikrokosmos“ und „Makrokosmos“ verweisen auf den esoterischen Kontext. Die Zielebene ist eine angenommene „Entwicklung“ (des Bewusstseins wie des Körpers), die durch die Befolgung der esoterischen Wirkungszusammenhänge zwischen Körper (Mikrokosmos) und kosmischem Gesetz (Makrokosmos) erreichbar wäre.

Vierte Substruktur: der spirituelle Kontext
Ziel dieses Typus sei, das „Ego zu transzendieren“. Es geht um mehr als Selbstverwirklichung, nämlich um Gotteserkenntnis. Da Gott nach dem mystisch-gnostischen Ansatz im Menschen zu finden sei, bedeutet auch dieser Weg eine Innenweltreise. Allerdings weniger zur Selbsterkenntnis, sondern um die „Präsenz des Wirkenden“ wahrzunehmen, um „der Realität hinter allem Dasein“ auf die Spur zu kommen. Beispielhaft für diesen vierten Typus sind Meditationen. Durch sie soll der Widerspruch des zerrissenen Subjekts gelöst werden, indem das „eigentliche Ich“ zur Auflösung gebracht und sich ganz der „Präsenz des Wirkenden“, des Nicht-Begreifbaren, sondern nur Erfahrbaren verschrieben wird.

Diese letzte Substruktur ist laut Stenger die einzige der vier, die nicht positive Auswirkungen auf die Alltagswelt zum Ziel habe.

Zum Einstieg in die Esoterik bewege vor allem die Komponente der „tieferen" Selbsterfahrung bzw. Selbstverwirklichung, die übrigen Typen bildeten sich laut Stenger oftmals infolge der Erklärungslogik esoterischer Sinnzusammenhänge heraus, um die esoterische Theoriegebung nachzuvollziehen (Stenger 1993, S. 128).

Ohnmacht – Allmacht: Strukturlogik der Esoterik

Ergänzend zu Stengers Untersuchung möchte ich die wegweisende Studie von Chantal Magnin und Marianne Rychner zur *Strukturlogik der Esoterik* (Bern 1996) anführen. Die Autorinnen interviewten unterschiedliche esoterische Anbieterinnen sowie Kundinnen[25] und werteten die Ergebnisse mit einer objektiv hermeneutischen Methode aus. Es gelang ihnen, mit psychologischem Fingerspitzengefühl und Feinfühligkeit für esoterische Denkweisen eine „Strukturlogik" in den Aussagen ihrer Interviewpartnerinnen festzustellen, die an Stengers zweite These anschließt: dem individuellen Ohnmachtsgefühl, das durch esoterische Strategien, Allmachtsgefühle zu entwickeln, kompensiert wird. So lautet auch der Titel ihrer Veröffentlichung: *Ohnmacht – Allmacht. Zur Strukturlogik der Esoterik.*

Als zentrale Analyseeinheit taucht bei Magnin und Rychner eine „bedrohte Identität" auf, auf die sich ihre Interviewten bezogen. „Sich selber finden", „leben" versus „gelebt werden" waren wiederkehrende Themen. Magnin und Rychner arbeiten mit dem Terminus Entfremdung, um das von den Interviewten beschriebene Gefühl des „sich selbst verlustig gehen" adäquat fassen zu können (Magnin/Rychner 1996, S. 62). Die Überwindung des (Selbst-)Entfremdungsgefühls gelänge entweder durch das sich Loslösen von gesellschaftlichen Zusammenhängen (was Magnin/Rychner als illusionär ausschließen) oder aber durch völlige Anpassung, die weitestgehende Verinnerlichung gesellschaftlicher entfremdender Strukturen (ebd., S. 63). Die Interviewten wählten laut Magnin und Rychner den letzteren Weg: „Pseudobefreiung" durch „totalitäres Harmoniestreben" (ebd., S. 30, S. 71). Das Bestehende würde zur „unhinterfragbaren Tatsache mystifiziert" (ebd., S. 67).

Strategien (esoterische Mechanismen) seien der Glaube an Wiedergeburt und die Auflösung des Individuums in einem „kosmischen Ganzen". Mit dem Glauben an Wiedergeburt wird die Vorstellung verbunden, ein Individuum könne im Laufe seiner zahlreichen aufeinanderfolgenden Leben sämt-

25 Interviewt wurden ausschließlich Frauen, da in dem explorierten Untersuchungsfeld keine Männer zu finden waren (Magnin/Rychner 1996, S. 11).

liche Erfahrung der Welt in sich, in seiner Seele, vereinen. Die Positionierung als Individuum in der Gesellschaft gerate demnach sinnlos, „das Individuum ist scheinbar von Gesellschaft befreit. Es muss nicht außen gesucht werden, wenn alles in einem drin ist" (ebd., S. 70). Die gesellschaftliche Auseinandersetzung entfalle, denn „das Gegenüber ist nicht nötig, wenn das Einzelne alles auf sich vereinigt. Das Selbst bildet eine Totalität, das den Subjekt-Status aufgibt" (Magnin/Rychner 1996, S. 71).

Welcher Platz in diesem Leben für jede_n EinzelneN schicklich sei, sei bestimmt durch das große Kosmisch-Ganze. Dessen Wirken gehe letztlich durch jedes Individuum hindurch, Bewusstwerdung und Zu-sich-selbst-Finden bedeute, sich selbst als identisch mit diesem größeren Plan zu begreifen, darin aufzugehen. Die „lenkende Instanz" werde letztlich als „identisch mit dem Ich" angesehen (Magnin/Rychner 1996, S. 32). „Damit wird das Deutungsmuster endgültig hermetisch und seine Absolutheit schafft eine zugleich allmächtige als auch vollkommen nichtige Identität" (ebd., S. 32).

Die real empfundene „individuelle Austauschbarkeit, fehlende Individualität sowie Bedeutungslosigkeit" erzeuge ein Gefühl von sinnloser Existenz, Autonomieverlust und Ohnmacht, die auf ein allumfassend wirkendes kosmisches Gesetz projiziert würden. In diesem Kosmos hat das eigene, überzeitliche, vorgeburtliche Ich jedoch einen festen Platz. In einer Vorstellungswelt, in der ein allumfassendes, allgegenwärtiges kosmisches Gesetz regiere, könne „das vorgeburtliche Ich als allmächtig herrschendes wirken" (Magnin/Rychner 1996, S. 34). Als Kehrseite der Ich-Anpassung an vorgegebene Strukturen lasse die „hermetische Geschlossenheit des allmächtig-ohnmächtigen Menschenbildes [...] keinen Spielraum für bewusstes gesellschaftliches Handeln, welches die Selbstbezogenheit des Individuums durchbrechen und damit Ursache und Wirkung eigener Lebensumstände in der gesellschaftlichen Bezogenheit auf andere anstatt im eigenen Leben verorten würde" (Magnin/Rychner 1996, S. 33).

Mit der abschließenden Darstellung der Ergebnisse der Studien von Stenger sowie Magnin und Rychner ist der gegenwärtige qualitative Forschungsstand umrissen. Aus ihren Forschungsergebnissen resultieren folgende Hypothesen, die in den Forschungsprozess der vorliegenden Studie einflossen:

- Esoterische Religiosität wird gegenwärtig von ihren Rezipient_innen hauptsächlich zu psychologischen Zwecken der Identitätsfindung und psychischen Stabilisierung gebraucht.
- Esoterische Religiosität dient dabei zur Kompensation der empfundenen (Selbst-)Entfremdung.
- Mit der esoterischen Religiosität wird die erfolgreiche Bewältigung des Alltags angestrebt.

5 VERBREITUNG ESOTERISCHER GLÄUBIGKEIT

Allgemeine religiöse Entwicklung in Deutschland

Obgleich die traditionellen Amtskirchen in Deutschland in den letzten 20 Jahren einen rapiden Mitgliederverlust zu verzeichnen hatten, wird in den Medien und der öffentlichen Diskussion von einer verstärkten Hinwendung breiter Teile der Bevölkerung zu Religion gesprochen.

73% der Bevölkerung (ca. 60 Mio.) sind Mitglied einer christlichen Kirche; ca. 50 Mio. davon gehören einer der beiden großen Amtskirchen an und verteilen sich annähernd paritätisch auf die evangelische bzw. katholische Kirche (REMID 2009). Die Zahl von etwa 25 Mio. Mitgliedern je Großkirche ist seit 1949 nahezu konstant geblieben (Kretzschmar 2000, S. 1140).

Im Jahr 1990 begann eine massive Austrittswelle für die katholische Kirche in Deutschland. Seitdem sind jährlich mehr als 100.000 Austritte zu verzeichnen, lediglich in den Jahren 2005 bis 2007 fielen die Zahlen – wohl durch die Wahl Joseph Ratzingers zum Papst – vorübergehend unter diesen Wert (Deutsche Bischofskonferenz 2009).

Die evangelische Kirche hatte bereits vor 1990 höhere Austrittszahlen als die katholische zu verzeichnen (seit 1970 mehr als 100.000 jährlich), jedoch schnellten die Zahlen 1991 auch für sie massiv nach oben: Hatte sie 1990 noch 144.143 Austritte zu verbuchen, so waren es 1991 bereits 237.874 (Kirchenamt der EKD 2009).

In der Frage des Glaubens – und damit in einer elementaren Frage der Sinnherstellung und Weltdeutung – ist Deutschland heute ein gespaltenes Land. Der hohe Anteil von Kirchenmitgliedern und Gläubigen betraf allein die alten Bundesländer der BRD, während sich die völlig andere soziodemographische Glaubensstruktur in den 1990 beigetretenen Gebieten bis heute erhalten hat. Beide Gebiete hatten bei der Staatsgründung 1949 nahezu gleiche soziodemographische Ausgangsbedingungen: In der DDR gehörten 94% der Einwohner_innen einer christlichen Kirche an (Kretzschmar 2000, S. 1159), in der BRD 96% (Pollack 2007, S. 386). Nach 40 Jahren betrug der Anteil der konfessionell Gebundenen in der DDR 25%, in der BRD 82,3% (Kretzschmar 2000, S. 1159). „Die Alten und die Neuen Bundesländer", so konstatiert der Informationsdienst Fowid, „sind gleichsam ein historisches ‚Laborexperiment', in dem zwei Gesellschaften – mit gleicher Tradition, Geschichte und Kultur – zwei Generationen lang unterschiedlichen Kontextbedingungen ausgesetzt wurden und sich in den Auswirkungen entsprechend unterscheiden" (Fowid 2005, S. 1). Heute, 20 Jahre nach der staatlichen Vereinigung, hat sich an diesem grundlegenden Unterschied nichts geändert. Sind in Gesamtdeutschland 73% der Einwohner_innen Mitglied einer Kirche, so sind 73% der Einwohner_innen der ehemaligen DDR konfessionsfrei (Pollack 2000, S. 383).

In puncto religiöser Selbsteinschätzung bezeugten im Jahr 2002 57% der Westdeutschen und 27% der Ostdeutschen, dass sie *glauben*. (Im Vergleich: 1992 waren es 60% der West- und 26% der Ostdeutschen, die sich selbst als religiös bezeichneten; vgl. GESIS 2008, S. 343). Die prinzipielle Bereitschaft zur Religiosität verhält sich also in beiden Teilen Deutschlands gegensätzlich und zeigt kaum eine Tendenz, sich anzugleichen.

Weitere Unterschiede in der soziodemographischen Verteilung religiöser Gläubigkeit lassen sich an der regionalen Differenzierung und am Geschlecht festmachen. In Großstädten findet sich eine geringere Quote von Kirchenmitgliedern als in ländlichen Regionen (Fowid 2007, S. 1). Gerade hier sind die Räume für die Entstehung neuer religiöser Bewegungen anzusiedeln (Jörns 1997, S. 211).

Bei Frauen zeigt sich eine höhere religiöse Selbsteinschätzung als bei Männern. „58 Prozent der Frauen, aber lediglich 38 Prozent der Männer geben an, an Gott zu glauben, 45 Prozent der Frauen und 32 Prozent der Männer glauben an ein Leben nach dem Tod. Weiterhin besuchen Frauen deutlich häufiger kirchliche Veranstaltungen und für zwei Drittel der Frauen sind kirchliche Rituale sehr oder eher wichtig – diese Antworten gaben jedoch nur 54 Prozent der Männer“ (Beskaya et al. 2007, S. 18). Höhere Skalenwerte als berufstätige Frauen erreichen Frauen, die nicht in das Erwerbssystem einbezogen sind und/oder sich selbst als Hausfrau einstufen (ebd., S. 18). Der höhere Anteil von Frauen im esoterischen Spektrum (s. u.) liegt also im Trend der allgemeinen Verbreitung religiöser Weltdeutung.

Insgesamt lässt sich keine Abnahme der prinzipiellen Bereitschaft zur Religiosität feststellen, sondern eine Veränderung der Glaubensformen und -inhalte. Mit der Ausdifferenzierung und Pluralisierung der Lebensstile verlieren traditionelle kirchliche Lehren ihren universalen Geltungsanspruch als Sinnsystem. „Das Ergebnis ist ein Patchwork“ der individuellen Glaubensinhalte, folgerte der Religionspädagoge Hans-Georg Ziebert (Focus 2004, S. 138f). „Die Zeiten lebenslanger konfessioneller Vollpension nähern sich dem Ende – die Sehnsucht nach Transzendenz bleibt. Auf dem modernen Glaubensmarkt kann der Kunde zwischen vielen Göttern, Gurus und Sinntechniken wählen“, wie der Focus (Nr.16/2004, S. 129) plakativ über den gegenwärtigen Trend zur Glaubensgestaltung titelte.

Veränderung der Glaubensformen und Glaubensinhalte: Esoterik

Esoterik firmiert unter dem Oberbegriff „neue religiöse Bewegungen“. Die Enquete-Kommission des Bundestages, die in den Jahren 1996–1998 neue Glaubensformen und -inhalte untersuchte, prägte diesen Begriff für die vielfältigen gegenwärtigen religiös-spirituellen Strömungen, die sich abseits der traditionellen Kirchen und so genannten Sekten gebildet haben. An quantitativen Untersuchungen in diesem Bereich mangelt es. Laut dem Abschlussbericht der Enquete-Kommission sind etwa 0,7% der Bevölkerung dem Spektrum der modernen Religiosität zuzuordnen (Deutscher Bundestag 1998, S. 23). Andere Forscher_innen gehen von weit höheren Zahlen aus. Die Evangelische Landeskirche in Württemberg spricht von ca. 2 Mio., Goldner von bis zu 10 Mio. Menschen in Deutschland, die esoterische Angebote nutzen (AGPF 2000).

Die neue Religiosität ist marktförmig organisiert, in vielgestaltigen Organisationen und Gruppen aufgebaut. Ihre Rezipient_innen können frei aus einem breiten Angebot an Techniken und Anschauungen wählen. Der Markt des Spirituellen ist hoch lukrativ: Jährlich werden schätzungsweise 10 Mrd. Euro allein in Deutschland in esoterischen Heilpraxen, Seminarangeboten etc. umgesetzt (vgl. AGPF 2000; Lachenmann 2006). Der deutsche Buchmarkt verzeichnet seit 20 Jahren Bestseller im Esoterikbereich und erzielt 12% des Jahresumsatzes mit einschlägiger Literatur (vgl. Evangelische Landeskirche in Württemberg 2009, S. 237).

Persönliche Religiosität wird auf diesem Markt individuell gewählt und zusammengestellt. Bereits Mitte der 1990er Jahre haben sich mit der Esoterik „völlig neue Sozialformen der Religion" etabliert, so Edgar Wunder (1995, S. 106). Diese sei „nicht-institutionalisiert, freischwebend, synkretistisch, weitgehend ohne dogmatischen Kanon, hochgradig individualisiert und privatisiert" (ebd., S. 106). Christliche und esoterische Inhalte können individuell zu einer eigenen Religion kombiniert werden, das Patchwork religiöser Sinnherstellung lässt auch Widersprüchliches nebeneinander existieren.[26]

26 Die neuen religiösen Vorstellungen laufen dabei quer zur formalen Zugehörigkeit zu einer religiösen Gemeinschaft. Den neuen religiösen Bewegungen zugerechnete Deutsche gehören zu gut 45% formal einer der beiden christlichen Amtskirchen an (katholisch 10,5%, evangelisch 35%; Deutscher Bundestag 1998, S. 51). Die Zahl der Kirchenmitglieder, die an einer Grundfeste des Glaubens festhalten und Gott als personifiziertes Gegenüber betrachten, ist auffallend gering: „Die christliche Gottesvorstellung eines ‚persönlichen Gottes' findet sowohl bei katholischen Kirchenmitgliedern (36%) wie bei evangelischen (23%) keine Mehrheit" (Fowid 2006, S. 1). Größer ist die Zahl der Kirchenmitglieder, deren Gottesbild mit den neuen religiösen Bewegungen kompatibel ist: „Am stärksten verbreitet ist bei den Mitgliedern der beiden großen Kirchen die Idee eines unspezifischen ‚höheren Wesens oder einer geistigen Macht' [42% katholisch und 40% evangelisch; CB]" (Fowid 2006, S. 1).

Den Pluralismus der Glaubensvorstellungen verdeutlicht ebenso, dass bereits Anfang der 1990er Jahre 25% der Westdeutschen und 13% der Ostdeutschen an Wiedergeburt glaubten (Payer 1999).

In Bezug auf Esoterik gilt in Ost und West der gleiche Befund wie für die allgemeine Verbreitung religiöser Anschauungen: In den neuen Bundesländern konnte sich Esoterik nur schwach etablieren, mit Ausnahme des Maharishi-Mahesh-Kults (vgl. Interviewauswertung von Thomas Ranke, Kap. III.5). „Der nach der Vereinigung gemutmaßte ‚Boom' alternativer Religiosität in den neuen Bundesländern ist ausgeblieben" (Pollack/Pickel 2000, S. 310).[27]

Ein Profil esoterischer Rezipient_innen ist einer Untersuchung zu entnehmen, die im Auftrag des deutschen Bundestages erstellt wurde. Eine Enquete-Kommission wurde 1996 damit beauftragte, den Bereich „So genannte Sekten und Psychogruppen" zu untersuchen. Sie bezog dabei auch den alternativen Lebenshilfemarkt mit ein: „Alternative Therapiemethoden im Bereich der Esoterik, der so genannten New-Age-Bewegung und die Lebenshilfeangebote neuer religiöser und ideologischer Gemeinschaften und Psychogruppen" (Deutscher Bundestag 1998, S. 47). Die explorativen, halbstandardisierten Telefoninterviews mit 219 Befragten ergaben folgendes Bild (ebd., S. 49ff):

- Mehr als zwei Drittel der Klientel waren weiblich (69%).
- Das Durchschnittsalter betrug 45 Jahre.
- Das Bildungsniveau war überdurchschnittlich hoch (55,5% Abitur, 29,5% Realschulabschluss, 13% Hauptschulabschluss).
- Ein hoher Anteil war nicht erwerbstätig bzw. arbeitslos (25,5% bzw. 13,5%).
- Im Vergleich zum Bevölkerungsdurchschnitt waren die Interviewten häufiger geschieden, seltener verheiratet oder verwitwet.
- Mehr als die Hälfte der Befragten lebte mit einem/einer Partner_in zusammen (55%).
- Etwa die Hälfte gehörte keiner Religionsgemeinschaft an (51,5%); 35% der evangelischen, 10,5% der katholischen.

27 Dass kirchliche Lehren im Osten nach 1990 nicht Fuß fassen konnten, unterstützt die These, dass es sich bei religiöser Organisation und Sinngebung v. a. um sozial-familiär tradierte Verhaltensweisen handelt. Anders als zu Zeiten Max Webers (als die Religion zur Selbstpositionierung innerhalb des sich etablierenden marktwirtschaftlichen Systems diente) trat mit der Auflösung der DDR eine Gesellschaft, in der die Mehrheit nicht über historisch-kulturell verankerte religiöse Sinnstiftungsstrukturen verfügte, in ein postmodernes marktwirtschaftliches System ein. Dies kann abermals als „historisches Laborexperiment" betrachtet werden, das aufzeigt, wie bei frei wählbaren Sinnstiftungssystemen ohne familiäre Vorprägung heute nicht (mehr) der Glauben als adäquates Mittel zur Selbstpositionierung in der Gesellschaft bevorzugt wird.

- Die durchschnittlichen Ausgaben für alternative Lebenshilfe betrugen pro Jahr und Nutzer_in im Schnitt 1.952 DM; für Meditation/Spiritualität (Untergruppe im Vergleich zu alternativen Gesundheitsdienstleistungen) wurden pro Jahr und Rezipient_in durchschnittlich 2.119 DM für Bücher, Vorträge, Kurse etc. ausgegeben.
- Gut die Hälfte (51%) hat bereits eine psychotherapeutische Behandlung durchlaufen.

Dies ergibt ein Bild des/der durchschnittlichen Nutzer_in esoterischer Lebenshilfe, das andere Studien noch ergänzen, indem sie von esoterischem Glauben als einem verstärkt großstädtischen Phänomen sprechen (vgl. Waßner 1991, S. 4; Jörns 1997, S. 211).

Eine in Österreich durchgeführte Studie kommt für unser Nachbarland zu dem Ergebnis: „Die Großstadtbewohner haben einen religiösen Hunger entwickelt." Ebenso sei dort zu verzeichnen, dass „sich Akademiker tendenziell wieder mehr in Richtung Religion bewegen", wohingegen sich ihre „Art der Religiosität in manchem vom klassischen Christentum" unterscheide. Wichtig sei „die eigene Persönlichkeit, die Erlösung aus Einsamkeit und eigenen Defiziten etwa. Die Solidarität mit Benachteiligten – die in der Bibel ein hoher Wert ist – wird hintangestellt" (ORF Religion 2001).

Esoterisch-spirituelle Religiosität und gleichzeitige Mitgliedschaft in christlichen Amtskirchen schließen sich für weite Teile der Rezipient_innen nicht aus, wie die Zahlen belegen. Jedoch ist nahezu die Hälfte der sich als esoterisch-spirituell bezeichnenden Menschen *nicht* Mitglied einer Amtskirche.

Rainer Waßners Beschreibung typischer moderner esoterischer Protagonist_innen aus dem Jahre 1991 bleibt bis heute gültig:

„Ihren Nährboden finden die *Neuen* – dieses Kürzel werde ich von jetzt ab der Einfachheit halber öfter verwenden – in den städtischen Ballungszentren, wo genügend Nachfrage herrscht, Geld und Bildung vorhanden sind und die Anonymität der Großstadt das Hin- und Herflackern zwischen vielen Aktivitäten begünstigt. Etwa zwei Drittel der Aktivisten sind Frauen, die hierin eine Chance sehen, ihren Protest gegen die ‚mechanisierte Männergesellschaft' zum Ausdruck zu bringen. Beim Lebensalter dominiert Midlife. [...] Die *Neuen* stellen einen Einspruch gegen die Übersteigerung der Zweckrationalität dar, keinesfalls gegen die Moderne und Ratio schlechthin, deren Annehmlichkeiten gerne genossen werden. [...] Die Neuen Religiösen Bewegungen sind eine dem Bürgertum entstammende Protestbewegung, die einen anderen Lebensstil sucht, schafft und praktiziert. Nach meinen Erfahrungen sind den beteiligten Personen in den *Neuen* nicht nur die Fabrikhallen so gut wie fremd, sondern auch die Gänge des Arbeits- und Sozialamtes. [...] Das ist gut zu verstehen, denn der [meist] privilegierte Charakter der *Neuen* fordert oft einen nicht unbeträchtlichen finanziellen Aufwand. [...] Die Mehrheit ist politisch indifferent bzw. die innere Veränderung wird als wahre Politik ausgegeben [...]. Zum politischen Desinteresse gehört ein Mangel an zeit- und gesellschaftsbezogener Lektüre zu politischen und historischen Themen. Bei der Lektüre stehen Fragen der Erziehung und Lebensberatung im Vordergrund. Gleichsam unter der Hand verändert sich das Politikverständnis. Unter politischem Engagement wird der Einsatz in sozialen, therapeutischen und schulischen Einrichtungen verstanden. [...] Der Blick auf den beruflichen Werdegang [und zumeist akademischen Ausbildungsweg; CB] macht deutlich, es ist nicht die fehlende Lebenserfahrung, die zu den Neuen Religiösen Bewegungen treibt, sondern – wenn der Ausdruck gestattet ist – eher ein Zuviel an Lebenserfahrung, das nach Verarbeitung ruft. [...] Die neuen Religiösen Bewegungen sind eine Bewegung *innerhalb* des Bürgertums in gewisser *Opposition* zu gängigen Standards der bürgerlichen Lebensführung" (Waßner 1991, S. 4ff).

6 DIE SUCHE NACH DEM SELBST *ODER* IDENTITÄT ALS BÜRGERPFLICHT

> Ein Subjekt zu werden ist etwas, dem niemand entgeht und das zugleich niemandem gelingt. (Bröckling 2007, S. 31)

In den Sozialwissenschaften wird die Frage nach der Herstellung von Identität seit dem ausgehenden 19. Jahrhundert zum Problem erhoben (William James; vgl. Gamm 1996, S. 358). „Die *massenweise* Problemhaftigkeit der persönlichen Identität ist ein Phänomen der neueren und neuesten Zeit", resümiert Thomas Luckmann (1979, S. 293). Ergänzend dazu konstatiert Gernot Böhme übereinstimmend mit Anthony Giddens, dass „das Problem der Identität sich in traditionellen Lebensformen überhaupt nicht gestellt" habe (Giddens 1992; zit. in: Böhme 1996, S. 329). Was also macht die Identitätsbildung in modernen Zeiten derart problematisch bzw. welche gesellschaftlichen Umstände führten überhaupt dazu, dass Wissenschaftler Theorien von „Identität" formulierten? Was ist unter dem „Selbst" im Ich des Subjekts zu verstehen?

Das Ich in vormodernen Gesellschaften

„In der gesamten Geschichte der Menschheit waren Zeiten, in denen die Einbettung des Einzelnen in die Sozialwelt *nicht* eine unproblematische Selbstverständlichkeit war, außerordentlich selten" (Luckmann 1979, S. 293). In den archaischen Ursprüngen menschlicher Entwicklung stimmten individuelle wie kollektive Interessen und Sinnhorizonte weitgehend überein. Die Lebensrealität war durch relativ überschaubare Anforderungen gekennzeichnet, in der sozialen Gliederung spiegelte sich unmittelbar die Weltsicht der Gemeinschaft wider, direkter sozialer Austausch sowie hohe Vertrautheit und Stabilität der Beziehungen prägten das Zusammenleben.

Bis in die Antike hinein lässt sich *kein* Menschenbild nachzeichnen, das von einem in sich selbst einheitlichen, von seiner Gemeinschaft wie den göttlich-naturgewaltigen Zumutungen geschiedenen Individuum ausginge. Erst im antiken Griechenland des fünften vorchristlichen Jahrhunderts entsteht „der Prototyp eines neuen Menschen" (Böhme 1988, S. 35), der sich durch die „planvolle Errichtung einer inneren Instanz" auszeichnet: „Des ‚Geistes' als herrschender Instanz, der Seele als innerer Einheit des Menschen" (Böhme 1988, S. 34f). Dieser neue Mensch tritt uns in den Aufzeichnungen Platons über Sokrates' praktische Philosophie entgegen.

Das sokratische Menschenbild als erstes demokratisches Menschheitsideal

Sokrates bildete den Begriff des *Ich* in Bezug auf eine neue gesellschaftliche Existenzform – die Demokratie. In ihr solle der Bürger selbst Souverän des Staates und dazu befähigt sein, seine Interessen in der Gemeinschaft auszuhandeln und umzusetzen. Damit sei er ein vollwertiges Mitglied der Polis, der bürgerlichen Gemeinschaft.

Die Existenz dieser neuen Organisationsform der Gesellschaft weist bereits darauf hin, dass die Interessen der Einzelnen nicht mehr durchweg mit denen der Gemeinschaft übereinstimmten, sondern dass sich Eigeninteressen von denen anderer unterschieden. In der Polis, der ohnehin nur die privilegierten, besitzenden, männlichen Bürger (etwa 15% der Gesamtbevölkerung) angehörten, mussten individuelle Interessen mit denen der Gemeinschaft ausgehandelt werden. Innerer Antrieb und persönliche Anliegen des Menschen werden im demokratischen Athen nicht mehr als durch die Götter eingegeben, sondern als „Introjektion der Gefühle" (Böhme 1988, S. 35), als eigene innere Stimme verstanden. Sokrates unterscheidet fundamental zwischen dem, was im Menschen durch seine Gemeinschaftlichkeit bedingt ist und dem, was er unabhängig davon *selbst* sei. Erst durch die Entdeckung seines eigentlichen Selbst sei er in der Lage, Bürger zu werden.

Die Seele, das Selbst sei „keine schon immer gegebene Instanz im Menschen", sondern würde erst „durch Reflexion konstituiert" (ebd., S. 59). Sie bilde sich in einem dialogischen Prozess mit Dritten, im Gespräch heraus. Die Zweiteilung im Selbstverständnis des demokratischen Bürgers in eine soziale Identität und in ein Selbst, das durch Reflexion seinen Kern, seine „Eigentlichkeit" zu erkennen vermag, wird sich mehr als 2000 Jahre später abermals in der Identitätstheorie der modernen Demokratien zeigen.

Sokrates beginnt den neuen Menschen gedanklich zu formen, indem er imaginär dasjenige abtrennt, was dem Menschen lediglich aufgrund seiner Körperlichkeit oder seiner gesellschaftlichen Stellung zukommt. In einem gedanklichen Prozess der „Selbstsorge" soll der Mensch erkennen, dass dies alles nur unwesentliche Bestandteile seiner selbst sind („Humana"), jedoch nicht das, was ihn eigentlich ausmache. Platon unterscheidet in seinem Dialog *Alkibiades I* (in dem Sokrates mit Alkibiades spricht) zwischen dem, „was einem nur angehört, und dem, was man selbst ist" (Böhme 1988, S. 55). Auf der Suche nach dem „Selbst" grenzt er alle „Humana", Äußerlichkeiten, Besitz, sogar die Sprache (lediglich ein Gebrauchsinstrument) und den Körper vom eigentlichen „Selbst" ab. Am Ende steht „was man selbst ist", die „Seele". Die Erkenntnis dieses „eigentlichen Selbst" des Menschen Sokrates' Ziel, wobei „das Selbst als die Seele des einzelnen Menschen bestimmt wird" (Löhr 2003, S. 56). Diese „Seele" sei das einzig „Brauchende/Gebrauchende", also aktiv Anfänge Setzende – im Gegensatz zu allem vorab Ausgegrenzten (das lediglich „Gebrauchtes" sei). „Der

Mensch ist Seele, insofern er nicht gelebt wird, sondern selbst lebt" (Böhme 1988, S. 57). Im Gegensatz zu den sich verändernden, gebrauchten „Humana" bleibt die „Seele" das Zeitüberdauernde, Konstante.

Die reflexive Suche nach dem inneren Kern des Menschen nennt Sokrates *Selbstsorge*. Sie kann nur dialogisch, im Gespräch mit Dritten, erfolgen. Es handele sich quasi um einen äußeren Blick auf das eigene Tun. Sokrates verwendet die Metapher eines Auges, das ein anderes Auge benötigt, um sich spiegelnd anschauen und erkennen zu können (Platon 1993, S. 207). Die Außenbetrachtung seiner selbst, zu der Sokrates den neuen Menschen befähigen will, ist in diesem Gleichnis doppelter Natur: Zum einen soll der Mensch sich zum Objekt seiner Betrachtung machen, zum anderen soll er dies zusätzlich unter dem Blickwinkel eines anderen Menschen vollziehen. „Die in der Selbstsorge verlangte Distanzierung ist somit zweifacher Natur: sie ergibt sich aus dem Vermögen der Vernunft, nicht nur auf sich selbst objektivierend Bezug zu nehmen, sondern auch aus der Perspektive der anderen" (Löhr 1993, S. 56).

Erst der erfolgreiche Prozess der Selbstsorge und die Herausbildung des Selbst führen nach Sokrates dazu, dass Menschen zu autonomer, selbstbestimmter Entscheidungsfindung fähig und sich gleichwohl ihrer gesellschaftlichen Existenz bewusst werden. Erst das befähigt sie im sokratischen Ideal zur vollen Ausübung der demokratischen Bürgerlichkeit.

Abschließend sei bemerkt, dass Platon das „Selbst", die „Seele" für das Eigentliche, über und vor den konkreten Einflüssen Existierende hält. Einerseits konstituiert sich das Selbst durch den Reflexionsprozess des eigenen Tuns, andererseits ist es Bedingung seiner Möglichkeit. Es handelt sich um ein „doppeltes Seelenverhältnis", das nicht nur „vorgegeben", sondern „aufgegeben ist und das die Seele jeweils in sich selbst zu finden und zu entwickeln hat" (Enno 1991, S. 25). Letztlich bleibt der Ursprung des „Selbst" bei Platon unklar. Es ist aber eindeutig eine allein dem individuellen Menschen angehörende Kategorie, die keinen äußeren Einflüssen unterliegt und sein wahres Sein ausmacht. (Ohne die Gesellschaftlichkeit des Menschen wiederum ist die Herausbildung des Selbst unmöglich.) Das von vornherein unerkannt vorhandene Selbst bilde sich erst durch bewusste gedankliche Auseinandersetzung mit der Gesellschaftlichkeit der eigenen Existenz heraus. Es ist demnach ein zutiefst gesellschaftlich bedingtes Phänomen, das der Gesellschaft aber zugleich konträr und autark gegenübergesetzt bzw. vorangesetzt wird.

Mittelalter und Epilog zum modernen demokratischen Menschen

Mit dem historischen Verschwinden der antiken demokratischen Gesellschaftsformen und dem Entstehen feudaler Herrschaftspraktiken verschwinden auch die individualphilosophischen Ansätze Platons. „Bis ins Hochmittelalter sind es [...] nur vereinzelte religiöse Menschen, Dichter, Philosophen, zumeist also Randfiguren der Gesellschaft gewesen, die ihr eigenes

Ich als reflexionsbedürftig oder gar reflexionswürdig angesehen haben" (Luckmann 1979, S. 294). Die Lebenswirklichkeit war geprägt von einer deutlich wahrnehmbaren Unterscheidung zwischen Fremd- und Selbstbestimmung, einem relativ engen Verhaltensspielraum, streng vorgegebenen Lebenswegen, einfachen weithin geteilten Erklärungsmustern von Ordnung als einer göttlich gegebenen. Der Ertrag der eigenen Arbeit war sinnlich nachvollziehbar. Sofern der gemeine Mensch des Mittelalters vergesellschaftet arbeitete, war deutlich erkennbar, welcher Teil der Arbeit für ihn selbst und welcher zur Weitergabe an Dritte (Austausch, Verkauf, Fronabgabe) bestimmt war. Ebenso deutlich wurden Anforderungen der Herrschaft, wie er sich zu verhalten, was er zu tun habe, an die/den Einzelne_n herangetragen: durch Beschneidung der Bewegungs- und Aktionsfreiheit mittels Leibeigenschaft, durch Verwehrung des Zugangs zu Bildung und Wissenschaft, durch rohen Zwang und Gewalt zur Durchsetzung des gesellschaftlichen Oktrois. Zur Aufrechterhaltung der Ordnung, die auf Beständigkeit des Immergleichen ausgelegt war, genügte eine innere Verfasstheit des Menschen, mit der er die äußeren Anmutungen als getrennt von ihm wahrnahm und sein eigenes Eingehen darauf sinnvoll – d. h. in Abwägung der ihm gegebenen Möglichkeiten – zu seinem eigenen Vorteil und Wohlergehen, gestaltete. Der einzelne Mensch war dabei das vollziehende Subjekt, das die Anforderungen wahrnimmt, mit seinen Erfahrungen abgleicht, sie einschätzt und seine Handlungsstrategie festlegt. Insofern ist der Mensch dieser Epoche als Subjekt seines Erkenntnisprozesses zu bezeichnen.

Identitätstheorien tauchen vor dem Hintergrund einer gesellschaftlichen Entwicklung auf, die den Menschen veranlasst, sich selbst nicht nur als Subjekt, sondern zugleich auch als Objekt seiner Erkenntnis zu betrachten. So erfährt der Mensch eine zweifach dimensionierte innere Anforderung, die grundlegend für das Menschenbild einer demokratisch verfassten Gesellschaft wird.

Das individuelle Selbst als „Kern" des Bürgers

Ein Gründungsgedanke moderner bürgerlich-demokratischer Gesellschaften ist die Setzung aller Bürger als Souverän des Staates. Demokratie basiert auf der idealen Vorstellung, dass die Staatsbürger ihre Aufgaben nicht aus rohem Zwang – wie in vorherigen Gesellschaften – erfüllen, sondern aus der Überzeugung heraus, selbst Lenker und Gestalter des Staates zu sein und damit die herrschende Ordnung aus freien Stücken unterstützen. Dass die moderne Demokratie die erste gesellschaftliche Ordnung sei, die Menschen gemäß ihres freien Willens gestalten, kommt einem Gründungsmythos bürgerlicher Gesellschaften gleich. Dies findet sich programmatisch in der Proklamation der Menschenrechte wieder, die das freie Individuum als natürliche Grundvoraussetzung bürgerlich-demokratischer Verfasstheit darstellen. Individuelle Menschenrechte, die ja bereits per Begrifflichkeit mit dem bürgerlichen Substantiv des „Rechts“, also der gesetzlich zugewiesenen freien Verfügbarkeit, beschrieben werden, geraten zum „unveräußerlichen“ Eigentum, das „unantastbar“ sei. Die Erhebung dieser dem Menschen zugestandenen Unveräußerlichkeit in einen vorrechtlichen, quasi „natürlichen“ Bereich verdeutlicht die existentielle Bedeutung, welche die Behauptung und Zuweisung dieses Status an die/den Einzelnen für das Funktionieren des bürgerlich-demokratischen Gesellschaftssystems besitzt.

Der demokratische Staat benötigt als unabdingbare Voraussetzung seiner Legitimation ein Menschenbild, das von einem inneren, gesellschaftlich *nicht* geformten Kern des Menschen ausgeht, einem inneren Willen, innerer Anschauungen, welche *nicht* den gesellschaftlichen Einflüssen unterliegen und durch sie wesentlich verändert werden könnten. Da seine Ordnung der „Ausdruck des freien Willens seiner Bürger“ ist, so muss Gewissheit darüber bestehen, dass der Mensch seine eigentlichen Vorstellungen vertritt und nicht wie ein manipuliertes Sprachrohr fremde Interessen und ansozialisierte, übernommene Anschauungen vertritt.

Der moderne Bürger wird einerseits als innerlich unabhängiges, zu eigener, autonomer Urteilsfindung befähigtes Individuum gesehen, das aber andererseits trotzdem seine eigene Bedingtheit im sozialen Zusammenhang reflektierend erkennt und im dialogischen Prozess mit anderen die Ordnung aushandelt und die Geschicke des Staates lenkt.

Die Transzendenz des aufgeklärten Ich

Die Annahme eines inneren, autarken Kern des Menschen war unabdingbare Voraussetzung für die Konstituierung der demokratischen Gesellschaft, deren Vorboten Immanuel Kant (1724–1804) und die Aufklärung darstellten. In der Aufklärung als philosophischer Grundlegung der modernen Demokratie findet sich die antik-demokratische Zweiteilung des Menschen wieder: die Vorstellung, dass ein Teil des Menschen, der sich als „Ich“ anfühlt, lediglich gesellschaftlich bedingt sei; ein anderer Teil dagegen, den es durch Bildungsarbeit an sich selbst zu entdecken gelte, eine überzeitliche, vorgesellschaftliche, unveränderliche, zentrale innere menschliche Instanz darstelle. Dieser Kern wird letztlich übermenschlich bzw. überpersönlich begründet, indem er als der gesellschaftlichen Veränderbarkeit entzogen und der individuellen Entfaltung vorausgesetzt dargestellt wird.

Kant scheidet das Bewusstsein des Menschen in zwei Teile, einen empirischen und einen transzendentalen. Der empirische generiere sich durch die Mannigfaltigkeit der Erscheinungen, die der Mensch täglich wahrnehme. Der Mensch könne nichts über die Dinge an sich wissen, sondern nur darüber, wie er sie wahrnehme. Mittels der Vernunft ordne der Mensch nun seine empirischen Wahrnehmungen und verleihe ihnen erst dadurch Struktur und Einheitlichkeit. Die erkennende menschliche Vernunft wird damit zu einem konstitutiven Element der erkannten Wirklichkeit. Diese theoretische Prämisse, die zu der Annahme verleitet, der Mensch könne sich gewissermaßen seine Welt durch die Vorstellung selbst kreieren, schuf das Gerüst für die Etablierung des deutschen Idealismus.

Das Bewusstsein des Menschen hat nach Kant demnach nicht nur eine analytische Funktion in der Wahrnehmung einzelner Aspekte der Wirklichkeit sondern auch eine synthetische Funktion, indem es in der Vielheit des Erfahrenen eine geistige Ordnung schafft. Ohne diese Fähigkeit des Menschen gäbe es nicht einmal den Mensch selbst als einheitliches, konstantes Ich, sondern er ginge auf in den zahlreichen, verschiedenartigsten, nicht untereinander verbundenen Selbstwahrnehmungen. Die menschliche Vernunft bestimmt, welches Abbild der Welt und welche Vorstellung von sich selbst der Mensch hat. Ansonsten ginge der Mensch in verschiedensten Bewusstseinszuständen auf, „sonst würde ich ein so vielfärbiges, verschiedenes Selbst haben, als ich Vorstellungen habe" (Kant 1787/1956, S. 137). Die Vernunft, die Kant jedem Menschen als höchstes Gut beimisst, ist somit das zentrale Kriterium, das den einheitlichen, sich selbst bewussten Menschen schafft. Zur Vernunft befähigt den Menschen das, was nach Kant der transzendentale Teil des Bewusstseins ist. Er sei das, was den Menschen im Kern ausmache: „Das wahre, eigentliche Selbst ist die Vernunft, das transzendentale Ich" (Jörissen 2000, S. 39).[28] Es ist der eigentliche Kern des Menschen und erhält in Kants Ausführungen doch eine transpersonale Konnotation, da es a priori bereits vor dem Menschen gegeben sei.

Kant formulierte die Anforderung an den Menschen, das empirisch Wahrgenommene in eine rational sinnvolle Ordnung zu setzen, zu einer Zeit, in der eine grundlegende Umwälzung der Arbeits- und Lebensbedingungen erfolgte. Sowohl eine abstraktere, komplexere Arbeitsteilung durch die Industrialisierung als auch die Zunahme und Ausdifferenzierung sozialer Rollen in der zivilen durchorganisierten Gesellschaft führten dazu, dass sich *Sinn* zwischen dem Ganzen und dem Einzelnen nicht mehr automatisch ableiten lässt, sondern von Rolle zu Rolle individuell hergestellt und insgesamt überbrückt werden muss. Erst durch die innere Distanz der/des Einzelnen zu seiner/ihrer Rolle und die gelungene, abstrahierte Einordnung in den Gesamtzusammenhang lassen sich Entfremdung und widersprüchliche Wahrnehmungen in ein kohärentes Verständnis von sich selbst in der Welt ordnen. Die innere Zweiteilung des Menschen nach Kant ist also eine Voraussetzung zu seiner Einheit und Identität unter den Prämissen der Moderne.

---

28 „Das wahre, eigentliche Selbst ist die Vernunft, das transzendentale Ich, und nicht [...] das ephemere [kurzlebige; CB] ‚vielfärbige' empirische Ich der Person" (Jörissen 2000, S. 39).

Kants Subjekt als Grundlage bürgerlicher Handelsbeziehungen

Die Forderung, nach der das „Ich" ein konstantes über Raum und Zeit hinweg zu sein habe, wird in einer Gesellschaft, die auf dem unbeschränkten Handel und Verkehr freier, selbständiger Individuen fußt, notwendiger denn je. In der Demokratie erhält jede_r gleiche Bürgerrechte, das Recht, Geschäfte und Verträge abzuschließen. Um die Einhaltung zu gewährleisten und gegebenenfalls auch die juristische Strafbarkeit zu garantieren, *muss* von einem kontinuierlich identischen Subjekt ausgegangen werden.

> „Als moralische betrifft die Anforderung des kategorischen Imperativs stets ein empirisches Subjekt, das sich so rational, *identisch*, verhalten soll, *als ob* es ein transzendentales Subjekt wäre. Kontinuität wird bei Kant zur sittlich-moralischen *Forderung*. In der sich realisierenden bürgerlichen Tauschgesellschaft kann nach dem Wegfall der ständegesellschaftlichen Ordnungen, Überwachungen und Garantien nur so der Einzelne die Kontinuität demonstrieren, die ihn als verlässlichen Handelspartner erscheinen lässt; oder, anders herum betrachtet, die mittelalterliche Ordnung hatte wohl in die neuzeitlichen Gesellschaften nur überführt werden können unter der Bedingung dieses selbstreflexiven, sich als identisch verstehenden und präsentierenden Subjekts, dessen Idealtyp der erwähnte ‚protestantische Charakter' Webers ist, und dessen prototypische theoretische Fassung Kant (nach-)geliefert hat" (Jörissen 2000, S. 39).

Obige Schlussfolgerung Jörissens lässt sich prägnant zusammenfassen: „Moralische und juristische Zurechenbarkeit [...] hängt aber von der Formierung eines Selbst im Individuum ab" (Böhme 1996, S. 332). Diese Vorstellung enthalte bereits eine „Drohung" an das Subjekt, und mache „um so deutlicher, dass es sich beim rechtlichen und moralischen Sinn von Identität um gesellschaftliche Zumutungen handelt" (ebd., S. 332). Um welche Drohung handelt es sich? Dass man *selbst* möglicherweise nicht nur um seiner selbst willen ist, sondern um Vertragsgesetze und Schuldbarkeit einlösen zu können?

Selbst-Verständnis als Basis der Selbst-Beherrschung

Foucault spricht Kants Formation des neuen Menschen ebenso eine epochale Bedeutung zu: Erst damit „taucht der Mensch, wie wir ihn heute kennen, auf" (zit. nach Dreyfuß/Rabinow 1987, S. 52). Foucault geht sogar soweit, erst ab dieser ontologischen[29] Entwicklungsstufe den Begriff „Mensch“ als Bezeichnung für unsere Spezies gelten zu lassen, und behauptet: „der Mensch sei eine Erfindung des modernen Denkens“ (ebd., S. 54). Der epochale Unterschied, den Foucault beschreibt, liegt in der Wandlung des Menschen vom Subjekt seiner Erkenntnis zum Menschen als Objekt seiner Erkenntnis. Verfügte der Mensch in seinem Inneren vor dieser historisch-kulturellen Entwicklung lediglich über die Repräsentanz äußerer Objekte, so gerate er nun selbst ins Zentrum der Aufmerksamkeit. Er setzt sich selbst als „Objekt der Repräsentation“ in sein inneres Bild der Welt (ebd., S. 49), „der Mensch bemerkt, dass er nicht nur die Objekte der Welt, sondern erst recht sich selber zu verstehen sucht. Der Mensch wird Subjekt und Objekt seines eigenen Verstehens“ (ebd., S. 52).

Durch das Umstellen der gesellschaftlichen Ordnung auf Freiheit und Autonomie jedes einzelnen Individuums als Bürger und den parallel erfolgenden Rückgang äußerer Zwänge verlagerte sich die Fremdbeherrschung des Menschen zur Selbstbeherrschung. „Es ist in der Tat die ganze Prägeapparatur des Verhaltens, die sich ändert; [...] der ganze Aufbau der psychischen Selbststeuerung“ (Elias 1979, S. 336). Der Zwang zu funktionieren ist für den einzelnen Menschen durch die neue gesellschaftliche Ordnung nicht weggefallen, hat sich aber deutlich verlagert. Sanktionen sind kalkulierbar, Aufstieg oder Fall in der gesellschaftlichen Ordnung werden jedoch dem wohlfeilen Verhalten der/des Einzelnen angelastet. Der Zwang, die eigene Person, sich selbst im Spiel der freien Kräfte der Gesellschaft richtig einzuschätzen, die Erwartung der anderen zu taxieren, komplexe Gefüge und die eigene Position und Möglichkeit darin zu beurteilen, all das wird ins Individuum verlagert. Eine permanent neu vorgenommene Selbsteinschätzung in Bezug auf die Umgebung, die im dauernden Wandel begriffen ist, bedeutet ein beständiges Infragestellen der eigenen Bewertung. Norbert Elias hat in seinem monumentalen Werk *Über den Prozess der Zivilisation* (1939) die allmähliche Wandlung des Subjekts vom Mittelalter bis in die Neuzeit anhand ausgewählter Bereiche des Alltagslebens herrschender Schichten untersucht. Dabei zeichnete er neben einer Zentralisierung des Gewaltmonopols und der zunehmenden Schambesetzung menschlicher Lebensäußerungen auch eine Verinnerlichung des Zwanges zur „Selbstbeherrschung“, einen „Selbstzwang“ nach:

„Der Kontroll- und Überwachungsapparatur in der Gesellschaft entspricht die Kontrollapparatur, die sich im Seelenhaushalt des Individuums herausbildet. Dieses wie jenes versucht nun das ganze Verhalten, alle Leidenschaften gleichermaßen, einer genauen Regelung zu unterwerfen. [...] Wozu der Einzelne nun gedrängt wird, ist

29 Ontologie: Geschichte der kulturellen Praxis, die uns zu dem gemacht hat, was wir sind.

eine Umformung des ganzen Seelenhaushalts im Sinne einer kontinuierlichen, gleichmäßigen Regelung seines Trieblebens und seines Verhaltens nach allen Seiten" (Elias 1979, S. 338f). „[Dabei zwingt] die Monopolorganisation der körperlichen Gewalt [...] den Einzelnen gewöhnlich nicht durch eine unmittelbare Bedrohung. Es ist ein auf mannigfache Weise vermittelter und ein weitgehend voraussehbarer Druck, den sie beständig auf den Einzelnen ausübt. Sie wirkt zum guten Teil durch das Medium seiner eigenen Überlegungen hindurch" (ebd., S. 336f).

Der einzelne Mensch hat den Druck, die Androhung bereits in seine eigenen Überlegung derart miteinbezogen, sie verinnerlicht, dass sie Teil seines Selbstverständnisses und seiner Selbsterklärung geworden sind und nicht länger als äußere Anmutungen an eine autarke Person erscheinen. Angst regiert nicht mehr nur bzw. nicht mehr überwiegend durch direkt drohende unmittelbare Gewalt, sondern als grundlegende Furcht, Existenzangst, Zukunftssorge, in denen die Anforderungen von morgen nach Möglichkeit heute schon antizipiert werden, um dem dräuenden Unheil zuvorzukommen.

Das private gegen das öffentliche Ich. Der „eigentliche" gegen den „künstlichen", den bezwungenen Menschen

Wie die neue gesellschaftliche Ordnung einen inneren Zwiespalt im Menschen bedingt, hat Karl Marx 1844 bereits auf ähnliche Art dargelegt. Einerseits gelte die Anforderung, gemäß bürgerlicher Ideologie ein freies Individuum zu sein, seine persönlichen Wünsche und Anschauungen zu haben. Diese kollidiere andererseits mit der Aufgabe, die sich dem Bürger als gemeiner Staatsperson stelle. Auch hier ergibt sich der Unterschied zwischen dem eigentlichen, dem privaten Bürger (homme) und dem Mitglied des staatlichen Gemeinwesens (citoyen), der seine moralische Pflicht erkennt, partiell gegen sein eigenes Interesse im Dienste der Gemeinschaft zu handeln:

„Endlich gilt der Mensch, wie er Mitglied der bürgerlichen Gesellschaft ist, für den eigentlichen Menschen, für den homme im Unterschied zum citoyen, weil er der Mensch in seiner sinnlichen individuellen nächsten Existenz ist, während der politische Mensch nur der abstrahierte, künstliche Mensch ist, der Mensch als eine allegorische, moralische Person" (Marx 1844/1976, S. 369f).

Das egoistische Individuum gilt ergo als der echte, authentische Mensch; das politische Gattungswesen Mensch als ein unnatürliches, künstliches. Das Leben im Staate gilt den Vertretern bürgerlich individualistischer Theorien lediglich als „Schein oder eine momentane Ausnahme gegen das Wesen und die Regel" (Marx 1844/1976, S. 355).

Marx schrieb diese Überlegungen gut 50 Jahre nach dem Erscheinen von Kants *Kritik der reinen Vernunft* nieder und gab am Ende des Aufsatzes einen Ausblick auf das, was Horkheimer und Adorno 100 Jahre später als das

Umschlagen der Aufklärung in ihr Gegenteil bezeichneten. In der bisherigen Organisationsform des Menschen als Gattungswesen im bürgerlich-demokratischen Staat sei er lediglich das „imaginäre Glied einer eingebildeten Souveränität, ist er seines wirklichen individuellen Lebens beraubt und mit einer unwirklichen Allgemeinheit erfüllt“ (Marx 1844/1976, S. 355). Durch die Anforderung an jedes Mitglied der Gesellschaft, rational zu handeln, selbstverantwortlich die Rollenanforderungen zu erfüllen und mit Sinn auszugestalten, reagiert das „Individuum [...] automatisch nach den Mustern der Anpassung. Die ökonomischen und gesellschaftlichen Kräfte nehmen den Charakter blinder Naturmächte an, die der Mensch, um sich zu erhalten, beherrschen muss, indem er sich ihnen anpasst“ (Horkheimer 1967, S. 97).

Die „Doppelschlächtigkeit des Ichs“ (Adorno 1970, S. 275), die das Subjekt infolge der doppelten Anforderung zwischen Aufrechterhaltung eines inneren Kerns des privaten „Selbst“ gegen die gesellschaftlichen Rollenanforderungen an den „citoyen“, den Staatsbürger, herausbilde, erscheint im „Gefühlshaushalt“ des einzelnen Menschen dahingehend, dass das erfahrbare Ich gleichzeitig „Nichtich“ ist (ebd., S. 276). Ein authentisches privates Ich-Selbst-Gefühl wird gegen ein gesellschaftlich übernommenes, fremd und unecht erscheinendes gestellt.

Die Überwindung dieser gesellschaftlich produzierten Misere sieht Marx (1844/1976, S. 356) in der „menschlichen Emanzipation“ (im Gegensatz zur „politischen Emanzipation“, die zur beklagten Trennung geführt habe). Diese bedeute, dass „der Mensch seine ‚forces propres‘ (‚eigene Kräfte‘) als *gesellschaftliche* Kräfte erkannt und organisiert hat und daher die gesellschaftliche Kraft nicht mehr in der Gestalt der *politischen* Kraft von sich trennt“ (ebd., S. 370).

Vergesellschaftung, die unter den Bedingungen der Moderne als negative, weil rollenförmig abgespalten von einem „eigentlichen“, privaten Dasein und So-sein anmutet, müsse sich also nach Marx’ Analyse ins Positive wenden, um das Leiden der Menschen an der inneren Ich-Spaltung aufzulösen. Unter positiver Vergesellschaftung versteht Marx die Aufhebung des entfremdeten Daseins, die bewusste Aneignung und Entfaltung der gesellschaftlichen Kräfte jedes Menschen mittels selbstbestimmter Tätigkeit – nicht einer Tätigkeit, wie sie gegenwärtig existiert unter Verhältnissen, in der die Arbeitskraft des Menschen zur Ware reduziert, sein Anteil am Gesamtgesellschaftlichen in erster Linie durch abstrakten Tauschwert definiert wird und er dadurch nur mehr vermittelt in gesellschaftlichen Austausch tritt.

Adorno beschrieb diesen Zustand als das Ergebnis einer freien Gesellschaft, in der die Menschen „ohne Angst verschieden sein“ könnten, das „befreite Ich“ „nicht länger zu Rollen verdammt“ wäre und dadurch „nicht länger eingesperrt in seine Identität“ bliebe (Adorno 2003, S. 275). Denn die „dingliche Härte des Selbst und dessen Einsatzbereitschaft und Verfügbarkeit für die gesellschaftlich erwünschten Rollen sind Komplizen“ (ebd., S. 275) um das erwünschte Subjekt aufrechtzuerhalten, das nach Adorno eine „Lüge" sei. „Das Subjekt ist die Lüge", da es „um der Unbedingtheit der eigenen Herrschaft willen die objektiven Bedingungen seiner selbst verleugnet" (ebd., S. 274). Die „Selbstheit des Ichs" und ihre „Antithesis, die Rolle" gehören unter bürgerlich-demokratischen Zuständen zusammen (ebd., S. 274). Ungewöhnlicherweise macht Adorno an dieser Stelle einen konkreten Vorschlag, wie jenem „Selbst, das vom Ich erlöst wäre" schrittweise nahezukommen sei: „Was gesellschaftlich, bei radikal verkürzter Arbeitszeit, an Arbeitsteilung übrigbliebe, verlöre den Schrecken, die Einzelwesen durch und durch zu formen" (ebd., S. 275). Ein Zurückschrauben des Zwangs zur Rolle ist damit gemeint, die den Menschen zur Selbstentäußerung zwingt und gleichzeitig infolge einer „defensiven Verteidigung" ein so genanntes „eigentliches Ich, eine Seele" aufbaut, um gegen die Rollen bestehen zu können. Allerdings ist dieser Vorschlag Adornos unter gegenwärtigen Prämissen kurz gedacht, denn Teilzeitarbeit und geringere Arbeitszeiten führen keineswegs automatisch zu einem Mehr an selbstbestimmter, nicht-entfremdeter Tätigkeit. Mit einer geglückten Umsetzung dieser Forderung wäre erst in einem anderen gesellschaftlichen Zustand zu rechnen, in dem nicht mehr maximale Ausbeutung der/des Einzelnen und Gewinnmaximierung zählen, sondern ein gemeinschaftlich-demokratisch planvoll nach menschlichen Fähigkeiten und Bedürfnissen gestaltetes Zusammensein eingesetzt hat. Adorno hat möglicherweise diese andere Gesellschaft zur Prämisse gesetzt, als er diese hoffnungsvollen Zeilen schrieb.

Das Me und das I

Mit der Ausdifferenzierung psychologischer und soziologischer Theoriebildung zu Beginn des 20. Jahrhunderts erhält die bisher in Rudimenten skizzierte innere Formation des modernen Menschen eine explizit fachwissenschaftliche Ausformulierung. George Herbert Mead fasste die bestehenden Überlegungen zum zweigeteilten Identitätskonzept 1934 in seiner Schrift *Mind, Self and Society* zusammen. Er befasste sich mit der Fähigkeit des Individuums, ein „soziales Selbst" auszubilden, das sicherstelle, dass der/des Einzelnen sein/ihr eigenes Tun aus der Sicht der sozialen Gemeinschaft betrachten könne. Damit griff er einen Gedanken auf, den bereits Platon als konstitutiv für den demokratiefähigen Menschen ausgemacht hatte: die Selbstbetrachtung mit den Augen eines Gegenüber. Mead erweiterte diesen Ansatz jedoch. Es handelt sich nicht mehr nur um die Betrachtung des eigenen Tuns im Spiegel eines konkreten Gegenüber. Das weitverzweigte Zusammenspiel selbständig arbeitender Individuen in der modernen Gesellschaft, die komplexe Vernetzung von Abläufen, in denen die Tätigkeit der/des Einzelnen aufgrund der Ausdifferenzierung und Spezialisierung kaum mehr von außen durch eine übergeordnete Instanz in jeder Verzweigung kontrolliert werden kann, erfordern die Selbstbetrachtung der/des Einzelnen auf abstrakte Weise. Mead verglich dies mit der Anforderung an einen Mitspieler in einem Baseballteam. Grundmatrix der Selbstverortung ist nicht das konkrete Gegenüber im persönlichen Austausch, sondern ein dem interpersonalen Verständnis übergeordnetes Muster. Dieses formalisierte Ablaufkonzept ist nicht nach den individuellen Bezügen der Einzelnen gestaltet, sondern setzt die Menschen in vorgegebene Rollen zueinander, die als Einzelrollen jeweils nur einen unvollständigen Aspekt des Gesamtmanövers der Gruppe erfahren lassen (Mead 1974 nach Böhme 1996, S. 331).

Mead nannte diese Fähigkeit des Individuums zur Selbstreflexion vor dem Spiegel eines „generalisierten Anderen" – also nicht eines konkreten Gegenüber, sondern den abstrahierten Ansprüchen einer formierten Gesellschaft – das „Me". Dieses „Me" setzte Mead in Gegensatz zum „I". Das „I" symbolisiert ein „personales Selbst", das sich in ständigem Dialog mit dem sozialen Selbst „Me" befindet (Mead 1934/1974, S. 154).

In Meads Konzepten klingen psychoanalytische Sichtweisen von Triebsteuerung versus verinnerlichtem Über-Ich an. Freud hatte die Verinnerlichung äußerer Zwänge in seinen Darstellungen der Psychoanalyse beschrieben. Die „Ichspaltung", die seiner Ansicht nach zwischen eigenen Bedürfnissen, „Trieben", dem „Es" und äußeren Zwängen, introjiziert im „Über-Ich"[30] auftritt, würde durch eine dritte Instanz, das so genannte „Ich", beherrscht, organisiert, vermittelt und ins rechte Lot für den Selbsterhalt des Subjekts in seiner Umgebung gesetzt. Freud geht davon aus, dass dieser Prozess der eines fortdauernden Bemühens ist, der qua Bestimmung nicht gelingen kann: „Was immer das Ich in seinem Abwehrbestreben vornimmt, ob es ein Stück der wirklichen Außenwelt verleugnen oder einen Triebanspruch der Innenwelt abweisen will, niemals ist sein Erfolg ein vollkommener, restloser" (Freud 1965, S. 59). Die kontrollierende innere Instanz ist eine weitaus profunder regierende als vormalige äußere Herrschaft, denn sie ahndet nicht nur praktisch vollzogene Verstöße gegen das gesellschaftlich Erwünschte, sondern erkennt und bestraft bereits menschliche Absichten. Die verinnerlichte Kontrolle ist dadurch eine früher einsetzende – da die Wünsche und Gedanken moralisch besetzende – Kontrolle als die ältere äußere Fremdherrschaft.

Neurotische Entwicklungen sind laut Freud durch ein Ich verursacht, das den Anforderungen der Außenwelt nicht mehr entsprechen kann. Es handele sich dann um ein „geschwächtes Ich", das seiner Synchronisationsfunktion zwischen den Eigen-Ansprüchen des Individuums und denen der Gesellschaft nicht mehr gerecht wird. Aufgabe des Analytikers sei es, die unbewusst ablaufende Vergrößerung eines Anteils auf die Bewusstseinsstufe zu

30 Zur Entstehung des Über-Ich verwendet Freud die klassische Beschreibung introjizierter äußerer Zumutungen: „Ein Stück der Außenwelt ist als Objekt, wenigstens partiell, aufgegeben und dafür [...] ins Ich aufgenommen, also ein Bestandteil der Innenwelt geworden. Diese neue psychische Instanz setzt die Funktionen fort, die jene Personen der Außenwelt ausgeübt hatten, sie beobachtet das Ich, gibt ihm Befehle, richtet es und droht ihm mit Strafen" (Freud 1965, S. 59f).

heben, der intellektuellen Kritik zugänglich zu machen, um so im Patienten „die Ordnung in seinem Ich wiederherzustellen" (Freud 1965, S. 39).

Adorno, der sich mit der Freudschen Ordnung des psychischen Innenlebens des Menschen befasste, teilte die Ansicht der oktroyierten inneren Spaltung, sah aber die Aufteilung in ein zusätzliches „Ich" (als drittem vermittelndem Teil bei Freud) als überflüssig an. Seiner Ansicht nach würde das „Ich" mit dem „Über-Ich" in eins fallen, beide seien auf dieselbe Verinnerlichung autoritärer Übermacht zurückzuführen (Adorno 2003, S. 289).

Freud geht an anderer Stelle davon aus – was für das Verstehen esoterischer Bedürfnisse von Bedeutung ist – dass das Ich nicht von Beginn seines Daseins an ein gespaltenes war, sondern dass im Säuglingsalter eine Einheit des Ichs mit seiner Außenwelt bestanden habe (Freud 1965, S. 67). Freud nimmt an, dass dieses „primäre Ichgefühl sich im Seelenleben vieler Menschen [...] erhalten hat" (ebd., S. 68). Es sei ein „Ursprüngliches", das sich neben dem später entwickelten „enger und schärfer umgrenzten Ichgefühl" erhalten habe (ebd., S. 68). Es handele sich um ein „ozeanisches Gefühl", das in der ersehnten Alleinheit esoterischer Protagonist_innen, der Ich-Auflösung zugunsten eines Aufgehens in jedem und allem, seine Parallele findet.

Jenseits des gespaltenen Subjekts

Entgegen allen Diskussionen über die innere Spaltung des demokratischen Menschen und der Erkenntnis, dass ein innerer Ausgleich nicht gelingen kann, wurde in der Mitte des 20. Jahrhunderts die Theorie Eriksons gefeiert, die eine nahezu planmäßig zu erreichende idealtypische Identität skizziert. Erikson formulierte altersspezifische Entwicklungsaufgaben für eine gelungene Identitätsarbeit, die sich am gutbürgerlich situierten Mittelstand orientierten. Der hohe Rezeptionsgrad dieser Theorie bezeugt das vorwiegende Interesse der psychologischen Fachwelt seiner Zeit an der erfolgreichen „männlichen weißen Mittelschichts-Klientel" (Keupp 2002, S. 113). Wissenschaftlich wird dem einzelnen Menschen damit die Botschaft suggeriert, dass er widerspruchsfrei leben könne, wenn er die anstehenden Reifeaufgaben meistere. Was zuvor als normal galt – dass der Mensch unter den gegenwärtigen Umständen lediglich eine fragil auszubalancierende Identität haben könne – wurde damit scheinbar widerlegt. Mit der Unterstellung, dass der Mensch innerlich sein Glück in den bestehenden Verhältnissen finden könne, dass es keinen Widerspruch zwischen äußeren Ansprüchen und innerer Empfindung geben müsse, der gewaltsam um den Preis neurotischer Entwicklung unterdrückt werden müsse, gerät diese Theorie zu einer Apologie des bestehenden Gesellschaftssystems. Angesichts dieses Verständnisses von der psychischen Vollintegration des Menschen in seine Umwelt mutet das Verhalten der interviewten Esoteriker revolutionär an, die mit dem Pochen auf ihre „Seele", ihre „Eigentlichkeit" eine Form der inneren Souveränität gegen die äußeren Zumutungen spüren und verteidigen wollen: Ihr Empfinden und ihr Weltverständnis ist nicht konfliktfrei in ihre Lebenswelt einzuordnen; die Identitätsentwicklung ist unter ihren Lebensumständen nicht widerspruchsfrei zu lösen; der Widerspruch ist ein Zeichen für das Auseinanderklaffen ihrer innerlich erlebten Welt und der äußerlich gesellschaftlich eingerichteten. Dieser Widerspruch ist die Triebfeder für Veränderung der Welt. Hätte der Mensch sich widerspruchsfrei in ihr eingerichtet, entfiele der Antrieb, sie nach menschlichen Bedürfnissen weiter verändernd zu gestalten. Dies könnte Adorno gemeint haben, wenn er nach aller Kritik am Konstrukt der Identität davon spricht, dass trotzdem „Identität nicht abstrakt zu negieren, sondern im Widerstand zu bewahren [ist], wenn sie je in ihr Anderes übergehen soll“ (Adorno 2003, S. 275).

Die esoterischen Protagonisten streben eine Auflösung des Identitätszwanges jedoch weder durch die Überwindung der Notwendigkeit von Rollen (Adorno) noch im Sinne von Marx' „menschlicher Emanzipation“ (die eigene gesellschaftliche Kraft zu erkennen und neu zu organisieren) an. Stattdessen spalten sie die empfundene gesellschaftliche Bedrohung als eine „Illusion der Empirie“ ab und setzen ihr eine scheinbar reale, unteilbare innerpsychische überzeitliche Existenz entgegen. Diese gilt es als Privatbesitz zu verteidigen, um schließlich mit ihr in einer imaginären höheren Ordnung eine kosmische Wiedervereinigung mit allem und allen zu erlangen. Die Aufspaltung des Subjekts – der Rückzug des Ich und die Illusion einer ersehnten authentischen Vergemeinschaftung – wird so überzeichnet.

Die Festheit eines „eigentlichen Selbst“, einer „Seele“ als gesellschaftsunabhängiger innerer Kern der Persönlichkeit – dieses bedrohte, fragile, hart verteidigte und zu verlieren geglaubte innere authentische Ich-Sein – wird in der Esoterik überzeichnet und mittels einer Spur des Karmas metaphysisch verankert und so subjektiv geschützt. Die Annahme, bereits vor diesem Leben existiert zu haben, als Seele mit vorgefertigten Lebensaufgaben inkarniert zu haben und auch nach diesem Leben noch als dieselbe Seele weiteren Aufgaben entgegenzusehen, hypostasiert den Anspruch eines kontinuierlichen Subjekts, das der und die Einzelne zu sein habe. Der Glaube an eine überzeitliche Seele gibt eine religiöse Gewährleistung für den eigenen inneren Kern, der als Rückzugsort vor den unerträglichen Anforderungen an das Ich in der negativen Vergesellschaftung dient.

II Methodik

1 Forschungsinteresse

Der Ausgangspunkt meines Forschungsinteresses ergab sich durch mehrjährige Bildungsarbeit im Bereich Esoterikkritik. Die Grundlage dafür bildete meine Befassung mit esoterischer Theorie im deutschen Sprachraum und ihren zentralen anti-emanzipatorischen gesellschaftspolitischen Inhalten (vgl. Kap. II.2).

Im Rahmen dieser bildungspolitischen Tätigkeit waren häufig esoterisch gläubige Menschen zugegen, die mir in meinen Aussagen über die Theorie zustimmten, sich jedoch in ihrem persönlichen Glauben explizit als davon nicht betroffen charakterisierten. Dies zeigte sich z. B. wiederholt in Aussagen darüber, dass die von mir dargelegte Kritik an der Karma-Lehre zwar sachlich richtig sei, sie selbst jedoch eine eigene, andere und insofern gesellschaftspolitisch anders wirksame Auslegung besäßen.

Nach einigen Jahren reifte in mir die Gewissheit, mit meinem Verständnis für diese Glaubensrichtung zwar auf elementar wichtige Grundlinien gestoßen zu sein und sie in ihrer Theorie weitestgehend zutreffend erfasst zu haben, dass es jedoch Aspekte in der persönlichen Rezeption geben müsse, die meiner Analyse bislang unzugänglich geblieben waren. Da mein Interesse darin begründet lag, die Wirksamkeit der esoterischen Religiosität in ihrer Praxis zu erfassen, musste mich die individuelle Rezeption und die vehement betonte Andersartigkeit des individuellen Auslebens derselben interessieren. Ich fasste den Entschluss, mir von den Menschen beschreiben zu lassen, was sie unter Esoterik verstehen und welche Bedeutung diese für sie persönlich besitzt. Damit hoffte ich zu erfahren, wie die Theorie vom/von der Einzelnen adaptiert wird und über Beweggründe Aufschluss zu erhalten, weshalb derartige – zum Teil auf den ersten Blick frappierende – esoterische Aussagen Anhänger_innen finden.

2 QUALITATIVES FORSCHUNGSDESIGN

Esoterik ist eine privatisierte Religion, in der konsumerable Angebote vom/von der Einzelnen in Form von Literatur, Seminaren etc. zu einer individuellen Religiosität synkretistisch verschmolzen werden. Um die individuelle Umsetzung dieser religiösen Ideen deshalb profund nachvollziehen zu können, erschien eine Auseinandersetzung mit einzelnen Rezipient_innen zunächst am lohnendsten. Zudem gerieten esoterische Richtungen oder Gruppierungen nicht mit meiner Kritik an der Esoterik in Schwierigkeiten – in einschlägigen esoterischen Fachzeitschriften wurde meine vorangegangene Publikation als „hart aber fair" positiv rezensiert – sondern einzelne Menschen fühlten sich in ihrem individuellen religiösen Glauben missverstanden. Die Studie in Einzelfallinterviews durchzuführen ergab sich darum aus dem Vorhaben, das Individuum als „Untersuchungs*subjekt*", als „Individualität in der Ganzheit" anzuerkennen und die Einzelperson in ihrer „Totalität ins Zentrum der Untersuchung zu stellen" (Lamnek, 1995, Bd. 2, S. 21).

Gütekriterien qualitativer Forschung und ihre Relevanz für die vorliegende Arbeit

Im Folgenden werden die Grundbausteine qualitativen Denkens, wie sie von Mayring (2002) beschrieben werden und als Grundlage dieser Arbeit gelten, dargelegt, sowie deren Angemessenheit für meine Forschungsperspektive diskutiert.

Ein qualitatives Forschungsdesign war für diese Untersuchung von Beginn an vorgesehen, wurde doch das Individuum von mir als Forscherin als ein „informierendes Gesellschaftsmitglied" angesehen, welches ein „prinzipiell orientierungs-, deutungs- und theoriemächtiges Subjekt" ist (Schütze 1978, S. 118). Diese Grundhaltung den zu Interviewenden gegenüber ist ein Kernbestandteil der qualitativen Forschung. Ich wollte die subjektive Deutung der Realität von esoterisch gläubigen Menschen erfassen – damit ihre spezifische Realitätskonstruktion mittels esoterischer Interpretationsmuster – wozu eine Subjektorientierung in der Forschung einzunehmen ist. (*Subjektorientierung* als Grundlage qualitativen Denkens; vgl. Mayring 2002, S. 24).

Im Wissen darum, dass ich auf „neue" Erkenntnisse im individuellen Adaptationsbereich nur durch offenen Blick auf das jeweilige persönliche Verständnis von Esoterik gelangen könne, erschien es mir notwendig, mit meinen eigenen Vor-Erwartungen offen umzugehen. Dies bedeutete, meine prospektiven Annahmen bezüglich des Zusammenhanges zwischen esoterischer Theorie und persönlichkeitsrelevanten Inhalten klar zu benennen, um mir ihrer Gewahr zu sein und sie nicht unreflektiert auf ihre Richtigkeit hin be-stätigen zu wollen. Ich erkannte das exakte Benennen meiner vorgefassten Erwartungen, die sich aus den Befunden meiner theoretischen Arbeit ergeben haben, als den transparentesten Weg, um nicht durch Befangenheit meine eigenen theoretischen Befunde in der Interviewpraxis zu bestätigen zu suchen. Durch klares Benennen meiner eigenen Vor-Verfasstheit sah ich die größte Gewähr dafür, nicht in die Falle des Confirmation-Bias zu tappen. Mayring nennt diesen Vorgang im Rahmen der *Introspektion* („Analyse eigenen Denkens, Fühlens und Handelns"; Mayring 2002, S. 31) als ein Grundgerüst qualitativer Forschung, denn „die Explikation des Vorverständnisses, die interpretative Erschließung des Gegenstandes ohne Introspektion ist gar nicht möglich" (ebd., S. 31).

Gleichzeitig schien es mir im Hinblick auf die zu untersuchende subjektive Umsetzung, Bedeutsamkeit und Wirksamwerdung esoterischer Theorien sinnvoll, meine bisherigen theoretischen Befunde darzulegen und ihre praktische Relevanz nicht dem Prüfstand der Forschung zu entziehen. Mein in die Forschung eingebrachtes *Vor-Verständnis*, von Mayring (2002, S. 29) als weiteres Grundgerüst qualitativen Forschens aufgezählt, sollte gemäß einer „hermeneutischen Spirale" (ebd., S. 31) während des Forschungsprozesses am Gegenstand weiterentwickelt werden.

Als weitere Grundbausteine qualitativen Denkens und Forschens benennt Mayring neben der oben erwähnten *Einzelfallbezogenheit* die *Offenheit* (s. u.), die *Forscher-Gegenstands-Interaktion*. Diese Interaktion leitet Mayring aus dem Symbolischen Interaktionismus ab. Demnach geschehe menschliches Handeln aufgrund von Bedeutungen, welche Menschen Dingen bzw. Ereignissen beimessen. Diese Bedeutungen werden in sozialer Interaktion mit anderen hergestellt und sind als prozesshaft und als inbeständiger-Veränderung-befindlich zu verstehen. Durch den kommunikativen Charakter von qualitativen Interviews ist auch der/die Interviewer_in in diese Herstellung von Bedeutung involviert (vgl. Mayring 2002, S. 32; Lamnek 1995, S. 23).

Die *Ganzheit* führt Mayring als weiteren von insgesamt 13 Grundbausteinen qualitativen Forschens auf. Sie verweist auf die lediglich zur Erforschung vorgenommene Trennung des menschlichen Gegenübers in einzelne Teilbereiche, welche für die Analyse von besonderem Interesse sind. Diese Trennung ist eine theoretische und von außen projizierte. Der Mensch selbst nimmt i. d. R. Bezüge und Wahrnehmungen in seinem Selbst- und Lebensverständnis in einem umfassenderen Sinne als lediglich in Teilbereichen vor (vgl. Mayring 2002, S. 33). Die wiederkehrend nötige Rückführung der in Teilbereichen vorgenommenen Analysen ist insbesondere für die Forschung mit den esoterisch religiösen Menschen von Bedeutung. Esoterik ist ein umfassendes Sinnsystem, welches erlaubt, nahezu alle Lebensbereiche auszudeuten. Querbezüge esoterischer Erklärungen in unterschiedlichen Lebensbereichen und gesellschaftlichen Verortungen sind dementsprechend zu erwarten und reflektierend einzubeziehen. Ebenso sind gesellschaftliche Existenzbedingungen als Rahmen für individuelle Interpretation mit einzubeziehen. Dies verweist auf das Kriterium der *Historizität*, welches Mayring als weiteres Gütekriterium qualitativen Denkens aufführt (Mayring 2002, S. 34). Der/die Forscher_in muss die Interviewperson im Verhältnis zu den sie umgebenden gesellschaftlich-historischen Rahmenbedingungen wahrnehmen und einordnen können, andernfalls werden Analyseergebnisse durch falsche Kontexteinbindung invalide. Vor allem in Bezug auf die unterschiedlichen Lebensalter und -erfahrungen der Interviewten, die zum Teil einen politischen Systemwechsel 1990 miterlebt haben, ist die historische Einbettung des Erzählten von Bedeutung.

Unter dem Kriterium *Problemorientierung* versteht Mayring den Anspruch an qualitative Forschung, von konkreten praktischen, gesellschaftlich relevanten Problemstellungen als Forschungsfrage auszugehen und die Praxisrelevanz des Forschungsergebnisses am Ende zu validieren (vgl. Mayring 2002, S. 34f).

Mit der geforderten *Methodenkontrolle* mahnt Mayring einen nachvollziehbaren, transparent beschriebenen und regelgeleiteten Auswertungsprozess an (vgl. Mayring 2002, S. 29). Das schrittweise Prozedere der Datenerhebung und -auswertung muss systematisch vonstattengehen, die Regeln müssen expliziert und die Arbeitsschritte nachprüfbar sein, um einer intersubjektiven Nachprüfbarkeit standzuhalten und eine Verallgemeinerbarkeit der Ergebnisse zu ermöglichen. Diese Verallgemeinerbarkeit muss in qualitativer Forschung jedoch jeweils einzeln argumentativ begründet und hergestellt werden (*Argumentative Verallgemeinerung*; vgl. Mayring 2002, S. 35). Methoden hierzu sind beispielsweise Situationsanalysen oder Befragung von Betroffenen, wie Mayring angibt (2002, S. 36). Eine generalisierende Verallgemeinerung ist aufgrund der Historizität nur schwer erzielbar. Einzelne Forschungsbefunde müssen in ihrer situativen wie zeitlichen Kontextgebundenheit mit einer für eine maßgebliche Bevölkerungsgruppe bestehenden Situation signifikante Ähnlichkeiten aufweisen, um eine Verallgemeinerung zu ermöglichen.

Aus dem Geschriebenen ergibt sich bereits, dass *induktives Vorgehen* – also die genaue Untersuchung des Einzelnen, Besonderen und von hier aus die Suche nach allgemeinen Zusammenhängen – die Vorgehensweise der qualitativen Forschung darstellt (vgl. Mayring 2002, S. 36). Das Entdecken von Zusammenhängen und Beweggründen im Einzelfall führt den Forscher/die Forscherin im qualitativen Arbeiten zu Hypothesen, welche im weiteren Arbeitsprozess im Vergleich mit anderen Interviews allmählich Kontur gewinnen (oder verlieren).

Der Regelbegriff, wie ihn Mayring (2002, S. 37) vorstellt, beinhaltet ein grundsätzliches Menschenbild qualitativer Forscher. „Das qualitative Denken [...] geht davon aus, dass Menschen nicht nach Gesetzen [...] funktionieren, sondern sich höchstens Regelmäßigkeiten in ihrem Denken, Fühlen und Handeln feststellen lassen. Solche Regelmäßigkeiten sind keine rein automatischen Prozesse, sondern werden vom Menschen auch selbst hervorgerufen" (Mayring 2002, S. 37). Das Wörtchen „auch" schränkt die von Mayring getroffene Aussage ein und gibt Raum für Spekulation: Von wem werden

Regelmäßigkeiten im Denken, Fühlen und Handeln noch hervorgerufen? Im nächsten Satz gibt Mayring eine mögliche Erklärung: „Regeln sind immer auch an situative, soziohistorische Kontexte gebunden" (ebd., S. 37). Ich stütze mich also auf die anhand des Nachsatzes als wahrscheinlich anzunehmende Haltung Mayrings in meinem zusammenfassenden Paradigma qualitativer Forschung: Das Denken, Fühlen und Handeln von Menschen wird unter speziellen situativen, soziohistorischen Bedingungen gebildet. Es gestaltet sich im Alltag in routinierten, erprobten („automatisierten") Prozessen aus, welche der Gestaltungsmacht des Subjekts unterliegen. Aus den Interviews analysierbare Verhaltensmuster und Weltdeutungen werden also nicht als allgemeingültige Gesetze, sondern im Sinne Mayrings als „kontextgebundene Regeln" dargelegt. Das Individuum wird dabei als deutungs- und handlungsfähiges Subjekt angesehen, welches die routinierten Alltagsprozesse als „kontextgebundene Regeln" innerlich herstellt bzw. angesichts der lebensnotwendigen Umweltbezogenheit des Menschen herstellen muss.

Die *Quantifizierbarkeit* als zuletzt von Mayring aufgeführte Säule qualitativen Denkens verbürgt die Verbindung qualitativer mit quantitativer Forschung. Sowohl in der Generierung von Analyseeinheiten, welche quantative Forschung als Grundlagen benötigt, als auch in der abschließenden Validierung quantitativ gewonnener Daten mittels qualitativer Erhebung ergänzen sich beide Forschungsrichtungen in einer sinnvollen und notwendig verschränkten Weise. Gerade im Hinblick auf die geforderte *Problemorientierung*, wonach sich die qualitativen Forschungsergebnisse „wieder auf die Praxis beziehen" (Mayring 2002, S. 35) sollten, ist eine quantitative Überprüfung der empirischen qualitativen Befunde von Interesse (ebd., S. 37f).

Darlegung des eigenen Vorverständnisses

Mein Weg verlief zunächst darüber, meine bisherige theoretische Arbeit nochmals unter dem Blickwinkel dessen auszuwerten, was sich hinsichtlich gesellschaftspolitisch problematischer Aussagen innerhalb der Esoterik an zusammenfassenden Kategorien bilden ließ.

In der theoretischen Befassung mit Esoterik (Barth 2006) konnte ich durch eine Auswertung relevanter Schriften esoterischer Theoriegebung von 1888 (Publikation Blavatskys *The Secret Doctrine* als erstes öffentlich zugängliches esoterisches Werk) bis in die 1990er Jahre hinein Gemeinsamkeiten der verschiedenen Richtungen zusammenfassen, die als richtungsübergreifende Grundpfeiler des theoretischen Lehrgebäudes anzusehen sind.

Die Zusammenstellung gesellschaftspolitisch relevanter Grundideen in Vorarbeit für meine nun vorliegende Forschung ist in folgender Tabelle in der linken Spalte wiedergegeben. In der rechten Spalte finden sich hypothetische Annahmen, die meine Erwartungen widerspiegeln, in welcher Form sich diese Grundannahmen in der konkreten Einzelfallpraxis wiederfinden könnten.

Theoreme esoterischer Lehren	**Erwartete Auswirkungen auf folgende Bereiche individueller Sinnstiftung und Weltverständnis**
Systemische Gesellschaftsvorstellung, welche die Aufgabe des Individuums dem Wohlergehen des Ganzen unterordnet	Familienbild, Demokratieverständnis
Ökologie/Rückverbindung mit der Natur unter biologistischen Gesichtspunkten	Demokratieverständnis
Dichotome Geschlechterrollenbilder (Mann = Intellekt; Frau = Natur)	Geschlechterrollenzuweisung
Zivilisations- und Technikkritik	Einschätzungen der politischen Situation in Bezug auf Sozialabbau, internationale Wirtschaftsverflechtung und Krieg Geschichtsbild, Großindustrieskepsis
Ablehnung moderner Wissenschaften, vor allem der Schulmedizin	Technikskepsis
Parlamentarismusablehnung	Demokratieverständnis
Ablehnung der Vernunftbegabtheit des Menschen	Favorisierte Gesellschaftskonzepte

Diese Vorerwartungen waren als zu reflektierende eigene Hypothesen in meine Testphase eingebaut, da zu erwarten war, dass ich meine Aufmerksamkeit auf diesbezügliche Äußerungen meiner Interviewpartner_innen fokussieren würde.

3 DATENERHEBUNG

Offenes Sampling

Die Auswahl der Interviewpartner_innen verlief nach offenem Sampling-Verfahren. (Details zum Zugang zum Forschungsfeld siehe Kap. II.5) Dies ergab sich aus der Zielsetzung des Forschungsvorhabens, „so viele möglicherweise relevante Kategorien wie möglich aufzudecken [...]. Daraus ergibt sich, dass Sampling während dieser Phase des Forschungsprojektes ebenfalls offen ist“ (Strauss/Corbin 1996, S. 154). In der abwechselnden Datenerhebung und Datenanalyse, wie sie für das offene Sampling charakteristisch ist, werden Subkategorien herausgebildet, welche als sensibilisierende Faktoren für die anschließende Datenerhebung von Interesse sind. Die Kombination aus offenem Sampling und offenem Kodieren bedingt es, dass Konzepte, mit welchen der/die Forscher_in „ins Feld einsteigt, [sich] als irrelevant herausstellen und modifiziert oder durch während der Forschung auftauchende Konzepte ersetzt werden müssen“ (Strauss/Corbin 1996, S. 154). Während des gesamten Prozesses wurden jedoch die sich durch die Analyse ergebenden vorläufigen Erkenntnisse und Kategorien nachrangig in Bezug auf die jeweils neu zu erhebenden Daten behandelt, um nicht durch deduktive Annahmen die offen-narrative Interviewsituation zu beeinträchtigen.

Pilotphase

Im ersten Schritt prüfte ich, ob in den von mir vorformulierten Bereichen (vgl. Tab. in Kap. II.2) esoterische Lebens- und Weltdeutungen von den Interviewten vorgenommen werden. Um zu klären, ob mit einem halbstrukturierten Interviewleitfaden ein ausreichend offenes Gespräch initiiert werden könne, um neuen, subjektrelevanten Aspekten individueller esoterischer Gläubigkeit einen geeigneten Entfaltungsraum zu geben, beschloss ich, in einer Testphase die Eignung der Methodik für meine Fragestellung zu prüfen. Die Pilotphase umfasste vier Pre-Interviews.

Pre-Interviews mit halbstrukturierter Interviewmethode

Zur Umsetzung meines Forschungszieles entschied ich zu Beginn der Forschung, halbstrukturierte Einzelinterviews durchzuführen. In solchen wird von einem spezifischen thematischen Wissensbestand zum Thema ausgegangen, welcher „implizite Annahmen [enthält], für deren Artikulation er [der/die Interviewte; CB] durch methodische Hilfe unterstützt werden sollte [...]. Damit werden subjektive Theorien des Befragten über den Untersuchungsgegenstand rekonstruiert“ (Flick 1995b, S. 203). Von einer halbstandardisierten Interviewführung erwartete ich deshalb, mittels eines Leitfadens die vordefinierten Kategorien ins Gespräch integrieren zu können, um Hinweise auf die subjektive Relevanz der einzelnen Themenbereiche zu erhalten. Durch theoriegeleitete, hypothesengestützte Fragen, wie sie im Interviewleitfaden enthalten waren, sowie unter Hinzunahme „methodischer Hilfen" wie esoterischer Seminarprogramme oder Literaturzitate (s. u.), werden der/dem Interviewten „Angebote" unterbreitet, welche sie/er „aufgreifen oder ablehnen kann", um so ihre/seine subjektiven Haltungen und Vorstellungen darzulegen (Flick 1995b, S. 204). Charakteristisch ist jedoch auch für das halbstrukturierte Interview, dass die Interviewten „frei" antworten (Mayring 2002, S. 68), d. h. „ihre ganz subjektiven Perspektiven und Deutungen offen legen" und „selbst Zusammenhänge, größere kognitive Strukturen im Interview entwickeln" können (ebd., S. 68).

Dieses Prinzip der Offenheit war von Anfang an zentrale Anforderung an meine Erhebung, da ich nach bisher verborgenen individuellen Anreizen und Motiven suchte, mit denen sich Menschen der Esoterik nähern. Es war klar, dass durch die Fixierung auf das Abfragen und Analysieren meiner vorab formulierten Hypothesen ich mich selbst im potentiellen Erkenntnisgehalt einschränken würde. Durch das Verhaftetbleiben in meinen Kategorien würde die Erkenntnismöglichkeit vorab begrenzt, da ich Gefahr liefe, unerwartete Aspekte auszublenden und „nur jene Informationen aus dem Forschungsfeld [wahrnehmen; CB] aufnehmen und produktiv verarbeiten [zu können], die nicht vorab durch das methodische Filtersystem ausgesiebt worden sind" (Lamnek 2005, S. 21).

Als methodische Hilfen verwendete ich in den ersten Interviews zusätzlich drei Elemente, die den Einstieg in das Gespräch erleichtern und den Transfer zwischen esoterischer Theorie und subjektiver Praxis gewährleisten sollten. Diese Elemente machten ein Vortreffen vor dem eigentlichen Interviewtermin notwendig.

Um die subjektive esoterische Theorie nachvollziehen zu können, ließ ich mir von dem/der jeweiligen Interviewpartner_in auf dem Vortreffen ein Buch geben, das ihr/ihm in diesem Bereich wichtig war. Ich arbeitete dieses Buch bis zum Interviewtermin durch und notierte m. E. zentrale Passagen. Ich erwartete, durch das Gespräch über einzelne Textstellen die individuelle Adaptation esoterischer Theorien besser nachvollziehen zu können.

Dem/der jeweiligen Interviewpartner_in händigte ich ein esoterisches Anzeigenmagazin (*Leben!*, Simson 2005) aus, in dem eine breite Palette derzeit gängiger esoterischer Angebote, Vorträge und Seminare beschrieben wird. Ich bat die Interviewparter_in, das Heft durchzusehen und drei Angebote herauszusuchen, die sie ansprächen. Dadurch erhoffte ich einen erleichterten Intervieweinstieg, da zunächst das Angebot und nicht die persönliche Spiritualität in den Vordergrund gestellt werden kann.

Als dritte methodische Hilfe las ich gegen Ende der Interviews ein Zitat von Rainer Langhans[31] vor und bat die InterviewpartnerInnen um Kommentierung.[32] Das Zitat berührt eine esoterische Grundüberzeugung, nach der alles gut und sinnvoll sei, was ist. Weiter geht es um das Ziel, negativen, ängstigenden Vorgängen der Welt gegenüber eine passive Haltung einnehmen zu können. Ich erhoffte mir, durch die unterschiedlichen Auslegungen dieses zentralen esoterischen Lehrsatzes seitens der Interviewpartner_innen sei eine Kontrastierung ihres esoterischen Verständnisses in der Gesamtauswertung möglich.

Zwischenauswertung der Pilotphase und Entwicklung der Hauptuntersuchung

Die Erfahrung mit diesen drei methodischen Hilfen in den durchgeführten Pre-Interviews ergab in der Zwischenauswertung:

- Das Lesen der Bücher erwies sich als zeitaufwendig und für das Gespräch nachrangig bedeutend. Ihnen wichtige Inhalte der Bücher erzählten die Interviewten im Verlauf des Gespräches in anderen Zusammenhängen selbständig (ohne auf das Buch zu verweisen). Sprach ich sie gezielt auf einzelne Passagen der Bücher an (zum Teil solche, die sie selbst in den Büchern unterstrichen hatten), so beteuerten die Interviewten teilweise, die Passage nicht zu kennen und hierzu keine Einschätzung zu haben. Kurz darauf wurde jedoch ebenjener Gedankengang, der in der Passage expliziert wird, als esoterische Deutung eines anderen Phänomens verwendet. Es erschien also ausreichend, esoterische Deutungen der Interviewpartern_innen während ihrer eigenen Erzählungen einzufangen, anstatt sie um abstrakte Kommentierung von Theorie zu bitten. Da es mir um Erkenntnis hinsichtlich der subjektiven Rezeption bzw. Adaptation esoterischer Theorien ging und die esoterischen Theorien und ihre persönliche

31 Rainer Langhans, geb. 1940, prominenter Esoteriker, auch als Ex-Kommunarde der K1 in Berlin 1968 bekannt. Er lebt in einer Lebensgemeinschaft (einem „Harem“ aus fünf Frauen) und vertritt eine Spiritualität, die „neue Formen der Beziehung [...], enthemmte Sexualität und die Psychotherapie“ umfasse (Rainer Langhans im Interview mit Michael Stepper, Focus 2007).

32 Vor einem abermaligen Versuch, Rasse-Menschen (diesmal eventuell mittels Gentechnik) zu züchten, habe Langhans „nicht so viel Angst, weil ich mich wesentlich in geistigen Bereichen aufhalte, und dort scheint es diese Niederungen nicht so zu geben. Wenn du weiter oben auf dem Baum sitzt, siehst Du von weit her, was kommt, und wenn Du weiter unten sitzt, dann siehst Du die Dinge sehr direkt und musst dich ängstigen. [...] Wenn Du weiter oben sitzt, siehst Du den größeren Zusammenhang und siehst: ES IST GUT. [...] Wir sollten erkennen, dass das Nichttun das wahre Tun ist“ (Rainer Langhans im Interview mit Mathias Bröckers, taz 1989).

Auslegung in den Interviews bereits Thema waren, erwies sich der Umweg über die Literatur als unnötig. Die Interviewten zeigten zudem das Gefühl, unter Beweisnot zu stehen, wenn ich sie nach Zitaten aus ihren Büchern fragte. Dies war ein weiteres Argument, im Sinne des Gesprächsflusses und der möglichst ungehinderten Schilderung der subjektiven Wahrnehmung auf die Bücher zu verzichten.

- Der Einstieg über das Heft *Leben!* gelang nicht, da sich die Interviewpartner_innen nach eigener Aussage von den Angeboten nicht oder nur peripher angesprochen fühlten. Zudem stand bei ihnen das Interesse im Vordergrund, von ihrer eigenen Spiritualität zu erzählen; ein versuchter Einstieg über eine vermittelnde dritte Ebene erschien störend und unnötig.
- Das oben genannte Zitat von Rainer Langhans wurde von den Interviewpartner_innen der Pre-Interviews als nicht ihren Vorstellungen entsprechend deklariert und kaum mit Kommentaren versehen. Es erwies sich deshalb als nicht gesprächsgenerierend und ungeeignet, den Motiven der Interviewten für ihre Religiosität nahezukommen. Das Zitat schied deshalb als unzweckmäßig und unnötig aus.

Das zum Einsatz der methodischen Hilfsmittel notwendige Vortreffen erwies sich als ungeeignet, da die Interviewpartner_innen dieses als Einstieg in das Gespräch nutzten und relevante Inhalte ihrer Weltsicht bereits hier darzulegen begannen. Da die Vorgespräche nicht aufgezeichnet wurden, entgingen hierbei wertvolle Beiträge der Auswertungsmöglichkeit. Alle Interviewten zeigten von Beginn an ein starkes Mitteilungsinteresse. Auch aus diesem Grund verzichtete ich nach der Testphase in den Haupt-Interviews – so weit als möglich – auf ein Vorgespräch und reduzierte die Terminvereinbarung auf ein Telefonat.

Die Arbeit mit den Themen des Fragebogens ging an dem subjektiven Mitteilungsbedürfnis der Interviewpartner_innen vorbei. Die Themen des Fragebogens erschienen als für die Interviewten weitestgehend irrelevant und gezielte Fragen meinerseits zu Themenkomplexen des Fragebogens brachten den Gesprächsverlauf eher ins Stocken. Meine Interviewpartner_innen empfanden die Fragen oft weit von ihrem persönlichen Interesse am Gespräch entfernt und antworteten kurz, um wieder auf ihr eigentliches Thema zurückzuschwenken. Die Fragen, die aus den gesellschaftspolitischen Vorannahmen meinerseits generiert waren, trafen nicht den persönlich-intimen und biographischen Charakter der Erzählung und die Bedeutung von Esoterik, wie sie meine Interviewpartner_innen in den Vordergrund stellten.

Zu den vorgenannten Themenbereichen ließen sich zwar Einlassungen finden, die jedoch nicht das Herzstück und eigentliche persönliche Anliegen meiner Interviewpartner_innen über ihr Verständnis von Esoterik ausmachten.

Als Fazit aus den Pilot-Interviews zog ich, dass ich mit der Methode des halbstrukturierten Interviews am Forschungsinteresse vorbeiarbeitete.

Da das Hauptinteresse meiner Forschung sich darauf richtete, persönliche Beweggründe und Bedeutungen esoterischen Denkens und Tuns nachvollziehen zu können, wollte ich den Themen den Vorrang geben, die meine Interviewpartner_innen von sich aus zur Sprache brachten. Ich beschloss deshalb, die Interviewmethode auf offene Interviews mit narrativem Charakter umzustellen.

Haupterhebung:
Offen-narrative Interviewmethode

Nach der oben beschriebenen Zwischenauswertung der Pre-Interviews stellte ich die Erhebungsmethode auf narrative Interviewführung um. Diese Technik erschien geeigneter, dem Erzählfluss der Interviewten möglichst ungestört Raum zu geben und die individuelle Entwicklung von Sinnstrukturen möglichst unbeeinflusst zu ermöglichen. Da die Interviewpartner_innen nach einem kurzen Gesprächseinstieg ausführlich ihre Erzählungen begannen, Weltdeutungen und esoterische Sinnzusammenhänge von ihnen als Kernthema ohne weitere Gesprächshilfen meinerseits dargelegt wurden, erwies sich die narrative Methode als ein geeigneter Weg, die Interviews durchzuführen. Die Erzählungen kommen in narrativen Interviews „in ihrer Struktur den *Orientierungsmustern des Handelns* am nächsten" (Lamnek 1995, Bd. 2, S. 71) und umfassen eine „*retrospektive Interpretation* des erzählten Handelns" (ebd., S. 71). Dadurch lassen sich subjektive Sinnstrukturen der Interviewten nachvollziehen, die sich dem systematischen und/oder direkten Nachfragen entziehen (vgl. Mayring 2002, S. 74)

In der Einstiegsphase wiederholten sich kurz die bereits am Telefon vorab geklärten Fragen zum Rahmen der Arbeit und meinem Interesse. Diese Phase lief kurz ab, da die Interviewpartner_innen keine umfangreichen Nachfragen zu den Hintergründen meiner Arbeit stellten. Das Gespräch begann, indem ich mein Interesse nochmals formulierte: Ich wolle erfahren, was Esoterik ihnen persönlich bedeute, wie sie sie auslebten, wie sie dazu gekommen seien.

Die Interviewten antworteten teils biographisch mit dem Erzählen eines intensiven persönlichen Erlebnisses, welches für sie die Wirkkraft der Esoterik deutlich machte. Biographische Elemente prägten alle Interviews. Die im narrativen Ansatz erwünschten handlungsbezogenen Erzählungen aus dem Leben der Person führen, insbesondere im vorliegenden Untersuchungsbereich, konsequenterweise zu biographischen Berichten. Da die Menschen über einen sie im Leben begleitenden Glauben berichteten, sind biographisch verankerte Erzählstrukturen naheliegend.

Die Interviews wurden akustisch aufgezeichnet. Die Aufnahme der Pre-Interviews und jenes mit Mona erfolgte mittels Stand-Mikrophon auf einem

Mini-Disc-Recorder, alle übrigen Interviews wurden mit einem (optisch unauffälligeren und ohne externes Mikrophon funktionierenden) digitalen Aufnahmegerät festgehalten. Zwei Interviews konnten aufgrund menschlich-technisch bedingter fehlgeschlagener Aufnahme nicht ausgewertet werden.

Die nach Lamnek erste und zweite Phase der Interviewsituation (Anliegen und Vorgehen darlegen, Rückfragen ermöglichen, Anonymität versichern, guten Rapport herstellen, erzählgenerierende Einstiegsfrage formulieren; vgl. Lamnek 1995, Bd. 2, S. 71) verliefen zügig, da die entsprechenden Themen bereits im telefonischen Vorgespräch zur Terminvereinbarung besprochen wurden und keineR der Interviewpartner_innen weiterführenden Bedarf signalisierte.

Die dritte Phase des Interviews nach Lamnek, die eigentliche Erzählphase, dauerte im Schnitt je zwischen einer und zwei Stunden, in den meisten Interviews betrug sie eineinhalb Stunden. Da die Interviewten verschiedene Erzählstränge, Episoden aus ihrem Leben und Themen berichteten, schloss sich die – streng nach Methode vierte Phase, jene der Nachfragen seitens des/der Interviewers/Interviewerin – teils an die jeweiligen Themenkomplexe an. Ebenso fügten Interviewpartner_innen, obwohl nach dem Erzählverlauf ein „Ende" des Berichtes angenommen werden konnte, teils noch weitere wichtige Themengebiete hinzu, wodurch eine Abgrenzung der dritten und vierten Phase in der Praxis nicht trennscharf möglich war.

Zum Ende wurde von mir die Frage gestellt, ob die/der jeweilige Interviewpartner_in das Gefühl hatte, dass sie/er ihre/seine esoterische Spiritualität gut und umfassend im Interview habe darstellen können sowie die Gelegenheit gegeben, Inhalte zu ergänzen.

4 AUSWERTUNGSVERFAHREN

Sämtliche Interviews wurden wörtlich, ohne Schönheitskorrekturen transkribiert; grammatikalische, mundartliche oder sonstige sprachliche Besonderheiten sind originalgetreu wiedergegeben. Auf Satzzeichen wurde, sofern sie nicht deutlich in der Sprachmelodie zu vernehmen waren, verzichtet. In einem Postscript wurden zudem persönliche Eindrücke und Rahmenereignisse festgehalten.

Wie bei der Wahl der Erhebungsmethode war auch bei der Entscheidung für eine bestimmte Auswertungsmethode das Kriterium: die Methode zu wählen, welche die größte Chance bietet, die von den interviewten Menschen vertretenen Selbst- und Weltdeutungsmuster, Sinnstrukturen und subjektiven Begründungen nachvollziehen zu können. Gemäß dem Forschungsziel, theoretische Erklärungsansätze zu generieren, aus welcher subjektiven Begründung und Interessenlage heraus Menschen esoterische Theorie und Praxis vollziehen, musste ich mir anhand des Materials bislang nicht bekannte subjektive Sinnzusammenhänge erschließen. Der Weg verlief über die gründliche und detaillierte Auswertung der Einzelfälle, um Feinheiten wahrnehmen zu können. Durch mein Vorwissen über esoterische Kategorien und Denksysteme war es mir bedeutsam, im Einzelfall Abweichungen von den „Lehrbüchern" festzustellen und auf diese Weise der subjektiv geänderten Rezeption auf die Spur zu kommen, um von hier aus subjektive esoterische Deutungsmuster ausmachen zu können. Das genaue Aufschlüsseln jedes einzelnen Interviews nach dort vorhandenen Themen – esoterischen wie nicht-esoterischen – und deren individueller Verknüpfung mit (oder Entkopplung von) esoterischer Bedeutungsunterlegung sah ich als Weg, um der individuellen esoterischen Religiosität und ihrer Bedeutung für das Gesellschafts- und Selbstbild der jeweiligen Person nahe zu kommen.

Da die Grounded Theory (Strauss/Corbin 1996) die Möglichkeit bietet, das Material zunächst kleinteilig detailliert zu durchforsten, an der Empirie entlang basal wahrzunehmen und erst im zweiten Schritt zu vergleichen und Zusammenhänge innerhalb des Interviews und zirkulär mit anderen Interviews herzustellen, die Grounded Theory zudem ein praxisverankertes Verfahren darstellt, entschied ich mich für ein Vorgehen entlang dieser Theorie.

Zunächst wird im „offenen Kodieren" mittels basaler, nicht-interpretierender Fragen „Was: worum geht es hier?", „Wie: welche Aspekte werden angesprochen?" Stelle für Stelle erfasst (vgl. Strauss/Corbin 1996, S. 45f). Diese erste genaue Erfassung aller im Interview angesprochenen Themen tätigte ich mit äußerster Sorgfalt, um möglichst alle Aspekte, welche der/die Interviewpartner_in mitteilte, zu erfassen. Sie wird von Strauss und Corbin wie folgt beschrieben: „Es gibt verschiedene Wege, den Prozess des offenen Kodierens anzugehen. Man kann mit einer Zeile-für-Zeile-Analyse des ersten Interviews [...] beginnen. Das beinhaltet eine eingehendere Untersuchung, Phrase für Phrase oder sogar manchmal von einzelnen Wörtern – vielleicht die detaillierteste Art der Analyse, aber sicher auch die ergebnisreichste“ (ebd., S. 53). Um eine möglichst vollständige, ungewichtete Wahrnehmung alles Angesprochenen zu ermöglichen, ging ich in dieser Weise vor, modifizierte den Umgang mit den kodierten Stellen jedoch, um einen Wust von Kodenotizen und Memos, sprich Klebezetteln, in meinen Unterlagen zu vermeiden. Im Folgenden erläutere ich mein Vorgehen.

1. Schritt: der Themenkatalog

Um das Gesagte möglichst vollständig erfassen zu können, ging ich jedes Interview chronologisch an und schrieb die einzelnen Aussagen (in ihrem ursprünglichen Sinn, un-interpretiert, wörtlich) heraus. Nach und nach fanden sich thematische Cluster, zu welchen sich die einzelnen Aussagen gruppieren ließen. Thematische Cluster waren z. B.

- „esoterische Praktiken“
  (diese formale Kategorie enthielt jeder Themenkatalog)
- „Freiheit“
  (als in einem Interview häufig genannter Begriff, darunter fasste ich alle Aussagen, die entfernt oder nah dazu angesprochen wurden)
- „Arbeit“
  (wenn dies in unterschiedlichen Zusammenhängen mit unterschiedlichen Erklärungen, Emotionen und Ausdeutungen angesprochen wurde).

Ebenso fasste ich wiederkehrende Begründungszusammenhänge oder Bestrebungen unter ein Thema, wie z. B.

- „Gefühle nach außen zeigen können“
- „Ego auflösen“
  (Zitat, mehrmals verwendet durch die/den Interviewpartner_in in unterschiedlichen Zusammenhängen)
- „Realität annehmen“
- „Nicht nur intellektuell verstehen, sondern auch erleben“.

Wie diese kleine Auswahl zeigt, waren die Themen vielgestaltig, hatten zum Teil ein Dutzend Zitatstellen im Interview, in denen sie beinhaltet waren, zum Teil blieben sie als Einzelaussagen als Einzelverweis auf ein Thema stehen.

Aussagen konnten auch unter mehreren Themen gleichzeitig auftauchen, weil sie mehrere Inhalte miteinander – in zu diesem Zeitpunkt noch nicht analysierter Form – verbanden.

Durch diese kleinteilige aufwendige Aufarbeitung der Interviews ging ich im ersten Schritt sicher, dass keine Aussage, kein angesprochener Inhalt meiner Aufmerksamkeit entging.

Aus diesem Themenkatalog mit zahllosen einzelnen Rubriken entwickelte ich eine Synthese der Themenstränge, wie sie der/die Interviewte miteinander in größere Sinnzusammenhänge setzte. Zum Teil erforderte dies einen Zwischenschritt, in welchem der Themenkatalog nach vollständiger Erfassung aller Inhalte des Interviews in reduzierte Überthemen zusammengefasst wurden, welche ähnlichen Strukturen und Inhalten übergeordnet wurden. Im Vorgehen nach der Grounded Theory wird dieser Prozess der Fassung der codierten Stellen zu übergeordneten Zusammenhängen als „Kategorisierung" (Subkategorien) bezeichnet (vgl. Strauss/Corbin 1996, S. 49ff).

2. Schritt: Einzelsequenzanalyse
Einzelne Sequenzen, welche im Verlauf des Kodierverfahrens als für den/die InterviewteN bedeutend erschienen, mir in ihrer Bedeutung jedoch unklar blieben, gab ich in eine Arbeitsgruppe, um ihrem Inhalt mittels Objektiv Hermeneutischer Sequenzanalyse im Gruppenauswertungsverfahren näherzukommen. Diese Form der Sequenzanalyse nach Oevermann zielt darauf, Tiefenstruktur von Handeln verständlich zu machen. Oevermann geht von der Existenz objektiver Bedeutungsstrukturen und rekonstruierbarer Regeln in interaktiven Gesprächen aus, deren sich Individuen bedienen. Einzelne Sequenzen eines Interviewtranskriptes können mittels dieser objektiven Bedeutungen und Regeln und der Auswahl, welche die/der Akteur_in daraus trifft, erschlossen werden.

Der latente Bedeutungsgehalt, welchen der/die Interviewpartner_in mit einer Aussage intendiert, kann deutlicher nachvollzogen werden, wenn sich das Forscher_innenteam im ersten Schritt zunächst die gesellschaftlich gängigen, möglichen, erwartbaren Anschlussaussagen an diese konkrete Äußerung vergegenwärtigt. Im zweiten Schritt werden Inhalt und Ausdrucksweise der im Gespräch getätigten anschließenden Äußerung der/des Interviewpartners_in auf der Grundlage dieser optionalen Möglichkeiten hin analysiert, um seinen Gedanken und Intentionen näherzukommen. „An der Differenz zwischen den offenen Möglichkeiten und den vollzogenen Wahlmöglichkeiten setzt die objektiv hermeneutische Sequenzanalyse ein" (Knoblauch 2003, S. 136). In dieser werden „an jeder Sequenzstelle die gemäß geltenden Regeln möglicher Anschlüsse (und – wenn nötig – möglicher Vorläufer) – also objektiven Wahlmöglichkeiten – gedankenexperimentell konstruiert und erst dann auf dieser Folie die tatsächlich erfolgte Fortführung der Sequenz betrachtet, die erst so ihre charakteristische Kontur erhält" (Oevermann 1995, S. 41). Diese hermeneutische Sequenzanalyse findet in Forschungsgruppen statt, da dadurch die hermeneutische Unterlegung einer Textstelle mit möglichen regelhaften Anschlüssen eine größere „kulturelle" Bandbreite aufweist (Knoblauch 2003, S. 136).

Insbesondere Textstellen, die mit dem „Seelen"-Begriff arbeiteten und auf menschliche Kerngefühle verweisen, unterzog ich einer solchen Gruppenauswertung, da hier die mögliche sprachliche Weiterführung einen Verweis auf die Befindlichkeit der Interviewten erschloss.

3. Schritt: axiales Kodieren

Nachdem die Inhalte und Themen der einzelnen Interviews im Prozess des offenen Kodierens möglichst vollständig herausgearbeitet waren, begann der Prozess, diese (innerhalb jedes Interviews für sich) miteinander in Beziehung zu setzen um nachzuvollziehen, wie bestimmte „Ereignisse, Vorfälle, Geschehnisse [...] zum Auftreten oder der Entwicklung eines Phänomens" (Strauss/Corbin 1996, S. 75) führen, das die Person auf eine spezifische Weise zu handhaben versucht. Dies gelingt in der Grounded Theory durch den „Einsatz eines Kodier-Paradigmas, das aus Bedingungen, Kontext, Handlungs- und interaktionalen Strategien und Konsequenzen besteht" (ebd., S. 75). Im Konkreten bedeutet dies zunächst, lebensweltliche kontextuale Ereignisse, von denen die Interviewten berichteten, mit einem für das Subjekt gültigen Bedingungs- und Bedeutungsverständnis zu erschließen (um seine spezifischen kontextualen Handlungsvoraussetzungen zu begreifen; vgl. *Historizität*). Deutlich können dabei die Konsequenzen herausgearbeitet werden, die durch eine – von den Interviewten dargelegte – esoterische Rahmung des subjektiven Bedeutungszusammenhanges entstehen.

Indem ich subjektive Bedeutungszusammenhänge mit den jeweils dazu angesprochenen Themen und kontextualen Rahmenbedingungen in Zusammenhang brachte, wurde die eigene Kategorisierung und Erklärungslogik des/der Interviewten nachvollziehbar gemacht. Dadurch gewann ich übergeordnete Punkte (Kernkategorien), welche die thematischen Hauptstränge des Interviews beinhalteten.

4. Schritt: selektives Kodieren

Im „Prozess des Auswählens der Kernkategorien, des systematischen In-Beziehung-Setzens der Kernkategorien mit anderen Kategorien" (Strauss/Corbin 1996, S. 94) entsteht ein verdichtetes, komplexes und präzises Bild der interviewten Person. Hypothesen über Zusammenhänge werden anhand des Datenmaterials plausibilisiert. Besonderheiten, Variationen von erkannten Phänomenen und Strategien werden in ihrer Abweichung vom Standard zum vertieften Verständnis besonders betrachtet. Am Ende dieses Schrittes werden spezifische Muster, Bedeutungs- und Handlungsstrategien eines Interviews, die in der auswertenden Darstellung zentral sind, herauskristallisiert.

Gemäß dem Vorgehen nach offenem Sampling erfolgte unmittelbar im Anschluss an die Datenerhebung eine Datenanalyse (vgl. Strauss/Corbin 1996, S. 154). Durch die vergleichende Analyse der Interviews werden nach und nach Übereinstimmungen zwischen Kategorien ersichtlich. Analyse und wiederholte Datenerhebung vollziehen sich in einem gleichzeitig ablaufenden und sich wechselseitig beeinflussenden Prozess.

Faktisch ergaben sich durch die genaue Feinanalyse der Interviews und die im Einzelfall herausgearbeiteten Meta-Kategorien Auffälligkeiten und Überschneidungen zwischen den Interviews. Zentrale Themen, die sich durch die Interviews ziehen, schälten sich heraus. Mein Erkenntnisinteresse in den offen-narrativ geführten Interviews galt individuell bedeutungsvollen, für mich unerkannten Aspekten esoterischer Rezeption und Ausgestaltung. Die vorab formulierten Hypothesen meiner Arbeit (manifeste politische Kerninhalte, wie sie in den halbstrukturiert geführten Pre-Interviews noch einbezogen waren), wurden nicht mehr zwingend in der Analyse, d. h. im Prozess des Kodierens, berücksichtigt. Es ergaben sich für mich unerwartete und neue Kernthemen, was das Anliegen der von mir Interviewten an Esoterik betraf.

Schlusspunkt der empirischen Erhebung

Der Zeitpunkt, an dem die empirische Datenerhebung zu beenden ist, wird in erster Linie anhand der *theoretischen Sättigung* bemessen. Diese ist dann der Fall, wenn „keine neuen oder bedeutsamen Daten mehr in Bezug auf eine Kategorie aufzutauchen scheinen", die „Kategorienentwicklung dicht ist" sowie die „Beziehungen zwischen den Kategorien gut ausgearbeitet und validiert" sind (Strauss/Corbin 1996, S. 159). Nachdem sich auf oben beschriebenem induktiven Wege Kategorien herausgebildet hatten, welche wiederkehrende Themen in den Interviews darstellten und als zentrale Inhalte des subjektiven Ansinnens an Esoterik herausgearbeitet werden konnten, wurde die Datenerhebung eingestellt. Im zuletzt geführten kurzen Interview wurden die theoretischen Annahmen einer Validierung unterzogen, indem bewusst auf die erkannten Kategorien geachtet und Sonden gesetzt wurden, welche von der Gegenüber (Stella-Rosa) aufgegriffen und in weit größerem Maße angenommen und mit persönlichem Inhalt gefüllt wurden, als dies in den Pre-Interviews mit den dort lancierten Themen meinerseits geschah.

Darstellung der Ergebnisse

Die Darstellung der Ergebnisse erfolgt gemäß dem induktiven Vorgehen. Die Herausarbeitung der Kategorien wird an jedem einzelnen Interview erläutert und expliziert. Die einzelnen Fallanalysen beginnen mit der Darstellung der sozialen Rahmensituation der/des Interviewten und der Benennung esoterischer Bereiche, in denen er/sie tätig ist bzw. war. Von dem/der Interviewten jeweils favorisierte esoterische Schulen und Konzepte werden in Form von Exkursen bzw. Text-Kästen kurz theoretisch-allgemein vorgestellt. Die einzelnen Fallanalysen folgen, soweit dies möglich ist, dem chronologischen Verlauf des Interviews. Da bestimmte (esoterische) Sinnzusammenhänge oft in unterschiedlichen Facetten in verschiedenen Passagen des Interviews auftauchen, war oftmals eine thematische Zusammenfassung nötig, bei der von der chronologischen Erzählweise abgewichen wurde.

5 AUSWAHL DER INTERVIEWPARTNER_INNEN

Drei der Interviewten (Solanja, Dakota und Mona) meldeten sich aufgrund eines Aushanges auf der Esoterik-Messe im Münchner Löwenbräukeller Ende April 2006. Diese findet in München regelmäßig – derzeit zweimal jährlich – statt und ist ein Publikumsmagnet. Die Esoterik-Messe ist eine seit Jahren etablierte Einrichtung der Firma ESO-TEAM, Messe- und Kongress GmbH. Nach eigener Aussage bietet die Wochenendmesse die „Möglichkeit, im esoterischen und gesundheitlichen Bereich ‚Interessenten und Anbieter' zusammenzubringen und die vielfältigen Anwendungsgebiete zu präsentieren" (ESO-TEAM 2009). Mit dem Aushang suchte ich nach Menschen, die sich bereit erklärten, für eine Studie an der Münchner Universität über ihre Spiritualität Auskunft zu geben. Nach ihrem Kontaktanruf, indem sie Fragen zu meinem Forschungsvorhaben klärten und sich vergewisserten, ob sie sich mir anvertrauen wollen, kam es zu dem vereinbarten Interviewtermin.

Hieronymus Boschs (Schmetterlings) Bekanntschaft machte ich auf ebenjener Messe. Wir saßen auf einem dort stattfindenden Vortrag über Runen nebeneinander und kamen ins Gespräch. Dabei wurde das Interview vereinbart.

Das Interview mit KB wurde über private Kontakte vermittelt. Zwei weitere Interviewte (Nina, Galilei) lernte ich unabhängig voneinander im Rahmen von per Internet vereinbarten Mitfahrgelegenheiten kennen. Michaels Bekanntschaft machte ich auf einer zufällig entstandenen Fahrgemeinschaft (auf dem Rückweg von einem Jugendtreffen). Auf mehrstündigen Fahrten entwickeln sich Gespräche, wodurch in diesen zufälligen Begegnungen das gegenseitige Interesse am Thema Esoterik zur Sprache kam. Alle drei erklärten sich zu Interviews bereit, die in der Regel einige Tage bis wenige Wochen nach dem ersten Treffen stattfanden.

Zwei Frauen, die sich für Interviews zur Verfügung stellten, kannte ich flüchtig aus sängerischen Zusammenhängen (Elektra, Elvira Böhm). Beide teilen die Leidenschaft für Musik bzw. Gesang; zumindest eine (Elvira Böhm) verbindet ihr Singen mit spirituellem Anspruch, wie im Interview deutlich wurde.

Da die Auswahl der Interviewpartner_innen aus Praktikabilitätsgründen im ersten Jahr der Erhebung in Süddeutschland lag, bemühte ich mich um eine Ausweitung des geographisch-sozialen Hintergrunds der Interviewten. Um die regionale Diversität zu gewährleisten, nahm ich in der Folge drei Interviewpartner_innen mit Sozialisation in der DDR hinzu (Jenny, Michael, Thomas Ranke) sowie drei aus dem Norden Deutschlands (Jenny, Galilei, Erwin). Diese wurden mir über bestehende Kontakte in die jeweilige esoterische Szene hinein vermittelt (Qi-Gong-Gruppe der Lotusakademie e.V. sowie loser Kontakt des ersten Interviewten aus Ostdeutschland, Michael). Ein tabellarischer Überblick über alle Interviewpartner_innen findet sich am Ende des Kapitels.

Von den vierzehn intensiv geführten Interviews (siehe Tabelle auf Seite 120 und 121) werden sechs eingehend im Rahmen dieser Arbeit dargestellt. Dies betrifft: Mona, Elvira Böhm, Michael, Thomas Ranke, Elektra und Erwin. Damit ist ein ausgewogenes geschlechtsparitätisches Sampling sowie regionale und Ost/West-Diversität gewährleistet.

Die Interviews mit Dakota sowie KB wurden als Pre-Interviews in der Testphase der Methodenentwicklung geführt; sie sind deshalb in der vorliegenden Auswertung nicht gesondert aufgeführt.

Eine Sonderstellung nehmen Nina und Jenny ein: Sie zählen nicht zur eigentlichen Zielgruppe, da sie geschlossenen Sekten-/Psychokulten angehören und bei ihnen andere psychologische Dynamiken zugrunde liegen als im frei florierenden esoterischen Spektrum. Nina ist seit etwa acht Jahren der buddhistischen Sekte um den Dänen Ole Nydahl zugehörig. Jenny war ein Jahr im Zentrum der Yoga-Vidya-Gemeinschaft, begann dort eine Ausbildung zur Yoga-Lehrerin, wofür sie im selben Zentrum die Gebühr abarbeitete, bis sie – kurz vor dem Interview – mit einem Burn-out ausstieg. Das Interview mit ihr ist durch den Burn-out, begleitet von der Auseinandersetzung mit gegenwärtiger Wut und Enttäuschung, gekennzeichnet. Jenny ging kurz nach dem Interview für mehrere Wochen in eine Klinik zur therapeutisch begleiteten Rehabilitation. Auch aus diesem Grund der akuten psychischen Krise ist ihr Interview nicht adäquat mit den übrigen vergleichbar. Diese wurden mit Menschen geführt, die im durchschnittlichen Sinne als stabil in ihrer Befindlichkeit und gefestigt in ihrer Weltanschauung eingeordnet werden können.

Die Interviews mit Nina und Jenny wurden, um Unterschiede zwischen Esoterik und geschlossenem Sektenkult zu verdeutlichen, lediglich eingeschränkt zum partiellen Vergleich herangezogen.

Das Interview mit Galilei schied aus der Auswertung aus, da es nicht nach offen-narrativen Maßstäben geführt wurde. Galilei schien unsicher und suchte deshalb ein interaktives Gespräch. Er fragte nach meiner Ansicht zu den von ihm dargelegten esoterischen Theorien. Dies schien auch auf dem ernsthaften Interesse zu gründen, sein Thema zu diskutieren, um seine eigene Haltung auf den Prüfstand vor sich selbst zu stellen. Ich empfand es in den Versuchen, in meiner Rolle zu bleiben, als Geringschätzung seiner Person gegenüber, ihn – aufgrund meines Forschungsinteresses – auf den Status des Erzählenden zu orientieren und sein Begehren an mich nach konträren Ideen zurückzuweisen. Deshalb verließ ich im Gespräch bewusst den offen-narrativen Zugang, der mir als Interviewerin bis in die Schlussphase des Interviews hinein lediglich erzählgenerierende Fragen zukommen lässt.[33] So

33 „Das Interview selbst teilt sich dann in drei Teile. Zunächst geht es um die Erzählstimulierung. Dem Interviewpartner wird in einer Eingangsfrage das Thema vorgestellt und begründet. Es wird versucht, eine Vertrauensbasis herzustellen, um den Interviewpartner dann aufzufordern, sich eine Erzählung zum Thema zu-

räumte ich meinem bildungspädagogischen Impetus Vorrang ein und riskierte damit, das Interview für die Auswertung zu verlieren. In der Folge verliefen mehrere Passagen im Interview als kontroverser Meinungsaustausch, wodurch das Interview nur mit einer anderen Methode, bei der die Interaktion in den Mittelpunkt der Analyse steht, ausgewertet werden kann. Es wurde deshalb mangels Vergleichbarkeit der Methode gegenüber den anderen Interviews zurückgestellt.

Durch das zuletzt geführte, weitaus kürzeste Interview mit Stella Rosa schließt für mich fachlich wie persönlich ein Bogen: Stella Rosa war vor etwa 17 Jahren der Ausgangspunkt, mich mit dem Thema Esoterik kritisch-interessiert zu befassen. Der freundschaftliche Kontakt zu ihr war für ca. 15 Jahre unterbrochen, nachdem ich mich – nach karmisch begründeter Rechtfertigung der Shoa ihrerseits („Auschwitz war zur Aufbesserung des Karmas der Juden das Beste, was ihnen geschehen konnte") – von ihr abwendete. Kurz vor Fertigstellung dieser Arbeit kreuzten sich unsere Wege, und ein kurzes Interview entstand.

Es war zu keiner Zeit problematisch, Interviewpartner_innen zu gewinnen. Alle Anfragen meinerseits nach möglichen Interviews wurden positiv beantwortet. Lediglich ein Vorhaben kam aufgrund terminlicher Schwierigkeiten (unsteter Wohnort des potentiellen Interviewpartners) nicht zustande.

Inhaltlich ordneten sich die von mir interviewten Menschen selbst unter das Emblem „esoterisch" ein. Das Einschlusskriterium, nach dem ich Menschen für die Interviews suchte, war ihre Selbstdefinition in diesem Bereich. Bereits in den kurzen Vorgesprächen tauchten Stichworte für esoterische Praktiken und Deutungsmuster auf, die mir im Anschluss an die Selbstdefinition genügten, in ein Interview einzuwilligen.

---

rechtzulegen. Im zweiten Teil wird dann die Erzählung präsentiert; der/die Interviewer/in sorgt dafür, dass der rote Faden nicht verloren geht, dass der Erzähler immer wieder zur Geschichte mit ihrer universellen Struktur zurückfindet. Erst im dritten Teil, nach Abschluss der Erzählung, ist es dem Interviewer gestattet nachzufragen, unklare Punkte zu klären, Warum-Fragen zu stellen" (Mayring 2002, S. 74).

Tabellarischer Überblick zu den sozialen Rahmenbedingungen der Interviewpartner_innen

Name	Datum	Geschlecht		Alter				Sozialisation		soziale Situation		familiäre Situation			
		weibl.	männl.	25 bis 34	35 bis 40	41 bis 50	51 bis 60	BRD	DDR	finanziell gesichert	prekär	feste Partnerschaft	geschieden	lose Partnerschaft	Single
Pilotphase															
KB	12/2005	X		X				Süd		X					X
Hieronymus Bosch (Schmetterling)	05/2006	X		X				Süd		(X)					X
Solanja	05/2009		X			X		Süd			X			X	
Dakota	05/2006		X				X	Süd		(X)				X	
Haupterhebung															
Nina	12/2006	X		X				Süd			X		X		X
Mona	02/2007	X				X		Süd		X			X	X	
Elvira Böhm	04/2007	X					X	Süd		X					X

Michael	09/2007		X			X			X	X					X
Thomas Ranke	09/2007		X	X					X		X				(X)
Elektra	03/2008	X				X		Süd		X		X			
Galilei	04/2008		X		X			Nord		X					(X)
Jenny	10/2008	X			X			Nord	X (Kindheit u. Jugend)		X				X
Erwin	10/2008		X	X				Nord		X				X	
Stella Rosa	07/2009	X			X			Süd		X					X

(X) = vermutet

Hinweise an den/die Leser_in

Transkriptionsregeln

- Betonte Wortteile werden durch GROSSBUCHSTABEN kenntlich gemacht.
- Ineinandergesprochene Satzteile werden durch eine eckige Klammer eröffnet [.
- Sprechpausen sind durch umklammerte Trennstriche gekennzeichnet (-). Pro verstrichener Sekunde wird ein Strich angezeigt, ab vier Sekunden wird die Pausendauer beziffert (4 sec).
- Husten, lachen, deutliche Gefühlsregungen sind in Klammern vermerkt (lacht kurz).
- Unvollständige Sätze, grammatikalische Fehler, mundartliche Aussprachen u. ä. wurden in den Interviewtranskriptionen im Original belassen und unverändert in die Arbeit übernommen. Auf ein [sic.] zur Kenntlichmachung dieser Stellen wird verzichtet.
- Fragen, die ich als Interviewerin stellte, sind mit „CB:“ eingeleitet.

Sonstiges

- Die Interviews wurden anonymisiert, alle Ortsangaben und Namen geändert.
- Sollte die erforderliche männliche, weibliche und transgender Form an manchen Stellen fehlen, so bitte ich um Nachsicht und die freundliche Ergänzung, die jede_r Leser_in in seinem/ihrem Kopf für die ausgelassene Ansprache vornehmen möge.

III Interviews: Einzelfallauswertungen

1 Elektra: Erfahrungen des Scheiterns und esoterische Kompensation

Elektra ist 48 Jahre alt und wohnt in einer süddeutschen Großstadt. Sie ist beruflich erfolgreich und berichtet im Interview ausgiebig über ihren beruflichen Werdegang. Sie ist studierte Betriebswirtin und arbeitete lange Jahre bei namhaften Herstellerfirmen von digitalen Druckmaschinen als Vertriebsleiterin. Ihr beruflicher Aufstieg gipfelte in der Anwartschaft auf einen Posten im Vorstand einer großen Firma. Der Karrieresprung missglückte, da ein von ihr gemanagtes Projekt misslang. Nach diesem Scheitern trat ein Umbruch in ihrem Leben ein. Sie verließ die Firma, machte sich selbstständig und eine Zeit finanzieller Unsicherheit und Einbußen folgte (33/19ff). In ihrer Selbstständigkeit war sie als Beraterin tätig, wofür sie Elemente nutzte, die sie in spirituell-psychologischen Ausbildungen gelernt hatte (siehe unten). Zum Zeitpunkt des Interviews arbeitet sie in gesicherter Stellung als Projektleiterin im Bau von Biogasanlagen. Sie beschreibt diese Tätigkeit als eine, die ihr Freude bereitet, da sie Kommunikation und die Auswahl von geeigneten Projektpartnern als ihre Stärken sieht.

Neben ihrer beruflichen Anstellung besuchte sie fortwährend Weiterbildungskurse, vor allem in Psychologie. Sie absolvierte ein Fernstudium in Psychologie bis zur Zwischenprüfung und orientierte sich dann auf den psycho-spirituellen Bereich. Sie besuchte Kurse in Neurolinguistischem Programmieren (NLP).

Neurolinguistisches Programmieren

Bei NLP handelt es sich um ein Verfahren, das – ähnlich vieler anderer auf dem Psychomarkt – relativ schnell zu erlernen ist und dem „Therapeuten" einfache Lehrsätze und vermeintlich sichere Anwendungsmethoden an die Hand gibt. Entwickelt wurde es von dem US-amerikanischen Gestalttherapeuten Richard Bandler gemeinsam mit dem Linguisten John Grindler in den 1970er Jahren (Bandler/Grindler 1975). Diese griffen auf gestaltpsychologische Erkenntnisse zurück, die eine Widerspiegelung psychischer Vorgänge in bestimmten körperlichen Ausdrucksformen beschreiben. Daraus entwickelten

Bandler und Grindler u. a. Konzepte, wie innerlich gespeicherte positive Gefühle bei Bedarf über körperliche Techniken abgerufen werden können, um in schwierigen Situationen unterstützend zu wirken. Auch eine Umdeutung von Situationen („reframing") ist eine gängige Methode des NLP. Dabei wird eine bekannte Situation neuen Deutungsmöglichkeiten unterzogen oder in neue Interpretationsrahmen gesetzt, wodurch eine Neubewertung des Inhalts ermöglicht werden soll. Prinzipiell handelt es sich bei NLP um ein ressourcenorientiertes, effektives Beantworten äußerer Anforderungen bzw. um das Erschließen von „inneren ‚Kraftquellen', die man im NLP zur Erreichung von Wunschzielen nutzbar machen will" (Möller 1995, S. 11; vgl. auch Goldner 2000, S. 345).

In der Umbruchsituation, die das Verlassen der Firma und der steinige Weg der Selbstständigkeit darstellte, begann sie, sich für das Systemisch-phänomenologische Familienstellen nach Bert Hellinger zu interessieren. Sie besuchte Seminare im oberbayrischen Zentrum für Individual- und Sozialtherapie (ZIST), einer „Pioniereinrichtung" der esoterischen Psychoszene, in der Hellinger nahestehende Personen wie Franz Ruppert oder Hunter Beaumont Kurse anbieten (Goldner 2000, S. 44). Bei ihnen absolvierte Elektra eine zweijährige Ausbildung zum „Familien- und Organisationsstellen" nach Bert Hellinger.

Exkurs: Systemisch-phänomenologisches Familienstellen nach Bert Hellinger

Bert Hellinger erfuhr im Zuge der boomenden esoterischen Szene in den 90er Jahren einen rasanten Aufstieg. Er griff auf eine von Virginia Satir entwickelte Methode der Familienskulptur zurück. Der therapeutische Prozess findet in einer Gruppe statt. Hilfesuchende stellen das belastende familiäre Beziehungsgefüge mit Hilfe anderer Gruppenteilnehmer räumlich nach und machen das Problem somit anschaulich. Was als eine Methode zur Annäherung und Verdeutlichung innerpsychischer Verfasstheit entwickelt worden war, wurde von Hellinger zur universellen Kurzzeit-Therapie überhöht. Eine therapeutische Anamnese entfällt, stattdessen werden schamanistische Elemente eingefügt, die vor allem Verstorbenen einen nach wie vor großen Einfluss auf das Familiengeschehen zuschreiben. Verstorbene Verwandte werden deshalb bevorzugt mit aufgestellt. In Hellingers Weltbild herrschen kosmisch-göttliche Kräfte als übergeordnetes System über die Welt. Menschliche Zusammenschlüsse, wie z. B. Familien, sieht Hellinger als Subsysteme, die gemäß den kosmischen Ordnungsgesetzen gestaltet sein sollten. Im Falle der Missachtung dieser Ordnungen drohten Probleme und Krankheiten. Umgekehrt suggeriert Hellinger, durch Herstellung und Unterwerfung unter die höheren Ordnungen könnten selbst schwerste Krankheiten wie Krebs geheilt werden.[34]

Er selbst gibt an, über Einblick in dieses kosmische Regelwerk zu verfügen. Jedem Mitglied der Familie benennt er einen festgefügten Platz mit vorherbestimmten Aufgaben. „Unsere Freiheit besteht nicht darin, dass wir autonom über unser Leben bestimmen, sondern darin, dass wir unserem Schicksal zustimmen", wie es Wilfried Nelles, langjähriger Schüler Hellingers, ausdrückt (Nelles 2005, S. 155). So vertrete beispielsweise der Mann die Familie nach außen, die Frau tue am besten daran, „zu Hause zu sein und Kinder zu versorgen. Wenn sie also die eigentliche Bestimmung der Frau würdigt" (Hellinger 1997b, S. 66).

Wird ein Mitglied eines Familiensystems von seinem ihm gebührenden Platz verdrängt, so nehme ein Kind einer Nachfolgegeneration seine Rolle ein. Dieses leide dann laut Hellinger möglicherweise unter einer „doppelten Verschiebung": „Ich will den Vorgang näher erläutern. Bei einer doppelten Verschiebung kann man beobachten, dass jemand nicht mehr er selbst ist: Er ist mit einer anderen Person identifiziert. Identifiziert sein heißt, er ist von sich entfremdet und wie diese Person. Sie ist kein Gegenüber mehr für ihn. Er fühlt wie diese Person" (Hellinger 2000, S. 148).

In einer Aufstellung nach Hellinger wird symbolisch die „Ordnung" hergestellt, indem jedes Mitglied (durch Stellvertreter repräsentiert) an seinem ihm gemäßen Rang platziert wird. Dabei folgt er dem klassischen Ordnungsprinzip patriarchal strukturierter Kleinfamilien.

Am Ende dieser im Schnitt etwa 20 Minuten dauernden Intervention wird der/die Hilfesuchende vom/von der Aufsteller_in dazu angehalten, mit rituell nachgesprochenen Sätzen und vorgegebenen Bewegungen (z. B. Ehrerbietungsgesten wie Verbeugungen) seine/ihre Position zu verstärken.

Für Aufsehen sorgten dabei Aufstellungen, die Hellinger v. a. Ende der 1990er Jahre wiederholt mit Menschen durchführte, die als Kind sexualisierte Gewalt im Elternhaus gegen sich erleben mussten. Er hielt Hilfesuchende dazu an, sich vor dem gewalttätigen Vater zu verneigen und dabei den Satz „Papi, ich hab 's gern für dich gemacht" zu sprechen (Hellinger 1995). Danach war die Aufstellung beendet. Etliche Frauen erlitten schwere Retraumatisierungen durch dieses Vorgehen. Den Hintergrund dieser Methode bildet Hellingers These, dass innerhalb von Systemen eine starke Bindung zwischen den Mitgliedern herrsche, die den/die EinzelneN zu nahezu grenzenloser Loyalität verpflichtet. Im Falle des Missbrauchs erfülle das Kind den „Dienst" an dem Vater gerne, um einen „Ausgleich" für die unterstellte sexuelle Verweigerung der Mutter gegenüber dem Vater zu schaffen (vgl.

34 Vgl. die Dokumentation einer Aufstellung mit einem an Knochenmarkkrebs erkrankten Mann. In dieser suggeriert Hellinger, der Mann habe die Wahl zwischen Krankheit und Heilung. Er müsse dazu die „Verstrickung" und die „Wut" auf seinen Vater durch vorgegebene rituelle Ehrerbietungen und Verbeugungen überwinden (vgl. Hellinger 2000, S. 408).

Vowinckel 1999, S. 8). Denn laut Hellinger sei die Mutter die „graue Eminenz“ des Inzests: „Die meisten Fälle von Inzest beruhen darauf, dass die Mutter sich dem Mann entzieht und ihm die Tochter als Ersatz zuschiebt“ (Hellinger 1997a, 105.2 min).

Seit Jahren hat sich Kritik an Hellingers Vorgehen etabliert (vgl. Goldner 2003; Barth 2006; Reuter 2005; Studentischer Sprecherrat der Universität München 2005), doch erst 2004 wendeten sich, nach Hitler-freundlichen Worten Hellingers (Hellinger 2004, S. 247), größere Kreise seiner Anhänger_innenschaft von ihm ab.

Weitere esoterische Praktiken Elektras

Channeling, Reinkarnationsberatung, Befreiung von Besessenheit, Kontemplative Kommunikationstherapie

Gegen Ende des Interviews erzählt Elektra von weitergehenden spiritistischen Praktiken, denen sie beigewohnt hat. In spiritistischen Sitzungen wird von der Anwesenheit Verstorbener in Form von Geistern ausgegangen. Zum einen berichtet sie von Erfahrungen mit Channeling, also dem Übertragen von Botschaften eines jenseitigen Geistes mittels einer medial begabten Person, zum anderen erwähnt sie Treffen, in denen die „Befreiung von Besessenheit“ (23/1f) praktiziert wurde. Hierbei geht es um eine Art Exorzismus, also die Vorstellung, Geister hätten sich einer Person bemächtigt und seien mittels festgelegter Rituale zum Ablassen von der Person zu bewegen.

Zuletzt berichtet sie von einem jüngst besuchten, drei Jahre dauernden Ausbildungskurs zu Kontemplativer Kommunikation bei Nanna Michael. Auf ihrer Homepage spricht Nanna Michael von der Kontemplativen Kommunikations-Therapie (Clearing) (KKT) als einer „äußerst wirksamen Retreat-Form, um die wahre Natur des Selbst unmittelbar zu erfahren“ (Michael 2009). Michael empfiehlt die KKT als „spirituellen Weg zur Unterstützung bei der Bewältigung äußerer und innerer Hindernisse“. Insbesondere sei die Therapie geeignet „für Menschen, die sich aus der zwanghaften Abhängigkeits-, Opfer- oder Unterstützerrolle befreien wollen, um selbst Verantwortung zu übernehmen“. Sie würden dabei unterstützt, „Fixierungen aufzuheben“ und „frei zu werden von Schuldgefühlen“ und „einschränkenden Haltungen“ (Michael 2009).

Alle von Elektra angegebenen spirituellen Theoriegebäude, mit denen sie sich intensiv befasst hat, beinhalten an zentraler Stelle Methoden, mit deren Hilfe unliebsame innere Gefühle verändert werden können. Entweder geschieht dies durch eine Neubewertung der innerlich gespeicherten Auslösesituation (vgl. „Reframing“-Methode im NLP), die ein neues emotionales Verhältnis zum Gegenstand ermöglicht, oder dadurch, dass die zugehörigen Gefühle als nicht-identitäre abgespalten werden (vgl. Hellingers „doppelte Verschiebung“, bei der belastende Emotionen nicht aus dem eigenen Erleben stammten, sondern lediglich übernommene Gefühle bereits Verstorbener darstellten).

Ebenso zählt Elektras Auslegung der Karmatheorie in das Feld der Dissoziation, der Abspaltung unakzeptierbarer identitärer Elemente und negativer Gefühle. Demnach würden Menschen von nicht zu ihnen selbst gehörenden Gefühlen geplagt, die Überbleibsel unerledigter karmischer Aufgaben aus dem Vorleben darstellten. Auch sie selbst sei mehrfach wiedergeboren worden.

Reinkarnation

Die Karmatheorie ist ein aus dem Buddhismus übernommenes Element, welches H. P. Blavatsky in den westlich-esoterischen Glaubenskanon einfügte. Seitdem durchzieht es als Grundgedanke die esoterischen Lehren des 20. und 21. Jahrhunderts.

In der Karmatheorie wird davon ausgegangen, dass dem Menschen widerfahrende Probleme schicksalhaft vorherbestimmte Prüfungsaufgaben zur seelisch-spirituellen Reifung darstellen. Diese Aufgaben ergäben sich durch ein jedem Menschen eigenes Karma, einer Art Aufgabenkonto, das ihm bereits vorgeburtlich zuteil werde. Grundbaustein des Glaubens an die Existenz eines Karmas ist die Annahme, dass Menschen einen Kreislauf von Wiedergeburten, so genannten „Reinkarnationen“, durchlebten und im Karma die sich im Vorleben ergebenen Aufgaben gespeichert und übermittelt würden. In esoterischen Kreisen wird Karma das Gesetz von „Ursache und Wirkung“ genannt, weil es real geschehende Ereignisse als direkt im Vorleben vom Individuum verursacht und verantwortet definiert.

Das Interview lässt sich in drei aufeinanderfolgende Erzählstränge einteilen. Elektra selbst gliederte ihren Bericht – wohl unbewusst – in diese Abschnitte:

- Elektras Arbeitsbiographie (ca. 50 min),
- Erfahrungen mit dem Systemisch-phänomenologischen Familienaufstellen nach Bert Hellinger (ca. 60 min),
- Weitere esoterische Praxiserfahrungen mit Channeling und Kontemplativer Kommunikation (ca. 45 min).

Befreiung von Opfererfahrungen

Die Bewältigung von Opfererfahrungen zieht sich als Grundthema durch alle drei Teile des Gespräches.

Im ersten Teil berichtet sie nach ausgiebiger Darstellung ihrer beruflichen Karriere von ihrem Karriereknick infolge einer gescheiterten Projektleitung. In der detaillierten und ausführlichen Beschreibung ihres beruflichen Werdeganges erzeugt sie das Bild einer in ihrer Lebensplanung ehrgeizigen und erfolgsorientierten Frau. Sie begründet ihr Streben mit dem Wunsch, unabhängig zu sein, „von 'nem Mann oder von irgendwas“ (34/17). Sie habe den „Wunsch, ein Kind zu haben“ ihrem „Bedürfnis nach Karriere und finanzieller Sicherheit“ (33/47f) geopfert, was sie heute bedauert. Bis heute kämpft Elektra innerlich mit den Auswirkungen ihrer damaligen Entscheidung; der Prozess der inneren Auseinandersetzung und Annahme ihrer Situation ist nicht abgeschlossen. „Ja, und des is' halt so 'n Punkt, an dem ich ja noch rum-, ja, rumnage, weil des für mich unheimlich schwer is', des zu nehmen, zu akzeptieren, dass ich des so gemacht hab'“ (34/23). Die Folge der damaligen Entscheidung, die Kinderlosigkeit, ist für Elektra ein virulentes Problem, das sie „traurig“ stimmt.

Als Grund für ihr damaliges Verhalten nennt sie: „All diese Worte, die in der Gesellschaft, in uns'rer Gesellschaft, für diese Kombination ‚Frau, Karriere und Kind‘ da sind, haben mich so beeinflusst, dass in meiner Gedankenwelt es nicht möglich war, die Sachen so zu kombinieren, dass es für beide [Mutter und Kind; CB] 'ne gute Sache ist“ (34/11ff). Sie habe sich von der Angst einschränken lassen, ein „Dasein als Hausfrau“ zu riskieren oder aber dem Kind durch die berufliche Belastung nicht gerecht zu werden.

Heute noch löst die gesellschaftliche Ablehnung ihres ersehnten Lebensentwurfes, Kind und Beruf zu vereinbaren, Wut in ihr aus, wie folgende emotionale Einlassung zeigt: „Und ich werd auch manchmal wütend über Diskussionen oder, äh, aus meiner Sicht, blöde, äh, Aussagen von Leuten, die heut' immer noch behaupten, dass Frau und Kind und, äh, Beruf sich nicht vereinbaren lassen“ (34/25).

Der Wucht der gesellschaftlichen Rahmenbedingungen, die gegen die Verwirklichung beider Wünsche – des Berufs- und des Kinderwunsches – standen, ist sie sich also bewusst. In der rückblickenden Narration – dass sie sich der herrschenden Meinung angepasst und dadurch Nachteile erlitten habe – eröffnet sie folgende optionale Selbstpositionierung: „Da kann ich auch sagen, ich bin des Opfer unserer Gesellschaft, und meine Mutter und meine Familie und sonst wie, ja?“ (34/20ff) Sie lehnt die Übernahme dieser Rolle jedoch vehement ab und konkludiert ihre Ausführungen zu den Einflüssen der gesellschaftlichen Rahmenbedingungen gegensätzlich: „Und trotzdem is' es meine Entscheidung gewesen“, was die Dominanz der eigenen Verfügungs- und Gestaltungsmacht über ihr Leben gegenüber äußeren Widerständen betont. Dies ist als nachträgliche Deutung zu verstehen, in der sie es vorzieht, sich in ihrem Selbstbild als eine aktiv beteiligte, handlungsfähige Person zu präsentieren denn als hilflos ausgeliefertes Opfer. Anstatt externe Verhältnisse oder Menschen als ursächlich für ihren unerfüllten Kinderwunsch anzunehmen, sucht sie die alleinige Urheberschaft für lebensverändernde Ereignisse bei sich selbst. In dieser retrospektiv-reflexiven Bewertung zeigt sie ein absolutes Kontrollverlangen über entscheidende Entwicklungen in ihrem Leben.

Elektra sichert sich retrospektiv eine Handlungskompetenz und baut damit in einem folgenreichen Punkt ihrer Biographie – der Familienplanung – eine narrative Identität auf, die sie als selbstbestimmt und handlungskompetent ausweist (vgl. Retrospektiver Reflexionsprozess der alltäglichen Identitätsarbeit nach Höfer 2000, S. 184ff; Keupp et al. 2002, S. 193).

Dass es sich um einen retrospektiven Deutungswillen handelt, von dessen Gültigkeit sie innerlich noch nicht überzeugt ist, zeigt ein Satz an einer anderen Stelle des Interviews: Während sie im konkreten Fall darauf beharrt, kein Opfer der Umstände gewesen zu sein, gibt sie an jener Stelle an, früher oft Opfer gewesen zu sein. Es handelt sich also möglicherweise um einen gegenwärtigen inneren Aushandlungsprozess ihres Selbstbildes in Bezug auf Kontrolle und Handlungsvermögen. Die Vergangenheit wird als Schaubild herangezogen, um Misserfolge als persönlich verschuldet zu erklären, die eigenen Fehler zu erkennen, um sie zukünftig vermeiden zu können. An besagter Stelle gibt sie folgende Zusammenfassung ihres spirituellen Bestrebens:

„Diese Bewusstwerdung [...] mein Weg [...] is' [...] die Verantwortung zu übernehmen, dass ich da Opfer war. (-) WIE war meine Zustimmung?" (29/34ff) In dieser Passage entwickelt Elektra die Bedeutung dieses Antizipationsprozesses der Verantwortung weiter: „Verantwortung übernehmen heißt nur, [...] da drüber mehr Bewusstheit zu erlangen, wie mach ich des oder wie mach ich es nicht (-) [...]. Um es anders machen zu können. Die Freiheit zu haben [...]. Also immer die Wahl zu haben, sozusagen" (30/6ff).

Ihr spiritueller Weg, die Suche nach der eigenen Verantwortung am Geschehenen, dient dazu, Fehler zukünftig zu vermeiden und erfolgreicher agieren zu können; die Freiheit zu haben, die Opferrolle zu verlassen.

Im konkreten Fall sieht sie die Ursache ihrer folgenschweren Entscheidung zur Kinderlosigkeit darin, dass sie sich gedanklich keine Alternative zum gesellschaftlich propagierten Leben vorstellen konnte. Ein selbstbestimmter Lebensentwurf gegen die Konventionen war ihr nicht möglich. Sie plante ihr Leben in vorgegebenen Mustern. „Weil ich in meiner Gedankenwelt einfach so eng und vernagelt war. Mir nich' vorstellen konnte, dass des gutgehen kann, dass des (-), dass des gutgehen kann, dass des was Positives sein KANN" (43/30ff).

Elektras Erklärungsansatz des Opferseins geht davon aus, dass sie selbst dem sich für sie negativ entwickelnden Geschehen eine „Zustimmung" erteilte. Sie postuliert damit nicht nur, nach „eigenen Anteilen, eigenem Zutun" zum negativen Geschehen zu suchen, um es künftig zu vermeiden, sondern lässt den Satz auch in seinem Umkehrschluss gültig werden: Nur wenn das Opfer seiner Opferrolle zustimme, könne der Täter eine Tat begehen. Dadurch kreiert sie eine Allmachtsphantasie, in der ein Opfer

a) sowohl die Tat jederzeit unter absoluter Kontrolle habe als auch
b) die Rolle frei wählen könne.

Diese Annahme zeigt Anleihen bei den Theorien Bert Hellingers, der vielfach von einer inneren Zustimmung der Opfer selbst zu schweren Misshandlungen spricht und der die prinzipielle Gleichwertigkeit von Opfern und Tätern reklamiert. Auch Elektra vollzieht dies nach: „Opfer muss man auch SEIN. Also, (lacht kurz auf) wie soll ich das erklären, ich versuche, ich versuch' jetzt mal ein blödes Beispiel. Also, also eine Frau, die vergewaltigt wird, ja (5 sec), ähm, ERLAUBT und des is' jetzt, was ich jetzt sag, is' bitte jetzt nich' falsch zu verstehen, ja [...]. Also es gibt eine Art Zustimmung zu diesem Opfersein [...]. Also es gäb' keine Täter wenn's kein Opfer gibt" (15/28ff). Damit unterstreicht sie nochmals ihre These, dass das Opfer einen eigenen Beitrag zum Entstehen der für das Opfer selbst negativen Situation leistet. Gleichzeitig entlastet sie implizit den Täter, der ohne das Zutun des Opfers offenbar nichts hätte ausrichten können. Letzteres betont die Vorstellung, dass das Opfer nicht ausgeliefert sei, sondern die Situation unter Kontrolle habe.

Sie beschreibt anhand der Aufstellung einer „Missbrauchsgeschichte", wie ein „therapeutischer Seelenausgleich" nach Hellinger funktionieren kann. In dem Fall widerfuhr der mittlerweile erwachsenen Frau als Kind sexualisierte Gewalt in der Familie durch ihren Vater: „Das Opfer gibt seine Zustimmung zu dem, was passiert is', auf der [...] SEELENEBENE. Das heißt, Opfer und Täter sind im Prinzip gleichwertig. Der eine übernimmt sozusagen den Part des Opfers mit der Zustimmung und der andere übernimmt den Part des Täters mit der Zustimmung" (21/17ff).

Durch diese Umdeutung der eigenen Ohnmacht zu Handlungsfähigkeit im Geschehen entkleidet sie sich selbst der Machtlosigkeit. Gleichzeitig eröffnet sie durch die Gleichsetzung der Verantwortung die Möglichkeit, die ethisch-moralische Beurteilung der Tat neu vorzunehmen. Wenn alle gleich verantwortlich sind, haben beide Seiten die gleiche Schuld bzw. Unschuld.

Leichter anzunehmen wird diese Entlastung des Täters und Mitschuldzuweisung an das Opfer dadurch, dass beide Parts lediglich als „Rollen" definiert werden, die in einem großen kosmischen Seelenreigen in eins zusammenfallen (29/34). Laut einem „Seelenprinzip" strebe die Entwicklung nach „Vervollständigung". Wie auf einer großen Bühne würde jeder Mensch jede Rolle einmal einnehmen. Dadurch ist in großem Rahmen der Ausgleich wiederhergestellt und Gerechtigkeit kehrt auf einer spirituell-übersinnlichen Ebene ein.

Das Prinzip von Karma und Wiedergeburt unterstützt den Glauben an derlei Rollentausch auf einer übersinnlichen Ebene. Was in diesem Leben erlitten wird, muss der Täter möglicherweise im nächsten Leben selbst büßen.

Die Welt als Bühne, das Leben als Rolle – Exkurs zu Tradition und Gegenwart einer Weltanschauung

Der altgriechische Philosoph Plotin begründete die Ansicht von der „Welt als Bühne". Plotin griff die Ideenlehre Platons auf, der die erfassbare Welt lediglich als Abbild der eigentlichen göttlichen Ideen verstand. In Platons Höhlengleichnis war es den in einer Höhle angeketteten Menschen lediglich möglich, die Schatten der Ideen des hinter ihnen leuchtenden Feuers (des Ursprungs, der wahren Ideen, des Guten) zu erkennen. Plotin nimmt ebenso ein Ur-Prinzip als Ausgangspunkt allen „niedern, unvollkommenen" Lebens an. Er nennt es das „Eine". Das „Eine" ist vollkommen, unveränderbar, unteilbar, jenseits allen Seins. In einer fünfstufigen Abwärtsbewegung entsteht aus diesem Ur-Sein heraus alles Niedere, Weltliche, Materielle. „Aus dem Einen emaniert der Geist, aus diesem die Ideenwelt, aus dieser die Weltseele und damit die Einzelseelen, die aus sich die Körperwelt herausbilden. Die Materie ist das Geringste in den Producten der Emanation, denn von oben nach unten nehmen die Kräfte ab (Enn. VI, 7, 9)"[35] (Eisler 2008, S. 696ff). Alles Menschliche wird demnach nur als Ausfluss des universellen Ganzen gesehen. Es verweist auf das Ganze, ist ein unvollkommener Teil davon und strebt zur Einheit mit ihm zurück. Es hat als solches keinen erhaltenswerten Eigenwert, sondern wird als Durchgangsstadium aufgefasst: „Diese fünfstufige Welt ist die Bühne, auf der das Drama der Einzelseele spielt, die, in die Körperwelt gefallen, vor der Entscheidung steht, der Körperlichkeit und dem Schlechten gänzlich zu verfallen oder sich zurückzuwenden und nach oben bis zum Einen aufzusteigen" (Bautz 1994, Spalten 735ff).

Eine ähnliche Vorstellung der Emanation, des Abfallens der Einzelnen aus der großen Ur-Seele und der niederen Bedeutung des menschlichen Daseins, findet sich beim aktuellen esoterischen „Familienaufsteller" Bert Hellinger: „Frieden gibt es endlich unter den Toten, und zwar nicht einfach, weil sie tot sind, sondern weil sie aufgefangen werden von etwas Großem, und zwar von dem Großen, aus dem sie aufgestiegen sind. Das Leben steigt aus diesem Großen auf und sinkt in es zurück. Das Leben [...] ist eine Zwischenphase. [...] Das Leben steigt aus einer Fülle auf und sinkt in die gleiche Fülle zurück. [...] Dem Urgrund [...] bleibt alles erhalten" (Hellinger 2002, S. 148). Alles Leben kehrt also laut Hellinger nach dem Tod in

35 Emanation: „Hervorgehen des Niederen, Unvollkommenen aus dem Höheren, Vollkommeneren, wobei das Urprincip selbst, aus dem alles sich herausentwickelt, beharrlich-unveränderlich, eine Einheit bleibt. Die Emanation ist das Gegenstück zur Evolution" (Eisler 2008, S. 696ff).

diesen jenseitigen Ur-Einheitszustand zurück. Im Diesseits jedoch seien verschiedene Ausgestaltungen der großen Seele sichtbar. „Die Seele zeigt sich nur auf verschiedene Weise, zum Beispiel in der einzelnen Pflanze, im einzelnen Tier, im einzelnen Menschen.“ Die Menschen seien auf dieser Stufe der Existenz keine freien Wesen, sondern seien gemäß einer metaphysischen Ordnung mit festen Aufgaben an ihren Platz gebunden. „Alles, was sich von innen her bewegt, was sich entwickelt und vergeht, ist bewegt von Seele. Die Seele bewegt [...] auf Ziele hin [...] gemäß einer Ordnung [...]. Die Seele [...] gibt diese Ordnung dem Einzelnen zu bewegenden vor. [...] Wenn wir dies bedenken, auf was käme es dann beim einzelnen Menschen an? Dass er auf die Bewegung der Seele achtet, [...] sich ihnen [sic.] fügt, sie voll zum Zuge kommen lässt und ihrer Ordnung folgt“ (ebd., S. 56f). Jeder einzelne Mensch ist demzufolge nur ein auf einen bestimmten Platz gestellter Akteur eines großen kosmischen Spiels. Im Urgrund verlieren die Rollen ihre Bedeutung, Täter wie Opfer werden eins und gleich. „Das Leben ist das Spiel von einer größeren Kraft. Wenn dieses Spiel aus ist, werden alle Figuren wieder in die gleiche Schachtel gepackt und liegen nach dem Spiel nebeneinander. Wenn man das so sieht, ist das kurze Leben kein Verlust und das lange Leben kein Gewinn“ (Hellinger 2001). Unter dieser Betrachtung macht es „keinen Unterschied [...] was in dem Leben passiert ist“ (Hellinger 2001).

Mit dieser Sichtweise werden Täter wie Opfer zu Marionetten eines übermenschlichen, schicksalhaft wirkenden Planes. Die eigene Erfahrung bekommt Sinn, sie gilt als notwendiges Geschehen für eine Entwicklung, die insgesamt zum Guten führt. Im Falle eines Opfertraumas können so unfassbare, zerstörerisch wirkende Lebensereignisse als Teil einer Heilsgeschichte uminterpretiert werden und eine positive Konnotation erhalten.

Elektra resümiert die Wirkung der „Zustimmung zur Rolle“ in Hellingers Täter-Opfer-Ausgleich: „Das Ergebnis is’, dass das Opfer [...] und der Täter, Täter und jeder sozusagen auf seiner Position gleichWErtig ist. [...] Also, also das Opfer muss nicht weiter Op-, Opfer sein und muss nicht weiter als Opfer lEIden [...]. Also i-, in der PsYCHe eines Menschen, der so was machen KANN [...] entsteht Friede (-) und wie so ’ne Art Zustimmung“ (21/32ff).

Es klingt paradox – stimmt das Opfer seiner Rolle zu, verliert es die Opferrolle. In dem Bedeutungsgehalt Elektras gewinnt diese Sichtweise jedoch Logik: Indem das Opfer zustimmt, dass seine Erfahrung eine bewusst und freiwillig übernommene Rolle war, gewinnt es die Kontrolle zurück und bleibt nicht mehr der Opferrolle verhaftet.

Weshalb jedoch auch das emotionale Leid rapide Linderung erfährt und die aufwühlenden Gefühle zur Ruhe kommen, bedarf einer eigenen Betrachtung. Als sinnvolles Analyseinstrument erscheint Antonovskys Konzept der Salutogenese (vgl. Kap. I.2). Ausgangspunkt seiner Untersuchung war das Ergebnis einer Studie, nach der ein beachtlich hoher Anteil von Menschen, die starke Traumatisierungen in deutschen Konzentrationslagern erlebt haben, über ein erstaunliches Maß an Resilienz verfügt.[36] Wie Menschen trotz stressreicher und/oder traumatisierender Erfahrung ihr Alltagsverständnis und ihre Weltanschauung so organisieren, dass sie ein hohes Maß an Zuversicht und Stabilität zur Lebensführung bieten, ist anhand der drei von Antonovsky beschriebenen Komponenten des Kohärenzgefühls – Sense of Coherence (SOC) darstellbar.

Die einzelnen Komponenten des Kohärenzgefühls – Sense of Coherence (SOC), die Antonovsky beschrieb, werden sämtlich in der von Elektra gewählten spirituellen Bedeutungsgebung der Ereignisse positiv beeinflusst (Antonovsky 1997, S. 34ff).

Verstehbarkeit: Die Ereignisse (externe und interne Stimuli), im konkreten Fall Elektras mehrfache Opfererfahrungen, gewinnen in ihrer kognitiven Deutung Sinnhaftigkeit. Das Geschehene wird im Fall Elektras mit der Theorie der wiedergeburtsübergreifenden „Rollen“ in ein erklärbares Konzept eingeordnet.

Handhabbarkeit: Eine zunehmende Kontrolle der Ressourcen, um dem Phänomen zu begegnen, wird angenommen. Mit „Zustimmung zur Opferrolle“ meint Elektra eine Methode gefunden zu haben, emotionale Spannung und Stress für sich aufzulösen. Sie steht der traumatisierenden Situation[37] nicht länger emotional fassungslos gegenüber, sondern kann sie als Bestandteil in ihre narrative Biographie integrieren. Da sie dies lediglich um den Preis der Abspaltung tut – es war nur eine „Rolle“, also nicht sie selbst –, schirmt sie ihr Selbstbild vor diesen negativen situationalen Selbsterfahrungen ab und lagert sie in eine

36 Antonovsky selbst arbeitet nicht mit dem Begriff der Resilienz. Er erscheint mir jedoch für die Ergebnisse der besagten Studie über die psychische Gesundheit von in die USA ausgewanderten jüdischen Holocaust-Überlebenden, die Antonovskys Ausgangspunkt war, gut anwendbar.

37 Ob Elektra in psychotraumatologischem Sinne ein Trauma durchlebte, kann nicht beurteilt werden und ist nicht Thema dieser Arbeit. Da sie selbst von der Heilung traumatischer Erfahrungen spricht, genügt dies, um den Terminus für ihre negativen Erfahrungen zu übernehmen.

unabhängige Teilidentität aus (vgl. Keupp et al. 2002, S. 217).

In diesem Sinne helfen die esoterischen Theorien Elektra zur Bewältigung von Erfahrungen des Scheiterns, zur emotionalen Reflexion über vergangene Opfererfahrungen. Ob sie auch Handlungsstrategien entwickelt, um künftigen Bedrohungssituationen als Opfer „erfolgreich" zu begegnen, bleibt offen.

Elektras Hinwendung zu psycho-esoterischen Techniken, die das „Selbst" in ihr suchen (und dieses in Gegensatz zu einer gesellschaftlich überformten innerlich „besetzten Person" stellen) deuten darauf hin, dass sie nach Wegen sucht, ihre eigenen Wünsche künftig gegen gesellschaftliche Konventionen verteidigen und durchsetzen zu wollen.

Damit könnte im positiven Fall eine Stärkung ihres prospektiven Identitätsprozesses einhergehen (Höfer 2000, S. 183ff; Keupp et al. 2002, S. 192ff). In welcher Form die esoterischen Techniken sie dabei unterstützen, wird im Folgenden untersucht werden.

Bedeutsamkeit: Wie oben beschrieben, ermöglicht die neue Deutung ihrer Erfahrung Elektra, die negativen Erlebnisse als Herausforderungen zur Persönlichkeitsreifung zu begreifen. Im „Entwicklungszyklus der Seele", in dem jeder „jede Rolle irgendwann übernehmen" muss, wurde ein weiterer Schritt absolviert (16/26). Damit erhalten die Opfererfahrungen eine überhöhte mythologische Bedeutsamkeit. Wollte Elektra sie zuvor abspalten, verdrängen und vergessen, nehmen sie nun abermals eine übermächtige Funktion in ihrem Leben ein. Diesmal jedoch im positiven Sinn, da sie notwendige Opfer für eine spirituelle Höherentwicklung ihrer gesamten Existenz darstellen.

Durch die Neubewertung der eigenen Opferrolle erklärt Elektra, zu innerem Frieden und Ausgeglichenheit finden zu können. Diese zurückgewonnene emotionale Handhabbarkeit des Geschehenen sowie die dazu gewonnene Erklärbarkeit als notwendiger Entwicklungsschritt scheinen das Kohärenzgefühl derart positiv zu beeinflussen, dass sie die vormals belastenden, stresserzeugenden Situationen nun insgesamt eher als „willkommene Herausforderung" einstufen kann denn als „Lasten, die man gerne los wäre". Dies entspricht einer Steigerung der Komponente Bedeutsamkeit im salutogenetischen Modell des SOC (Antonovsky 1997, S. 37). Antonovsky erläutert, dass „die drei Komponenten des SOC zwar alle notwendig, aber nicht in gleichem Maße zentral sind. Die motivationale Komponente der Bedeutsamkeit scheint am wichtigsten zu sein“ (ebd., S. 38). Auch in Elektras Erzählung sticht die „Bedeutsamkeit“ als zentrale Komponente hervor. Die überragende Bedeutung der Komponente Bedeutsamkeit für das insgesamt gesteigerte SOC kann erklären, weshalb die esoterische Lebenshilfe eine derart tiefgreifende Wirkung auf Elektra ausübt. Mankos in den beiden anderen Dimensionen können damit überbrückt werden.

Befreiung zum Selbst

Elektra gibt an, dass die esoterische Praxis des Familienaufstellens nach Hellinger, insbesondere der „Täter-Opfer-Ausgleich“, ihr „Leben wirklich enorm erleichtert“ habe (17/20). Ihren spirituellen Weg beschreibt sie als „Seelenarbeit“ (25/16). Den Inhalt dieser „Seelenarbeit“ fasst sie zusammen als: „Du schaffst es, dich von all diesen alten Dingen zu lösen, und kannst dann einfach des sein, was du bist“ (25/16). Nacherzählt besagt Elektras Satz, dass *sie derzeit noch nicht sein kann, was sie ist*. Dass sie also ein Leben führt, das nicht ihrer inneren Verfasstheit entspricht – eine innere Verfasstheit, ein Sein, das im Präsens genannt wird, also bereits in irgendeiner Form da ist, obwohl es de facto derzeit *nicht* ist und zum erstrebenswerten künftigen Zustand erklärt wird.

Sehr sicher zeigt sich Elektra in diesem Zitat darin, dass ihr Inneres aus mehreren Teilen besteht – authentischen und solchen, die gar nicht sie selbst darstellen. „Eigentlich bin ich ganz anders, ich komme nur so selten dazu“[38], so lautet ein Sinnspruch, der im Sortiment diverser spirituell- und zeitgeistorientierter Postkartenverlage zu finden ist. Dieser Satz zeigt den ironischen Umgang mit einem Alltagsphänomen: dem Problem, dass innere Ansprüche an das Selbstbild (Identitätsziele) und tatsächlich eingegangene Handlungsstrategien zur Stressbewältigung auseinanderfallen. Je größer und bedeutender diese Differenz vom Individuum empfunden wird, desto stärker wird das Authentizitätsgefühl destabilisiert. Der oben zitierte Sinnspruch geht auf spielerische Art mit diesem inneren Widerspruch um. Die Differenz wird erkannt, benannt, aber gleichzeitig mit einem Scherz quittiert, der die Zeitgenossen_innen darüber hinwegtrösten soll und es doch gleichzeitig zementiert, dass in der gegenwärtigen Welt unser Innenleben sich in den äußeren Verhältnissen fast immer fremd fühlt.

38 Ein Zitat aus Ödön von Horvaths Roman *Zur schönen Aussicht* (1926).

Exkurs: Das authentische Selbst im Konzept der alltäglichen Identitätsarbeit

Nach dem Konzept der alltäglichen Identitätsarbeit (Keupp et al. 2002) werden die situationalen Selbstthematisierungen, mit denen ein Individuum täglich „zu tun" hat, reflektiert und zu unterschiedlichen Teilidentitäten verdichtet. Diese Teilidentitäten stehen oft ambivalent und widersprüchlich zueinander. Sie stellen jeweils situationsabhängige Versuche dar, sich selbst in der Welt zu verorten, sie sind ein „Set von angewandten Bedeutungen, die Personen entwickeln, und die definieren, wer man glaubt zu sein" (Burke 1991, S. 837; zit. in: Keupp et al. 2002, S. 219). Nach dieser Theorie lassen sich fünf zentrale Bereiche abstrahieren, in denen der Mensch seine Erfahrungen innerlich repräsentiert („fünf zentrale Erfahrungsmodi des Selbst"):

- *Kognitiv* (bewertende Selbsteinschätzung der geistigen Fähigkeiten)
- *Sozial* (reflektierte Fremdeinschätzung: Wie sehen mich die anderen und was bedeutet das für mein Selbstbild?)
- *Emotional* (Wie sicher fühle ich mich in dieser Situation, wie groß ist mein Zutrauen?)
- *Körperorientiert* (Wie passend sind meine körperlichen Eigenschaften/Fähigkeiten?)
- *Produktorientiert* (Zutrauen, gute Ergebnisse/Produkte/output zu erreichen)

In jedem dieser Bereiche nimmt das Individuum eine Selbsteinschätzung bezüglich des eigenen Vermögens vor. In den Teilidentitäten resultieren aus den verdichteten Erfahrungen und Bewertungen teilidentitäre, rollenspezifische Standards, an denen das Individuum sein konkretes Verhalten misst.

Der Mensch des 20./21. Jahrhunderts ist mit der grundlegenden Erwartung konfrontiert, als freies Subjekt autonom den ihm gegenübertretenden Anforderungen gesellschaftlich adäquat und akzeptiert zu antworten. Deshalb ist er vor die Aufgabe gestellt, ein inneres Bild von sich zu kreieren, welches ihm die Umwelt und seine eigene Position darin derart widerspiegelt, dass er darauf zurückgreifen kann, um alltägliches Handeln unverzüglich und selbstverständlich durchzuführen. „Selbstverständlich" insofern, als sich jeder Mensch für wiederkehrende, ähnliche Situationen Erklärungen und Handlungsmuster zurechtlegt, die ihn den Alltag auf eine verständliche Art aufnehmen lassen, die er mit seinem Selbstbild gut in Einklang gebracht hat und die erprobtermaßen zielführend sind. Um dies zu leisten, synthetisiert das Individuum die Erfahrungsmodi der einzelnen Identitätsbereiche zu einem generalisierten Identitätsgefühl. Dieses Gefühl ist ein übergeordneter Rahmen, der aus dem verdichteten Kerngehalt der Teilidentitäten besteht. Es ist ein „aktives, inneres Regulationsprinzip" (Bohleber 1997, S. 113), eine „übergeordnete Repräsentationsinstanz", der die einzelnen Selbstthematisierungen („Selbstrepräsentanzen") unterliegen (ebd., S. 113). Spürbar ist es als ein „Set von relativ andauernden und integrierten fundamentalen

Überzeugungen, Prinzipien und Entscheidungen“[39] (Keupp et al. 2002, S. 225; vgl. Greenwood 1994, S. 106; Harré 1983, S. 35). Im Schaubild („Konzept der alltäglichen Identitätsarbeit“) auf Seite 138 ist die Entstehung des Identitätsgefühls aus den Teilidentitäten nachgezeichnet.

Neben dem Identitätsgefühl nennen Keupp et al. die *biographische Kernnarration* als weiteres zentrales Konstrukt, mit dem Individuen ihre alltägliche Identitätsarbeit leisten. Die biographische Kernnarration, auch zu bezeichnen als „Selbstideologie“ einer Person, enthält, „wie sie sich selbst derzeit sieht, wie sie gerne gesehen werden möchte und wie sie ihre eigene Entwicklung erklärt“ (Keupp et al. 2002, S. 241f).

Das *Identitätsgefühl* enthält zwei wesentliche Komponenten: das Selbst- und das Kohärenzgefühl. Es enthält demnach „sowohl Bewertungen über die Qualität und Art der Beziehung zu sich selbst (Selbstgefühl) als auch Bewertungen darüber, wie eine Person die Anforderungen des Alltags bewältigen kann (Kohärenzgefühl)“ (ebd., S. 226).

Antonovsky (1997) entwickelte das Konzept des Kohärenzgefühls, welches in das Modell der alltäglichen Identitätsarbeit Aufnahme fand. Das *Kohärenzgefühl* repräsentiert „jene Gefühle, mit denen ein Subjekt die Sinnhaftigkeit, Machbarkeit und Verstehbarkeit seiner Selbsterfahrungen (bzw. der darin enthaltenen eigenen Identitätsentwürfe und -projekte) bewertet“ (Keupp et al. 2002, S. 242). Nach Antonovsky entsteht es durch die Verfügbarkeit von Widerstandsressourcen (GRR), die helfen, mit Stressoren adäquat und flexibel interagieren zu können. Von zentraler Bedeutung ist die Herstellung einer *Handlungsfähigkeit*. Handlungsfähigkeit meint zum einen die materielle Verfügungshoheit über die eigenen Lebensbedingungen inklusive deren Reproduzierbarkeit. Zum anderen verweist die Dimension der Handlungsfähigkeit auf den innerpsychischen Bereich, wenn sie als „Fähigkeit, sich mit seiner psychischen Voraussetzung auf Anforderungen einzustellen und diese auch zu realisieren“ verstanden wird (ebd., S. 236).

Das *Selbstgefühl* „besteht aus einem Mosaik an verdichteten Bewertungen, in denen das Gefühl entsteht, wie nützlich usw. ich mich allgemein fühle“ (ebd., S. 242). Der Mensch bewertet innerlich sein tatsächliches Vorgehen, seine unmittelbare Bedeutungsgebung in Handlungen danach, inwiefern dies zu seinen gesetzten Standards passt. „Diese Selbstgefühle drücken die Art bzw. Entfernung (Nähe oder Distanz) der Selbstbeurteilung aus entlang der vom Individuum gesetzten Referenzpunkte (Standards) und werden

39 Im Ganzen lautet die Erklärung: Das Identitätsgefühl ist ein „Set von relativ andauernden und integrierten fundamentalen Überzeugungen, Prinzipien und Entscheidungen. Diese Prinzipien bestimmen Dinge, die wir achten und wertschätzen, und sie bestimmen über die Handlungen, auf die wir stolz sind, die uns verletzen oder beschämen, die wir zu erreichen hoffen und für die wir Revanche wollen“ (vgl. Greenwood 1994, S 106; Harré 1983, S. 35; zit. in: Keupp et al. 2002, S. 225).

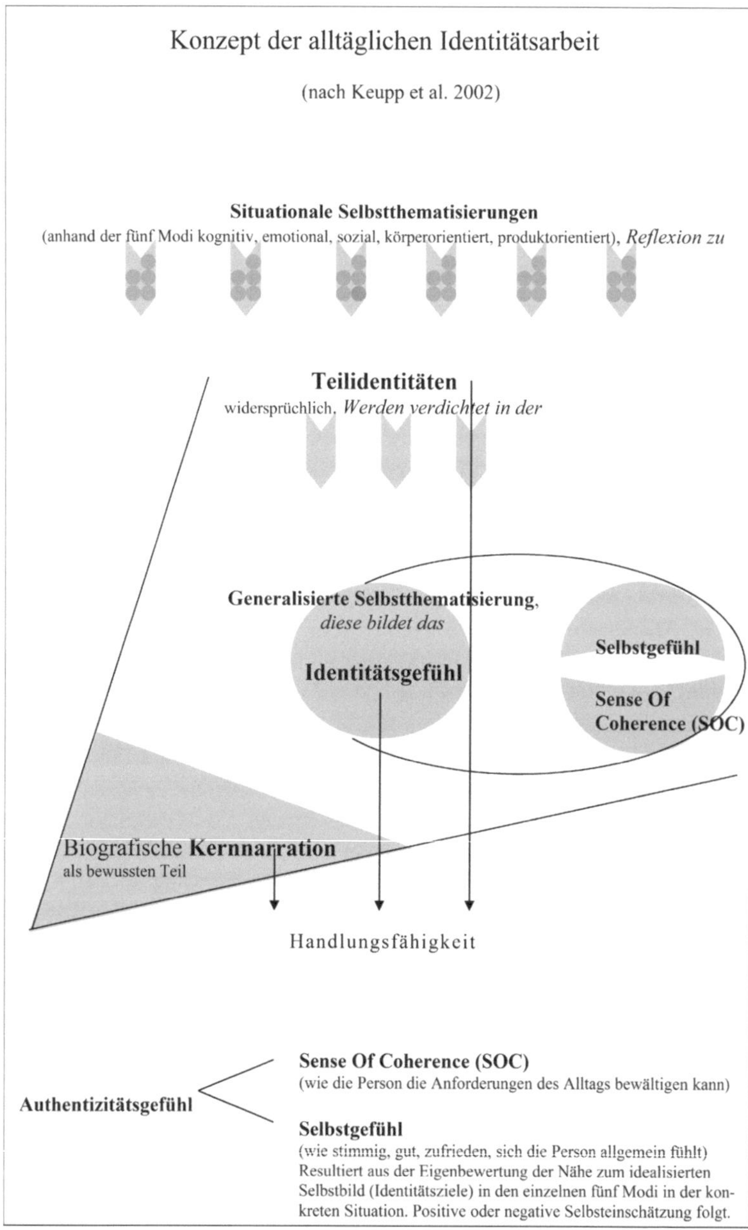

auf der emotionalen Ebene als positive oder negative Selbsteinschätzung abgespeichert“ (ebd., S. 242). Das Bild von vollkommener Übereinstimmung des tatsächlichen Lebens, des erfahrenen Selbstbildes, mit dem erstrebten Dasein und dem eigenen Identitätsentwurf ist ein idealisiertes, das in der Realität nicht vollständig erreichbar ist. Um entstehende Widersprüche im Selbstgefühl auszuhalten, greifen Subjekte im Alltag auf psychische

Regulationsmechanismen zurück, wie z. B. auf Rollenkonzepte (vgl. Keupp et al. 2002, S. 92). Diese ermöglichen es, aktuell diskrepante Erfahrungen in teilidentitäre Bereiche zu delegieren und das Selbstgefühl aufrechtzuerhalten.

Hohe Selbst- und Kohärenzgefühle sind ein Indiz dafür, dass das Subjekt seine Identitätsentwürfe realisieren kann bzw. durch Ambiguitätstoleranz in der Lage ist, Widersprüche auszuhalten. Die Verwirklichung eigener Ziele, die Möglichkeit, Interaktionen entsprechend den eigenen Werten und Überzeugungen ausführen zu können, erzeugt das Gefühl der Stimmigkeit der Handlung, der Übereinstimmung von innerer Verfasstheit und äußerer Handlung, des Einsatzes der *ganzen* Person und nicht nur einer Teilidentität, in der aufgrund sozialer Konventionen das eigene, übergreifende Sinnsystem partiell zurückgestellt wird. Beide Gefühle können laut Keupp et al. deshalb als „Indikator" für das subjektive Gefühl der *Authentizität* (2002, S. 264) betrachtet werden.

Sich authentisch in den alltäglichen Begebenheiten erfahren zu können, setzt voraus, dass die vorgegebenen Rollen mit einem Mindestmaß an Übereinstimmung mit den eigenen Werten und Sinnvorstellungen erfüllt werden können. Wird dieses Gefühl nicht erreicht und erscheinen die alltäglichen Erfahrungen dem Individuum kontinuierlich seinem Selbstbild und Selbstgefühl entfremdet, führt dies zu Kompensationsversuchen. Diese intendieren, die Diskrepanz zwischen Anforderungen und Selbstbild zu verringern, und können in einem Spannungsfeld verortet werden, das von Überidentifikation mit den rollenförmigen Anforderungen bis hin zu völliger Abspaltung des Selbstbildes von den belastenden teilidentitären Konstruktionen reicht.

„Seelenarbeit": „Du schaffst es, dich von all diesen alten Dingen zu lösen, und kannst dann einfach des sein, was du bist"

Elektra fühlt sich in der Welt nicht authentisch, sie fühlt sich nicht in Einklang mit ihren inneren Empfindungen ihres Selbst. Ihr Selbstgefühl, also die Qualität und Art der Beziehung zu ihrem Selbst, fühlt sie verbesserungswürdig. Nach ihrer eigenen Erklärung sind es Teile in ihr, die sie daran hindern, sich gut und stimmig mit sich selbst zu fühlen. Sie trägt Teile in sich, die sie „loswerden" möchte, um sich selbst so erleben zu können, wie es ihrem idealisierten Selbstbild entspricht. Diese sie negativ beeinflussenden, entfremdeten Teile verortet sie in der Vergangenheit („alte Dinge").

Elektra hat (wie oben ausgeführt) eine deutliche Trennung zwischen Opfererfahrung und Selbstkonzept vollzogen. Die unerwünschte wird in eine eigene Rolle delegiert, von der das eigentliche Selbst, die „Seele", unberührt bleibt. Mit den esoterischen Ausdeutungen des Familienaufstellens nach Hellinger gelingt es ihr, der unerwünschten Erfahrung ihren Schrecken zu nehmen.

Elektras Vorstellung ihres „Selbst“ kann zunächst mit dem Konzept von G. H. Mead näherungsweise beschrieben werden. Dieser rekurrierte auf einen seit der Aufklärung gültigen Subjektbegriff, nach dem der Mensch von Geburt an über einen überdauernden, einheitlichen, konsistenten inneren Kern verfüge, der sich zwar entfalte, aber dennoch derselbe bleibe. Diese Vorstellung eines inneren Kerns nennt Mead das „I“. Der Mensch entwickelt seine Identität jedoch in Abhängigkeit von seiner gesellschaftlich-sozialen Existenz. In der Reflexion seiner objektivierten Rolle im gesellschaftlichen Gefüge entwickelt er ein Spiegelbild seiner Selbst durch die Augen der anderen (vielmehr des *generalisierten Anderen*) und gelangt dadurch zu einem „Me“, das auf seine Identität als soziales Wesen verweist. „The self, as that which can be an object to itself, is essentially a social structure, and it arises in social experience" (Mead 1934; zit. in: Hahn/Kapp 1987, S. 11).

Elektra greift auf diese Vorstellung in modifizierter Weise zurück. Das Selbst, die „Seele“, ist für sie der innere Wesenskern des Menschen, der nicht nur bei der Geburt vorhanden ist, sondern im Zuge des Glaubens an Reinkarnation bereits vor der Geburt den Menschen durch seine verschiedenen vergangenen Existenzen begleitete. Diese Seele ist gar der eigentliche Mensch. Das Leben wird als Bewährungsprobe verstanden, in der laufend Aufgaben zur spirituellen Reifung auf den Menschen einströmen. Das, was der Mensch als „Me“ entwickelt, wird von Elektra in zahlreichen Beispielen als Deformierung, Korruption oder Überlagerung ihres wahren Selbst umschrieben. Als Ziel ihrer Arbeit nennt sie eine „Heilung“ der Seele.

Der „Entwicklungszyklus der Seele“ (16/26), in dem die Seele „alles mal kennenlerne was es gibt, Schönes und Scheußliches, Tolles und Schreckliches, also Himmel und Hölle“ (17/1f), kann in diesem Zusammenhang als Ausbildung verschiedener Teilidentitäten verstanden werden. Im Prozess des Ablegens „fremder Seelenanteile“ – nicht ins Selbstbild integrierbarer Teilidentitäten – heilt sich Elektras „Seele“ nach ihrer Vorstellung; ihre Kernnarration strebt dadurch zu einem widerspruchsfreien Charakter. Mit dieser hypothetischen Ablösung von Teilidentitäten und darin enthaltenen Rollen erscheint das „eigentliche Ich“ frei von Diskrepanzerfahrung und innerer Widersprüchlichkeit, frei von notwendiger Abstraktion und Entfremdung. Endlich könne es ganz aufgehen in einem konsistenten einheitlichen Sinngefüge und erreiche damit „das Ziel der Seele: EINS zu sein“ (16/45). Damit wäre die Adornosche Forderung nach dem „Ende des Identitätszwanges“ im negativen, anti-emanzipatorischen Sinn erreicht: „Das befreite Ich, nicht länger eingesperrt in seine Identität, wäre auch nicht länger zu Rollen verdammt“ (Adorno 2003, S. 273). Anti-emanzipatorisch ist diese Lösung deshalb, weil nicht die gesellschaftliche Anforderung der Rollenproduktion durch entfremdete Produktionsverhältnisse gelöst wird, sondern das Individuum die äußeren Verhältnisse usurpiert und lediglich durch innere rauschartige Zustände vermeintlich temporär besiegt – wobei als Narkotikum und Illusionsdunst über die Realität immer die Religion dienstbar war: „Furchtbares hat die Menschheit sich antun müssen, bis das Selbst, der identische, zweckgerichtete [...] Charakter des Menschen geschaffen war [...]. Die Anstrengung, das Ich zusammenzuhalten, haftet dem Ich auf allen Stufen an, und stets war die Lockung, es zu verlieren, mit der blinden Entschlossenheit zu seiner Erhaltung gepaart. Der narkotische Rausch, der für die Euphorie, in der das Selbst suspendiert ist, [...] büßen lässt, ist eine der ältesten gesellschaftlichen Veranstaltungen, die zwischen Selbsterhaltung und -vernichtung vermitteln" (Horkheimer/Adorno 1969, S. 33). Und Horkheimer/Adorno konkludieren, dass genau dieser Prozess für den Versuch zeuge, mit den Zumutungen eines so genannten „Selbst" zu brechen, wenn sie schließen, der narkotische Rausch sei „ein Versuch des Selbst, sich selber zu überleben" (ebd., S. 33).

„Fremde Seelenanteile"

Elektras erklärtes Ziel ist es, sich von „alten Dingen zu lösen, und dann [kannst du] einfach des sein, was du bist" (25/19). Sie spricht damit deutlich Problematiken in der Entwicklung eines authentischen Selbstgefühls an und erklärt die Schwierigkeit, dass ihre gelebte Identität nicht mit ihrem inneren Selbstbild in Einklang steht. Vorprägungen belasteten und behinderten sie im Ausleben ihres Selbstkonzepts.

Als wiederkehrendes Muster ihrer spirituellen Suche befasst sich Elektra mit Gefühlen, die ihr scheinbar von der Umgebung aufoktroyiert sind und sie daran hindern, sich innerlich frei und bei sich selbst zu fühlen. Im Sinne ihrer esoterischen Praxis nach Hellinger erklärt sie dieses Gefühl mit „übernommenen Schuldgefühlen". Eigene Gefühle des Opfers werden unterdrückt und stattdessen Schuldgefühle, die eigentlich der Täter empfinden sollte, vom Opfer übernommen. Eine emotionale Befreiung kann für Elektra dadurch gelingen, dass der Täter die Verantwortung und damit die Schuld für die Tat übernimmt und Empathie für die Gefühle des Opfers äußert. Zugleich kann das Opfer seine unterdrückte Wut offen zeigen und erhält gesellschaftlichen Rückhalt für diese Gefühle. Damit wäre nach Hellingers Methode im Sinne Elektras die „Seele" von fremden Anteilen befreit und befriedet.

Eine zugespitzte Variante der Idee von inneren Gefühlen, die nicht als eigene Gefühle, sondern als von als außen aufgepfropft erscheinen, legt Elektra schließlich mit ihrer Erfahrung in Kreisen dar, die „Befreiung von Besessenheit" (23/2) anstreben. Dies ist die wohl deutlichste religiöse Vorstellung davon, dass Menschen in Geist und Psyche nicht mehr sie selbst seien, sondern personifizierte fremde Kräfte sie in Besitz genommen hätten. Nach dieser Vorstellung bedienen sich „hängen gebliebene Seelen" eines Menschen, und dieser „trägt dann alles mögliche, was überhaupt nicht seins ist" (23/6f).

Elektra erläutert den Zustand der Besessenheit mit den Worten: „Hier ist ein Mensch, der war bereit, alles mögliche aufzunehmen, was gar nicht ihm gehört" (23/3f). Durch den Verweis auf die Freiwilligkeit des Vorgangs, die notwendige Einwilligung des Menschen in die Inbesitznahme seines Inneren durch fremde „Seelen", schließt sie ihre Erklärung wiederum an Hellingers Denksystem an, dass ein Mensch ihm zustoßenden Ereignissen innerlich seine „Zustimmung" erteile.

Diese Erzählung ist Kurzform der Vorstellung, dass fremde, nicht zum Menschen gehörende Gefühle in ihm wühlen: Er ist von Dritten „besessen", die er innerlich „loswerden" will (23/9). Eine Befreiung und die Rückkehr zum „eigentlichen Selbst" ist auch nach dieser Vorstellung der Geistaustreibung möglich und gewollt.

Zusätzlich besuchte Elektra Aufstellungen, in denen angenommene vergangene Existenzen, Inkarnationen von Ratsuchenden dargestellt wurden. Als Grundmuster für die Erklärung von Konflikten wurde dabei davon ausgegangen, „dass du irgendwas in deinem (Vor-)Leben nicht erledigt hast, einen Anteil noch mit dir herumträgst" (23/15f). Hier wird das problematische Gefühl nicht als völlig fremdes verstanden, das von Dritten übernommen wurde, sondern als in einer entfernten Form zur Person gehörend.[40]

Gefühle bzw. innere Verfasstheit nach außen zeigen

Die esoterisch unterstützte Methode der Abspaltung nicht-integrierbarer Identitätsanteile in Rollen genügt ihr dabei nicht. Mit dem Ziel, sich selbst zu finden, sucht sie mittels esoterischer Techniken, ihre eigenen Gefühle intensiver kennenzulernen. Es geht ihr um das Aufdecken verdrängter Gefühle, wodurch notwendigerweise auch Negatives und Beängstigendes zum Vorschein kommt. Dass dieses offene Benennen der subjektiv wahrgenommenen Gefühle und Sichtweisen nicht nur für ihre persönliche Entwicklung von Bedeutung, sondern auch im Beruf der Weg zum Erfolg sei, macht sie an einer Erzählung zu Beginn des Interviews klar.

Zu Elektras rasantem Aufstieg Richtung Vorstandsetage trug ein von ihr erfolgreich gemanagtes Projekt bei, das sie im ersten Teil des Interviews schildert. Ihre Aufgabe war es, eine in den roten Zahlen steckende Produkt-

40 In allen Fällen – im Fall der „Besessenheit" von fremden Wesen wie im Fall der „unerledigten Dinge" aus dem Vorleben oder im Fall der systemisch übernommenen Gefühle – geht Elektra davon aus, dass diese emotionalen Schwierigkeiten lediglich Aufgaben darstellen, die zur Vervollständigung des spirituellen Weges durchlebt werden müssten. „Wenn ich diesen Täter-Opfer-Ausgleich wirklich verstehen will, dann muss ich mich im Prinzip auf 'ne Plattform [...] begeben, die da heißt: jeder muss jede Rolle irgendwann übernehmen in so 'nem Entwicklungszyklus der Seele" (16/20ff). In dieser Betrachtung erübrigt sich die Frage nach Verantwortung und Schuld für eine Tat, denn „des hat auch nix mit Moral oder so zu tun, sondern mit [...] Vervollständigung" (5/36f). Täter wie Opfer sind gleichwertig und unschuldig wie Schauspieler, deren eigentliches Selbst nicht mit der Rolle zu verwechseln ist, die sie im Auftrag des Spieles ausfüllen. Elektra nimmt an, „dass es so was wie ein Seelenprinzip gibt, wo auf einer Art von Bühne jede Seele jede Rolle mal einnehmen will oder, zur Vervollständigung, muss" (29/34f).

linie wieder erfolgreich in den Verkauf zu bringen. Den Schlüssel zu ihrem Erfolg beschreibt sie darin, dass sie negative Aspekte des Produktes offen benannte und den frustrierten Verkäufer_innen auf dem ersten Besprechungstreffen die Möglichkeit bot, ihre negativen Emotionen offen auszusprechen. Nur durch ein offenes Benennen von bestehenden negativen Aspekten sei es möglich, auch positive Gesichtspunkte hervorzuheben und eine konstruktive Lösung zu finden.

Diesen Anspruch, Probleme und negative Seiten zuzulassen und offenzulegen, benennt sie auch in der folgenden Passage, in der sie über ihre Erfahrungen mit dem esoterischen Familienaufstellen nach Hellinger berichtet. Aufstellungen sind ihr wichtig, um „Gefühle, die ausgeklammert worden sind, die verdrängt sind“ (3/12f) zu „zeigen und sichtbar werden [zu lassen]. SICHTBAR werden. Das ist das Wichtigste“ (3/42). Diese Gefühle „dürfen“ bei Aufstellungen sichtbar werden. Es herrscht ein geschützter Rahmen, die mit-aufstellenden Stellvertreter willigen durch ihre Teilnahme in das Zeigen der Gefühlsäußerung von Elektra ein und unterstützen sie sogar aktiv durch die Mitteilung vermeintlicher Gefühle anderer nahestehender Personen.

Das Eintauchen in die eigene verdrängte Gefühlswelt wird dadurch erleichtert, dass durch den/die Leiter_in der Aufstellung neuartige Deutungsmuster der eigenen Vergangenheit angeboten werden. „Man bewegt sich in einem Bereich von Annahmen oder von Gefühlswahrnehmungen“ (9/30), die mittels „Eingebung“ und „Intuition“ wahrgenommen werden (9/45; 10/21). Der angebotene biographische Narrationsentwurf, den der/die jeweilige Aufstellungsleiter_in präsentiert, enthalte jedoch noch keinen Anspruch auf Wahrheit.[41] Auffallend ist ein Umgang mit der Realität, der nicht den Anspruch erhebt, diese erkennen zu können. Nicht einmal der Wunsch, reale Begebenheiten als relevante Einflussfaktoren in die Aufarbeitung der innerpsychischen Prozesse einfließen zu lassen, scheint vorhanden zu sein.

Der Beweis für die Richtigkeit des angenommenen Erklärungsmusters ist für Elektra dann erbracht, wenn reale Begebenheiten sich schlüssig in dieses Sinnmuster einfügen lassen und sich eine Wendung zum Besseren für sie abzeichnet. Die Konfliktlösung erfolgt lediglich auf der individuellen Ebene des/der Hilfesuchenden. Trotz der Wichtigkeit, die sie dem Aussprechen und Angenommenwerden ihrer inneren verleugneten Gefühle beimisst versucht sie im Ziel einen inneren „Frieden auf der Seelenebene“ (22/8), eine „Beruhigung des Systems“ (5/13) zu erreichen. Oberste unangefochtene Richtschnur bleibt das System, in das sie sich wiedereingliedern möchte.

Auch im dritten Teil des Interviews, in dem Elektra über weiterführende spirituelle Erfahrungen berichtet, taucht das Grundthema *Gefühle, innere*

41 „Es ist nicht mein Recht zu sagen, was war oder nicht war“ (11/34), schränkt Elektra ihre Rolle als Aufstellungsleiterin ein. In einer gut geführten Aufstellung zeige das „System“ jedoch durch die Verbindung zum „kollektiven Bewusstsein“ (12/15), wie es gewesen sein „könnte“ (11/24) – was dem/der Hilfesuchenden als reale, hoch-emotional aufgeladene Darbietung szenisch vorgeführt wird.

Verfasstheit nach außen zeigen erneut auf. Sie berichtet von einer Ausbildung in Kontemplativer Kommunikation, die sie nach ihrer Ausbildung zum Systemischen Familienstellen besucht hat. „Grundsatz is': des aussprechen zu können, und zwar ALLES, was war, was is', was in dir is' und halt, äh, die Methode is' halt 'ne andere. Nämlich nicht phänomenisch[42] zu arbeiten, sondern mit dem was, ähm, an Körpergefühl da is'" (25/33ff). In der Methode wird eine „innere Haltung" trainiert, in der „der andere alles sagen darf, was da IST". Oftmals würden Dritte durch eine Blockadehaltung verhindern, dass alle inneren Gefühle ausgesprochen werden. In der Methode der Kontemplativen Kommunikation werde dagegen ein geschützter „Raum geöffnet" (27/4), in dem alles „zu- und seingelassen" werden darf, was an inneren Gefühlen vorhanden ist (26/3). Es geht ihr dabei nicht nur um die Aufdeckung eigener Wünsche und Selbstkonzepte, sondern auch darum, sich von der negativen Erfahrung – die sie zuvor mittels des Hellinger'schen Rollenkonzepts zu bewältigen versuchte – auf eine andere esoterische Art innerlich „frei" zu machen.

In der Kontemplativen Kommunikation, in der es darum gehe, alles aussprechen zu können, was innerlich gefühlt und gedacht werde, sollten auch Erinnerungen an vergangene traumatische Situationen mit ihren zugehörigen Gefühlen und Gedanken offen dargelegt werden. Durch das nochmalige erzählerische Durchleben der Situation soll diese sich auflösen und anschließend „gelöscht" sein. Mit dieser Vorstellung, ein negatives, als nachhaltig belastend erlebtes Ereignis ließe sich aus dem Inneren „löschen" und damit ein reiner „Urzustand" wiederherstellen, ist Elektra nicht nur von der Diktion her nahe an den Ideen über psychische Abläufe, wie sie auch von der Church of Scientology vertreten werden.[43]

42 „Phänomenisch" ist eine Bezeichnung für die Arbeit nach den Grundsätzen Hellingers.

43 In ihrer „Dianetik" genannten Lehre wird ebenso von der Möglichkeit gesprochen, als belastend gedeutete Vorprägungen aus dem Bewusstsein zu „löschen". Verinnerlichte Reaktionsweisen werden als „Engramme" im „reaktiven Bewusstsein" bezeichnet. Diese könnten mittels einer speziellen „Auditing"-Technik (monoton-aggressive Fragetechnik mit einer Mischung aus Verhör und Beichte der/des Betroffenen) „gelöscht" werden, so dass der Mensch „frei" werde, seine Entscheidungen auf neuer, unvorbelasteter Basis zu treffen. In diesem Zustand sei der Mensch „clear" und „geistig befreit" vom „Ballast" seines bisherigen Lebens. Ob Elektra selbst jemals Kontakte zu Scientology hatte oder hat, kann anhand des Interviews nicht beurteilt werden. Interessant ist die inhaltliche Nähe der Vorstellungen über die psychische Verfasstheit des Menschen, wie sie Elektra vertritt und wie sie von Scientology angenommen werden. Ihr Gebrauch des sekteninternen Wortes „gelöscht" lässt noch keine weiteren Schlüsse zu. Da Elektra in vielfältigen Bereichen der esoterischen Szene Erfahrungen gesammelt hat, finden sich immer wieder einschlägige Begrifflichkeiten in ihrer Sprache. So verwendet sie beispielsweise das Wort „Anker" (mit dem im NLP ein Zusam-

Zusammenfassung aus identitätstheoretischer Sicht

Elektra sucht in der Esoterik nach verschiedenen Wegen, um mit nicht-integrierbaren Identitätsanteilen umgehen zu können:

- Sie versucht, sich retrospektiv handlungsfähig auszudeuten, um negative Erfahrungen in ihre Kernnarration integrieren zu können und das Selbstbild eines handlungsfähigen Subjekts zu unterstützen.
- Sie versucht, nicht-integrierbare Anteile mittels einer „Befreiung von Besessenheit“ von außen kurieren zu lassen. Dies setzt die Annahme voraus, dass einige ihrer identitären Anteile von äußeren Mächten gesteuert werden, und lässt auf das grundlegend entfremdete Gefühl schließen, das Elektra zu Teilen ihres Selbst empfindet.
- Sie versucht, Erfahrungen des Scheiterns mittels Offenlegung und emotionaler Selbstkonfrontation in ihren negativen Wirkungen auf das Selbstbild aufzulösen.

In der Zusammenfassung gegen Ende des Interviews hofft sie, dass ihr Leben sich auf „eine noch größere Freiheit“ zu entwickelt (33/25). Neben finanzieller Abgesichertheit, also beruflichem Erfolg, zählt dazu vor allem, dass „ich bei jeder Gelegenheit voll zu mir stehen“ kann, auch um den Preis, sich gesellschaftlich „Nichtsympathien einzuhandeln“ (31/14ff). Durch diese mentale Weiterentwicklung verspricht sie sich auch ein Genesen von körperlichen Beeinträchtigungen. Die Getreideunverträglichkeit, an der sie leidet, definiert sie in diesem Sinn als „Schutzschild“ (31/36ff), hinter dem sie sich gesellschaftlich verstecken kann, weil sie noch nicht ehrlich genug sei, um voll zu ihren Wünschen und Bedürfnissen zu stehen.

Elektra versucht also mittels esoterischer Techniken, sowohl ihr authentisches Selbstgefühl zu erhöhen und zu erfahren, welche eigenen Werte, Vorstellungen, Ziele sie vertritt als auch sich eine Handlungskompetenz aufzubauen und diese im Leben erfolgreich umsetzen zu können. Gesellschaftlich übernommene Muster und Vorstellungen, nach denen sie ihr Handeln und ihre Ziele ausgerichtet hat, empfindet sie in der Konsequenz als negativ und unpassend für ihre Identitätskonstruktion (z. B. der versagte Kinderwunsch aufgrund von Druck und Konventionen des Arbeitslebens). Sie möchte ihre Identitätsprojekte künftig nach eigenen Wünschen gestalten und erhofft sich durch esoterische Strategien eine Festigung ihres Selbstbildes, um dies zu bewerkstelligen. Dieses neue authentische Selbstbewusstsein prüft sie an situationalen Selbstthematisierungen wie der Fähigkeit, Essen in Gesell-

menhang zwischen körperlicher Gestik und unbewusst gespeicherter psychischer Empfindung umschrieben wird) in entsprechendem Kontext.

schaft ablehnen zu können und nicht aufgrund von sozialer Konvention Ungewolltes zu sich zu nehmen.

Elektra will weiterhin ihre verschiedenen Teilidentitäten Beruf, Lebenspartnerschaft u. a. erfolgreich leben und erhofft sich durch ein authentisches Vorgehen nicht weniger, sondern mehr Erfolg, wie ihre Erzählungen über geglückte Arbeitsprojekte zeigen.

Esoterik scheint für Elektra ein Weg zu sein, der ihr hilft, ihren eigenen Gefühlen näherzukommen, ihre Werte und Wünsche wahrzunehmen und ihnen Geltung zu verschaffen. Hinsichtlich der Befreiung von negativer Erfahrung bezeugt sie zwar, dass ihr speziell die Hellinger'sche Aufstellung das Leben „erleichtert" habe (17/20), da sie aber nach der Ausbildung zum Familienstellen noch weitere esoterische Versuche zur Auflösung negativer innerer Gefühle unternahm, scheint das Familienaufstellen keine Lösung des Problems für sie in Aussicht gestellt bzw. als alleinige Methode und Erklärungsansatz nicht überzeugt zu haben.

Die Suche nach dem Selbst, nach einem authentischen Verhalten gemäß dem neu erschlossenen und erweiterten Selbstbild, scheint ihr mit esoterischen Methoden zu glücken. Die Ablösung von negativen Rollenerfahrungen gelingt ihr durch ihren anfänglichen esoterischen Weg im Hellinger'schen Familienstellen nicht vollends. Sie versucht weiterhin, die Rollenerfahrungen, wenn auch unter umgedeuteten Bedeutungsvorzeichen, in ihr Leben zu integrieren. Die völlige Umdeutung einer Opfererfahrung in eine retrospektiv aktive Selbstbeteiligung und ein entsprechend unterstellter Wille, sich selbst zu schaden, bereitet Elektra offenbar Probleme beim Einordnen dieser Deutung ins Selbstbild. Um die behauptete eigene befördernde Beteiligung an dem Schrecken des eigenen Lebens abzumildern und subjektiv annehmbar zu machen, verlagert Elektra die eigene Vorherbestimmung des Opferseins ins Unbewusste, ins Vorleben und ins Karma. Hier ist die vermeintliche Logik der Selbsterwählung eigener Qual für sie einfacher verständlich und glaubhaft.

Unternimmt sie in den weitläufigen Ausführungen zu Hellinger oft komplizierte Erklärungsversuche über Hintergründe und Wirkungszusammenhänge, die sie mit den Worten „wie des genau geht, weiß ich nicht", „wie 's funktioniert hat, keine Ahnung" (6/27; 7/30) abbricht, so wirkt sie in den Ausführungen über Reinkarnation und Karma weitaus sicherer und bestimmter in den Erklärungen. Angenommene Existenzen in vergangenen Jahrhunderten scheinen als Ursachen für negative, entfremdete innere Anteile weitaus leichter als verkürzte Begründungsmatrix heranziehbar zu sein als die Umdeutung der eigenen schmerzvollen Lebenserfahrung.

Esoterik als Biographiegenerator

Bereits oben wurde verdeutlicht, wie in der Hellinger'schen Familienaufstellung durch eine vom/von der Aufsteller_in vorgeschlagene biographische Narration Identität konstruiert wird. Der/dem Hilfesuchenden werden retrospektive Deutungsmuster für das eigene Leben angeboten, die das Subjekt in der esoterischen Praxis probeweise einnehmen und passende ins eigene Selbstbild integrieren kann. Es geht um das Aushandeln der eigenen Biographie mit Hilfe und Anleitung esoterischer Deutungstechniken.

„Lebensgeschichten sind keine fixierten Chroniken, die wir als abgeschlossene Geschichte mit uns ‚herumtragen' [...], sondern je aktuelle, in konkreten Interaktionen konstruierte und re-konstruierte sinnhafte Zusammenhänge, die sich primär auf konkrete Handlungen, Erlebnisse und Erfahrungen des Subjekts beziehen, das diese selbstreflexive Arbeit leistet. Im Erzählen werden vergangene Interaktionsprozesse in der Prozessstruktur von ‚Als-ob-Handlungen' rekapituliert und erneut in Szene gesetzt" (Dausien 1999, S. 69).

Was Dausien hier als Entstehungsprozess von biographischer Selbstnarration innerhalb einer mündlichen Erzählung beschreibt, wird im Hellinger'schen Familienaufstellen in nahezu unübertrefflicher Konkretisierung mit dem/der Ratsuchenden unter fremder Anleitung vollzogen: Ein Zusammenhang seiner/ihrer Biographie wird mittels erinnerter Episoden und Stichpunkte derart inszeniert, dass das Ergebnis einen für das Individuum adäquaten Sinn (Verstehbarkeit) und die eigene Vorgehensweise Bedeutsamkeit erhält. Handlungsfähigkeit wird dadurch verliehen, dass die persönliche Aktion nach vorgeordneten Gesetzmäßigkeiten abzulaufen habe und damit per se zum Erfolg führe.

Bei der Herstellung von Biographie „geht es immer um eine Doppelperspektive, oder besser gesagt um das Verhältnis von individueller und gesellschaftlicher Identitätskonstruktion" (Dausien 1999, S. 66f). Die Herstellung einer biographischen Selbstnarration in Familienaufstellungen nach Hellinger bündelt diese gesellschaftliche Mit-Deutungsmacht persönlicher Biographie wie mit einem Brennglas: Gesellschaft ist in Form der Gruppenteilnehmer_innen vorhanden und bringt sich aktiv in die Deutung der individuellen Vergangenheit des/der Einzelnen ein, sei es durch Vorschläge für neue Sichtweisen des Gewesenen oder durch grundsätzliche Anordnungen des Leiters, was als wichtig und was als vernachlässigenswert zu gelten habe.

Im letzten Teil des Interviews macht Elektra karmische Zusammenhänge für zentrale Punkte ihres derzeitigen Lebens verantwortlich. Zu Beginn des Interviews hatte sie ausführlich ihren beruflichen Werdegang rekonstruiert, inklusive der gescheiterten Anwartschaft auf einen Vorstandsposten. Sie sei damals „in eine Falle gelaufen". Im weiteren Verlauf fügte sie einen Zusatz ein, der sie mir gegenüber als aktiven Part auswies: „Ich habe einen Fehler gemacht". Worin dieser bestand, blieb offen.

Den zu Beginn des Interviews beschriebenen Bruch in ihrem Arbeitsleben, als sie der Anwartschaft auf einen Vorstandsposten verlustig ging, deutet sie gegen Ende als karmisch begründeten Verlauf ihres Lebens aus. Sie sei in ihren Vorleben mit großem Wissen ausgestattet gewesen, einmal habe sie als „wissende Naturheilerin" gelebt. Wegen ihres Wissens sei sie mehrfach getötet worden. Dies erklärt für Elektra, weshalb sie heute nie zu ihrer vollen Entfaltung kommen könne: Ein innerer, aus ihren Vorleben übernommener Mechanismus hindere sie daran, vollen Erfolg etwa im Berufsleben zu erlangen, „deswegen kann ich auch nicht Vorstand werden zum Beispiel" (24/49). Die Angst davor, ihre volle Kompetenz, ihre gesamte Persönlichkeit einzubringen und trotzdem zu scheitern, wird symbolisch in vergangenen Lebenserfahrungen ausgedrückt, in denen eben diese Aufrichtigkeit und Authentizität sie um die Existenz gebracht hätten.

Während bei Hellinger pseudowissenschaftlich verbrämte, metaphysische „Energien" derartige Konstellationen auf Angehörige eines „Systems" übertragen, sind es im Fall der Reinkarnationslehre Teile der Vorleben. Besteht im Fall einer Aufstellung nach Hellinger noch die Möglichkeit, dem Wahrheitsgehalt der dargestellten Problemzusammenhänge durch Nachforschung auf den Grund zu gehen (meist gehen die Aufstellungen maximal bis zur Großelterngeneration zurück, das Nachfragen bei Verwandten ist prinzipiell machbar), so entziehen sich im Fall der Reinkarnation die dargelegten Zusammenhänge fast gänzlich jeder Nachprüfbarkeit: „Ich war da eine wissende Heilerin mit Kräuterweiberl oder irgend so was [...] und war gefährlich für die Pfaffen [...] und dann bin ich [...] verbrannt worden" (24/18ff). „Ich hab' immer wieder viel gewusst und bin immer wieder deshalb zu Tode gekommen" (24/22).[44]

Elektra sucht nach Erklärungen für ihren beruflichen Misserfolg und findet sie in einem überweltlich begründeten karmischen Lebensweg. Dies bietet ihr gleichzeitig eine Entlastung von Schuldgefühlen, aber auch die Aussicht, beim nächsten Mal erfolgreich zu bestehen, wenn die „Opferstruktur" in ihr aufgelöst und damit ihr volles authentisches Potential verfügbar wäre.

Elektra nutzt eine Bandbreite esoterischer Angebote, um negative Erfahrungen in ihrem Selbstbild für die Zukunft unwirksam zu machen. Frühere Erfahrungen des Scheiterns werden von ihr in einen größeren Sinnzusammenhang gestellt, um sie mit neuer Bedeutung zu unterlegen und annehmbar zu machen. Insgesamt ist Elektra bemüht, sich selbst als handlungsfähig darzustellen. Esoterische Biographiegeneratoren helfen ihr, eine Selbstnarration entsprechend ihrem Selbstbild als handlungskompetent aufzubauen, entlasten sie aber ebenso von erlebtem Misserfolg. Ihr Identitätsprojekt besteht darin, gesellschaftlich vorgegebenen Erwartungen und derart verinnerlichten Handlungsmustern nicht mehr den Vorzug gegenüber ihren eigenen

44 Abermals ist die „Befreiung vom Opfersein" das Thema, abermals sucht sie nach eigenen Anteilen an ihrer beruflichen Niederlage und nach Erklärungsmustern und befindet sich damit im Kreislauf von Schuldgefühl und der Suche nach Entlastung. Sie verbindet in dieser dritten Passage ihr Grundmotiv des beruflichen Karriereknicks mit der Hellinger'schen Erklärung der „Zustimmung zum Opfersein" und findet beides aufgehoben in einer einfachen Erklärung von Karma und Reinkarnation.

Identitätsplänen zu geben. Da Elektras Identitätspläne und Lebensvorstellungen im Interview nicht als gesellschaftlich unangepasst erscheinen, ist ihr Erfolg in den genannten Bereichen (Beruf, Freunde) durch ein authentischeres Vorgehen zu erwarten.

2 MONA: „BEFREIUNG, MIT MEINEM GEFÜHL NICHT AUF'M HOLZWEG ZU SEIN“

Mona hat sich auf einen Aushang auf der Münchner Esoterik-Messe im März 2006 hin gemeldet. Sie lud mich zum Interview zu sich nach Hause in ihr Appartement in einem attraktiven Innenstadtviertel einer süddeutschen Großstadt ein. Sie ist zum Zeitpunkt des Interviews 39 Jahre alt, hat Wirtschaftsingenieurwesen, Maschinenbau und Betriebswirtschaft studiert. Vor eineinhalb Jahren trennte sie sich nach 20-jähriger Ehe von ihrem Mann. Dem vorausgegangen war der Bruch mit ihrem alten Beruf, in dem sie Managerin und Geschäftsführerin in diversen Großkonzernen der Energiewirtschaft war. Sie litt unter hohem Arbeitsdruck, begann Astrologiekurse zu besuchen und beschloss, für zwei Jahre aus ihrem Job „auszusteigen“, um sich der Astrologie und der Erfüllung ihres langgehegten Traumes, der Schriftstellerei, zu widmen. Aus der geplanten Jobpause wurde ein kompletter Ausstieg aus ihrer vorherigen Tätigkeit. Sie hat keine finanziellen Sorgen, verfügt über ein eigenes angemietetes Büro, in dem sie ihren Interessen nachgeht und versucht, astrologische Beratung gegen Bezahlung anzubieten. Die Einnahmen genügen zum Zeitpunkt des Interviews jedoch nicht, um ihren Lebensunterhalt zu bestreiten.

Esoterisch interessiert sie sich neben Astrologie auch für Wiedergeburt inklusive angenommener Vorleben sowie für so genannte feinstoffliche Energien und deren angenommenen Einfluss auf Gesundheit und Krankheit.

Krisenbewältigung in Umbruchsituation

Auf meine Aufforderung, aus ihrem Leben zu erzählen, berichtet Mona zunächst aus der Zeit bis 2003 (ca. drei Jahre vor dem Interview), da sich ihr Leben seit diesem Zeitpunkt stark veränderte. „Ich hab' [...] früher ein ganz anderes Leben gehabt. Also, ich war sehr ehrgeizig, ordentlich, brav“ (1/42ff). Seit dem selbst eingeleiteten, drastischen „Bruch“ (10/11) in ihrer Biographie spielt Esoterik, v. a. Astrologie, für sie eine große Rolle.

Sie beschreibt ihr vorheriges Arbeitsleben, in dem sie eine gute „Karriere“ bis hin zur Geschäftsführerin in großen Energiekonzernen gemacht hatte, aber auch immer wieder in verschiedenen Firmen wegen des hohen Belastungsdruckes gescheitert war. Sie sei „hochmotiviert“ gewesen (2/8), habe „diesen Leistungswahn total verinnerlicht“ (4/8). Sie mache „gern gute Arbeit“ (2/16), „zu der ich steh'n kann“ (2/30). Dies sei jedoch durch die Arbeitsdichte und Hektik sowie durch überhöhte zeitliche Anforderungen nicht mehr realisierbar gewesen. Sie „hat des nicht gepackt“, wechselte die Arbeitsstelle, doch auch dort wiederholte sich die Überlastung, und sie war nach wenigen Monaten „echt fertig“ (2/13).

Die einzige Möglichkeit, weiter im Arbeitsleben zu bestehen, sah sie darin, „meinen Charakter total zu verbiegen. [...] Dinge zu tun, die ich nicht bin" (2/42ff). Die Anforderungen an ihre Teilidentität als leitende Angestellte empfand sie in wachsendem Ausmaß als unvereinbar mit ihren eigenen Werten und Empfindungen. Eine Lösung hätte in der Ausschaltung bzw. Betäubung ihrer widerstrebenden Empfindungen und Gedanken bestanden, was zur bewussten Selbstbeschädigung geführt hätte: „Des geht halt einfach nur dann auf Dauer, wenn man zum Alkoholiker wird" (2/44f; vgl. ebenso 11/5). Sie hatte das Gefühl, die tagtäglichen Anforderungen und inneren Diskrepanzen „nicht mehr aus[zuhalten]" (11/5) und sich dabei zu zerstören. Mona nahm die innere Spaltung zwischen gefordertem Rollenverhalten und eigenen Werten, Sichtweisen und Gefühlen deutlich wahr.

Die von ihr geschilderte weitgehende Anpassung an die Anforderungen der Arbeit, die einen zentralen Platz in ihrem Leben einnahm, erzeugte in ihr das Gefühl, sich von sich selbst zu entfremden: „Das Gefühl, die Seele zu verlieren, war schon sehr stark, ja" (11/6). Nicht nur, dass sie sich in diesem Moment von sich selbst entfremdete, machte ihr dabei zu schaffen, sondern auch die Tatsache, dass sie trotz weitgehender Übernahme der Rollenidentität an ihrer Arbeitsstelle keinen Erfolg erzielen konnte. Sie hatte nach eigener Aussage auch in den Jahren zuvor versucht, sich durch Suchtverhalten, z. B. durch übermäßiges Essen, zu betäuben. Als diese Versuche jedoch wiederholt scheiterten, begann der Prozess, ihre bisherige Strategie der Identitätsarbeit komplett in Frage zu stellen. „Wo, wo ich dann schon echt fertig war und mir gedacht hab: Was will ich eigentlich? Will ich so noch leben? Will ich so arbeiten?" (2/12ff)

Sie sympathisierte mit Vorstellungen, „von einem Moment auf den anderen mit seinem Leben zu brechen, ja. Und, und alles zurückzulassen" (3/40f). Eine große Änderung, die alles in Frage stellt, was das bisherige Leben ausmachte, schwebte ihr vor. Inmitten der Überlegung, die Arbeitsstelle zu kündigen, sich ein oder zwei Jahre „Auszeit" (3/5) zu gönnen (was sie sich finanziell leisten konnte, zumal ihr Mann sie in ihrem Vorhaben unterstützte) und während dieser Zeit ihren „Traum" (3/1) wahrzumachen, schriftstellerisch tätig zu sein, entdeckte Mona Astrologie für sich. Die beiden Entscheidungen – der Ausstieg aus dem quälenden Berufsleben und die Hinwendung zur Astrologie – hängen für sie in ihrer heutigen biographischen Selbstnarration „sehr stark zusammen" (4/39). Ihr Plan, das Leben radikal zu verändern und die Richtung einzuschlagen, ihren eigenen, als authentisch wahrgenommenen Gefühlen zu folgen und ihre Neigungen zu verwirklichen, war zu dieser Zeit bereits von ihr bewusst gedacht und formuliert. Der Esoterik hält sie zugute, sie in ihrer Selbstverwirklichung unterstützt zu haben und ihr Zuversicht gegeben zu haben, ihre Pläne in die Tat umzusetzen. Die zufällige Begegnung mit der Mutter einer Freundin, einer praktizierenden Astrologin, brachte ein „gigantisches Erlebnis einfach" (11/14), das sie nachhaltig „ziemlich beeindruckt" (6/29) hat:

M: Und sagt dir einfach 'n paar Dinge, ja. Über DICH, und du spürst genau, es ist die WAHRHEIT, ja. [...]

CB: Mhm.

M: Und des is' irgendwie, des is' 'n gigantisches Erlebnis einfach, ja. Also, so, ähm. Wie gesagt, sie hat mir nicht sehr viel GESAGT. Aber das hat irgendwie schon ausgereicht, ja. Des mit zu unterstützen (11/11ff).

Jene Frau erstellte ihr ein „Berufshoroskop“ (5/1), aus dem für Mona der übersinnliche Grund dafür hervorging, weshalb sie in ihrer speziellen Berufssparte „gelandet“ sei (6/17). In der Erzählung über ihre Arbeit wurde zwar deutlich, dass sie sehr leistungs- und arbeitsorientiert war, allerdings beschrieb sie keinen inhaltlichen Grund für diese Anstrengungen, außer: „Woher nehm' ich meine Berechtigung, Luft zu atmen, wenn ich nicht irgendwie produktiv tätig bin?“ (4/9) Ein unreflektierter Arbeitsethos spricht aus dieser Selbstbeschreibung. Sie scheint ihrer Tätigkeit keinen spezifischen Sinn beigemessen und sie aus einem verinnerlichten „Leistungswahn“ (8/4) heraus ausgeübt zu haben. Die Bezeichnung „Wahn“ lässt darauf schließen, dass sie die Arbeit nicht nach eigenen Motiven und in Übereinstimmung mit ihren inneren Vorstellungen vollzog, sondern dass ihr projizierte, destruktive Motive zugrunde lagen, die sie zu Vorstellungen und Handlungen angetrieben haben, welche sie heute ablehnt. Die Selbstbeschreibung ihrer Persönlichkeit vor der esoterischen Wende lässt sich als Überanpassung an gesellschaftliche Anforderungen zusammenfassen.

Dass in ihrer Tätigkeit ein Sinn gelegen habe, der etwas mit ihrer Persönlichkeit zu tun hat, erfährt sie nun in der rückwirkenden esoterischen Ausdeutung ihres Lebens. Ihre Berufswahl sei demnach astrologischen Konstellationen entsprechend erfolgt. Für Mona lasse sich über das so genannte „Sonnenzeichen“ ableiten, dass sie spezielle Neigungen in sich trage und daher für sie als kosmische Aufgabe vorgesehen sei, sich mit Themen wie Wärme und Versorgung, „Strom, Gas, Wasser“ (6/22) auseinanderzusetzen.

Diese rückwirkende Stabilisierung ihrer Persönlichkeit, die ihren Bemühungen einen – zwar unerkannten, aber richtigen – Sinn verleiht, ermöglicht Mona, ihre bisherige Biographie kohärent in einen gesamten Lebensentwurf einzuordnen. Der „Bruch“ wird minimiert, da sowohl vergangene Tätigkeit als auch die nun geplante Selbstverwirklichung im schriftstellerischen Bereich kosmisch vorgezeichnet seien.

Da Mona einen persönlichen Sinn in ihrer Arbeit vermisste, die Bedeutung ihres Tuns zunehmend schwand und sie ihr bisheriges Leben grundlegend in Frage stellte, war ihre erste Berührung mit Astrologie, welche scheinbar den Sinn ihres Lebensweges entschlüsseln konnte, von einschneidender Bedeutung. Heute – nach dreijähriger eigener Astrologiepraxis – hält sie diese damalige astrologischen Ausdeutungen für „grottenschlecht“ (5/49), aber sie sei fasziniert gewesen, dass jemand mittels esoterischer

Theorien Themen die ihr „ganz, ganz wichtig" (6/32) waren, auf eine Weise ansprechen konnte, mit der sie sich verstanden fühlte.

Mona verfügt mit der esoterischen Theorie nun über eine Möglichkeit, leidvolle Erfahrungen in einem zentralen Bereich ihres Lebens, dem Arbeitsalltag, nachträglich erklären und in ein verstehbares und handhabbares Weltbild einordnen zu können: „Und dann, äh, ging 's plötzlich um genau die Dinge, die mich interessiert haben. [...] Als Beispiel jetzt, wieso ein Mensch immer mit ähnlichen, mit den gleichen, ähnlichen Dingen wieder konfrontiert wird in seinem Leben. [...] Oder zum Beispiel, bei meinem Vorstand. Hab' ich mich da, in meinem Job. Hab' ich mich immer gefragt. Warum quält der mich? Was bringt es ihm, ja? Mich unter der Gürtellinie anzugreifen und fertigzumachen? Ja. Warum tut er das?" (8/37ff) Mona liefert keine weitere Erklärung, weshalb ihr Vorstand sie gequält hat, jedoch erscheint der Vorgang aufgrund astrologischer „Zusammenhänge" (8/5) für sie heute annehmbar geworden zu sein.

Verlust des Kohärenzgefühls, Stabilisierung durch esoterische Verstehbarkeit

In ihrer beruflichen Tätigkeit, in der sie lange Zeit sehr erfolgreich war, schwand zunehmend das Gefühl der *Handhabbarkeit*. Sie konnte die Herausforderungen trotz großen Einsatzes nicht mehr bewältigen und scheiterte. Damit schwand eine der drei Komponenten, die Antonovsky als Bedingungen für ein starkes Kohärenzgefühl (SOC) beschreibt. Mit eigenen Ressourcen konnte Mona die Anforderungen nicht mehr bewältigen (Antonovsky 1997, S. 35).

Auch schwand zunehmend die *Bedeutsamkeit*, die Mona ihrer Tätigkeit beimaß. Sie wollte „gute Arbeit" (2/16) machen, hinter der sie „steh'n kann" (2/30). Dies war, so sagt sie, unter den Bedingungen nicht mehr möglich. Ihre Tätigkeit entsprach nicht mehr ihrem „Charakter" (2/42). Die Herausforderungen empfand sie nicht als sinnvoll und wertvoll, sondern nur mehr als Belastung.

Zwar war Mona ihr Arbeitsleben bislang *verstehbar*. Dies jedoch nur in dem Sinne, dass die Anforderungen in dieser Teilidentität als „kognitiv sinnhaft" und „klar" (Antonovsky 1997, S. 34) wahrgenommen wurden. Verstehbar war ihr Handeln also lediglich im rollenimmanenten Sinn, innerhalb der Teilidentität ihrer Erwerbsarbeit. Die Einordnung dieser Teilidentität in ihre Metaerzählung, in ihre eigene generalisierte Selbstthematisierung, schien sie erst in dem Moment zu beschäftigen, in dem diese Einordnung problematisch wurde. Es war keine Passung mehr gegeben zwischen positiver Selbstwahrnehmung, erstrebten Identitätszielen (gute Arbeit, den eigenen „Charakter" verwirklichen können) einerseits und den realen Erfahrungen, den situationalen Selbstthematisierungen in diesem identitären Teilbereich Erwerbsarbeit andererseits. Ihre Identität wurde brüchig, inkonsistent. Der zentrale Teil Arbeitsidentität wurde nur mehr verwirklichbar unter Bedingungen, in denen Mona sich ihrer Kernnarration, ihrem idealisierten

Selbstbild, entfremdet fühlte. Da ihr idealisiertes Selbstbild aber nach den Zielen der Arbeitswelt ausgerichtet war („ich war sehr ehrgeizig, ordentlich, brav"; 1/45), sie mit diesem Selbstbild keinen Erfolg mehr erreichen konnte, brach mit der Teilidentität Erwerbsarbeit auch ihre Kernnarration auseinander, schien nicht mehr passend für einen erfolgreichen Umgang mit ihrer Umwelt und ihrem Leben.

Einen weiterführenden inhaltlichen Sinn (dass die Arbeit über den Zweck des Broterwerbs und des persönlichen Erfolgs hinaus inhaltlich sinnvoll sein könnte) hat es, nach Monas Ausführungen, für sie früher nie gegeben. „Die Frage hinter allem: Warum ist es so, wie 's IS?" (22/13) lässt darauf schließen, dass die Einbettung ihrer Arbeit innerhalb eines verstehbaren sinnhaften Kontextes, die Begründung ihres Tuns außer zum zweckmäßigen Lebenserhalt als Angestellte, für Mona nicht geklärt war. Eine Letztbegründung erfährt sie nun durch esoterische Sternausdeutung: Ihre Arbeit habe mit ihr persönlich etwas zu tun, der Inhalt (Wärme, Energie) sei ein übergeordnetes Lebensthema, mit dem sie sich auseinandersetzen sollte. Damit wird rückwirkend eine Verstehbarkeit des Lebensweges zugeordnet, die das Geschehene sinnvoll und annehmbar erscheinen lässt. Ebenso wird allerdings die geplante völlige Umgestaltung unterstützt: Auch diese sei die Verwirklichung eines vorgeburtlichen, höheren Planes und somit per se sinnhaft und richtig.

Handhabbarkeit, Bedeutsamkeit und Verstehbarkeit als die drei zentralen Komponenten von Monas „globaler Orientierung" (Antonvsky 1997, S. 36), mit der ein Mensch im Leben steht, waren im zentralen Identitätsbereich „Erwerbsarbeit" für Mona brüchig geworden. Nachdem auch die beiden Komponenten Handhabbarkeit und Bedeutsamkeit schwanden, eine Verstehbarkeit ohnehin schwach ausgeprägt war, drohte ihr damaliges Selbstkonzept komplett zusammenzubrechen. Durch die nachträgliche Bedeutungsunterlegung gelingt die rückwirkende Stabilisierung der Selbstnarration. Die folgende Neuorientierung wird ebenso legitimiert. Der erfahrene „Bruch" wird minimiert, indem beide Etappen des Lebens innerhalb eines kohärenten Sinnzusammenhanges der persönlichen „Entwicklungsaufgabe" verortet werden können.

Durch vorhandene *Generalisierte Widerstandsdefizite* (*GRR*) in den Bereichen finanzielle Absicherung, kulturelle Stabilität, Wissen/Intelligenz wird der Bruch in Monas Leben abgefedert. Der Umsturz in zentralen Lebensbereichen gefährdet nicht ihre Existenz und ihren Lebensstil, sondern kann als Versuch verstanden werden, die äußeren Rahmenbedingungen mit Hilfe einer inneren Neuorientierung zu verbessern.

Esoterik als Unterstützung zur Selbstfindung

Mona erlebte eine Phase des Umbruchs in allen Bereichen ihrer Existenz. Auch die Beziehung zu ihrem Ehemann löste sich, der „der wichtigste

Mensch in meinem Leben" gewesen war (14/41). „Aber das, das war auch einfach so 'ne Zeit. Also, da wo einfach, also, da hab' ich sehr mein Fundament auch verloren, ja. Also, weil das, was ich vorher gemacht hab, das war nicht mehr. Neuen Boden hatte ich noch nicht" (12/8).

Eine zufällige Begegnung mit einer astrologisch praktizierenden Frau brachte für Mona die Gelegenheit, neue, esoterisch-religiöse Deutungsmuster für ihr bisheriges und künftiges Leben kennenzulernen. In dem astrologischen Beratungsgespräch erzählte Mona jener Beraterin, dass sie überlege, aus ihrer Arbeit auszusteigen. Die Frau bestärkte sie darin, ihren erträumten Weg fortzusetzen und sich schriftstellerisch zu verwirklichen. Diese positive Bestärkung, die in diesem Moment nicht nur von einem konkreten Gegenüber, sondern zusätzlich von kosmischen Gesetzen herzurühren schien, ermutigte Mona, ihren sozial unangepassten, „unerhörten" Gefühlen zu vertrauen. Nur durch diese, so schien es, könne der Weg aus der alten quälenden Folgsamkeit, die nichts einbrachte, heraus- und in ein lustvolles, selbstbestimmtes Leben hineinführen. „Und des, des war für mich schon auch, ähm, also, etwas Befreiung, was sie mir da gesagt hat, ja. Also, schon das Gefühl, jetzt irgendwie, mit meinem Gefühl nicht ganz, äh, äh, auf 'm Holzweg zu sein" (11/23ff).

Zuvor fühlte sie sich „gefangen" (11/8) in ihrer gewohnten Sichtweise, die sie aufbrechen wollte, ohne jedoch über Möglichkeiten, alternative Bewertungskriterien zu verfügen, um ihren Alltag aus einer anderen Perspektive und Begründung zu betrachten. Nun erhielt er zum ersten Mal Sinn – kosmisch hergestellt. Aber auch ihr Wunsch auszusteigen erhielt mit der gleichen – kosmischen/karmischen – Begründung ein ebenbürtiges Recht auf Verwirklichung zugesprochen.

Über den ersten Moment ihres Gefühls von Befreiung im Gespräch mit der Astrologin erzählt Mona: „Es war schon 'ne Befreiung, dass sie, dass sie Mechanismen erkannt hat, ja. Die sie nicht wissen kann, ja" (10/50f). Sie erhielt Begründungen für bestimmte Ereignisse in ihrem Leben, die auf einer metaphysischen Ebene sichtbar und erklärbar seien. Den Zugang zum Wissen um die Ursachenkette, das Wissen, „warum" etwas geschieht, verknüpft Mona mit dem Begriff des „Sich-befreit-Fühlens". Es muss eine Befreiung von dem Gefühl des Ausgeliefertseins, des Nicht-Durchschauens undurchdringlicher, unerklärlicher Vorgänge sein, die auf ihr Leben einwirken. „Die, die, die Frage hinter allem: Warum ist es so, wie 's IS? Ja. Also, und einfach mit dem Hintergrund. Wie kann ich 's besser machen? Dass, dass ich, ähm, äh. Ja, da-, dass ich nicht mehr diese Leidensform hab', von vielen Dingen, ja. Dies ist eigentlich der Hintergrund, warum ich mich beschäftige" (22/13ff). Es geht ihr in ihrer esoterischen Arbeit darum, Wirkdeterminanten und Ursachen von Ereignissen zu ergründen, mit dem konkreten Ziel, ihre Interaktion entsprechend darauf einstellen zu können, um zukünftig frei von Leiden und Misserfolg zu leben.

„Wie kann ich 's besser machen?" – neuer Umgang mit sich und der Welt

Mona empfindet ihre alte Sichtweise, Problemanalyse und Umgangsweise mit der Umwelt als nicht zielführend. Sie will Ursachen für den für sie unguten Verlauf erkennen und sich besser darauf abstimmen können, um zukünftig glücklicher und erfolgreicher zu leben. „Und, JA, und dann, ähm, machst du so deine ersten Schritte. Oder, oder, oder, oder liest halt, beschäftigst dich, ähm. Dann fällt dir immer mehr auf. Dann denkst du: Ja, klar kann das so nicht funktionieren, wie du's bisher gemacht hast, ja. Und schon ändert sich was hier oben, ja. Und, ähm, dann ändert sich immer mehr, ja" (39/31ff).

Dabei beschreitet sie zwei Wege: Den, ihre unterdrückten Gefühle wahrzunehmen und aktiv in ihre Interaktion mit der Umwelt einzubringen. Zuvor liefen ihre Verhaltensmuster nach vorgefertigten „Programmen" ab, was zu einem dysfunktionalen Umgang mit der Welt führte. Eine zweite Strategie besteht in der uneingeschränkten Akzeptanz der Realität, wie sie ist. Beide hängen eng miteinander zusammen und werden von ihr mit dem Wort „Annehmen" attribuiert. Dass sie dabei zwei verschiedene Strategien meint, wird im Folgenden beschrieben. Zunächst wird Monas Auseinandersetzung mit internalisierten Verhaltensmustern, in denen sie ihr authentisches Selbst verloren gegangen glaubt und die deshalb nicht gewinnbringend seien, einer Analyse unterzogen. Dieses authentische Selbst wolle sie wieder „zulassen" und „annehmen". Im Anschluss daran werden weitere Dimensionen der „Annahme" bei Mona erläutert.

Annehmen der eigenen Gefühlswelt

Das „Annehmen" von leidvollen Gegebenheiten ist für Mona ein wichtiges Thema ihrer spirituellen Entwicklung (14/32). Gemäß dem *Analogiegesetz* (*Mikrokosmos = Makrokosmos*) (vgl. Kap. I.4) sei ihr eigenes Leben das Abbild einer größeren Ordnung. Auch negativen, unfassbaren Ereignissen in ihrem Leben wird vor diesem Hintergrund Sinn und guter Grund verliehen. Die Einsicht in die kosmischen Gesetze mittels Astrologie könne zum richtigen Verhalten und somit zu einer günstigen Beeinflussung des Schicksals verhelfen:

„‚Wie oben, so auch unten', ja. Deswegen funktioniert ja auch Astrologie, ja. Dass du eben halt praktisch sagst: Ich, ich nehm' jetzt die Sterne als Anzeigeinstrument für, (--) ja, für das eigene Leben, ja. Und, ja. Und, und eben praktisch das eine zu, also, praktisch zu sehen, wa-, warum sind die Dinge SO, wie sie SIND, ja. Das is' irgendwie ein PASSIVES Prinzip, ja. Wo 's, wo 's auch nicht darum geht jetzt, jetzt Mitleid zu haben. Sondern einfach zu seh'n o.k, ähm, (--) wa-, warum sind die Dinge einfach so, ja. Aber ich mein, ähm, dann muss es natürlich schon noch weiter geh'n, für MICH, ja. Zu sagen o. k., und wie komm' ich da raus, ja" (25/13ff).

Ihre Gedanken zum Prinzip des „Annehmens" zielen also darauf, unveränderliche Dinge, die „sind wie sie sind", innerlich akzeptieren zu können, um im Anschluss doch aus diesen „raus" zu kommen. Es ist der Versuch, ein passives Prinzip anzuwenden, das trotzdem auf eine Änderung der subjektiv empfundenen Realität hinauslaufen soll. Mehrmals spricht sie von der Strategie des Passiv-Werdens, wodurch sich die Dinge von selbst verbesserten. Passiv-Werden verbindet sie auch mit der Thematik des Loslassen-Könnens.

Sie beschreibt sich selbst als einen Menschen, der angstbesetzt war. Die Arbeitswelt arbeite mit einem System von Druck und Angst (32/31), worauf sie mit Anpassungsbereitschaft und Übereifer reagiert habe. Auch ihr Privatleben war geprägt von Angst und Selbstunsicherheit (30/30f), was sie zu einem zähen Festhalten an scheinbarer Sicherheit führte: „Das wär ja das allerschlimmste gewesen in meinem Leben, dass mich jemand verlässt, und. Also, da hab' ich, ich hatt' 'n sehr TREUEN Mann, ja. Und ich bin manchmal heulend nachts aufgewacht, weil ich geträumt hab, er verlässt mich, und. Also, äh, ja. Also, wo ich mir eh schon was ganz, ganz Solides, Sicheres gesucht hab, ja. Und trotzdem, diese Ängste waren da" (30/23ff). Ergänzend zu diesem Ringen um Halt verspürte sie oft den Wunsch, sich auf „Abenteuer [...] einlassen" (30/29ff) zu können, was sie jedoch nie wagte. Es hätte den Verlust der umkämpften Sicherheit bedeuten können und hätte Selbstvertrauen erfordert.

Unter „Loslassen" können versteht Mona weitestgehend „sich einlassen zu können".

„Ja, und das ist einfach so 'n, so 'n Prozess, wo ma' einfach lernt die, die ganzen Dinge loszulassen, die einen krank machen, ja. Oder auch so, ähm, auch zu sehen, das mit meinem Exmann, des halt einfach. Also, des war schon einfach, ähm, der wichtigste Mensch in meinem Leben. Und ich wollte des unbedingt, irgendwie. Und, äh, ja, und des zu lernen, langsam loszulassen und mich, äh, auf andere Dinge einlassen, und hm. Nun ist es irgendwie schon 'ne Befreiung. Auch wenn man dann plötzlich sieht, es funktioniert, ja. Es, es funktioniert, diese ganzen Dinge, die ma' immer liest und, und wo ma' innerlich das Gefühl hat, ja, des, ja, irgend-, irgendwie fühlt sich 's richtig an, ja. Aber ma', man traut dem nicht, ja. Weil man dieses Urvertrauen verloren hat, ja. Und, ähm, ja. Und ich hab, ich bin mittlerweile ein ganz anderer Mensch. Also, und ich bin auch noch nicht hundert Prozent bei mir angekommen" (14/38–49).

Sie beschreibt, wie ihr verzweifeltes Festhalten an Sicherheit sie „krank" gemacht habe. Erst als sie diesen Versuch aufgegeben habe, „loslassen" und sich auf anderes „einlassen" konnte, bekam sie das Gefühl, zu sich selbst, ihren authentischen Gefühlen zu gelangen. Dies sei ein Gefühl der „Freiheit" gewesen. Das „Loslassen" bezieht sich also auf zu erreichende soziale Ziele. Der innere Versuch, diese zu erlangen, habe sie „krank" gemacht. Wenn sie sich „einlässt", so bedeutet es, ihren authentischen Gefühlen nachzugehen, was Selbstvertrauen und Zuversicht erfordert, da die soziale Anpassung verlassen werden muss, das Verhalten nach neuen Maßstäben auszurichten ist. Ihre zuvor unterdrückten Gefühle nennt sie einen „Teil" (30/30) von sich, den sie jetzt offen lebt. Da sie erfahren konnte, damit Erfolg zu haben („wenn man dann plötzlich sieht, es funktioniert"), schien der Weg als richtiger bestätigt. Ihr Ziel ist es, „hundert Prozent" bei sich selbst anzukommen.

Die Angst, die sie dazu brachte, wahnhaft an erreichten Gegebenheiten festzuhalten, die sich auch in Essstörungen äußerte, konnte sie, begleitet durch esoterische Lehren, abbauen. Sie nahm im Zuge ihrer Veränderung zu einem neuen Leben 24 Kilogramm ab (19/8), wodurch sich ihr Selbstbewusstsein verbesserte. Sie führt nun erfüllende Liebesbeziehungen und bekommt positive Resonanz von Männern, was sie allein ihrem veränderten angstfreien Auftreten zuschreibt:

„Hab' ich früher auch schon mal gemacht und so. Und da guckt ma' halt so rum und dann sieht man halt so, ähm. Da is' zum Beispiel so ein Typ, der. Den fand ich schon immer, weil der hat so 'ne Lebendigkeit ausgestrahlt und so, und. Den fand ich schon immer toll, ja. Aber kein Drandenken, ja. Also, wenn der mich früher angesprochen, also, mal abgesehen davon, dass DER mich nie wahrgenommen hätte, ja. Oder HAT, weiß ich ja inzwischen auch, ja [...]. Und [...], diese Ängste waren da. Weil des halt mein Prinzip is', ja. Und, ähm. Und dann schaut ma' halt so diese Typen da von ferne an und denkt sich: So, wau, Abenteuer und irgendwie. Es is' schon 'n Teil von dir, mh, mh, was ma' noch sucht, ja. Und, aber du traust dich einfach nicht. NIE und nimmer würdest du dich einlassen können auf den, ja. Und, JA, und dann, ähm, machst du so deine ersten Schritte. Oder, oder, oder, oder liest halt, beschäftigst dich, ähm. Dann fällt dir immer mehr auf. Dann denkst du: Ja, klar kann das so nicht funktionieren wie du 's bisher gemacht hast, ja. Und schon ändert sich was hier oben, ja. Und, ähm, dann ändert sich immer mehr, ja. Und irgendwann, ja, lauf ich diesem Typen entgegen. Also, mh, mh, wir begegnen uns, ja. Und fallen uns fast in die Augen, ja. Und also, des also, mit den Augen ineinander. Und, ähm, und plötzlich nimmt er mich WAHR, ja [...] er nimmt mich plötzlich WAHR, und ich hab' keine Angst mehr, mich drauf einzulassen, ja. Und, ähm, ja. Und es is' halt, und, und damit, ähm, hab' ich halt auch die Chance, andere Dinge zu erleben, ja. Und weil ich halt auch nich' mehr, zum Beispiel, mit diesen, ähm. Also, ich, ich mach zum Beispiel auch keine Pläne mehr groß, ja. Also, ich hab' mich jetzt angemeldet für 'n Kurs im November, ja. Des is', aber auch nur, weil ich ganz sicher weiß, dass ich den machen will, ja. Ansonsten weiß ich kaum, was ich nächste Woche mach', ja. Also, ich, ich hab' diesen Fünfjahresplan nich' mehr, ja [...], ich, ich kann halt so im Augenblick leben. Und, und das is' so, weil, weil du des dann auch genießen kannst. Mit allen Sinnen und, ähm, ja" (30/15–50).

Ihre Liebesbeziehungen gelängen heute besser, weil sie Mechanismen überwunden habe, welche sie als „Überlebensprogramme" gelernt habe, die aber dysfunktional seien. Sie gibt ein ausführliches Beispiel eines solchen Programmes:

„Früher war'n 's dann, also, nur mal, um ein kleines Beispiel zu machen, ähm, dass ich mir gedacht hab, ähm, ja, ich also, so ein Unzufriedenheitsprogramm, ja. Dass man sich denkt, ach, ich möcht jetzt irgendwie gern in Arm genommen werden, ja. Und dann passiert das nich', ja, und dann denkt man sich, ngngngn (leichtes Zetern, Meckern), hätt' er jetzt aber auch, ja. Und dann is' irgendwie, so, dann, dann, dann, dann sieht man nur so das, was NICHT ist, ja. Und, und, und diese Unzufriedenheit is' da. Und dann wird man irgendwie KOMISCH, ja. Und dann fragt der andere: ‚Ja, was ist eigentlich los mit dir?' Und dann mag man schon gar nix SAGEN, und weil man ja schon weiß, das ist 'n Scheiß. Und dann, dann wird das immer größer, ja. Und frisst immer mehr, ja. Und, und, und einfach diese Mechanismen mal zu sehen, wie die, wie die laufen. Und, und dann einfach auch, wenn man in die, ich mein, das sind auch Überlebensprogramme, ja, die man von, seit Kindheit an HAT, ja" (15/5–17).

Es handelt sich also um innere Bedürfnisse nach Nähe, Zärtlichkeit, die dem Partner nicht mitgeteilt werden und in der Folge zu Unverständnis und Unzufriedenheit führen. Dieses Nicht-Mitteilen ihrer Bedürfnisse sei ein Mechanismus, den sie von Kindheit an gelernt habe. Diese Unterdrückung des inneren Bedürfnisses nach Nähe nennt Mona „Unfreiheit".

„Und, aber, wenn man einfach mal sieht, wohin führt das, und welches Ergebnis hat des, ja. Nämlich, dass jeder unfrei ist. Dass ich andere Leute bevormunde mit meiner Launenhaftigkeit, und dann einfach zu erkennen: Ja, er würd' ja gern, ja. Nur, ich lass' ihm ja gar keine Chance, ja" (15/20–23).

Das Nicht-Aussprechen innerer Gefühle führt zu unerfüllten Bedürfnissen, die sich in Ärger ausdrücken. Mit einem ehrlichen Eingestehen eigener Gefühle auch vor Dritten würde sich eine Chance auf erfüllende Interaktion eröffnen. Dahin möchte Mona sich entwickeln:

„Und dann, irgendwie zu sagen: o. k., ich will das nicht mehr. Ich mach das anders. Ich ändere jetzt meine Haltung, im Prinzip, ja. Und des, und dann passiert Folgendes, ja. Dann denkst du dir das vielleicht am Anfang immer noch. Ach, ich möchte jetzt gern in Arm genommen werden, oder so. Aber wenn 's dann nich' passiert, ja. Dann is' es auch nich' schlimm. Also, dann ist es einfach, du, du schaffst es auch. Oder, oder vielleicht geht es dann irgendwie los mit dieser Grantelei, ja. Aber dann merkst du 's schon, während dieses Programm hochläuft, was jetzt passiert, ja. Dann kannst du einfach sagen: Nein, stopp, will ich jetzt nicht, mach ich jetzt nicht, ja. Und, und damit, ähm, ja, wird auch der andere freier, ja. Und, und, und, und dann passieren plötzlich so Dinge, ja. Dass, dass du dir denkst: Ach, das wär' jetzt schön, in Arm genommen zu werden. Und du wirst in Arm genommen. Genau in dem Moment, ja. Weil 's einfach nicht mehr 'ne Forderung is', oder eine we, weil, weil, weil ich halt gelernt hab', nich' mehr, ähm, mein Außen verantwortlich zu machen dafür, dass es mir gut geht, ja. Oder, mir auch die Dinge holen kann inzwischen" (15/23–37).

Mona hat gelernt, die gewohnten Verhaltensmuster zu durchbrechen und ehrlich und reflektiert mit ihren Gefühlen umzugehen, auch anderen gegenüber. Dadurch, dass die Kommunikation über die Wünsche und Bedürfnisse eröffnet wird, ist eine Erfüllung möglich. Sie sorgt für sich selbst, sie kann sich mittels ihrer neuen inneren Selbst-Bewusstheit das aus der Umwelt „holen", was sie möchte. Dieser neue Umgang mit sich selbst und ihren Gefühlen sowie das offene Herantragen ihrer eigenen Bedürfnisse an andere führt auch in anderen Interaktionen zum Erfolg.

„Oder, also, und, und des sind so ganz, ähm. Also, da kann ich jetzt drei Tage erzählen und Beispiele bringen. Das sind so, ähm. (-) Ja, das sind so ganz viele kleine Dinge wo, wo man dann einfach auch merkt, ja. Wenn man einfach Vertrauen hat in den Lauf der Welt, ja, und, und mir, mir kann nicht wirklich was Schlechtes passieren, ich, also, man kann immer mutiger werden, ja. Man kann, ähm, man lernt plötzlich Menschen kennen, die, die einen puschen, in eine gewisse Richtung, ja. Die, die genau das sind, was man will, und, ja" (15/37–44).

Der Mut, ihre Gefühle offenzulegen, ist für sie gepaart mit der Voraussetzung, Vertrauen in die Welt und ihre Zukunft zu haben. In ihrem früheren Leben unterdrückte sie eigene Gefühle, um eine weitestgehende soziale Anpassung an äußere Anforderungen zu erreichen. Diese war von der Angst geprägt, ansonsten nicht in der Welt bestehen zu können. Ihr neues Verhalten wird von dem Glauben getragen, dass sie trotz ihres nun „eigenwilligen" Verhaltens in der Welt angenommen werden wird. Ohne dieses Zutrauen, dass ihr neues Verhalten gelingen wird, würde sie nicht wagen, es überhaupt zu versuchen. Durch die Bestätigung von Dritten wird der Erfolg dieses Weges bestärkt und Vertrauen in das Gelingen erweitert.

Das Aufbrechen derartiger „Programme" (4/7; 10/4; 14/28; 16/51) und „Muster" (14/27; 16/48; 21/32), die sie auch in anderen Lebensbereichen wie der Arbeitswelt behindert, „unfrei" gemacht hätten, sei Ziel ihrer astrologischen Tätigkeit.

„Und, und ich betreib des [Astrologie; CB] aus 'nem, aus 'ner andern Sicht heraus. Also, weil ich einfach halt gemerkt habe, ähm. Also, wie viele Dinge, oder so Uraltprogramme, ma' so in sich hat, die einen so unfrei machen. Und ich will des nicht mehr, ja. Also, ich will, äh, für mich ist die Astrologie der Weg in die Freiheit, ja. Und das ist auch, was, was ich mit meinen Beratungen machen möchte. Ich möchte, ich möchte die Menschen befreien. Und, äh, funktioniert auch" (10/2ff).

Ihre erträumte Welt ist eine, in der jedeR er/sie selbst sein darf, ohne durch den Normierungsdruck des Arbeitsalltags gezwungen zu werden, die eigenen Gefühle zu verstecken.

CB: Hast du so 'ne Vision, wie die Welt aussehen könnte? Wie die Menschen zusammenleben könnten einstig?

M: Ja. Ja, als Individuen wo, ähm, äh. (---) Wo, wo jeder er selbst sein darf. Wo, (---) wo jeder sich zu dem entwickeln darf, was er IS'. Ohne an irgendwelchen Normen gemessen zu werden. Und, ähm, wo, wo, wo jeder auch seine, seine Freiheit hat und des trotzdem in 'ner Gemeinschaft is', wo sich die Dinge zusammenfinden. Und, äh, ähm. (---) Ja, und wo 's einfach dann. Ja, was dann 'ne wirklich starke Gemeinschaft is', einfach auch. Und das is' und, und wo (--) sich die Menschen in Liebe begegnen, ja. Und nicht in, in, in diesen destruktiven Geschichten. Aber des is' halt, des is' vielleicht der Grund, warum ich immer unterscheide zwischen der NORMALEN Welt, und der, in der ich mich bewege, ja. Weil, weil diese normale Welt, oder Arbeitswelt, ja. Die basiert auf dem System von Druck, ja. Und die basiert auf Angst, ja. Und die basiert auf, ähm, wenn du nich' heute das tust, was ich will, dann hast du morgen kein Job mehr, ja. Ja, und dann schau zu, wie du deine drei Kinder und deine Frau durchfütterst, ja. Und, es is' mir scheißegal, ob du deine Eigentumswohnung abzahlen kannst, ja. Ähm, und wenn du morgen nich' nach Berlin umziehst, ja, dann bist du sowieso gefeuert, ja. Und, ähm, und des is' halt leider die normale Welt, ja. Und die Welt, wo, wo, wo ich leben will, die funktioniert anders, ja. Dass, dass man sich eben frei macht von diesen Angstmechanismen, und, und. Ich mein', das schafft man nie hundert Prozent, ja. Aber dass ma' halt einfach. Ja, dass einfach jeder, ähm. Also, ich weiß nich', ich hab, ähm, diese Utopie (25/31–51).

Es ist die von Adorno in *Minima Moralia* beschriebene und ersehnte „emanzipierte Gesellschaft", die hier aufscheint: „Den besseren Zustand aber denken als den, in dem man ohne Angst verschieden sein kann" (Adorno 1951/2001, S. 182f). Nicht mehr eingesperrt in Zwangsmasken von Rollen, erzwungen durch die Nivellierung und Anpassung zur optimalen Verwertbarkeit bei jederzeitiger Vergleichbarkeit und Ersetzbarkeit.

Monas Ausleben ihres „eigenen Selbst" gelingt jedoch derzeit nur um den Preis des Rückzugs aus zentralen Teilen ihrer bisherigen Alltagswelt, aus Beruf und Ehe. Der Aufbau einer positiven Zukunftserwartung und von persönlichem Zutrauen verlangt von ihr, negative, angstinduzierende Ereignisse auszublenden, zu nivellieren oder umzudeuten. Dies geschieht mit einer weiteren Dimension dessen, was die Strategie des „Annehmens" für sie bedeutet. Annehmen – zuvor im Sinne von „Zulassen" ihrer authentischen Gefühle gebraucht – erstreckt sich in dieser Dimension auf das Akzeptierenkönnen von Geschehnissen in der Welt, ohne sie als negativ und bedrohlich wahrzunehmen.

Annehmen der Welt, wie sie ist

Astrologie ist für Mona ein Weg zur Befreiung; durch Astrologie kann sie den vorgezeichneten Weg erkennen, der sie zur Befreiung führt. Aufgaben und Probleme, denen Menschen begegnen, gründeten in einem „Auftrag"

(17/10; 23/32), der vorgeburtlich entschieden sei. Die „Seele“ (22/50) habe sich ihr „jetziges Leben“ (21/28) auf vorgeburtlicher Ebene „selbst ausgesucht“ (17/11). Mittels Astrologie könne dieser Weg entschlüsselt und gegangen werden. Dies beinhaltet, Widrigkeiten als Aufgaben zur spirituellen Reifung zu begreifen, denen die Seele aufgrund eigener Ursache ausgesetzt ist. Es gehe um die „Annahme“ der Realität. Hier grenzt sie sich auch von anderen Astrologen ab, die meinten, mit der Astrologie ein Mittel der „Macht“ (9/46) über das Schicksal gefunden zu haben. Ihnen ginge es lediglich darum, „'s Schicksal zu bescheißen irgendwie, ja. Also, mit dem geringstmöglichen Aufwand, ja. Dich da irgendwie durchzumogeln“ (9/50f). Sie hingegen wolle den Weg annehmen und gehen, der ihr vorgezeichnet sei.

„Du wirst in 'ne, in 'ne Umgebung geboren, die, die DES IS', was du BIST, ja. Wenn du halt einfach in (Räuspern) in, in dein, dein, dein Leben nur, sag ich mal, mordest, betrügst, raubst, stiehlst, wie auch immer, ja. Ähm, Leute unterdrückst, oder wie auch immer. Dann, ja, dann, dann, und, und, DICH (Räuspern) deine, deine Seele, ja, entsprechend auflädst, ja. Dann, dann kannst du auch nur an solche Bedingungen wieder kommen, ja“ (22/46ff).

Die Annahme des Bestehenden wird dadurch erleichtert, dass herkömmliche moralische Kategorien in ihrer Bedeutung relativiert werden. Jede moralisch schlechte Handlung werde sich zudem in einem späteren Leben ausgleichen. Damit wird eine übergreifend wirkende, kosmische Gerechtigkeit unterstellt, die davon befreit, selbst für sie eintreten zu müssen. Jedem Menschen widerfahre nur das, was er zu seiner seelisch-spirituellen Reifung benötige, weshalb sozialreformerische Ansätze nicht in ihr Weltbild passen: „Da, da muss man sich vom Denken, also, um solche Dinge zu begreifen, ja, muss, muss man sich von, von, von, von solchen Denkmustern wie Chancengleichheit oder, ja, ähm, Gerechtigkeit, ähm, oder ‚so darf es doch nich' sein‘ oder ‚das is' ja furchtbar‘, da muss man sich lösen, ja. Weil, weil 's einfach, es, es geht nur darum: Wie, wie IST es, ja“ (24/6ff). Es geht ihr nicht um ein Eingreifen in die Welt, sondern um das widerspruchsfreie Annehmen der bestehenden Zustände. In Bezug auf Kinder, die in Slums aufwachsen, meint Mona:

„Wie finden sich Dinge zusammen als, als und, und. Das is' einfach ein, ein, ein, ein, mh, mh, ja, ein Resonanzprinzip, ja. Wo des, was die, weißt du, vielleicht, vielleicht, ähm, stirbt das Kind in fünf, nach fünf Jahren, ja, aber vielleicht hat das, hat diese Seele in den fünf Jahren eine Erfahrung gemacht, die es weitergebracht hat, ja. Das sind irgendwie, ähm, und, und, und vielleicht kommen die nie über ihren Müllberg hinaus, ja, machen aber trotzdem in ihrem Leben die Erfahrungen, die sie suchen, ja“ (24/12ff).

Diese explizit gesellschaftspolitischen Aussagen traf Mona lediglich aufgrund meiner Nachfrage. Aus dem Verlauf des Interviews ist zu schließen, dass sie den Kernbereich ihrer Spiritualität, wie sie ihn mir gegenüber als bedeutend darlegte, zunächst lediglich in ihrem eigenen Leben und ihrem sozialen Nahbereich verortete. Die gesellschaftspolitischen Aussagen traf sie jedoch ebenso bestimmt und gefestigt, wie sie ihr eigenes Leben nach esoterischen Geltungsregeln auszulegen bereit ist. Trotzdem schränkt sie ihre Aussage, die Slums betreffend, dahingehend ein, dass sie nicht so verstanden werden möchte, „dass ma' alle in den Slums belassen soll. Weil die haben sich 's ja so ausgesucht" (24/18). Sie fügt eine abschließende Erklärung zu dem Widerspruch hinzu, wonach sie „das Ganze [...] aus einer Sicht der Freiheit" betrachte, „und da gehört des auch dazu" (24/27f). Damit wechselt sie wieder auf eine Ebene persönlicher Erzählung. Die herkömmlichen Kategorien von Gut und Böse werden also nicht aufgehoben, sondern lediglich in ihrer Bedeutung relativiert – sei es, weil die Vergeltung sicher scheint oder weil sie individuell karmisch gewünscht seien. Der Bezug zur Realität bleibt dennoch vorhanden, wenn Mona sich rechtfertigt, Slums keinesfalls als schöne Lebenserfahrung dargestellt haben zu wollen. Da aber Leid zu ihrer esoterischen Entwicklungsvorstellung gehört, sind auch Slums in gewisser Weise vertretbar. „Nichts gefällt dem Bestehenden besser, als dass das Bestehende als solches Sinn sein soll" (Adorno 1951/2001, S. 469). In dieser Weise dient Monas Ansicht der Sakralisierung des Bestehenden.

Da Monas hauptsächliches Anliegen aber die Neubewertung eigener Lebenserfahrung und der Umbau ihrer persönlichen Lebensrealität ist, scheint die Frage nach der Bewertung von Slums nicht vordringlich zu sein. Sie zählt lediglich in den Bereich, sich mit der Welt abzufinden, wie sie ist, und spielt in ihren Gedanken, wie alles Gesellschaftliche, lediglich eine randständige Rolle.

Die von mir evozierte Passage beweist jedoch, dass sie jederzeit bereit und in der Lage ist, ihre esoterische Theorie auf ihre allgemeine gesellschaftspolitische Sicht auszudehnen. Ihre einschränkende Bemerkung am Ende relativiert die Unbill der Welt und macht sie im Dienste der Richtigkeit des „großen Ganzen" annehmbar. Sie zeigt jedoch den Versuch, weltliche Bewertungsmaßstäbe nicht völlig außer Acht zu lassen. Dies ist Mona wichtig. Sie teilt die Welt in zwei verschiedene Realitäten auf, in die „reale" und die esoterische „Gegenwelt" (32/24). „Gegenwelten, die 's gibt, ja" (32/24) und Menschen wie sie seien bereit, „diesen anderen Weg zu gehen in unserer Gesellschaft" (32/25). Sie schildert ihre Erwartungen für die reale Existenz in düsteren Prognosen: „Was ich halt einfach sehe für, für Deutschland [...], so geht des nicht weiter. So kann das nicht funktionieren" (31/32ff). „Und, und ich hab' mir schon, ich hab' mir schon vor zehn Jahren gedacht, so geht das nich' weiter, ja. Und 's geht immer weiter. Und 's wird immer schlimmer, ja. Und, ähm, und, ich weiß nich', wie lang das noch so geht, keine Ahnung. (4 sec)" Der Grund läge in einer astrologischen Zwillingskonstellation, welche verursache, dass wir „dominiert werden von

Technik, von Funktionen. Also, dass jemand, der am weitesten weg ist vom Leben in unserer Gesellschaft, das meiste Geld kriegt" (26/22ff). „Irgendwelche Börsenmakler [...] Konzernmanager [...die] die Bodenhaftung verloren haben" (26/29ff) führten derzeit die negative Entwicklung an. Die negative Tendenz werde sich allerdings verschlimmern, um dann von selbst einen Wandel zum Besseren zu vollziehen: „Des dauert einfach noch seine Zeit" (26/42), „ich glaub', manche Sachen werden auch noch gravierender in der gesellschaftlichen Entwicklung. Einfach vom, vom Lauf der langsamen Planeten her. Also, wenn, wenn Pluto dann in den Steinbock kommt und solche Geschichten" (26/44ff).

Um trotz all dieser verheerenden Prognosen positiv gestimmt zu bleiben, offen in die Zukunft zu blicken und freudvoll leben zu können, benötigt Mona ihre zweite Realität: „Also, jetz' auch nich', dass ich 'n pessimistisches Weltbild hab, ja. Also, des is', ähm. Aber des is' halt auch mit 'n Grund, warum ich unterscheide zwischen (-) der normalen Welt und meiner Welt" (32/43–50). Um nicht pessimistisch zu werden, benötigt sie eine Gegenwelt, die Mut macht, dass die Zukunft trotz aller Prognosen verheißungsvoll sei. Da es ihr aber darum geht, im Hier und Jetzt positiver leben zu können, „glücklicher" zu sein (21/42), genügt die Zukunftsperspektive nicht.

Sie habe durch Esoterik gelernt, Vertrauen in die Zukunft zu haben: „Vertrauen in den Lauf der Welt, ja, und, und mir, mir kann nicht wirklich was Schlechtes passieren" (15/40). Sie habe ihre Zukunftsangst überwunden, die sie früher gequält habe, mache „keine Pläne mehr groß" (30/43), kann „so im Augenblick leben" (30/48). Ihre esoterische Gewissheit, dass der Lauf der Welt zum Guten hin gesichert sei und auch sie darin einen festen Platz einnehme, gibt ihr Stabilität. Damit erfüllt Esoterik für Mona jene Funktion, wie sie im attributionstheoretischen Ansatz beschrieben wird: Sie erfüllt das Bedürfnis nach Sinn, ermöglicht die Aufrechterhaltung eines positiven Selbstkonzepts und unterstützt eine Ausdeutung weltlicher Gegebenheiten in dem Sinn, dass die Hoffung auf positive Wendung plausibel erscheint (Spilka/Hood/Gorsuch 1985, S. 23; vgl. Kap. I.2).

Mona ist es allerdings wichtig, in beiden Welten leben zu können, in der esoterischen wie der realen. „Also, ähm, wenn, wenn du diesen Weg gehst, ähm, also, [besteht] die Gefahr, dass du abdriftest, ja, nur noch in diesen Welten lebst, ja" (14/22f). Ihr geht es darum, ihr reales Leben zu verbessern, genießen zu können, das erlangte positive Selbstkonzept zum erfolgreicheren Agieren mit der diesseitigen Welt zu nutzen. Sie möchte „anders" werden, „im Augenblick leben [...] weil du des dann auch genießen kannst. Mit allen Sinnen" (30/48f).

Zusammenfassung aus identitätstheoretischer Sicht

Mona nutzt esoterische Überlegungen für ihre Biographie- und Identitätsarbeit. Sie deutet mit esoterischen Theorien ihre Vergangenheit sinnvoll aus, stellt für sich subjektiv eine positive Zukunftserwartung her und baut ein positives Selbstkonzept auf.

Gemäß Sundéns Rollentheorie ermöglicht die esoterische Ausdeutung ihrer vorherigen Teilidentität Arbeit, diese Teilidentität mit neuem Rollenverständnis wahrzunehmen (Sundén 1966; vgl. Kap. I.2). Der Referenzrahmen der Ausdeutung ändert sich, Erfolg oder Misserfolg wird nicht länger nach weltlichen Bewertungsmaßstäben als negativ wahrgenommen, sondern in Form spiritueller Reifeaufgaben als Teil des Lebensplanes verstanden. Ähnlich einem *kognitiven Reappraisal* (nach Lazarus) werden dabei die Bewertungsmuster, die einer Herausforderung zugrunde liegen, abgeändert. Durch die Neubemessung ihrer damaligen Tätigkeit als einer durch den Kosmos vorherbestimmten Aufgabe erhält ihr Tun im Nachhinein Sinn. Der Sinnverlust, der während der Arbeit entstand und in der Umbruchphase ihres Lebens massiv wirkte, wird dadurch nachträglich kompensiert und eine Neubewertung der eigenen narrativen Identität wird ermöglicht.

Das neue Selbstkonzept basiert auf der Hervorkehrung ihrer inneren Befindlichkeit und ermöglicht ihr ein „authentisches" Leben, in dem das idealisierte Selbstbild im Einklang mit dem gelebten Selbstbild steht. Dies ermöglicht ihr eine lustvollere und zufriedenstellendere Lebensweise. Esoterische Theorien unterstützen sie durch die Annahme einer überzeitlichen „Seele", die als authentisch gefühlte Identitätsanteile enthalte. Der Preis, den sie für die Realisierung ihres Selbstkonzepts zahlt, ist zum einen der Ausstieg aus konventionellen Teilidentitäten wie Arbeitsleben und Ehe, zum anderen der Aufbau eines Paralleluniversums, das reale Gegebenheiten verleugnet, negative Erscheinungen rechtfertigt und sakralisiert. Negative Entwicklungen erhalten in dieser Welt mittels Reframing eine neue Bedeutung und schmerzen nicht mehr. Ihre Hoffnung auf ein besseres Leben verlegt sie in die esoterische Community, in der sich ein nicht-entfremdetes, echtes gemeinschaftliches Zusammenleben realisieren lasse. Nur partiell erfolgt die Ausdehnung ihres neuen Lebensgefühls und Selbstbewusstseins auch auf nicht-esoterische Bereiche.

„Der reale Aberwitz wird abgebildet vom astrologischen, der den undurchsichtigen Zusammenhang entfremdeter Elemente – nichts fremder als Sterne – als Wissen über das Subjekt vorbringt. [...] Dass alle prospektive Opfer eines Ganzen sind, das bloß von ihnen selber gebildet wird, können sie ertragen nur, indem sie jenes Ganze weg von sich auf ein ihm Ähnliches, Äußerliches übertragen. In dem jämmerlichen Blödsinn, den sie betreiben, dem leeren Grauen, dürfen sie den ungefügten Jammer, die krasse Todesangst herauslassen und sie doch weiter verdrängen, wie sie es müssen, wenn sie weiter leben wollen" (Adorno 1951/2001, S. 467).

In Monas Reflexionen werden weltliche Ursachen und Zusammenhänge zurückgedrängt zugunsten übersinnlicher Begründungen und Sinnzusammenhänge. Die zentrale Auseinandersetzung mit den Qualen des Berufslebens wird in Monas esoterischem Denken auf metaphysische Gegebenheiten übertragen, neu etikettiert und entzieht sich so weltlicher Reflexion und Änderbarkeit. Die Apologetik des Bestehenden sieht der Gefahr ins Auge, verdrängt sie jedoch mit Hilfe von *Reappraisals*, welche die Bedeutung negativer Erfahrung in entwicklungsbedingte Notwendigkeiten wenden.

An der gesellschaftspolitisch entscheidenden Stelle des Selbstverlustes durch den Arbeitsalltag wird eine individuelle Lösung vorgezogen, die das Innere neu strukturiert und sich – da durch soziale und finanzielle Lage möglich – aus dem als quälend empfundenen Alltag zurückzieht.

„Der Bruch in der Lebenslinie, der einen lauernden Krebs indiziert, ist Schwindel nur an der Stelle, wo er behauptet wird, in der Hand des Individuums; wo sie keine Diagnose stellen, beim Kollektiv, wäre sie richtig“ (Adorno 1951/2001, S. 467).

3 ELVIRA BÖHM: MIT 40 KAM DER GROSSE WANDEL

Elvira ist 55 Jahre alt, Single und lebt in einer süddeutschen Großstadt. Das Interview entstand im April 2007 in ihrer Wohnung.

Sie ist gelernte pharmazeutisch-technische Assistentin. 20 Jahre arbeitete sie in einer Apotheke. Sie hatte einen langjährigen Lebenspartner, mit dem sie gemeinsam in linksgerichteten Zusammenhängen politisch aktiv war. Retrospektiv beschreibt sie sich in dieser Zeit als unglücklich (11/16), traurig (11/6) und unfähig, etwas „in die Wege zu leiten" (2/17). Sie sei sich „selber im Weg gestanden" (11/16). Auch in der Partnerschaft war sie nicht glücklich (2/20). Nach außen hin gab sie ihren unglücklichen inneren Zustand nicht zu erkennen, wie sie berichtet (2/21f).

Im Alter von etwa 40 Jahren begann der „große, totale Wandel" (10/29; 11/23) in ihrem Leben. Sie verließ ihren alten Beruf, „weil ich g'wusst hab, i' kon no was anders" (11/26), absolvierte eine Umschulung zur Logopädin und arbeitet seitdem als Angestellte in einer logopädischen Praxis. Zur gleichen Zeit begann sie eine Gesprächstherapie, fing an, Yoga und Sport zu treiben, belegte Kurse an der Volkshochschule und begann, Theater zu spielen. Auch esoterische Erfahrungen wurden zu dieser Zeit wichtig. Sie besuchte Familienaufstellungen und Selbsterfahrungskurse mit bioenergetischen Methoden sowie eine Encounter-Gruppe[45] (11/30ff). Seit langen Jahren singt sie zudem in einem Chor.

Etwa 2002 besuchte sie das Seminar *Heilsames lauschendes Singen*, das eine Art Initialzündung für ihr weiteres Leben gab. Elvira Böhm beschreibt diese Methode als spirituelle Heilwerdung. In der Folge besuchte sie eine eineinhalbjährige Ausbildung zum Psychoresonanztrainer mit der Stimme bei Kursleiter Karl Adamek. Heute leitet sie in ihrer Heimatstadt die entsprechende regionale Gruppe.

Da Elvira Böhm bekundet, dass Karl Adamek als Person und Lehrer sie stark geprägt hat und er ihr sehr wichtig war, sie zudem eine Regionalgruppe von *Il canto del mondo* in seinem Sinne leitete, können die in dem fol-

---

45 Encounter ist ein erlebnis- und gruppenorientiertes Verfahren, das in dem aufkommenden Boom von Selbsterfahrungsgruppen in den 70er Jahren Verbreitung fand. Die Ursprünge gehen zurück auf die humanistische Psychologie. Ziel ist es, eigene Gefühle sowie die der Gruppenmitglieder deutlicher wahrzunehmen. Spontane und ungehemmte Gefühlsäußerungen in der Gruppe sollen zu einem offenen Umgang mit Gefühlen beitragen. Die Reflexion basiert auf dem Feedback der Gruppenmitglieder.
Prämissen der Encounter-Gruppen sind:
- Arbeit im Hier und Jetzt (kein biographischer Ansatz)
- Ehrlichkeit, Aufrichtigkeit in der Selbstwahrnehmung und Mitteilung der Gefühle
- In „Ich"- und „Du"-Form sprechen, nicht „man" und „der dort"

genden ausführlichen Exkurs geschilderten Ideen Adameks als theoretische Grundlage angesehen werden, auf der Elvira Böhm ihre spirituell-esoterische Religiosität ausformte.

Exkurs zur esoterischen Grundlage: Psychoresonanztraining

Laut seiner Homepage hat Karl Adamek (geb. 1952) das *Psychoresonanztraining mit der Stimme* zusammen mit Carina Eckes im Laufe der letzten 20 Jahre entwickelt. Es handele sich dabei um „Selbstentfaltung"; in Aussicht gestellt wird ein „Weg der Selbsterkenntnis, [...] der Tiefenentspannung, ein Weg zur Transformation von Trauer, Schmerz, Wut, Stress, [...] ein Weg der Meditation, der Wiederverzauberung des Alltags" (Adamek 2007a), durch den die eigene „Vitalität, Lebensfreude und Kommunikationsfähigkeit bedeutend [gesteigert] " (Adamek 2007b) werden könnten.

Selbsterkenntnis wird als Ziel genannt, ebenso Entspannung, um gegen negative Emotionen, Trauer, Wut angehen zu können. Höheres Ziel der Selbsterkenntnis sei, so Adamek in dieser Passage, Freude im Leben zu erhalten, Lebenskraft sowie, recht pragmatisch, den zwischenmenschlichen Austausch im Sinne der „Kommunikationsoptimierung" zu verbessern. Dazu sei allerdings ein innerer Weg von Nöten, den Adamek folgendermaßen beschreibt:

Lauschendes Singen meint, „mit unserem seelischen Feingefühl zu horchen und zu lauschen, um die eigenen und fremden ‚unerhörten' Anteile zu erhören, so dass sie integriert werden können, zugehörig werden" (Adamek 2007b).

Es geht also um Selbstfindung. Im Menschen wirkten *eigene* und *fremde* Anteile, die teils jedoch wirkten, ohne dem Menschen als zu ihm gehörend zu erschienen. Es wirkten also gleichsam als fremd empfundene Kräfte im Menschen, die in ihm seien und ihn mit steuerten, aber bislang unerkannt und unkontrolliert seien. Es gehe darum, sich dieser wirkenden Kräfte bewusst zu werden, im Sinne von sie „erhören", also sie wahrzunehmen und zu integrieren. Obwohl es fremde Kräfte seien, sollten sie nicht „herausgetrieben", ausgesondert, sondern bewusst angeeignet und zu einem Teil des eigenen Ichs gemacht werden. Ebenso gelte es aber, sich des anderen Teils, den „eigenen" Anteilen in der Person, gewahr zu werden. Jener Anteil sei ebenso bereits in uns, er solle bewusst erkannt und gelebt werden.

Singen *heilt* laut Adamek auf individueller Ebene. Und mehr: Ohne die Praxis des Singens sei Gesundheit nicht zu haben. Er legt großen Wert auf seine wissenschaftlichen Untersuchungen, mit denen er empirisch-psychologisch bewiesen habe, dass Singen eine „Lebensfunktion" sei, die „durch nichts zu ersetzen" sei, und bei deren Fehlen keine gesunde kindliche Entwicklung vonstatten gehen könne. Dieser Rekurs auf wissenschaftliche Theorien, welche die esoterische Praxis untermauern sollen, ist gängig in der esoterischen Bewegung (vgl. Kap. I.3; I.4). „Das Singen ist für die gesunde Menschwerdung und das gesunde Menschsein in seinen psychischen, physischen, sozialen und spirituellen Aspekten unersetzlich."[46] Im Wort „Menschwerdung" klingt anthroposophisches Vokabular an. Da Carina Eckes (mit der zusammen Adamek die Methode entwickelte) eine anthroposophische Musiktherapieausbildung durchlaufen hat (Adamek 2007d), kann diese Wortwahl als Hinweis auf anthroposophische Einflüsse auf ihr derzeitiges musikalisches Konzept verstanden werden.[47]

Weite Teile der Ausbildung zum Psychoresonanztrainer mit der Stimme nimmt das so genannte Meridiansingen ein. Dies sei eine Verbindung westlicher psychosomatischer Ideen mit chinesischer Heilkunst sowie buddhistischen, taoistischen und konfuzianischen Lehren (Adamek 2007c). Meridiane werden beschrieben als „zwölf Energiebahnen bzw. Energiesysteme des Körpers" (Adamek 2007c). Die Lebensenergie Qi müsse durch diese fließen; staue sie sich, entstünden „Energieblockaden" und der Mensch würde krank.[48] „Singen kann so ein Weg sein, psychische und physische Energieblockaden, die als gestaute Lebensflüsse krankhafte Prozesse verursachen, aufzulösen und die darin festgehaltene Energie wieder für die Lebensprozesse frei fließend zu machen" (Adamek 2007c). Jegliche psychische und physische Beeinträchtigung wird in diesem Satz zur Energieblockade des Qi umgedeutet, die durch richtig angewendete entsprechende esoterische Technik aufgelöst werden könne. Ursachen der Umwelt bzw. gesellschaftliche Ursachen existieren in diesem Denken nicht mehr. Eine Allmachtsphantasie herrscht, in welcher der Einzelne zum absoluten Herrscher über seine Wirklichkeit zu werden im Stande sei – vorausgesetzt, er kenne die richtige Technik, um die spirituell-kosmischen Gesetze für sich nutzbar machen zu können. Stenger fasste dieses Denken als eigenen Typus esoterischer Sinnherstellungsmuster: den so genannten *esoterischen (zweiten) Typus* (vgl.

---

46 „Das Singen ist für die gesunde Menschwerdung und das gesunde Menschsein in seinen psychischen, physischen, sozialen und spirituellen Aspekten unersetzlich, was die folgenden empirischen sozialwissenschaftlichen Befunde zeigen (vgl. Adamek 1996, Adamek und Blank 2007), die später durch neurobiologische Erkenntnisse bestätigt wurden" (Adamek 2007c).

47 In der Steinerschen Anthroposophie wird davon ausgegangen, dass die Geburt des Menschen in aufeinanderfolgenden Siebenjahresschritten erfolgt. Ein Kind sei noch kein kompletter Mensch. Erst nach der Geburt des physischen Leibes (bei der Geburt), des Äther- bzw. Astralleibes (7./14. Lebensjahr) werde mit 21 Jahren das „Ich" geboren (vgl. Steiner 1907).

48 „Krankheit wird in der chinesischen Tradition auch als ein Stau von Lebensenergie in den Energiebahnen erkannt. Die gestaute Energie muss bei der Behandlung wieder in den Fluss gebracht werden. Auch die Gefühlsebene ist ein Bereich, der im Fluss sein darf. Auch die Gefühle müssen sich beim gesunden Menschen ständig wandeln können. Es kommt vor, dass auch hier der gesunde Fluss ins Stocken kommt. Ein Festsitzen in bestimmten Gefühlen kann den Lebensvollzug stören und so pathogen wirken. Durch Singen kann der Mensch seinen ins Stocken geratenen Gefühlsfluss wieder ins Fließen bringen" (Adamek 2007c).

Kap. I.4; Stenger 1993, S. 124). Adameks Ausführungen erfüllen alle von Stenger für diesen Typ charakterisierten Punkte:

- Ein medizinisch-wissenschaftlicher Kontext wird angesprochen.
- Nicht etablierte, esoterische Erklärungen wie die Existenz eines „Qi" werden parallel dazu angeboten. Krankheiten resultierten aus einem Ungleichgewicht bzw. der Blockade des Qi.
- Die Kenntnis esoterischer Gesetzmäßigkeiten eröffne die Möglichkeit, das eigene Leben in der Hand zu haben, Macht und Sicherheit zu erlangen.

Der Wechsel zwischen definitorischer Ebene und Zielebene, wie Stenger ihn analysierte, ist auch in der folgenden Seminarbeschreibung Adameks deutlich zu finden. Es handelt sich um eine Beschreibung, wie das Meridiansingen in der Praxis funktioniere. Auf der Definitionsebene werden „Singen", physiologische Beschaffenheit und Arbeit des Zwerchfells, die psychologische Theorie des Unbewussten und eine psychoanalytisch anmutende Arbeit mit der Vergangenheit herangezogen. Auf der Zielebene kann sich, in einem esoterisch angedeuteten Kontext, dem/der potentiellen Seminarteilnehmer_in der potentielle Gewinn auf der Selbsterfahrungsebene erschließen, der laut Stenger in der Regel der eigentliche sei, der zur Teilnahme am Seminar veranlasse: Es geht um Heilung von tief sitzendem Schmerz, der einen „Lebensfluss" (Qi) verunmöglicht habe. Durch die Rückbesinnung, die (abermalige) Erfahrung von „Ursprünglichkeit", „Authentizität", könne mittels Schnellheilung „schon morgen" die Seele wieder geheilt und der Mensch dadurch klar und schaffensfähig sein.

„Zu Beginn steht immer ein spielerisches Anwärmen der Stimme durch Urlaute wie Stöhnen, Lachen, Juchzen, Jallern, Kichern, Rufen, Schreien. Das sind die Wurzeln des Singens. Alles soll dabei so geschehen, dass es angenehm ist und mit Leib und Seele als authentischer Gefühlsausdruck geschieht. So arbeitet das Zwerchfell aufgrund der emotionalen Beteiligung jenseits der bewussten Steuerung wie von selbst auf die richtige Art und Weise. Auch Weinen ist eine der Wurzeln des Singens und kann beim Singen manchmal wie von selbst scheinbar ohne bewussten Grund aus der Tiefe aufsteigen. Wir laden die Teilnehmer ein, falls ihnen Tränen kommen, zum einen immer tief durchzuatmen und weinend weiterzusingen und durchaus auch unverschämt zu klagen, ganz gleich, wie es sich auch immer anhören mag. Zum anderen weisen wir darauf hin, dabei möglichst die Augen geöffnet zu halten und mit sanfter Achtsamkeit gewahr zu bleiben, dass die Tränen wie ein heilsames Echo aus der Vergangenheit ins Jetzt fließen und dass die Ursache für den in die Wahrnehmung drängenden Schmerz selbstverständlich längst vorbei ist. Wir geben ihnen folgendes wirksame Bild zur leichteren Akzeptanz des Weinens mit auf den Weg: ‚Deine Tränen waren gefrorene Lebensflüsse, die durch die Wärme des Singens jetzt auftauen und in die vertrockneten Gebiete deiner Seele fließen, auf dass schon morgen dort frisches Grün sprießt.' Dieses Bild ehrt die Tränen und sie können in Würde solange singend geweint werden, bis eine neue Klarheit und Kraft eintritt" (Adamek 2007c).

Gesungen werden „mantrische Gesänge mit deutschen Texten", die sich thematisch auf die „aus der chinesischen Heilkunst überlieferten Themen der [...] Meridiane" beziehen. Die Lieder sind rhythmisch, harmonisch wie melodisch einfach aufgebaut und werden im Singkreis einstimmig chorisch gleichförmig wiederholt. Diese liturgischen Wiederholungen erzeugten laut Adamek beim Menschen eine tiefere Prägung als alltägliche Erfahrungen. Gleichzeitig eingesetzte Wahrnehmungsverstärker wie Gerüche und Farben „intensivieren die Erfahrung und unterstützen ihre nachhaltige Verankerung".[49]

Beispiel für den Text eines solchen Mantras ist das Lied *War doch friedlich*:

> „War doch friedlich, meint' es gut.
> Und auf einmal kocht die Wut.
> Halt jetzt alle Räder still,
> weil mein starker Geist es will.
> Trete einen Schritt zurück
> Und zerschlage nicht mein Glück.
> Lass der Wut nicht blinden Lauf
> Wandle um und baue auf."
> (Dauer: 40 sec) (Text vom Klangbeispiel abgehört; Adamek 2007e)

Die Passage „Halt jetzt alle Räder still, weil mein starker Geist es will" ist die Abwandlung einer Zeile aus dem 1863 von Georg Herwegh verfassten *Bundeslied für den Allgemeinen deutschen Arbeiterverein*, einem der ältesten und bekanntesten deutschen Arbeiterlieder. Das Lied beginnt mit dem der Arbeiterschaft vielfach entgegenschallenden Aufruf „‚Bet und arbeit', ruft die Welt", beschreibt dann Ausbeutung und Not der Werktätigen, um gegen Ende zu erklären, dass diese mittels ihrer Macht über die Produktion

49 Die dem NLP (Neurolinguistisches Programmieren) entstammende Technik der „Verankerung" meint das psychische Abspeichern einer positiven Erinnerung, die bei Bedarf mittels eines mit dieser Erinnerung verbundenen körperlichen Reizes wieder aufrufbar sei. Dazu werden im NLP einfache Techniken angewendet, z. B. soll das während einer Beratung durch angenehme Erinnerung hervorgerufene Glücksgefühl mittels einfachen Drucks an eine bestimmte Körperstelle, wie z. B. an das Knie, bereits verankert worden sein. Wie im gesamten NLP ist die diesem Verfahren zugeschriebene Wirksamkeit lediglich in Einzelfällen nachvollziehbar, en gros in dieser simplifizierten Anwendung jedoch nicht maßgeblich vorhanden. Die Auswirkung psychischer Erlebnisse auf das neuronale Netzwerk verläuft weitaus differenzierter als im NLP angenommen.

den Schlüssel zur Änderung der Verhältnisse in Händen hielten („Alle Räder stehen still, wenn dein starker Arm es will"):

> „Mann der Arbeit aufgewacht
> und erkenne deine Macht!
> Alle Räder stehen still,
> wenn dein starker Arm es will!
> Brecht das Doppeljoch entzwei!
> Brecht die Not der Sklaverei!
> Brecht die Sklaverei der Not!
> Brot ist Freiheit, Freiheit Brot!"
> (in: Adamek 1981, S. 98)

Die Verwendung eben jener Passage durch Adamek verweist auf seine Vergangenheit, in der er lange Jahre bundesweit aktiver gewerkschaftlicher Liedermacher und prominenter Sammler und Herausgeber von Liedern der deutschen Arbeiterbewegung war. So wurde beispielsweise 1981 ein bis heute in gewerkschaftlichen Kreisen benutztes Standardwerk mit Arbeiterliedern von ihm veröffentlicht (*Lieder der Arbeiterbewegung,* 1981).

In Adameks Umwandlung des Textes geht es ebenso um ein Nicht-mehr-einverstanden-Sein mit den Zuständen: Sie erzeugen Wut, obwohl man selbst alles „nur gut gemeint" hat. Auch im Arbeiterlied geht es um eine angestrebte Veränderung der Zustände, in diesem Fall mittels der aktiven Veränderung der Umwelt: Benutze deine Möglichkeiten, den „starken Arm", greife ins Werk der Produktion ein und bringe die Räder und Maschinen zum Stillstehen – Streik! In Adameks Version hingegen wird die Veränderung in Form einer „Wandlung" angepriesen. Der Mensch solle zurücktreten, sich vergeistigen; es geht um einen positiven Aufbau ohne Zerstörung, um die Möglichkeit einer geistig durch den/die EinzelneN eingeleiteten friedlichen Wandlung.

Ein weiteres Beispiel für die sinnveränderte Verwendung von Liedtexten aus der linken Bewegung durch Adamek stellt das „Meridianmantra" *So wie ein Baum* dar:

> „So wie ein Baum
> Einzeln und frei
> So wie ein Wald
> brüderlich sein.
> Hoch in den Himmel
> Frei zur Sonne hin
> Tief in die Erde
> Festverwurzelt steh'n."
> (Text des Liedblatts von Il canto del mondo/Adamek, das mir Elvira Böhm aushändigte; ebenso: Text vom Klangbeispiel abgehört; Adamek 2007e).

Diese Zeilen sind einem Gedicht des türkischen Dichters Nazim Hikmet entlehnt. Nach der Übertragung des Textes auf die Melodie des französischen Arbeiterliedes *Chiffon Rouge* fanden die Verse in der Interpretation von Hannes Wader Eingang in die bundesdeutsche gewerkschaftliche, linksalternative und sozialistische Bewegung der 1970er und 1980er Jahre:

> „Leben einzeln und frei
> wie ein Baum und dabei
> brüderlich wie ein Wald
> diese Sehnsucht ist alt.
> Sie gibt uns Halt, in unserem Kampf
> gegen die Dummheit den Hass die Gewalt.
> Ihr Gefährten im Zorn, ihr Gefährten im Streit,
> mit uns kämpft die Vernunft und die Zeit [...]"
> (in: Sozialistische Jugend Deutschlands – Die Falken 1992, S. 158; mit Abänderungen ebenso in: Adamek 1981, S. 312).

Der Rest des Liedes verweist auf die Unmöglichkeit, die schweren Kämpfe gegen den unmenschlichen Zustand der Welt alleine durchzustehen, und appelliert an das Zusammenstehen.[50] Der zitierte Refrain greift das Grundthema des Textes auf: das Streben der/des Einzelnen nach einem selbstbestimmten freiheitlichen Leben und gleichzeitig die Sehnsucht nach Sicherheit, Verlässlichkeit und Geborgenheit im sozialen Gefüge. In Adameks Umarbeitung dieses Grundmotivs scheint dieses Dilemma kein zentrales mehr zu sein. Es wird im zweiten Teil aufgelöst in der eigenen Verbundenheit wie der des Baumes mit den Naturelementen Erde und Sonne. Diese Verbindung des Menschen zur Natur genügt, um individuelle Sicherheit zu geben, die Frage nach der menschlichen Gemeinschaft wird im Verlauf des Verses aufgegeben.

Adamek bescheinigt seiner Methode des Heilsamen lauschenden Singens ebenfalls eine gesellschaftspolitische Wirkkraft. Auf Epochendenken rekurrierend konstatiert er, seine „Arbeit findet in einer Zeit statt, in der die meisten Menschen in Deutschland" etwas „verloren" hätten, nämlich den Zugang zum Singen als „Selbstausdruck". Damit sei eine „Quelle zur Gesundheit" versiegt, die für das „Menschsein einzigartig" sei. Die Quelle zur Gesundheit sei versiegt, weil Angst herrsche durch ein „geschichtliches Erbe" des Nationalsozialismus. Das offene Singen sei seitdem in Misskredit

50 Sag bist du bereit, dich mit aller Kraft zu wehren, viele Kämpfe zu besteh'n?
Du hast Mut genug, willst du unser'n langen schweren Weg gemeinsam mit uns geh'n?
Oder willst du deine Kraft verschwenden, im Alleingang gegen eine ganze Welt?
Um zum Schluss in traurigen Legenden dazusteh'n als gescheiterter Held?
Leben einzeln und frei [...] (in: Sozialistische Jugend Deutschlands – Die Falken 1992, S. 158; mit Abänderungen ebenso in: Adamek 1981, S. 312).

geraten. Es gehe darum, Angst zu überwinden und wieder zu singen, in diesem Sinne sei seine Arbeit „Gesundheitsprävention“.[51] Wie oftmals in der Esoterik geht es um die Beschäftigung mit dem Nationalsozialismus. Dies ist ein Thema, das immer wieder in der theoretischen Auseinandersetzung auftaucht (vgl. das Interview mit Elektra). Im Falle Adameks verbleibt die Auseinandersetzung auf der Ebene der Behauptung, der Nationalsozialismus hätte „Singen“ per se missbraucht, woraufhin es untersagt gewesen sei. Selbstverständlich hat der Nationalsozialismus eine bestimmte Art des Singens gebraucht: Singen als gemeinschaftsstiftendes Element, angelehnt an alte deutsche Volksweisen, unter Ablehnung moderner musikalischer Entwicklungen. Auch war Singen niemals, wie Adamek behauptet, per se an deutschen Schulen seit den 1960ern verpönt, wie die mannigfache offiziell geförderte Existenz von Schulchören und -bands seit dieser Zeit bezeugt. Offenbar ermangelt es Adamek an einer Auseinandersetzung mit der spezifischen Wirksamkeit der faschistischen Volksgemeinschaftsideologie, wie sie sich beispielsweise in den Liedern der HJ und des BDM ausdrückte. Diese zeichnete sich u. a. durch die Suggerierung einer mystisch-tieferen Bestimmung des Menschen aufgrund vordefinierter (völkischer) Zugehörigkeit, Selbsterhöhung bei gleichzeitigem Selbstvergessen durch Aufgehen in der größeren umfassenden Bewegung aus. Dass der Rekurs auf diese Art von Bedürfnislage, wie sie durch Singen bedient werden kann, nicht blindlings geschehen sollte, sondern gerade in Deutschland kritisch zu reflektieren ist, sollte eine Grundlage der Musikpädagogik unserer Zeit sein.

Adamek hat die Vision, mit der Erneuerung der „Kultur des Singens“ die „friedliche Entwicklung einer Gesellschaft“ zu fördern, „die sozialen Bindekräfte zu stärken und dazu beizutragen, dass Menschen im individuellen Tun Gemeinschaft erfahren“. Musik als soziales Bindemittel im Dienste der Gesellschaft, ohne die Explosionskraft der Bedürfnisse zu erkennen, die sich hinter der Suche nach dem „authentischen Selbstausdruck“ und hinter

---

51 „Diese Arbeit findet in einer Zeit statt, in der die meisten Menschen in Deutschland den Zugang zum Singen als Selbstausdruck und damit zu einer für das Menschsein einzigartigen Quelle von Gesundheit durch Schwingung verloren haben. Die Wiederbelebung des Singens im Alltag, und dabei zuerst die Hilfe bei der Überwindung der Angst vor dem Singen, welche die meisten Deutschen als geschichtliches Erbe tragen, ist auch Gesundheitsprävention. Singen wirkt als Gesundheitserreger“ (Adamek 2007c).

„Damit wurde durch empirische Fakten die gesellschaftliche Tragweite des seit Mitte der 60iger Jahre vorherrschenden Irrtums in der deutschen Musikpädagogik erkennbar: seither wurde das Singen weitgehend aus dem Musikunterricht an allgemeinbildenden Schulen verbannt, weil es während der Zeit des deutschen Nationalsozialismus missbraucht worden war. Die auf den neuen Forschungsergebnissen fußende historische Entschließung des Deutschen Musikrates zur Förderung des Singens vom Oktober 1998 wurde zum Signal für eine Trendwende in der musikpädagogischen Diskussion“ (Adamek 2007f).

„Wut und Schmerz" verbergen? Für diese gesellschaftspolitische Ausrichtung seines Konzepts hat er 1999 den Verein „Il canto del mondo – internationales Netzwerk zur Förderung der Alltagskultur des Singens" ins Leben gerufen (Il canto del mondo, Homepage 2007a). Dieser bietet mittlerweile in Zusammenarbeit mit v. a. konfessionell getragenen Einrichtungen Musik an Kindergärten und Schulen an. Das Projekt wird – laut Internetseite des Instituts – von Horst Köhler (Bundespräsident von 2004–2010 unterstützt (Il canto del mondo, Homepage 2009b). Obwohl es sich laut Selbstbezeichnung um ein internationales Projekt handelt, scheint es sich weder personell noch inhaltlich über die Landesgrenzen zu erstrecken. Das angepriesene Liederbuch zum Kindergartenprojekt enthält „39 alte deutsche Volkslieder", was unter dem Blickwinkel der benötigten Interkulturalität des deutschen Bildungswesens wenig ergiebig erscheint (Il canto del mondo, Homepage 2009c). Laut Untertitel des Heftes soll es jedoch auch dazu beitragen, die Generationen (und nicht die Kulturen) zu verbinden.

Dass es auch möglich ist, mit Volksliedern in einer pädagogisch wertvollen, reflektierten, (inter-)kulturell bildenden und vermittelnden Weise zu arbeiten, zeigt die *Klingende Brücke e.V.* mit ihrer Aktivistin Margarethe Löwensprung. Dass dabei auch der Anteil des wohltuenden Singerlebnisses nicht zu kurz kommt, bezeugt die rege Annahme, die ihre Abende in Münchner Altenzentren finden.

Mit 40 war die große Wandlung

„Anfang vierzig hab' ich mir gedacht: Entweder jetzt oder nie." Als Schlüsselerlebnis für ihren spirituellen Entwicklungsweg beschreibt Elvira Böhm ein mehrtägiges Seminar über *Heilsames lauschendes Singen*, das sie 1992 bei Karl Adamek besuchte. Dies stellt den Ausgangspunkt ihrer Erzählung und esoterischen Karriere dar. Das Seminar hatte die persönliche Entwicklung über den Weg der Stimme zum Thema. Die Stimme ist für Elvira Böhm der Mensch selbst, sein eigentlicher Kern: „Weil die Stimme is' einfach die Person, des is' man selber" (2/13). Sie sei in diesem Seminar „tiefer" in ihre „Stimme" eingestiegen und damit sich selbst, „MIR dabei immer näher gekommen" (2/14). Dieses Sich-Näherkommen löste „unheimlich Angst" bei ihr aus (2/15). Das Seminar fand zu einer Zeit statt, die sie als Umbruchphase in ihrem Leben beschreibt. Es sei ein „totaler Wandel da in mir passiert" (10/29). Anfang der 1990er Jahre änderte sie ihr Leben, trennte sich von ihrem Lebenspartner und wechselte die Arbeitsstelle. „Irgendwie hab' ich mich da mal bewusst entschieden, hab' ich mir gedenkt: Jetzt will ich erst mal für mich was tun. Weil des is' so vieles irgendwie, mhm, was mir nicht gut getan hat" (10/30ff).

Die Änderung erfolgte also aus einem Leiden am alltäglichen Leben, das sie bislang nicht für sich, sondern nach anderen gestaltete. Sie selbst sollte zunächst im Mittelpunkt ihrer Aufmerksamkeit stehen, um das Leben wieder positiv gestalten zu können.

Der Wechsel der Arbeitsstelle erfolgte mit einem neuen Gefühl des Vertrauens auf die eigenen Fähigkeiten: „Genau der große Wandel war eigentlich erst, war dann eigentlich, wie ich diese Tätigkeit von meiner, von der Apotheke [...] und wie ich des dann aufgehört habe, weil ich g'wusst hab', i' kon no was ander's, und mich der Logopädie, äh, die Ausbildung g'macht hab, von da an ging 's Schritt für Schritt immer mehr in meine Richtung" (11/23). Das Leben vorher ging „nicht in ihre Richtung", sie hat es in der Zeit des Wandels bewusst gelenkt, die Dinge in die Hand genommen und für sich selbst günstig eingerichtet. Die Zeit zuvor beschreibt sie mit den Worten:

> „Ich hab' lange nicht gefunden, wie ich da rauskomm'. Dieses Unglücklichsein. Ich bin mir da selber im Weg gestanden, ich hab' immer g'moant, pf, wo find ich was? Aber ich war ned amal fähig irgendwie, was in die Wege zu leiten, s, t, z, zum Therapeuten zu gehen, und oder ich hätt ned g'wusst wo, wen, wer, wie, was, und es ist mir keiner zugeflogen, pff, und dann [... hab'] ich auch in der Partnerschaft damals noch gelebt, und da war ich auch nicht glücklich in der Partnerschaft und, ja wie bin ich damit umgegangen? (---) Au-, von außen hat man des eigentlich auch nicht gesehen" (11/15ff).

Sie beschreibt sich selbst als sozial angepasst, aber unglücklich, unfähig, nach ihren eigenen Neigungen und ihrem Wollen das Leben zu gestalten, antriebslos.

Dem Ziel, sich selbst und ihr inneres Empfinden in den Mittelpunkt zu stellen, konnte sie im Seminar *Heilsames lauschendes Singen* näher kommen. Bereits die Lokalität, in der sie sich befand, war eine außer-alltägliche, deren Atmosphäre für eine Erfahrung des sich Zurückziehens von gesellschaftlichen Konventionen förderlich war. Ein abgeschiedener Hof, zum Teil auf Selbstversorgerbasis, inmitten von Wald und Natur. Es sei ein besonderer, spiritueller Kraftort gewesen, so Elvira Böhm in ihrer Wahrnehmung (1/40).

Im Seminar sangen sie einfache Lieder, Mantren, durch die sie in einen „Prozess" gekommen sei (1/47). Etwas sei „mit ihr passiert" (1/48), sie sei also selbst passiv gewesen. Sie sei sich selbst „näher gekommen" (2/14), was „unheimlich Angst" erzeugte (2/15). Sie dachte an die Möglichkeit, diese aufkommenden Gefühle zu unterdrücken (2/19), und entschied sich dagegen. Dies verweist auf eine ihr bekannte Möglichkeit des Umgangs mit Empfindungen: sie zu unterdrücken. Sie könne sich derartige Gefühle gewohnheitsmäßig „oft gar nicht eingestehen" (2/24). Darauf, dass sie vor ihrer „Wandlung" die Auseinandersetzung mit sich selbst scheute, verweist auch eine andere Stelle im Interview: „Ja, ich hab' einfach mehr mich gefunden. Ich hab 's früher auch total schwer mit mir alleine ausgehalten" (12/29f). Die Angst vor der Erfahrung ihrer inneren Gefühlswelt paarte sich jedoch mit einem Gefühl der Erleichterung, des Glücks und der Freiheit (2/2; 2/21; 2/25). Das „Zeigen" ihrer Persönlichkeit vor der Gruppe machte sie glücklich, besonders, wie sie betont, weil die Gruppe ihr positive Anerkennung für ihr authentisches Auftreten zollte (2/26ff). Das Ereignis beschreibt sie als ein „ganz tiefes Erlebnis mit mir" (2/30). Sie habe dabei nichts willentlich getan, außer ihr Empfinden zugelassen, sich dem „hingegeben, was mir da passiert" (2/46), was sie allerdings als mutig bezeichnet (2/48). Denn welche Gefühle in ihr stecken könnten, macht Furcht: „I' hab' mir denkt: oh Gott, was kummt jetzt" (2/16). Dies unterstreicht ihre Schwierigkeit, mit ihren inneren, eigenen Gefühlen und Empfindungen in Kontakt zu kommen, sie anzunehmen und zu reflektieren, nicht abzuwehren. Der erste Schritt des Seminars bestand also in dem Konzept, das Adamek so skizzierte: Zu Beginn die im Menschen unbewusst vorhandenen Anteile wirksam und spürbar machen zu wollen.

Dass diese jedoch auch einer Reflexion und Einordnung bedürfen, wäre zu erwarten. Zunächst wurde allerdings auf dem Seminar nicht gesprochen. Die Zeit bestand aus Schweigen und Singen, unterbrochen von kurzen Runden, in denen der Leiter gezielte Fragen stellte (3/2). Elvira Böhm empfand es als „unterstützend", dass nicht gesprochen wurde, da sie dadurch ihr Gefühl unbeeinflusst entwickeln konnte (3/6ff).

Die auftauchenden Gefühle hätten darin bestanden, „dass endlich mal die Wunden rauskommen" (2/4), also lange unterdrückte Verletzungen ausgedrückt werden durften. Ihr seien die „Tränen gekommen" (2/6), aber es sei „erleichternd" gewesen (2/7).

Viele Themen, die im Lauf des Interviews auftauchen, bahnen sich bereits in diesem Bericht des Einstiegserlebnisses an und werden im Folgenden einzeln dargestellt.

Sich erfahren statt reflektieren

Der esoterische Weg, mit dem sie ihre Wandlung erklärt, fand parallel zu einer Umwandlung ihrer Lebensverhältnisse statt. Sie entschied sich für eine notwendige Änderung ihrer bisherigen Lebensverhältnisse, die Partnerschaft war nicht glücklich, die Arbeit erschien ihr unbefriedigend. Zuvor hatte sie auf Veränderung von außen gewartet, dann erwog sie die Notwendigkeit, sich selbst zu ändern, um besser mit der Welt interagieren zu können. Dazu war es nötig, sich selbst innerlich zu verändern. Sie suchte nach Wegen, ihr Inneres zu ergründen. Der folgende Weg der Selbsterfahrung (11/18; 12/17) ließ sie verschiedene esoterische Techniken erproben, um ihre Gefühle und Empfindungen verstärkt wahrzunehmen. Dabei entdeckte sie Anteile, die den Kern ihres Selbstgefühls ausmachten, ihre „Seele", die sie bislang vor der Gesellschaft und sich selbst versteckt hielt. Das Kennenlernen ebendieses Teils ihrer Selbst verlagert sie zunächst nur in den geschützten Rahmen der Seminargruppe. Ihr Kern, ihr Selbst, sei so fragil und zart, dass es der

Gesellschaft nicht standhalten könne und infolgedessen geschützt werden müsse.

„Mit meinem Singen da in dieser Sommerwoche, [...] also da hab' ich einfach MICH SELBER GANZ intensiv ent-, empfunden. Mich selber ganz intensiv gespürt. MEin eigenes Sein. Was, was mein Sein ausmacht, diese zarte Seele, sag ich mal. Oder ich sag vielleicht, die zarte Seele, die kann man nicht in unserem Alltag ständig umeinandertragen, da muss man sich schützen, des ist klar" (5/9–16).

Sie hat sich selbst in ihrem eigensten Verständnis kennengelernt, und kann dieses in der Gesellschaft nicht offen leben. Da sie selbst jedoch anders werden will und gerade neu entdeckte, als wahr und authentisch empfundene Anteile leben möchte, beginnt sie, diese im geschützten Rahmen zu zeigen. Dass sie dafür positive Rückmeldungen durch die Seminarteilnehmer_innen erhält, betont sie (2/30). Die Interaktion mit der Umwelt in einer Weise zu erlernen, die ihrem authentisch gefühlten Selbstbild entspricht, ist also ein Bestreben Elvira Böhms. Sie hatte im Seminar die „Chance g'habt, dass ich da mit meinen Gefühlen eingestiegen bin [...] ich möchte des überhaupt net bewerten, ob des jemand anders besser oder schlechter kann" (3/18ff). Es geht also um ein „Können", ein „Vermögen", das in diesem Seminar erfahrbar ist und verbessert werden kann.

Diesen Prozess weiterzugehen entschied sie sich mit dem Abschluss des Ausbildungsvertrages für *Psychoresonanztraining mit der Stimme* bei Karl Adamek.

Es geht Elvira Böhm in keinem Moment um eine reflektierende Einordnung oder Neubestimmung bisheriger Erfahrungen in ihrem Leben. Gespräche, um Erlebnisse einzuordnen oder Überlegungen zur Bedeutung von Erfahrenem anzustellen bewegen sie – zumindest im Interview – an keiner Stelle. Im Gegenteil lehnt sie das „Zerreden" (3/6) ab und spricht anerkennend von einer als männlich konnotierten Problemlösungsstrategie, die ohne Gespräch und kognitive Verständigung auskommt:

„Da, da sagt man sich die Meinung und am, am, die meisten ham sich dann am Schluss noch geprügelt (lacht). Also [...] des ist manchmal, für Jungs ist das auch 'ne gute L-, Lösung mit ihren Konflikten umzugehen [...]. Jungs lösen ihre Probleme, indem sie sich raufen und balgen. Und des ist eigentlich a gute G'schichte. Und Mädels sollten des auch ham und sollten des auch machen. Und, ja ich hab' schon gerauft früher mit meinen Geschwistern. Hm. Ja. Gut. Aber, jetzt, ich find des heutzutage a no guad, wenn man sich einfach mal, dann schlagt ma' sich und dann ist wieder guad, irgendwie. Ja. Manche Mädels, die sind dann hinterlistig, oder tragen ihre, ihre Probleme untereinander anders aus" (12/45–13/8).

Sich mit ihren Gefühlen in der Welt durchzusetzen, scheint denn auch das Ziel Elvira Böhms zu sein, das sie mit dem Ausprobieren ihrer als authentisch empfundenen Regungen im Seminar verfolgt.

Mit ihrer politischen Identität, die sie in den 1980er Jahren lebte, hat sie abgeschlossen. Die „Umwelt" kann sie nicht „verändern" (4/45f), denkt sie heute. Die damalige politische Ausrichtung ist ihr heute „zu viel Kopfiges und zu viel WISSEN" (13/9): „Ich mag nicht mehr so viel über so was wissen müssen. Sondern mir geh, heute geht's mir um des Sein, um des Leben, um des, ja, um des, um des Sein" (13/9ff). Die beiden kontinuierlichen Bezugspunkte, die sie noch zu ihren damaligen Gefühlen ausmacht, sind, dass in ihr „ein kleiner Rebell" stecke (12/45) und dass die (politische) Aktion mit einer Gruppe Gleichgesinnter ihr das Gefühl verleihe, „kraftvoll" zu sein (12/49).

Kraft für den Alltag

Elvira Böhm gibt als Ziel ihrer Bemühung an, ihr Leben erfolgreich gestalten zu können. Ihre Interaktion mit der Umwelt muss sich verbessern, als Voraussetzung dafür muss sie ihr Inneres neu strukturieren. Um das Leben selbst zu lenken, muss sie sich ihrer Wünsche und Ziele zudem gewahr werden. Dies erfordert einen selbstbewussten Umgang mit der eigenen Wahrnehmung. Das Leitbild des *unternehmerischen Selbst* (Bröckling 2007), das sich selbst coachen, steuern, projektieren muss, erfordert von ihr einen selbstbewussten Umgang mit der eigenen Wirkung auf die zwischenmenschliche Interaktion, ohne den ihr ein Erfolg versagt bleiben wird. Eigene Aktivität anstatt sich treiben zu lassen, Eigeninteressen durchsetzen und im Konkurrenzkampf bestehen zu können, ist mit einem schlichten Sich-Anpassen nicht mehr möglich. Sie ist gesellschaftlich bedingt angehalten, eine innere Neustrukturierung vorzunehmen. Die „Heilung" der Seele, von der sie spricht, ist im Sinne eines Erstarkens der eigenen inneren Weltvorstellung, des „I" im Verhältnis zum „Me", zu verstehen. Dies ermöglicht erst, im entwickelten marktwirtschaftlichen System als eigenes Ich-Unternehmen persönlich bestehen zu können.

Den Weg, dies zu erlernen, geht Elvira Böhm über ihre esoterischen Gruppierungen. Zunächst lernt sie dabei, allmählich „aus sich herauszukommen", mit ihrem authentischen Selbst in Interaktion mit anderen zu treten. Anfangs verdinglicht sie dieses Selbst in esoterischen Vorstellungen, um es begreifbar zu machen. Ihre Seele sei gleichzeitig ihre Stimme. Jeder Mensch habe nun eine zugehörige Melodie, eine Weise, wie die Seele singe. Diese schwirre um den Menschen herum, umgebe ihn. Sensible Menschen könnten die Melodie – und damit die Seele – anderer wahrnehmen, könnten also Elvira Böhms eigenes wahres Selbst erkennen – ohne dass ein weiterer sprachlicher Austausch, eine Vermittlung des Inneren an andere nötig sei. Dies entspricht Elvira Böhms Idealvorstellung einer zwischenmenschlichen Interaktion und Anerkennung der eigenen Person ohne vermittelnden kognitiven Austausch. Während der Ausbildung sei der Leiter Karl Adamek auf sie zugekommen und habe ihr ihre Melodie vorgesungen. „Und er hat 's total getroffen“ (6/19). Sie berichtet schwärmerisch von dieser Form der „Beziehung“, die unter der vorhergehenden Analyse als Erfüllung ihrer Wunschvorstellung angesehen werden kann: die Abbildung ihres eigenen Selbstbildes nach außen, dessen Wahrnehmung und Anerkennung durch Dritte ohne vermittelnde kognitive Bemühungen.

Stück für Stück lernt sie in weiteren Seminaren, ihre Selbstwirksamkeit zu erhöhen und ihre Fähigkeiten auszubauen. Durch eine Seminarleitung, die sie einige Zeit später eigenverantwortlich übernimmt, schafft sie sich die Möglichkeit, weiterhin in vertrautem Rahmen eigene Gefühle auszuleben, diese nun jedoch – in der Leitungsposition – mit einer gewissen Autorität und Gültigkeit versehen zu wissen. Die Anerkennung seitens der Teilnehmer stärkt ihr Selbstwertgefühl und bestärkt sie in der Richtigkeit ihres Weges. Die Interaktion gelänge gut, der Umgang mit der Gruppe funktioniert zu ihrer Zufriedenheit. „Und des ist auch eine Arbeit, die [...] mir eigentlich auch leicht fällt, wie ich mit der Gruppe umgehe, und bisher mir die Leute eigentlich immer g'sagt ham: Du musst des machen, du kannst des so gut und du machst des so toll“ (6/43ff).

Kontakt herstellen können: Tantra

Etwa drei Jahre vor dem Interview, 2005, wurde für Elvira Böhm eine neue esoterische Richtung bedeutend: Tantra. Dies ist momentan das „Übergeordnete“ (12/19) in ihrem spirituellen Tun.

Tantra

Tantra wurde aus hinduistischen und buddhistischen Religionen in die Esoterik übernommen. Ursprünglich hatten Tantra-Lehren nicht sämtlich Sexualität zum Inhalt. In der gegenwärtigen deutschen Esoterik ist Sexualität bzw. Massage und Sexualität ein wesentlicher Bestandteil des Tantra. Eine angenommene weibliche und männliche Sexualenergie, die im so genannten ersten Chakra (auf Höhe des Schambeins) lokalisiert und mit einer universalen Lebensenergie gleichgesetzt wird, spielt eine zentrale Rolle (Elvira Böhm 7/45; 8/20). Da Sexualität in der westlichen Kultur heute schambesetzt und verdrängt sei, fehle der Zugang zu dieser Quelle des Lebens. Das Erwecken dieser Sexualkraft, die Vereinigung männlicher und weiblicher Energie führe zu göttlicher Ekstase und dem Einblick in die höhere Weisheit, die All-Einheit des EINEN Bewusstseins. Tantra wurde durch Shree Bhagwan Rajnesh (Osho) in der westlichen Esoterik in den späten 1970er Jahren verbreitet. Mittlerweile existieren zahlreiche Schulen für Tantra (Goldner 2000, S. 479f).

Auch damit hat Elvira Böhm eine esoterische Technik für sich entdeckt, die dabei hilft, Sozialkontakte zu gestalten und Nähe zu erzeugen unter weitgehendem Verzicht auf sprachlichen Austausch und mit einer starken Betonung der Gefühlsebene.

Sie gibt an, die Tantra-Ausbildung als Vorbereitung auf eine zukünftige Beziehung für nützlich zu erachten. Da sie in ihrer alten Beziehung unglücklich war, sich dort, so lässt ihre Selbstdarstellung vermuten, wenig selbst eingebracht hat, so dass ein klassisches Frauenmotiv des Ausrichtens auf den Mann unterstellt werden kann, will sie auch hier ihre Beziehungsfähigkeit durch den Aufbau innerer Selbsterfahrung verbessern. Eine richtige Strukturierung von Beziehung sei möglich, diese sei erlernbar. Ebenso möchte sie, als Single, möglicherweise erfüllende erotische Kontakte durch diese Begegnung erreichen. Sie fasst ihr Anliegen wie folgt zusammen: „Und ich finde des in der heutigen Zeit als ganz was Wichtiges, da wieder 'ne Ordnung reinzubringen in des Thema Sexualität, ähm, und ja, ich hab 's aus dem Grund gemacht, erstens weil ich eine, ein solo lebend bin und mir gedacht hab, also irgendwie möcht ich interess-, wenn mir mal wieder a Partner begegnet, dann möcht' i' wissen, um was 's geht (lacht)" (7/48–8/2). Die Anspielung auf den falschen Umgang mit Sexualität in der heutigen Zeit führt sie später als einen „Mangel an Körperlichkeit" aus (9/10), den sie selbst vor der Tantra-Ausbildung verspürte und den sie als einen „Mangel unserer Zeit" verortet (9/5f). Sie wollte sich auch in diesem Bereich „selber wieder mehr [...] spüren" (9/4).

Unmittelbares Erleben von „Erfüllung" (9/10) ist hier ein Motiv, um mittels Esoterik Vereinzelung und Isolation zu durchbrechen. Sie möchte aber auch lernen, langfristig „anders den Männern gegenüber zu begegnen" (9/18), ihre geschlechtliche Teilidentität neu zu strukturieren.

„Was sich ergeben hat in diesen, in diesen Ausbildungen ist einfach, dass meine Kontaktfähigkeit überhaupt sich verbess-, ganz anders geworden ist" (9/23), „dass ich viel mehr in Kontakt gehen kann" (9/28). Der Weg zu dieser Verbesserung führte darüber, dass „ich noch mehr im Kontakt mit mir bin und damit kann ich auch viel leichter in Kontakt mit anderen gehen" (9/29f). Diesen guten Kontakt zu sich selbst führt sie im Falle des Tantra darauf zurück, dass sie ihre Sexualkraft (erstes Wurzelchakra) aktiviere, was dem Aktivieren der Lebensenergie gleichgesetzt ist. Sie habe Energie und Vitalität, ihre eigenen Wünsche umzusetzen, „um des zu verwirklichen, was ich verwirklichen möchte in meinem Leben" (8/25). Sie wolle „erst mal für sich kraftvoll im Leben stehen" (8/27). Dadurch, dass sie diese eigenen Ziele nun verwirklichen könne, würde ihre anziehende Wirkung auf andere gesteigert, ihre Kontaktchancen erhöhten sich: „Des strahlt man einfach aus und zieht andere Leute an" (8/31). Und funktionierende Sozialbeziehungen in allen Bereichen sind für Elvira Böhm das zentrale Thema, wie sie selbst bestätigt: „Und für mich ist, äh, Kontakt ein wichtiger Lebensinhalt" (9/29ff).

Zusammenfassung aus identitätstheoretischer Sicht

Elvira Böhm ist daran interessiert, ihre Handlungskompetenz in puncto Interaktionsfähigkeit zu verbessern. Dazu muss sie sich selbst neu strukturieren, muss ihr eigenes Selbstbild wahrnehmen und die Interaktion derart gestalten, dass Rollenanforderungen nicht blindlings, sondern mit möglichst hohem Anteil an authentischer Übereinstimmung von ihr erfüllt werden. Eine Voraussetzung dafür ist die Bewusstwerdung eigener Wünsche, Vorstellungen und Empfindungen. Diesen Weg zu gehen, bedeutet für sie, die angstbesetzte Selbstdarstellung und Selbstwahrnehmung, mit denen sie sich im geschützten Rahmen esoterischer Seminargruppen – ohne kritische Reflexion und Diskussion – selbst konfrontieren kann, schrittweise überwinden zu lernen. Sie baut ihre neuen interaktionalen Kompetenzen Schritt für Schritt in weiteren Zusammenhängen aus, etwa in verantwortungsvoller Position als Leiterin einer esoterischen Gruppe. Die erweiterte Anwendung ihres neuen Selbstverständnisses auch im beruflichen Alltag wäre der nächste Schritt ihres Weges, der derzeit allerdings nicht gelingt. „Logopädie, da geht 's ned um die Seele. Und des fällt ma auch viel schwerer und tu' i', des is' immer wieder mühsam" (13/13ff). Ihr Traum ist es deshalb auch, aus der regulären Erwerbstätigkeit auszusteigen und von den esoterischen Singgruppen – die sie als „eine Arbeit, die sehr erfüllend ist" (6/42) und als ihre „Berufung" (13/13) beschreibt – finanziell existieren zu können (16/6).

Esoterische Praxis begleitet Elvira Böhm auf einem Weg, den Alltag durch Selbstoptimierung per Selbsterfahrung besser handhaben zu können. Esoterische Techniken unterstützen ihren eingeschlagenen Weg. Sie zieht diese der einst begonnenen Gesprächstherapie vor, weil sie ihr eine kognitive Reflexion ersparen und das Ausprobieren alternativer Identitätsanteile per Erfahrung ermöglichen. Da es ihr um die Verbesserung ihrer zwischenmenschlichen Interaktionsfähigkeit geht, sucht sie sich gezielt Gruppen, um zu lernen. „Über diese Leute, die da sind, gibt 's a bestimmte Gruppenenergie und a bestimmtes Feld, wo ma' an seine Probleme rankommen, anders rankommen kann, als wenn man alleine ist" (15/29ff). Esoterik als geschützter Erfahrungsraum der Selbstthematisierung, die unter den Bedingungen der Moderne ein Gegenüber braucht, um sich selbst zu erkennen.

Esoterische Praxis ist in Elvira Böhms Leben ein steter Begleiter, um den Alltag besser handhaben zu können. „Des hat mich so weitergetragen und des hat mir so viel, hm, geholfen, meine schwierigen Lebenssituationen zu bewältigen" (7/17f). Esoterik „gehört so in mein Leben rein, weil es mich nährt und mich trägt und mich hält" (7/6f).

4 MICHAEL: AMBIVALENZ NACH 1990 – „ÜBER NACHT WAR ALLES ANDERS“

> „Ich denke, äh, ich denke schon, dass man, also wenn man, wenn man Menschen des Selbstvertrauen gibt, wenn man ihr, sie, sie akzeptiert und toleriert, wenn man sie ins Leben reinsteckt, und ihnen auch ein lebenswertes Leben hier gibt, wo sie hinkommen können, dass dann im Prinzip diese Art, äh, Glaube nicht mehr der Mittelpunkt ihres Daseins ist“ (Michael 13/39ff).

Michael ist 49 Jahre alt, lebt in einer sächsischen Großstadt und ist in der Partei Die Linke (damals: Die Linkspartei.PDS) aktiv. Auf städtischer Ebene arbeitet er ehrenamtlich im Migrationsbereich. Als einen seiner größten Erfolge bezeichnet er die Aufstellung eines Gedenksteins für eines der ersten Todesopfer rassistischer Gewalt in seiner Heimatstadt nach 1990. Der Afrikaner wurde 1991 von rechten Skinheads angegriffen und starb an den Folgen der Verletzungen. Nun, 15 Jahre später, ist eine Straße am Tatort nach ihm benannt. Michael hat sich lange Zeit dafür eingesetzt, dies zu erreichen. Auf Landesebene ist er in einer Arbeitsgruppe innerhalb der Linkspartei aktiv, die der Ökologischen Plattform innerhalb der Partei zuzurechnen ist. Die Gründung der Ökologischen Plattform 1994 wurde von den Ideen Rudolf Bahros beeinflusst.

Rudolf Bahro (1935–1997)

Rudolf Bahro war ein Wegbereiter der Entwicklung der bundesdeutschen Esoterikszene seit den 1980er Jahren. Er hatte maßgeblichen Einfluss darauf, Teile des grün-alternativen Spektrums für esoterische Gedanken zu gewinnen.

Bahro war in der DDR ein Vertreter des so genannten „Dritten Weges“ – einer gesellschaftspolitischen Vorstellung, die sich sowohl gegen Kapitalismus als auch gegen Sozialismus ausspricht und stattdessen einen „Mittelweg“, basierend auf nationaler Verteilungsgerechtigkeit der Güter und staatsmonopolistischer Produktionsweise, anstrebt. Viele Theoretiker dieser Richtung (u. a. Gottfried Feder; Werner Haverbeck; Freisoziale Union) standen national-volksgemeinschaftlichen Denkweisen nahe.[52] Auch Rudolf Bahro vertrat

52 Definition des Dritten Weges auf der Homepage des Bezirksverbandes der NPD Oberfranken (2009): „Dritte Position, Dritter Weg – Weltanschauliche Grund-

in der Konsequenz dieses Ansatzes eine Querfrontpolitik. Unter seinen „ökologischen“ Positionen wollte er faschistische wie sozialistische Ansätze vereinen. Seine Vorstellung eines Dritten Weges (*Die Alternative*, 1977) führte ihn von der DDR (Gefängnisstrafe im Kontext der Veröffentlichung von *Die Alternative*, daraufhin Übersiedlung nach Westdeutschland) über die grüne Ökologiebewegung der Bundesrepublik (Gründungsmitglied der Grünen) ins spirituelle Lager (Gründung der spirituellen Gemeinschaft Lernwerkstatt Niederstadtfelde/Eifel) mit Anlehnung an rechtsintellektuelle Kreise.

Seine Idee für den Eintritt in ein neues öko-spirituelles Zeitalter war ein von Deutschland ausgehendes Rettungskonzept für die Welt, in dem Intellekt, moderne Zivilisation und parlamentarische Demokratie als Hemmschuhe für das Wiedererwachen vitaler gemeinschaftlicher Volkskräfte aufgefasst wurden. Durch netzwerkartig verbundene, kleine naturnahe Lebensgemeinschaften sollte sich das neue Denken verbreiten. Er wandte sich von Umweltschutzgedanken ab und forderte in biologistischer Manier die Unterwerfung menschlicher Gesellschaftsordnung unter natürlich-göttliche Ordnungskriterien (vgl. Barth 2006, S. 108ff).

Seine Ideen inspirierten die Gründung spiritueller Lebensgemeinschaften, wie das ZEGG (Zentrum für experimentelle Gesellschaftsgestaltung, Belzig/Berlin; vgl. ebd., S. 119ff) oder das Lebensgut Pommritz bei Bautzen, nahe Dresden.

In den 1990er Jahren konnte Bahro seine Gedanken sowohl über seinen Lehrstuhl an der HU Berlin als Sozialökologe öffentlich machen als auch in der PDS, wo er aufgrund seines Rufes als einstiger „Reformer“ der DDR eine Unterstützerszene hinter sich wusste. In der Ökologischen Plattform der Linken werden seine Ideen heute weiterentwickelt, u. a. von Marko Ferst (vgl. Alt/Bahro/Ferst 2002). So verbrachte die Ökologische Plattform beispielsweise ihre Quartalstagung im April 2005 im ZEGG und bezieht sich in ihrer Zeitschrift positiv auf das Zentrum (vgl. Homepage der Ökologischen Plattform bei der Linken 2009; vgl. Petereit 2006/2009).

Michael wurde in der DDR bzw. später in den so genannten neuen Bundesländern sozialisiert. Der durch den politischen Systemwechsel 1990 herbeigeführte radikale Wandel seiner gesellschaftlichen Lebensbedingungen und die daraus erwachsenen Anforderungen, dies sinnvoll in seine Weltanschau-

---

vorstellung jenseits von Marxismus und Liberalismus. Grundlage ist das wirkliche Menschenbild von Nationalisten. Der Dritte Weg will die Widersprüche Klasse und Nation überwinden, liberalistische Gleichmacherei wie marxistischen Kollektivismus erübrigen. Leitgedanke ist die Regel des ‚preußischen Sozialismus‘: ‚Jedem das Seine!‘“

ung und Identität zu integrieren, ist bis heute ein Thema, das sein Denken und Fühlen beschäftigt, wie die Auswertung des Interviews im Folgenden zeigt.

Michael befindet sich in sozial und finanziell gesicherter Situation. Ein wichtiger Zugang zu esoterischen Gedanken ist für ihn seine Ex-Freundin Michaela. Die beiden verbindet eine langjährige Partnerschaft und eine anhaltende Freundschaft. Über Michaela hat Michael die esoterischen Praktiken des Familienstellens, der spirituellen Familienzusammenführung, des Channeling (sprechen mit Geistern über ein Medium) kennengelernt. Gleichfalls ist er durch sie mit den Lehren von Karma und Wiedergeburt vertraut. Astrologische Berechnungen, die Erwartung eines Weltenumschwungs zu einem neuen Zeitalter ca. im Jahr 2012 sind ebenso Bestandteile des ihm vertrauten esoterischen Wissenskanons wie die Theorie der morphischen Felder (an genau berechneten Punkten der Erdachse mit mehreren Menschen mittels Meditation körpereigene positive Schwingungen auf den Schwingungshaushalt der Erde übertragen und dadurch negative Entwicklungen der Welt abwenden zu können; geht ursprünglich zurück auf Rupert Sheldrake; vgl. Barth 2006, S. 122f). Tarotkarten-Weissagung sowie indianische Schwitzhüttenzeremonien, die er während eines Aufenthaltes auf dem Lebensgut Pommritz praktizierte, ergänzen das Repertoire seiner spirituellen Erfahrung. Des Weiteren hat er esoterische Literatur über Außerirdische, die das Fortgehen der Erde bestimmten, gelesen sowie sich mit der Vorstellung befasst, Krankheiten auf geistigem Weg zu heilen.

Zu Beginn des Interviews erzählt Michael vor allem jene esoterische Gedanken und Praktiken, mit denen er ungewollt über seine Ex-Freundin Michaela in Berührung kam. Seine eigene Einstellung zur Esoterik stellt er vor allem über seine Einschätzung von Michaelas Tun dar. Im zweiten Teil des Interviews berichtet er von esoterischen Praktiken, die er als eigenmotiviert beschreibt. In diesen tritt Michaela nicht mehr als erzählerische Vermittlungsinstanz auf. Die untenstehende Darstellung der Interviewauswertung folgt weitgehend dieser durch Michael vorgenommenen Reihenfolge.

Michael und Michaela: Ohnmacht und Allmacht in einem esoterischen Beziehungsgefüge

Michael und seine Ex-Freundin Michaela kennen sich bereits aus Studienzeiten. Michael verbindet viel mit ihr, er meint, auf eine Art seien sie „immer noch zusammen“ (3/40). Sie wohnt in Chemnitz/Karl-Marx-Stadt, wo Michael sie regelmäßig besucht.

Michael begründet seine Befassung mit esoterischen Themen mir gegenüber damit, dass er Interesse an Michaela habe. Die Ambivalenz zwischen eigenem Interesse und der Distanzierung von Esoterik und dem Berufen auf Empirismus scheint fortwährend im Interview auf. Da er mich als politisch Nahestehende einordnet (wir lernten uns auf der Rückfahrt von einem linken Jugendcamp kennen), scheint ihm die Distanzierung von idealistisch-irrationaler Weltauffassung geboten, um sich meine Anerkennung zu sichern: „Ich bin da nicht so anfällig" (5/11). Er nimmt fortwährend auf Wissenschaften Bezug und ist bemüht, sie in ein positives Verhältnis zu seinem und Michaelas esoterischem Glauben zu setzen. Gleichzeitig rechtfertigt er seine positive Haltung zur Esoterik mit dem Nutzen, den Michaela für ihre Persönlichkeitsentwicklung daraus gezogen habe, und der Argumentation, ein Abwerten esoterischen Glaubens würde ihre Anhänger verletzen, was nicht in seinem Sinn sei. Dass dies von zentraler Bedeutung für ihn ist, zeigt sich an seiner Angst, Michaela zu verlieren, wenn er sie in ihrem Glauben nicht bedingungslos anerkennt: Es bestünde die Gefahr, dass Michaela sich von ihm abwende, wenn er sich nicht mit diesen ihr wichtigen esoterischen Themen befasse: „Ich interessiere mich drum, was die machen, was dahintersteckt [...]. Und dann war 's ebenso, ich wollte unsere Beziehung nicht so, mhm, nicht so sehr gefährden, jetzt auch des freundschaftliche Verhältnis. Weil sie natürlich immer alle, die ich kennengelernt hab' dort 'n gewissen Grad intolerant sind und, äh, sich von dich wegkehren, wenn du nicht auf sie eingehst" (5/21ff). Sofort schließt sich eine Rechtfertigung für dieses „intolerante" Verhalten von Michaela und ihrem esoterischen Umfeld an: „Die ham sicherlich auch schon die Erfahrung gemacht, dass viele Menschen sie belächeln, sie nicht ernst nehmen, nicht voll nehmen und jetzt, wie alle Gruppen, die irgendwas machen, was andere nicht verstehen, igeln sie sich ein, bleiben in ihrem eigenen Kreis, in ihrer eigenen Welt, wo andere nicht rankommen. [...] So, und das Gefühl wollt ich ihr nie geben" (5/24ff). Michaels freundschaftliche – von Verlustangst geprägte – Beziehung zu Michaela, die ihm nach eigenem Bekunden emotional sehr viel bedeutet und die er sogar in den Rang einer intimen lebenspartnerschaftlichen Beziehung hebt, spiegelt sich hier in ihrer beider Verhältnis zur Esoterik, der „abgegrenzten, eingeigelten" Praxis. Sie grenzt sich real von Michael ab, hat eine neue Beziehung (mit einem Esoteriker) begonnen und kann über diese Praxis ihr „Anderssein", ihre eigene Welt gegenüber Michael behaupten. Michael fühlt sich unter Druck, ihr bedingungslose Aufmerksamkeit und auch Anerkennung in ihrem Tun zuzusprechen, damit Michaela den Mechanismus des Schutzes, den die „geheime" esoterische Welt für sie bietet, nicht ihm gegenüber aktiviert. Die Mauern, die Michaela mit ihrer „eingeigelten" esoterischen Gesellschaft um sich zieht, will Michael weiterhin für sich überwindbar halten.

Michael bedauert, dass Michaela ihm gegenüber nicht tolerant sei. Für ihn selbst sei Toleranz hingegen eines der wichtigsten Kriterien, anderen Menschen zu begegnen. Gemäß der Definition von Magnin/Rychner (1996), die die Übereinstimmung von Werten und Lebenspraxis als Kriterium für „authentische Lebensführung" verwenden (vgl. Kap. I.4), klaffen diese Ansprüche bei Michael auseinander. Er selbst lebe die Toleranz, akzeptiere aber, dass Michaela sie ihm nicht entgegenbringt. Damit macht er sich ihr gegenüber unterlegen, indem er sich von ihr entgegen seiner eigenen Überzeugung behandeln lässt. Gleichzeitig erhöht er sich über sie, da er sich zu ihrem Rechtfertiger, Beschützer stilisiert und sie vor potentiellen Angriffen ob ihrer Intoleranz prospektiv verteidigt. Ohnmacht und Allmacht zugleich – als Michaels Umgangsstrategie mit der erfahrenen esoterischen Religiosität einer ihm nahestehenden Person.

Für Michaela, so weit dies aus der Erzählung Michaels einschätzbar ist, bedeutet ihr esoterisches Tun positive Wertschätzung (die sie durch Michael und ihre neuen esoterischen Freunde erfährt), Selbstwertsteigerung sowie eine Ausweitung ihres persönlichen sozialen Umfeldes. Michael benennt die positive Persönlichkeitsentwicklung, die Michaela durch ihre Befassung mit Esoterik durchgemacht habe, als einen empirischen Beleg für den ernstzunehmenden Gehalt esoterischen Tuns. Dies hätte sein Interesse für Esoterik erhöht. Abermals sucht sich Michael durch Michaela mir gegenüber für sein esoterisches Interesse zu rechtfertigen (5/31; 8/31; 9/2). Sie sei nie glücklich und zufrieden gewesen (1/38), sie habe „immer gesucht und ihren Halt, ihren persönlichen Halt, den Sinn, ihre Sicherheit im Leben nicht gefunden" (1/39f). Ihr Studium brach sie ab, weil sie „keinen Bezug dazu gefunden" habe und sich nach Aussage Michaels „treiben ließ" (8/45f). Während der langen Jahre ihrer gemeinsamen Partnerschaft sei sie auf „der Suche nach dem Sinn des Lebens" gewesen (1/49). Diesen habe sie erst durch das Lesen esoterischer Bücher gefunden (1/50). Nun sei sie eine „Persönlichkeit" geworden, habe „Halt im Leben" gefunden (8/22f), „inneren Einklang" (19/16), verfüge über Tatkraft, „Energie", „Willensstärke" und „Zielstrebigkeit" und habe „großen Erfolg" in ihrem Berufsleben (8/32ff), wo sie nun zum ersten Mal erfolgreich eine Ausbildung absolvierte. Selbst seinen Schwächen gegenüber sei sie toleranter geworden, hebt Michael hervor, was den oben analysierten Zwiespalt bekräftigt, da Michael sich zuvor nach Kriterien behandeln ließ (Intoleranz), die er selbst ablehnt (2/32).

Diese positive Wandlung von Michaela, die er der Esoterik zuschreibt, wirke also positiv auf seine Beziehungsgestaltung mit ihr, sie ist für ihn also gewinnbringend. Es ist ihm besser möglich, seine Beziehung gemäß seiner Überzeugung und Werte (*Commitment* nach Lazarus/Folkman 1984) von „tolerant sein" zu erleben, was die Einschätzung der Situation als belastend (im Sinne der Copingtheorie) vermindert.

Ob esoterisches Tun als richtig einzustufen sei, wird auch von Michael mit dem marktwirtschaftlichen Kriterium des Erfolges, des pragmatischen Nutzens, beurteilt: „Also, ich hab' se auch nie belacht oder so, ich hab' einfach, sie hat des gemacht, es hat ja auch Erfolge gehabt, sie hat ja auch damit ihr eigenes Selbstbewusstsein" (5/30ff).

Die Beschreibungen in esoterischen Büchern, wie Selbstbewusstsein zu erlangen sei, hätten sein Weltbild ergänzt (10/11f). Dieser Vorgang sei ebenso wissenschaftlich beschreibbar, ergänzt Michael. Ihm fehle dazu lediglich der nötige fachliche Hintergrund. Letztlich könne das Selbstbewusstsein jedoch durch „kein Buch" und „keine Wissenschaft" gegeben werden (10/15). Selbstbewusstsein sei erreichbar durch „den inneren Einklang“, den Michaela in der Esoterik erfahren habe (10/16).

Michael sieht Esoterik als einen Weg, die Beziehung mit Michaela leben zu können. Es ist sowohl eine verbindende Praxis als auch ein Mittel, um ihm Michaela gnädiger zu stimmen, da sie durch die gewonnene eigene Selbstsicherheit entspannter ihm gegenüber agiere. Er erhofft sich eine weitere Besserung ihres Verhältnisses durch ihre Persönlichkeitsentwicklung: Mittels Esoterik wurde „im Prinzip erreicht, dass sie wieder 'n Mensch wird. So, der sicher auch tolerant, also, die Nervosität stört sie immer noch an mir, aber des andere nicht mehr. Sie fängt also dann an, tolerant, äh, es ist sicherer, mit Selbstbewusstsein. Alles das, was sie nie hatte. Die Intoleranz, die Introvertiertheit hat aufgehört. Das ist weg, ja. Hm“ (2/29ff).

Dass Michael auch viel Toleranz der Umwelt gegenüber ihm selber benötigt, zeigt sein nervöses Verhalten und spiegelt sich in der Begebenheit zu Beginn unseres Interviews: Zu dem am Vortag vereinbarten Treffen in einem Cafe kam er eineinhalb Stunden später, was er mit der Aussage begründete, er wolle im Anschluss zu einem Konzert, und die Batterien seiner Digitalkamera seien leer gewesen, als er zu Hause los wollte. Nun habe er einen gerechten Kompromiss gefunden: mit der eineinhalbstündigen Interviewverzögerung zwecks Batterieaufladung seien die Batterien halb voll geworden. Dass er sich seines eigenwilligen, sozial unangepassten Verhaltens bewusst ist, zeigt seine Äußerung im Verlauf des Interviews, er wolle als „Strafe“ (18/9) für sein Zuspätkommen unsere Getränkerechnung begleichen.

Michaela habe, seit er sie kenne, nach dem „Sinn des Lebens“ gesucht und ihn nun durch esoterische Schriften gefunden (1/49). Diesen „Sinn“ habe ihr die „irdische Realität“ (8/30), das „normal Menschliche“ (2/26) zeit ihres Lebens nicht geben können. Erst durch die „Vergeistigung“ in esoterischen jenseitigen Welten sei es gar „erreicht, dass sie wieder 'n Mensch wird“ (2/26). Dieser hohe Anspruch an die Esoterik – dass sie inmitten einer unmenschlich empfundenen Welt das Menschliche wiederbringen könne – zeigt die Heilserwartung, die Michael mit der Esoterik verbindet. Die Hoffnung auf eine zu erschaffende, menschlichere Gesellschaft ist gleichwohl fester Bestandteil des Marxismus, auf den Michael sich beruft („Ich bin marxistisch erzogen und so. Ich hab' 'ne ganz andere, äh, Denkweise, ich hab' des also studiert auch“ 16/4f). Michael versucht beide Weltanschauungen, die marxistische und die esoterische, in der Hoffnung auf eine bessere Gesellschaft zusammenzubringen. Er vergleicht sie in einer eindringlichen Passage in der zweiten Hälfte des Interviews, in welcher die versuchte Synthese und der sich für ihn daraus ergebende Zwiespalt explizit wird. Dies wird im folgenden Unterkapitel dargelegt.

Im Widerspruch der Welten

Um Michaels Zerrissenheit zwischen seinem in der DDR geprägten Weltbild und dem nach 1990 bedeutsam gewordenen esoterischen verständlich zu machen, werden im Folgenden längere Passagen aus einer relevanten Sequenz des Interviews zitiert. Darin gibt Michael monologartig einen Einblick in seine Versuche, beide Weltbilder kohärent zusammenzufügen. Zu Beginn dieses Abschnittes fragt Michael nach meiner eigenen Haltung zur Spiritualität und will sich vergewissern, ob neben dem wissenschaftlichen Interesse nicht ebenso ein originär spirituelles bestehe. Ich antworte mit persönlichen Erfahrungen, als mir nahestehende Menschen Anfang der 1990er Jahre einen politischen Richtungswechsel nach rechts vollzogen und diesen esoterisch begründeten. Konkret wurden beispielsweise Selbstmorde von Asylbewerbern in Abschiebegefängnissen damit als sinnhaft und richtig ausgedeutet, dass der Selbstmord zum Karma des Betreffenden gezählt wurde. Eine eingreifende Hilfe von außen bzw. Reflexion der umstrittenen Abschiebepraxis sei damit obsolet. Dadurch habe Esoterik meine Aufmerksamkeit erregt. Er nimmt das Stichwort „Karma" auf und beginnt ohne weitere Nachfrage zu erzählen:

„Karma. Des war des Stichwort. [...] Karma spielt nämlich die Hauptrolle. Und sie [gemeint ist die Frau, bei der Michaela in esoterischer Beratung war und dort auch Auskünfte über Michaels angebliche frühere Leben einholte; vgl. 4/16f; CB] hat mir nämlich d-, wo ich dir erzählt hab, dass sie zusammengestellt hat ein Bogen, mein Psychogramm, mein Karma. Sie hat mein Karma zusammengestellt" (14/50ff). In der Kenntnis über bestimmte esoterische Theorien rekurriert Michael auf Michaela und stellt sich auf meine, die angenommene politisch „korrekte", wissenschaftliche Seite: „Siehst du, du weißt das doch. Also du hast praktisch den gleichen Werdegang wie ich, da hin. Also es ist praktisch identisch" (15/2ff). Er übernimmt meinen Einstieg in das Interesse für Esoterik in seine eigene biographische Erzählung. Mit dieser symbiotischen Übernahme meiner Erzählperspektive sucht er abermals mein Verständnis für seinen Weg, sich mit Esoterik zu befassen, und suggeriert, seine Betrachtungsperspektive sei identisch mit meiner:

„Mein Umfeld hat sich da reingefunden, es war gewisserweise relativ viel, was ich, was mich erstaunt hatte, weil des vorher nie so, es war nicht, hat, es war nicht der Rede wert, also es gab mal welche. Des hat mich, ja. Aber es hat einfach mehr, hat so 'n so 'n, nicht Massencharakter, aber es hat einfach viele erfasst, nä, viel mehr als ich dass, also, das spürt man schon, wie du 's auch, also praktisch genauso wie du das jetzt gesagt hast. Und es war auch so, wie du, wie du das jetzt, ich hab' genau die gleiche Draufsicht, alles das. Und mein Karma, das ist. Michaela hat mir mein Karma ständig zusammengestellt, und mein Karma kann ich nicht verändern.[53] Mein Karma ist mir gegeben. Des ist meine Rolle hier in dieser Welt" (7/4–12).

Ich stelle Michael die direkt geäußerte „Gretchenfrage", ob er an Wiedergeburt glaube, worauf er sich in widersprüchliche Aussagen verstrickt, in „Weltraumdimensionen" ausweicht und sich bedrängt fühlt, sich festlegen zu sollen: „Du wirst mich aber nicht dafür hinkriegen" (14/34). Dies lässt auf Furcht davor schließen, von mir nicht als politisch und wissenschaftlich ernstzunehmender Mensch anerkannt zu werden. Er bleibt bei der Aussage, eine Antwort gebe es aus philosophischer Sicht nicht, und deshalb würde er die Existenz und Wahrheit esoterischer Aussagen nicht anzweifeln.

CB: Aber daran glaubst du schon, dass die Menschen wiedergeboren werden, oder?

M: Nicht unbedingt. [...] Weißt du, des ist sehr, sehr schwierig und so. Ich, ich will es nicht in Frage stellen, sagen wir es mal so. Ich, ich will, äh, also wir sind, fast in Weltraumdimensionen oder so was. Du, dieses Weltraum ist nach unserem Verständnis nie entstanden und es kann nie aufhören. Wir ham, wir ham zwar 'n zwei-, dreidimensionales Denken, alles hat 'n Anfang und ein Ende, aber wenn du immer tiefer fragst, gibt 's keine Antwort für des, für des, für diese Galaxis. Aus was soll die entstanden sein, aus was is' die vorhergehend entstanden, des geht nicht. Ich will es deswegen nicht in Frage stellen. Ja. Ich, du wirst mich aber nicht dafür hinkriegen. Ich glaub des auch nicht. Ich bin dafür nicht unbedingt empfänglich. Des, des klang jetzt vielleicht so. Des is' es nicht. Ich tu' es tolerieren, und ich stell' 's nicht in Frage. Des kann man, des kann man doch, (-) des kann ja viel sein. Wir leben in einer philosophischen Phase, momentan, wo wir für, äh, Sachen Erklärungen haben, die für uns jetzt richtig sind (15/24–38).

Er setzt nun an, die Notwendigkeit für eine unvoreingenommene, offene Weltsicht, die Neues nicht ausschließt, mit marxistisch geprägter Fortschrittsrhetorik zu untermauern:

„Aber, äh, die Kirche hat Leute verbrannt oder umgebracht, die, äh, nicht geglaubt haben, dass die Erde, die geglaubt haben, die Erde sei 'ne Kugel, also sei rund. So, oder die Gott, äh, nicht als den akzeptierten, der er war. Heute sieht die Kirche selbst das anders. Also ich würde nie an 'nem festen Weltbild zerstör-, also festhalten und so was. Ich bin im Marxismus erzogen. Dialektisch is' des also. Äh. Des is' 'ne ganz andere Entwicklungsperspektive. Und über Nacht is' das über Bord gehau'n worden. Das, meine Hochschullehrer haben des alles gedacht und so. Des ist schwierig. (--)

53 Das Karma wird in esoterischen Lehren als für das derzeitige Leben gegeben und unveränderlich angesehen, da es individuell durch die Vorleben verursacht sei. „Zusammenstellen" des Karmas bedeutet in diesem Zusammenhang, dass mittels befähigter Personen Einsicht in die ansonsten unbewusst wirkenden Regeln des individuellen Karmas genommen werden kann.

Nä. Det is' nicht so neben. (---) Philosophen haben die Welt nur unterschiedlich interpretiert, immer wieder" (15/38–46).

Er will an keinem festen Weltbild festhalten; sein Versprecher („ich würde nie an 'nem festen Weltbild zerstör-, also festhalten") weist allerdings auf den Gedanken hin, kein bestehendes Weltbild zerstören zu wollen. Er kann an seinem vormals marxistischen Weltbild nicht festhalten, weil er damit das neue esoterische zerstören würde. Würde er dieses neue, esoterische Denken jedoch in seinen Grundlagen annehmen, so müsste er sein altes Weltbild aufgeben. Michael, der das Selbstbild des kritisch-materialistischen Analytikers aufrechterhalten will, rettet sich, indem er Weltanschauungen „nicht in Frage" stellt, nicht weiter hinterfragt. Dies bedeutet in diesem Zusammenhang „Toleranz": „Ich tu' es tolerieren, und ich stell 's nicht in Frage" (15/35f). Seine Toleranz, die er Michaelas esoterischer Welterklärung vehement entgegenzubringen behauptet, bleibt also im Kern eine bare Anerkennung des Phänomens unter Hervorkehrung positiver Auswirkungen. Sie bedeutet aber ebenso, die problematischen Aspekte dieses Denkens auszublenden. Die Unvereinbarkeit seines Selbstbildes als kritischer Denker mit seinem realen unreflektierten Umgang mit dem Phänomen Esoterik veranlasst Michael zu verzweifelten Rechtfertigungen. Die Versuche, mittels marxistischen Argumentationsmustern seine Offenheit für neue Theorien zu erklären, gipfeln in einer dem Marxismus grundsätzlich zuwiderlaufenden Aussage („ich würde Gott nicht in Frage" stellen; 16/4), nach der er seine Erklärung abrupt beendet und auf sachlicher Ebene von seinem Studium des Marxismus-Leninismus berichtet. Es scheint, als wäre dies für ihn die einzige Möglichkeit, beim Thema marxistische Weltsicht zu bleiben, ohne sich weiter in Widersprüche zu verstricken.

CB: Also es gibt da keine wirkliche Antwort drauf, oder?
M: Gut, wenn die Menschen die Antwort hätte, wär 's Schluss.
CB: Aber es gibt auch keine wirkliche Antwort auf die Frage, gibt es 'ne Göttlichkeit oder Wiedergeburt, oder?
M: Gibt 's auch nicht. Ich kann dir mein Weltbild sagen, und des ist anders. Ich, ich, ich existiere. Und ich, für mich ist des alles anders.
CB: Ja, sag mal.
M: Aber ich, ich würde Gott nicht in Frage. Ich bin marxistisch erzogen und so. Ich hab' 'ne ganz andere, äh, Denkweise, ich hab' des also studiert auch. Wir mussten, in der DDR mussten alle zwei Jahre lang, äh, Marxismus-Leninismus studieren. Des war Teil des Studiums. Neben den anderen Kursen. Das hieß immer rote Woche und so. Des, des erste war, äh, Philosophie, hat Spaß gem-, hab' ich sehr gern gemacht. Auch jeder sehr gern gemacht.
CB: Ja.
M: Zweiter Teil war politische Ökonomie, war auch spannend. Ja, also politische Ökonomie des Kapitalismus war sehr spannend. Die des Sozialismus war nicht mehr so spannend, aber die war, die Wirkungsmechanismen, des, des is' iden-

> tisch, des kann ich heute, ich kann es dir hier herbeten, des stimmt alles. So, des mach ich auch viel. So. Des dritte war wissenschaftlicher Kommunismus, hat ja keenen (keinen) mehr interessiert, aber, wir haben das gelernt (15/47–16/16).

Er schließt mit einem lehrbuchhaften Kurzabriss der Entwicklung der materialistischen, antiklerikalen Weltanschauung und benennt diese als sein „Leitbild". Dass die Erklärung formelhaft verbleibt und nicht mit persönlichen Gedanken gefüllt ist, lässt sie wie ein Glaubensbekenntnis wirken, dessen Inhalt verteidigt werden muss:

„So, und ich hab' 'ne dialektische Herangehensweise. Dialektisch is' nischt, nischt Neues, des hat also Friedrich Hegel eigentlich, eigentlich schon im 18. Jahrhundert entwickelt. Für die Natur. Ludwig Feuerbach mit 'm Materialismus, heraus, der definiert die Grundfrage, also is' die Welt erkennbar, is' sie nicht erkennbar? Heraus, andern, er sagt, die Welt is' erkennbar. Die Kirche sagt, die is' nicht erkennbar, so, daraus entsteht die Ideologie, also ideo-, idealistisches Bild. Ich bin vorbestimmt, mein Schicksal is' mein Schicksal, ich muss es hinnehmen, und so was. Und Feuerbach sagt: Es is' keen (kein) Schicksal, es is' 'ne materialistische Welt. Du kannst selbst es in die Hand nehmen. Die Welt hat sein, hat ihre Gesetzmäßigkeiten, die kann man erforschen. Aus diesen Gesetzmäßigkeiten heraus kann man die Welt verändern. Daraus entwickelt Marx dann die Dialektik mit Friedrich Engels heraus, zusammen. Also, Hegelsche Dialektik für die Natur, Feuerbachs Materialismus, ergibt im Prinzip dann die Marxsche dialektisch, also die Grundgesetze der Entwicklung dieser Erde. Des is' mein Leitbild. Bertolt Brecht setzt das literarisch um. Der macht episches Theater, nur auf Basis der Dialektik. Für mich ein ganz phantastisches Theater, also, was Greifbares, was Wunderbares. Wissenschaft. Dann kommen die Evolutionen und so" (16/16–32).

Meine abschließende Frage, in welchem Verhältnis „Marxismus oder auch realer Sozialismus zu diesen spirituellen Fragen" seiner Meinung nach stünden, beantwortet er mit dem Verweis darauf, „dass im Sozialismus das keine Rolle gespielt haben, hat und so was. Äh, und dass ich auch, äh, der Marxismus davon, äh, eigentlich gar nicht abwendet, weil 's zu dieser Zeit die Bewegung in dieser Art noch nicht gegeben hat" (16/35ff). Es sind für ihn also die gegenwärtigen Lebensfragen, für die eine Theorie die passende Erklärung liefern muss, um zurechtzukommen. Wie schwer er mit dem subjektiv empfundenen Widerspruch zwischen zwei unterschiedlichen Welterklärungen kämpft, sagt er deutlich: „Ich bin im Marxismus erzogen. [...] Des is' 'ne ganz andere Entwicklungsperspektive. Und über Nacht is' das über Bord gehau'n worden [...]. Des ist schwierig" (15/44). Gegenwärtig gelte es, pragmatisch zurechtzukommen: „Wir leben in einer philosophischen Phase, momentan, wo wir für, äh, Sachen Erklärungen haben, die für uns jetzt wichtig sind" (15/37). Auf die grundsätzlichen Fragen gebe es derzeit keine gültigen weiterreichenden Antworten. Was zählt, ist die nackte Existenz: „Ich kann dir mein Weltbild sagen, und des ist anders. Ich, ich, ich existiere.

Und ich, für mich ist des alles anders" (16/1f). Es folgt keine weitere Erklärung an dieser Stelle zu seinem „anderen Weltbild". Es bleibt bei dem Verweis auf die blanke Existenz. Dass selbst Marx ihm bei der Neuinterpretation der Welt Recht gebe – und er somit weiterhin ein festes Weltbild als Stütze sucht –, zeigt die angehängte, verkürzte elfte Feuerbachthese[54] von Karl Marx: „Philosophen haben die Welt nur unterschiedlich interpretiert, immer wieder" (15/46). Und jetzt sei eine neue Epoche, eine neue „philosophische Phase", die neue Interpretationen erfordere. Dass es *nicht* nur darum gehe, die Welt zu interpretieren, sondern – wie es dem zweiten Teil jener weithin bekannten Marxschen These zu entnehmen ist – sie zu *verändern*, entfällt Michael an dieser Stelle. Durch diese sinnentstellende Uminterpretation kann sein marxistisches Verständnis als Grundlage bzw. Selbstrechtfertigung für die Rezeption esoterischer Lehren verwendet werden. Denn wie alles an seiner dargelegten marxistischen Theorie besteht auch dieses Zitat aus Versatzstücken, die eklektisch eingebaut werden, um den Boden unter den Füßen nicht zu verlieren und die innere Stabilität des Selbstbildes zu bewahren sowie sein Weltbild mit den Anforderungen der Realität in Einklang zu bringen. Sein Theoriegebäude ist jedoch nur um den Preis der Selbsttäuschung aufrechtzuerhalten, wie sie Lazarus/Folkman als „unbewusst ablaufenden Prozess" beschreiben, um unter als unveränderlich erscheinenden Bedingungen, unter dem Gefühl der Machtlosigkeit, trotzdem ein erfolgreiches Coping zu ermöglichen (vgl. Kap. I.2). Durch das Ausblenden einzelner Aspekte der Wirklichkeit entstünde im realen Verhalten eine Widersprüchlichkeit zwischen dem, was in einem und dem, was im anderen Moment gesagt wird (Lazarus/Folkman 1984, S. 151).

Esoterik liefert dabei pragmatisch anwendbare Handlungsorientierungen, gibt Hoffnung und Zuversicht, wichtige zwischenmenschliche Beziehungen zu verbessern. Als umfassendes Sinnsystem jedoch scheint sie Michael zu wenig zu liefern, zu sehr versteift er sich auf sein marxistisches Weltbild, das – obwohl er es inhaltlich bis zur Unkenntlichkeit verändert – tief in ihm verwurzelt und zu einem wichtigen Teil seiner Identität geworden ist. Dieses Selbstverständnis Michaels, seine politische Teilidentität, scheint ihn von einem völligen Aufgehen in esoterischen Betrachtungsweisen abzuhalten.

Esoterik als alternative Heilslehre

Eine esoterische Praxis, in der sich Michael gänzlich eigenständig darstellt und nicht auf Michaela beruft, der Ausflug mit seiner der Ökologischen Plattform der Linkspartei nahestehenden Arbeitsgruppe zum Lebensgut Pommritz. Er leitet seine Erzählung darüber genauso ein, wie er zuvor über Michaela berichtete: Man dürfe in dieser Frage der esoterischen Praxis nicht

54 „Die Philosophen haben die Welt nur verschieden interpretiert. Es kommt aber darauf an, sie zu verändern" (Marx 1845, S. 56).

über ihn lachen (18/14). Er übe diese nur mit einem Kreis von Leuten aus, die tolerant seien. Damit fordert er nun in der persönlichen Erzählung über seine eigene esoterische Praxis das ein, was er vorab Michaela zugeschrieben hat: das Verlangen nach unkritischer Toleranz und bedingungsloser Akzeptanz.

Sich selbst und die Mitglieder seiner linkspolitisch-ökologischen Arbeitsgruppe beschreibt er als Menschen, die „ihr Weltbild" besäßen, „stabil" seien (18/20) und versuchten, durch die esoterische Praxis „in andere Lebensformen reinzukommen" (18/17). Welche „Lebensformen" damit gemeint sind, erzählt er zunächst am Beispiel der „Indianer": Diese „haben das ja auch gemacht" (18/24). Es sei wichtig gewesen „für ihre Existenz und für ihre Gemeinsamkeit" (18/25f). Daraus habe sich eine „Kultur" entwickelt (18/28). Dem setzt er die „Industrialisierungsform" als gegenteilige Lebensform entgegen. „Dann sind die Industrialisierungsformen gekommen, die alles vernichtet haben" (18/29). Die Industrialisierungsform setzt er mit der gegenwärtigen Gesellschaftsform gleich und bewertet sie als zerstörerisch und entfremdend. „Und ob des nun gerade die absolut besseren sind, die wir jetzt hier haben, die Vereinzelung der Menschen, ob des nun die Alternative ist, das muss man ja auch in Frage stellen" (18/30ff). Wir befänden uns in einem Moment des Umdenkens, einem „beginnenden Diskussion- und Denkprozess" (18/32). Zu den Alternativsuchern, die andere Lebensformen wollten, zählten Esoteriker wie er selbst: „Da gibt 's Spirituisten, da gibt 's unsere Form, und jeder wird für sich gesetzt" (18/34f). Er möchte beide suchenden Gruppen zusammenbringen, um eine neue, lebenswertere, gemeinschaftliche, „Lebensform" anstelle der gegenwärtigen zu befördern. Im Anschluss berichtet er weiter über den Dalai Lama und den tibetischen Buddhismus, der für ihn eine friedliche, harmonische, weltoffene, tolerante Religion ausdrücke (19/28ff).

Er beschreibt sich und die spirituell-esoterischen Sinnsucher in dieser Passage als potentielle Bündnispartner für eine bessere Welt, die nicht-entfremdet, nicht-isolierend für das Individuum und kulturell-schöpferisch sei. Michael sieht in der Esoterik die Möglichkeit, anders zu leben, der Entfremdung etwas entgegensetzen zu können. In diesem gemeinsamen Punkt des Leidens an Entfremdung sehen Magnin/Rychner die entscheidende Schnittstelle zwischen links-alternativen und esoterischen Kreisen (vgl. 1996, S. 148). Sie merken jedoch an, dass die esoterische Kritik an Entfremdung, da sie undialektisch verstanden würde, „die paradoxe Folge der totalen Unterwerfung unter entfremdete Strukturen" nach sich zöge (ebd., S. 149).

„Anstatt dass die entfremdeten Strukturen als veränderbare begriffen werden oder dass die Widersprüche analysiert und ausgehalten werden, so dass der Mensch sein Leben im Rahmen seines Handlungsspielraums verantwortungsvoll und in größtmöglicher Autonomie gestalten kann, bedeutet die ‚Selbstverwirklichung' im esoterischen Kontext, dass das Selbst das Vorgegebene realisieren und sich damit erst recht den entfremdeten Strukturen anpassen soll. Durch diese völlige Anpassung an das Gegebene wird die Entfremdung subjektiv nicht mehr wahrgenommen, obwohl sie objektiv vollendet wird" (Magnin/Rychner 1996, S. 149).

Woraus bestehen also die konkreten Erfahrungen einer anderen Lebensform, die Michael im Lebensgut Pommritz machte? Wichtig war es ihm, dass er seiner politischen Gruppe die andere Lebensform „ZEIGEN wollte, nicht erklären, zeigen. So dass sie des selbst leben" (12/18f). Die Erfahrung ist also als zentrales Kriterium für die neue Lebensform angegeben, sie kann nur unzureichend, möglicherweise gar nicht, theoretisch vermittelt werden.

Michael nahm mit seiner Gruppe im Lebensgut Pommritz an einem „indianischen Kult" (11/34) teil, der mit einer Schwitzhüttenzeremonie unter Anleitung einer Frau begann. Im Anschluss wurde unter Anleitung ein gemeinsamer Gesprächskreis gebildet. Voraussetzung für das Gelingen des Vorhabens war, die eigene „Persönlichkeit offen[zu]legen" (11/45). Es kostete trotz des vertrauten und informellen Rahmens – mit bekannten Menschen im Schneidersitz am Boden sitzend – „Überwindung", das „Innerste erst mal aus[zu]kehren [...]. Also was uns bewegt so, sehr offen" (11/37). Dies kann bereits als andere Lebensform angesehen werden, denn dies sei unüblich im normalen Sozialverhalten: „Musst du ja, äh, schon, äh, deine, deine Persönlichkeit offenlegen, darum geht 's ja eigentlich. Des was du ja sonst nie machst, wenn du, auch unter den Menschen bist" (11/46). Die Entwicklung der Persönlichkeit mittels Esoterik, wie sie Michaela geglückt sei, war zuvor tragendes Argument seiner Fürsprache für Michaelas esoterische Praxis. Nun wird Selbiges auch für ihn zum Kriterium, wodurch sich esoterische, bessere von gegenwärtiger Gesellschaft unterscheide: durch die Gelegenheit, sich selbst, seine „Persönlichkeit" nicht verstecken zu müssen, sondern sie offen anderen zu zeigen.

Im Anschluss an diese Eröffnungszeremonie zog jedeR eine Karte. „Diese Karte ziehst du nicht rein zufällig, sondern die Karte ziehst du halt immer dann im Bezug zu deiner Existenz, zu dem Leben hier" (12/2). Etwas zunächst zufällig Gezogenes wird als durch höhere Gesetze Gesteuertes angesehen. Nun würde das, was der/die Einzelne vorher über die eigene Persönlichkeit gesagt habe, in Verbindung mit diesem Sinnbild untersucht. Ziel sei es, auf „seine Persönlichkeit zu kommen" (12/10f). In diesem Setting wird suggeriert, dass die Hinweise und beratenden Worte der Tarotkartenlegerin nicht genügten, um zu sich und seiner Persönlichkeit Zugang zu finden, sondern dass nur durch das Hinzuziehen kosmischer Offenbarungen der Mensch näher zu sich selbst finde.

Suche nach Identität in der Verbindung der Rollen

Hatte sich Michael zu Beginn des Interviews von den Theorien des Karmas und der Wiedergeburt distanziert und betont, dass für den esoterischen Weg zur Selbstbewusstseinsbildung auch adäquate wissenschaftliche Erklärungen herangezogen werden könnten, so fehlt diese Distanzierung in dieser Passage, in der er von einer originär eigenmotivierten esoterischen Praxis (ohne Zutun von Michaela) berichtet.

Gemäß der Rollentheorie Sundéns (vgl. Kap. I.2) scheint Michael sich changierend zwischen zwei Rollen zu verorten: einer politisch-marxistischen und einer esoterischen Rolle. Der aktive Status fällt in dieser Passage eindeutig der esoterischen Rolle zu. Der Referenzrahmen der Ausdeutung ist in dieser Erzählung über das Tarotkarten-Ausdeuten vollends der esoterischen, übersinnlichen Erklärung verhaftet. Ergänzende Bemerkungen wie in den Passagen vorher, in denen er Einstellungen und Werthaltungen seiner anderen, wissenschaftlich-marxistischen Rolle hinzufügt, um dieser ebenso gerecht zu werden (dass sich z. B. bestimmte Wirkungsmechanismen der Esoterik psychologisch-wissenschaftlich analog beschreiben ließen), fehlen hier.

Für Michael – so lässt es sich seiner Erzählung der für ihn wertvollen Momente beim Besuch des Lebensguts Pommritz entnehmen – bedeutet die neue Lebensform und spirituelle Erfahrung vor allem Selbstfindung. Seine Persönlichkeit will er anderen zeigen, nicht verstecken wie im Alltag. Sie selbst zu verstehen beinhalte jedoch, sie mit größeren, vorausbestimmten Gesetzmäßigkeiten in Zusammenhang und in Einklang zu bringen.

Michael hat bereits eine Persönlichkeit – sonst könnte er sie anderen gegenüber nicht „offenlegen", nicht zeigen –; gleichzeitig wird sie erst erkannt, sich näher gebracht in der esoterischen Praxis des Tarotkarten-Ausdeutens. Die Persönlichkeit ist also vorhanden, sie wird aber als unsichere charakterisiert. Einerseits muss sie vor der alltäglichen Welt versteckt gehalten werden, andererseits benötigt Michael metaphysische Hilfe, um sie selbst genau erkennen zu können.

Noch deutlicher spricht Michael in einer anderen esoterischen Erfahrung über außerirdische Hilfestellung, um zu sich selbst zu finden. Zunächst leitet er ein mit einer Erzählung über Channeling-Sitzungen, Gespräche mit Verstorbenen und Außerirdischen, die Michaela geführt habe (6/21ff). In diesem Zusammenhang erklärt er, die Annahme von Reinkarnation für bedeutsam (7/1), da in ihrem Zusammenhang Informationen aus früheren Leben erhalten werden könnten (7/3). Diese dienten dazu, „dein eigenes [Leben; CB] jetzt zu verstehen, weil 's ja immer in Fol-, in logischer Folge zu dem, was vorher passiert ist, steht. Also dass sie heute so viel Lebensprobleme hat, führt sie darauf zurück, dass sie, äh, in der vorhergehenden Zeit eine Prinzessin gewesen ist" (7/4ff). Auf dieser Ebene werden laut Michael Krankheiten, zwischenmenschliche Probleme, „alles, also das Wesen des Menschen an sich" behandelt (7/29). Durch Einblicke des Mediums in das eigene spezifische „Schicksal" würde die eigene „Rolle", die man „hier hat", klar, der Platz in der Welt verständlich und annehmbar (6/33). Für das Jahr 2011 sei ein Kippen des Irdischen, durch übersinnliche Mächte eingeleitet, zu erwarten (7/50). Zwar berichtet Michael in dieser Passage abermals über Michaelas Erfahrung, aber es fehlen Distanzierungen, die er an anderen Stellen anführt. Er gibt lediglich an, mir diese Begebenheit „unter einem anderen Kontext erzählt“ (7/37) zu haben. In diesem müsse man „d’ran glauben, dass des [die medial vermittelten Gespräche mit Erzengel Gabriel und anderen; CB] stattgefunden hat“ (7/36f). Er benennt hier deutlich die beiden verschiedenen Status und Rollen, aus deren Erklärungslogik und Erzählperspektive heraus die Berichte sich speisen. Im esoterischen Referenzrahmen muss die Existenz höherer Wesen und die karmische Vorherbestimmung des Lebens „geglaubt“ werden, um den rollenimmanenten Sinnzusammenhang herstellen zu können. Die esoterische Rolle Michaels benötigt den Glauben, die unhinterfragte Annahme höherer Mächte. Seine Rolle als politisch-wissenschaftlicher Denker aktiviert er im Anschluss an diesen Bericht, indem er einzelne Bestandteile des esoterischen Weltbildes – nicht die Grundfeste – eklektisch herausnimmt und wissenschaftlich zu erklären versucht. Er gibt an, im esoterischen Bericht einen anderen Kontext gewählt zu haben, und wechselt nun den Kontext bzw. Referenzrahmen. In diesem wissenschaftlichen Referenzrahmen, der undeutlich bleibt, spricht er von der Unendlichkeit des Universums, der Galaxis, die „für uns als irdische Wesen nahezu gar nicht beherrschbar“ sei (8/5). In dieser Galaxie verortet Michaela so genannte „Centauren“, außerirdische Wesen, die Einfluss auf das Weltgeschehen nähmen und eine Zeitenwende um das Jahr 2011 herbeiführen würden. Die Annahme von mächtigen Wesenheiten in diesem galaktischen Raum ist für Michael eine „unterschiedliche Dimension“ (7/2) im Vergleich zu der Annahme einer christlichen Gottheit. Denn über den galaktischen Raum wisse die Menschheit wenig. Insofern – so die unausgesprochene, aber suggerierte Botschaft – könnten überirdische Wesenheiten im Universum, anders als ein personifizierter Gott im christlichen Sinn, nicht ausgeschlossen werden. Michael leitet in einer kompliziert nachzuvollziehenden Passage auf diese Schlussfolgerung hin, spricht die Schlussfolgerung jedoch nicht aus, sondern schwenkt auf eine andere esoterische Praxis Michaelas um (Schwingungen auf der Erde messen), die sicherlich auch physikalische Relevanz besäße (8/9ff). Damit hat er mir gegenüber beide Rollen präsentiert und eine mögliche Vereinbarkeit beider Werthaltungen und Prämissen angedeutet, womit ein kohärent-identitäres Bild seiner Person mir gegenüber angestrebt wird.

Selbstbewusstsein und Erfolg als Bewertungskriterien

Mit den esoterischen Praktiken sei Michaela erfolgreich gewesen. Dies habe ihn für Esoterik eingenommen, nun beschäftige er sich mit den „esoterischen Hintergründen, warum haben Menschen Erfolg“, wie „entsteht Selbstbewusstsein“ (9/5f). Er wolle das „Geheimnis“ dieses Erfolges entdecken (9/8). Dies sei durch eine Befassung mit Esoterik offenbar zu entschlüsseln. In der Esoterik werde eine bestimmte „Sprache“ gewählt, um sich auszudrücken. Er könne die Wirkungszusammenhänge hinter diesem Geheimnis ebenso mit seiner, der wissenschaftlichen Sprache fassen. Er käme dann „auf den gleichen Schluss" (9/14f). „Sprache", verstanden als Ausdruck eines Sinnsystems, das intersubjektiv gültig ist (Magnin/Rychner 1996, S. 5), gibt Vorstellungen wieder, die sich Menschen über die Welt machen. Michael und Michaelas Sinnsysteme seien inhaltlich gleich, lediglich der Code, in dem sie sich mitteilten, sei ein anderer.

Was er unter dem Schlüssel zum Erfolgsgeheimnis versteht, fasst er mit dem Ausdruck: Mit der Umgebung und mit sich „in 's Reine" kommen. Es bestehe demnach ein ungutes, unechtes, belastetes Verhältnis zwischen ihm und der Welt. Durch aufmerksamen Umgang mit den Empfindungen in ihm selbst und einen wachen, sensiblen, rücksichtsvollen Umgang mit der Umwelt könne dies bereinigt werden.

„Ich, ich zum Beispiel, ich vergeude nichts, wie du siehst, ich fahr' Fahrrad, ich esse nicht, über den, vielleicht gestern Abend zum Beispiel, hab' auch nischt weiter gegessen, so. Und, äh. Wenn, man kann des ja übertragen, man kann das Bewusstsein und die Erinnerung an den, an Verstorbene, also mein Vater ist zum Beispiel verstorben [...]. Man kann des ja aufbauen und man kann sich damit beschäftigen für sich persönlich, was es bedeutet hat auf dein Leben. Und, ähm. Man kommt mit sich ins Reine. Ich brauch deswegen nicht unbedingt 'ne Familienzusammenführung, ja, wenn ich im Prinzip des als Weg sehe, den ich dann selber weitergehe, auf den mich orientier. Wenn ich zu mir gefunden habe, zu mir selber, und ich weiß, was da ist, was ich, was mich, was mein Leben ausmacht, was meine Lebensform ist, kann ich auch auf solche Erkenntnisse, auf solche Schlüsse kommen. Das hab' ich gemeint. Ja" (9/30ff).

Ein Abwenden vom Konsumrausch der modernen Gesellschaft; Sensibilität in persönlichen Begegnungen; wissen, was das Innere und das eigene Leben sein könnte jenseits der alltäglichen Lebensform. Doch dieses Sein ist erst zu finden. Dann wäre es auch möglich, so Michael, im „Einklang mit der Natur" zu leben (9/39). Welche Natur, ob die menschliche „wahre Natur des Selbst" oder die ökologische, bleibt dahingestellt. Da Michael aber auch in seiner Erzählung über die Erfahrungen auf dem Lebensgut Pommritz viel positiven Bezug auf „Ursprünglichkeit", einfaches Leben fernab vom Konsum und Natürlichkeit als positive Synonyme für die andere Lebensform gebraucht hatte, ist von einer weitgehenden Übereinstimmung der Doppelbedeutung „Natur" für ihn auszugehen. Dies bestätigen ebenso die Theorien Bahros, der vom Menschen fordert, sich innerlich als Subsystem unter die Ordnung der Natur zu stellen. Bahro war Stichwortgeber der Ökologischen Plattform und (laut Michaels Aussage) Mitbegründer des Lebensguts Pommritz.

In diesen Sehnsüchten nach einer Innerlichkeit, einem Selbstgefühl des mit „sich im Reinen" zu sein, nicht gespalten, sondern ehrlich, authentisch und wahrhaft, fühlt sich Michael mit Michaela eins. Es geht um die Suche nach dem verlorenen „Wesen des Menschen an sich" (7/29).

„Der gemeinsame Bezugspunkt ‚Entfremdung' des aufklärerisch-emanzipativen wie des kulturpessimistisch-esoterischen Weltbildes erklärt wohl die Beliebtheit esoterischer Praktiken innerhalb alternativ-linker Kreise, obwohl sich das diesen Praktiken zugrunde liegende organizistische Weltbild gerade gegen emanzipative Bestrebungen auswirkt" (Magnin/Rychner 1996, S. 64).

Diese emanzipativen Bestrebungen scheint Michael derzeit gegen ein rein pragmatisches Bestehen im Kapitalismus eingetauscht zu haben, obwohl ihm der Verlust der einstigen weiterführenden politischen Ideologie nach wie vor schwer zu schaffen macht, da die esoterischen Erklärungen sein Bedürfnis nach Sinn nicht zu befriedigen scheinen. Der Sinn, die Bedeutungszusammenhänge, die Esoterik bietet, müssen von ihm beständig verteidigt und mit anderen Substraten aus seiner politischen Weltanschauung ergänzt werden, um zu tragen.

Esoterik als Biographiegenerator nach dem Systemumbruch

Michael versucht, eine Biographie – ein kohärentes, glaubwürdiges, konstantes Bild seines Denkens, Handelns und Lebenslaufes über den radikalen Wandel der äußeren Gegebenheiten hinweg – zu konstruieren. *Heute noch den selben Kern zu haben wie gestern* ist nach dem Umbruch des Gesellschaftssystems und seiner theoretisch-weltanschaulichen Basis 1990 sowohl für überzeugte DDR-Bürger als auch für viele West-Linke der damaligen Zeit zum Problem geworden.

Michael will an seinem Weltbild festhalten. „Biographie als Kategorie der Selbst-Deutung ist gebunden an gesellschaftliche Bedingungen und sich wandelnde Erfahrungsräume", wie Dausien (1999, S. 66) rekapituliert. Für Michael, der dem sozialistischen System der DDR verbunden war und dies heute in seiner Aktivität innerhalb der Partei Die Linke – als in Teilen ihrer Wurzeln originär ostdeutsche Partei – ausdrückt, bedeutet dies ein Oppositionsdasein innerhalb des neuen Systems. In der Esoterik versucht er, weiterhin seinen Traum einer „alternativen" Lebensform zum Kapitalismus zu leben, wenn auch reduziert auf Erfahrungen der Gemeinschaftlichkeit, Nicht-Entfremdung vom Ziel der menschlichen Selbstverwirklichung. Seine angestrengten Versuche, um den Preis der Selbsttäuschung eine in seinen Überzeugungen kohärente Biographie zu generieren, zeugen von seinem Willen, sich selbst, seinem Idealbild treu zu bleiben und seine Überzeugungen nicht zu verraten. Da sein Selbstbild als marxistischer Theoretiker unter den gegenwärtigen sozialen Bedingungen nicht zum Erfolg bzw. zu einem Außenseiterdasein führt, sucht er Strategien, um das Selbstbewusstsein aufrechtzuerhalten. Genau dies fasziniert ihn an Michaelas erfolgreichem Weg durch Esoterik: „esoterischen Hintergründen, warum ham Menschen Erfolg, [...] und, äh, also die ganzen Fragen, also wie entsteht Selbstbewusstsein oder, und wenn du des als Einheit siehst“ (9/5ff). Wie kann man seinen Geist wappnen, um den gegenwärtigen Angriffen auf seine Werthaltung und Grundüberzeugung standzuhalten, wie trotzdem selbstbewusst sein? Dies sind Lebensfragen in Michaels biographischer Selbstnarration, die er mit Esoterik, die eine gegenwärtig sowohl gesellschaftlich als auch in seinem sozialen Umfeld anerkannte Welterklärung bietet, auszudeuten und zu begründen versucht. Dass er damit in seinen politischen Kreisen partiell auf Widerstand stößt, versucht er mit der Umdeutung politisch-marxistischer Theorien abzumildern.

Zusammenfassung aus identitätstheoretischer Sicht

Michael ist bestrebt, eine kohärente, in seinen Anschauungen und Taten widerspruchsfreie, glaubwürdige Persönlichkeit zu sein. Seine Teilidentitäten, von denen die politische und esoterische im Interview am deutlichsten zutage treten, versucht er in ein widerspruchsfreies Gesamtbild, eine Metaidentität, zu integrieren. Seine esoterische Teilidentität stellt er in weiten Teilen durch Bezugnahme auf seine Ex-Lebenspartnerin Michaela dar. Dies gibt ihm die Möglichkeit, seine eigene Anschauung mir gegenüber distanziert auszudrücken und befürchtete Kritik meinerseits von seiner Person abzuwenden. Er ist bemüht, seine politische Teilidentität vorteilhaft zu präsentieren, weil er damit auf Übereinstimmung mit meinen Anschauungen und soziale Anerkennung hoffen kann. Für ihn laufen beide, die esoterische wie die politische Teilidentität, letztlich auf denselben Kern, dasselbe Streben hinaus. Beide seien alternative „Lebensformen“ zum Kapitalismus, die zu vereinen er sich zum Ziel gesetzt hat. In seiner generalisierten Selbstthematisierung sind beide Teilidentitäten vereinbar.

Jedoch birgt die esoterische Teilidentität für Michael weitaus größere Möglichkeiten für ein authentisches Lebensgefühl als die politische. Dies drückt er aus, indem er nach der langen Passage, in der er sein politisches „Credo“ gebetsartig vorgetragen hat, ergänzt: „Ich sag dir jetzt mal was ganz, gell, also rein privat dazu“ (17/7). Er schließt mit einer wiederholten Darstellung seiner Toleranz esoterischen Anschauungen gegenüber an. Durch den formalen, unpersönlich wirkenden Abriss marxistischer Geistesgeschichte und deren Aussagen über idealistisch-religiöse Weltanschauungen sowie Michaels anschließende Überleitung in das so genannte Privat-Persönliche mit den Worten „jetzt privat“, wirkt die zuvor präsentierte politische Überzeugung und Teilidentität wie eine soziale Rolle, die er einnimmt und die mit seinem privaten, erwünschten, unverstellten Lebensgefühl wenig zu tun hat.

Wie Sundén lehrt, gehen mit jeder Rolle spezifische Deutungsmuster einher (vgl. Kap. I.2; Sundén 1966, S. 9f). Sie ermöglichen die Ausdeutung des Erfahrenen unter spezifischen Prämissen (Referenzrahmen). Ebenso wird die Wahrnehmung der Ereignisse darauf fokussiert, wie sie für den entsprechenden Referenzrahmen passend ist (vgl. Sundén 1966, S. 5). Eine Ausdeutung des aktuellen Lebens in Bezug auf seinen politischen Referenzrahmen unterbleibt bei Michael. Dieser spielt für die Vergangenheit vor 1990 die entscheidende Rolle. Doch „über Nacht is' das über Bord gehau'n worden" (15/44). Wie alle Menschen in der DDR, die plötzlich nicht mehr existierte, musste er sich neue Referenzrahmen aneignen, um mit dem sich rapide verändernden Alltag zurechtzukommen. Wie sehr er dabei auf seine nackte Existenz zurückgeworfen wurde und mit der alltäglichen Realität zu kämpfen hat, zeigt sein existenzialistisches Weltbild: „Ich kann dir mein Weltbild sagen, und des ist anders. Ich, ich, ich existiere. Und ich, für mich ist des alles anders" (16/1f). Was genau anders für ihn ist, bleibt unklar. Möglicherweise bezieht sich die Aussage auf die marxistische Theorie, die er vorab referierte, möglicherweise auf sein Leben heute im Vergleich zu damals. Selbst die Kirche sehe heute ein, dass die Erde keine Scheibe ist, sie sehe das heute „anders", so Michael in der Passage zuvor. Ebenso fundamental „anders" sieht Michael heute die Welt, kann daraus geschlossen werden. Was bleibt, ist der essentialistische Kern der Aussagen, dass er selbst „existiert". Dieses „Leben im Hier und Jetzt", das bedingungslose Annehmen der Realität ist etwas, das in der Esoterik vermittelt wird. Aufgeladen wird diese geforderte Anpassung, Einfindung in die Verhältnisse mit überzeitlichen, mythischen Erklärungen über vergangene Leben, welche die Grundlage für die gegenwärtigen Vorkommnisse darstellten. Das esoterische Referenzsystem bietet gute Voraussetzungen dafür, eine Situation, die mit bisherigen Denkmustern nicht mehr erklärbar ist, annehmbar zu machen. Michael selbst spricht von vorangegangenen Existenzen seiner selbst, in denen sein Dasein als Musiker (7/9) die Grundlage für heutige Vorkommisse gelegt haben solle, und von Symbolen auf zufällig gezogenen Karten (12/2), die das eigene Leben verständlich machen sollen.

Michael entspricht dem Bild des nach kohärenter Lebensführung Suchenden, der seine Identität derzeit nur unter Selbsttäuschung und Abspaltung einzelner Anteile (bzw. deren Übertragung auf Michaela, um damit die Auseinandersetzung zu ermöglichen) aufrechtzuerhalten vermag. Der Wunsch, „mit sich in 's Reine [...] zu [...] kommen" (9/36ff), zu sich selber zu finden (9/38f), verläuft über die Ablehnung von kapitalistischem Konsum, den achtsameren, sensibleren Umgang mit zwischenmenschlich wichtigen Beziehungen, dem „Einklang" (9/30) mit der Umwelt.

Esoterische Theorien versprechen dabei die Aufrechterhaltung wichtiger Sozialbeziehungen (v. a. zu Michaela), die Erhöhung des Selbstwertgefühls (als erklärtes Vermögen der Esoterik; 10/8) und ermöglichen die Annahme der widrigen Lebenssituation, ohne den subjektiv gefühlten Zustand des Opponententums gegen diese Gesellschaft aufgeben zu müssen. Esoterische Praxis kann als Vorbote einer anderen, alternativen Lebensform empfunden werden, wie Michael es am Lebensgut Pommritz beschreibt.

Der Preis sind partielle Selbstverleugnung und fortschreitende Preisgabe von Grundüberzeugungen seiner alten politischen Identität.

5 THOMAS RANKE: GESELLSCHAFTLICHE AUSGRENZUNGSERFAHRUNG KOMPENSIEREN – DIE SUCHE NACH ANERKENNUNG

Thomas Ranke interviewte ich im Sommer 2007. Zum Zeitpunkt des Interviews ist er 31 Jahre alt. Geboren und aufgewachsen ist er in einer Großstadt der DDR, seit zwölf Jahren lebt er in einer Großstadt in Sachsen (im Folgenden als „X-Stadt" bezeichnet). Religion und „Gott, das Wort war" für ihn „'n Fremdwort im Osten" (11/8). Nach dem Abschluss an einer Polytechnischen Oberschule und dem anschließenden Besuch einer Spezialschule für naturwissenschaftlich-mathematisch-technisch Begabte studierte er Kartographie in Sachsen. Bis Frühjahr 2004 hatte er eine Forschungsstelle für ökologische Raumentwicklung inne; seitdem ist er offiziell arbeitslos und bezieht Arbeitslosengeld II. Er bezeichnet diese Einkünfte als „Stipendium" (1/31), um an einer Doktorarbeit schreiben zu können. Thema der Arbeit sind die zu erwartenden Auswirkungen eines bedingungslosen Grundeinkommens[55] auf die Stadtentwicklung. Nebenbei arbeitet er ehrenamtlich bei einem freien Stadtradio, wo er wöchentlich Sendungen vorbereitet und moderiert. Er lebt in einem unter jungen Menschen beliebten Stadtviertel mit kulturellem Flair. Das Gespräch findet in der Küche seiner Wohngemeinschaft statt.

Das Gespräch war geprägt von vielen Querverbindungen, die Thomas Ranke zwischen seinen Themensträngen zieht. Gleichzeitig wirkte das Gesagte auf mich im ersten Moment oberflächlich, sprunghaft und weit vom Thema entfernt. Die kodierte Aufschlüsselung der Themen ergab jedoch erstaunlich viel Substanz in Bezug auf den Untersuchungsgegenstand.

Thomas Ranke stotterte in seiner Kindheit stark, was sich gelegentlich im Interview bemerkbar macht.

Thomas Ranke nennt das Jahr 2000 als den Beginn seines spirituellen Weges. „So 2000, 2001, wo GOTT zu MIR gekommen is', sag' ich ma' so" (14/3f). Dies hat er damals nicht so empfunden; es handelt sich um eine retrospektive Deutung: „Also ich hab' bis, bis vor zwo Jahren hätt' ich ned mal gesagt, es war Gott oder so, da würd' ich sagen, es war halt irgendwas,

55 Bedingungsloses Grundeinkommen: Eine seit einigen Jahren in Deutschland von politischen Strömungen geforderte grundsätzliche staatliche Leistung, auf die jedeR Bürger_in ohne Nachweis von Bedürftigkeit, Einschränkung oder Gegenleistung unverbrüchlich Anspruch besitzen soll und die mindestens die Grundbedürfnisse des Lebens abdeckt. Als soziale Auswirkung erwarten sich die Befürworter_innen oftmals eine Abschaffung des Druckes für ALG-II-Bezieher_innen durch die Arbeitsagenturen sowie die Möglichkeit, durch die finanzielle Grundsicherung in höherem Maße freiwillig und selbstbestimmt am gesellschaftlichen Leben teilnehmen zu können.

nä" (14/5f). Den Impuls, den er damals gefühlt hat, beschreibt er als Aufbruchstimmung, zu sich zu kommen und sein Leben aktiv zu gestalten: „Und jetzt is' es halt an mir, in seine Richtung zu gehen, um es mal so auszudrücken, nä. Also mal och jetzt, dass ich mehr auf Dinge, selber machen kann oder sollte" (14/6ff). Rückwirkend setzt er diese Empfindung mit dem Beginn seines spirituellen Weges gleich.

Sein spirituell-esoterisches Gedankengerüst wurde durch zwei Aufenthalte (2000 und 2004) in Auroville/Indien geprägt. Auroville ist das Zentrum von Anhängern des indischen Sektengründers Sri Aurobindo.

Auroville

Auroville beruft sich auf den Yogi-Lehrer Sri Aurobindo (1872–1950). Aurobindo war indisch-bengalischer Herkunft, studierte zwei Jahre in England und entwickelte eine eigene Form des Yoga, das so genannte Integrale Yoga. Dies sei eine Bewusstseinsentwicklungstechnik, die zur spirituellen Evolution der Menschheit hin zum Frieden führe. Aurobindo gründete einen Ashram an der südostindischen Küste in Puducherry.

Ziel des Integralen Yoga ist eine schrittweise Vereinigung mit dem Göttlichen. Es wird keine jenseitige Vergeistigung bzw. Überwindung der Realität angestrebt, sondern das Einbringen, Herabbringen des Göttlichen in die Welt intendiert. Erreichbar sei dies durch fortlaufende, festgelegte Stufen des Yoga. Die zu erlangende höchste Bewusstseinsstufe sei ein „supramentaler Zustand", in dem der Yogi fähig sei, alle Aspekte und Facetten der Welt gleichzeitig und auf einmal wahrzunehmen. Trennungen und Gegensätze seien darin aufgehoben, wahrgenommen würde das eine „Ganze". Dies sei die Voraussetzung zur Transformation der Welt auf eine neue Ebene.

Nach Aurobindos Tod wurde sein Ashram weitergeführt und 1968 in das Stadtprojekt Auroville umgewandelt. Heute leben dort annähernd 2000 feste Bewohner, dazu gesellen sich zahlreiche westliche Besucher. Im Januar 2009 weihte der Dalai Lama einen tibetisch-buddhistischen Pavillon ein, der ein Anfang für die geplante Repräsentation aller Staaten der Erde in Auroville sein soll (vgl. Auroville International Germany 2009).

Auroville ist heute eine von kommerzieller Nutzung durchzogene Stadt mit vergleichsweise wohlhabenden Bewohnern, die nicht frei von Konflikten mit der sie umgebenden ortsansässigen, vorwiegend tamilischen Bauernschaft ist.

2004 begann Thomas Ranke zu meditieren. Er war Patient bei einem ayurvedischen Arzt und fragte ihn neben Grippemedikamenten nach einem Mittel gegen sein Stottern: „Und der hatte mir dann Medizin gegeben, und dann fragte ich ihn so, ob er vielleicht 'n Mittel gegen Stottern hat, irgendwas ayu-, ayurvedisches. Und hat dann, na ja, eigentlich ned wirklich, aber er kann mir meditieren beibringen, transzendentale Meditation" (13/32ff). Dadurch kam er mit den Lehren des Maharishi Mahesh Kultes und der so genannten Transzendentalen Meditation in Kontakt.

Transzendentale Meditation

Transzendentale Meditation (TM) ist eine Technik nach Maharishi Mahesh Yogi (vermutl. 1911/1918–2008), der seit den 1970ern einen florierenden finanzkräftigen Kult in den westlichen Ländern installieren konnte.

Maharishi Mahesh Yogi, ein ursprünglich aus Indien stammender hinduistischer Guru, behauptete, dass der Weltfrieden und das Zeitalter der Erleuchtung anbreche, sobald eine kritische Masse von Menschen seine Meditationen und Mantren ausführte. (So sollte es genügen, wenn die Quadratwurzel aus einem Prozent der Weltbevölkerung – einige Tausend Menschen – lernte, im Yoga-Sitz über dem Erdboden zu schweben, um eine Trendwende hin zu einem friedvolleren Zusammenleben auszulösen. Das so genannte „Yogische Fliegen" wurde auch in Werbespots gezeigt, mit denen die – zur Bewegung gehörende – Naturgesetzpartei für sich zur Bundestagswahl 2004 warb.) Für Popularität sorgte auch, dass sich 1967 die Beatles eine Einweisung in die Lehren des Maharishi Mahesh Yogi geben ließen. In Deutschland zählen Dutzende von Stiftungen, Vereinen und Firmen zu seiner Bewegung, u. a. auch so genannte ayurvedische Universitäten, wie beispielsweise die Maharishi European Research University (MERU) e. V. (mit Sitz in Boppard) oder die Maharishi Weltfriedens-Stiftung. Ayurvedische Produkte und Lehren sind ein festes Standbein des Imperiums (Maharishi Ayurveda Privtaklinik Bad Ems; Maharishi Ayurveda Produktlinie). Auf dem Gebiet der früheren DDR konnte die Bewegung gut Fuß fassen und verfügt über viele Anhänger.

Der Maharishi-Mahesh-Yogi-Kult verspricht eine „Selbsterlösung" des Individuums, die es gestattet, die Wirklichkeit zu „transzendieren". Er hat v. a. Intellektuelle als Zielgruppe und versucht, sich mittels Kult-eigener „Universitäten" einen seriösen Anstrich zu verleihen. Dabei wird mit der angeblichen Nähe der eigenen Lehren zu wissenschaftlichen Theorien, vorzugsweise der Quantenphysik, argumentiert (vgl. Müller 2008/2009 sowie *Maharishi Mahesh Weltfriedens-Stiftung* 2009).

In gesellschaftlicher Opposition: „Spiritualität und Stottern"

Die Forderung nach einem bedingungslosen Grundeinkommen ist ein wichtiges Thema für Thomas Ranke. Er verknüpft es mit seinem zweiten großen Interessengebiet, dem Stottern bzw. der Erklärung und Auflösung des Stotterns. Zunächst wird auf seine Sichtweise von Arbeit und gesellschaftlichem Normierungsdruck eingegangen, den er als Grundlage seines Stotterns begreift. Darauffolgend wird die Idee des bedingungslosen Grundeinkommens und deren Relevanz, die Thomas Ranke ihr in hohem Maße beimisst, erläutert.

Der gesellschaftliche Zwang zur Anpassung, um einen Arbeitsplatz zu erhalten und integriert zu sein, erzeuge Druck und Stress. Es herrsche „Angst vor Verlust des Arbeitsplatzes [...] und des Lebensstandards" (2/40), die durch das „Druckmittel Arbeit" (2/35) weitergegeben werde. Diese Angst, die in Deutschland gegenwärtig ist, ist in den östlichen Bundesländern durch die höheren Arbeitslosenzahlen verstärkt spürbar.[56] Ohne es explizit auszusprechen, macht er implizit den gesellschaftlichen Anpassungszwang für sein Stottern verantwortlich. Dies geschieht zum Beispiel mit der Anmerkung, dass durch die derzeitige Arbeitslosigkeit der Druck des Arbeitslebens von ihm genommen wurde und sein Stottern sich gebessert habe: „Und (-) also ICh muss sagen, die so genannte Arbeitslosigkeit hat mir ziemlich geholfen, was mein Stottern anbetrifft, weil man lockerer geworden ist irgendwie und dann den ganzen Stress erst mal weg hatte" (4/36ff). In dieser Passage spricht er explizit davon, dass er „Hilfe", um nicht mehr bzw. weniger zu stottern, als positiv ansieht. Im Folgenden erläutert er sein Bemühen um persönliche wie gesellschaftliche Rahmenbedingungen, die helfen, den empfundenen Druck und Stress abzubauen und damit die selbstdiagnostizierte Ursache seines Stotterns zu beseitigen – ohne dass er diesen Wunsch, frei von Stottern zu leben, weiter betont. Im Gegenteil dazu wendet er sein Stottern im weiteren Verlauf des Interviews ins Positive. Es habe ihm zum Weg in Richtung Spiritualität verholfen: „Ich hab' früher als Kind verhältnismäßig stark gestottert, und das war für mich och 'n Weg, sag ich ma', Richtung Spiritualität" (3/42f).

Die Gesellschaft fasse stotternde Menschen unter die Rubrik „Behinderte" (4/20) und grenze sie aus. Sie wolle ihn in seiner Besonderheit des Stotterns – bei Drohung des Ausschlusses – zur Anpassung zwingen. Diese Stigmatisierung und die geforderte Anpassung lehnt er ab: „Ich seh' dann halt so 'n Bild, dass wir unser Stottern verändern wollen oder müssen, weil wir eben denen, diesen oder jenen Arbeitsplatz kriegen müssen oder wollen. Und is' aber 'n völlig falscher Ansatz meines Erachtens" (4/30ff). Indem er

56 Durchschnittliche Arbeitslosenquote für das Jahr 2007 in Sachsen: 14,7%, deutschlandweit: 9% (vgl. Statista 2009).

sich dem Zwang beuge, würde er sich einem Menschenbild unterordnen, das er als normiert, funktionabel und unauthentisch betrachtet und ablehnt: „Und is' aber 'n völlig falscher Ansatz meines Erachtens, weil, weil es wird NIe den Menschen (-) hervorbringen, der er eigentlich is', nä, des is' bloß 'ne, 'n sozialisierter Mensch, der halt irgendwie fun-, funktioniert und sich in 'n System reindrücken lässt, nä, oder sich selbst reindrückt eigentlich. Sowohl als auch, nä" (4/32ff). Er prangert das individuelle Mittun an, das nötig sei, um dieses als falsch betrachtete Menschenbild wirksam werden zu lassen. Er wehrt sich gegen die Übernahme und aktive Ausgestaltung einer gesellschaftlich normierten, dem Zwang untergeordneten eigenen inneren Strukturierung. Sein Stottern sieht er als Ausdruck dieser Unangepasstheit und verteidigt es.

Er strebt einen erfolgreichen Platz in der Gesellschaft[57] – trotz seines und mit seinem als Stigma empfundenen Stottern, seiner unangepassten Besonderheit – an. Um sich nicht minderwertig und angstbesetzt zu fühlen, will er die negative Vorstellung dessen, was andere über ihn denken – die internalisierten Fremdbilder (*Me*) – in seinem Bewusstsein kappen, um sie unschädlich zu machen: „Ja, also, dass man diese Gedanken, na, die denken jetzt das und das, dass man das ausschaltet" (20/8f). Dies könne durch den Aufbau von „Selbstbewusstsein" gelingen: „Letztendlich geht 's ums Selbstbewusstsein" (20/10). Durch erhöhtes Selbstbewusstsein könnten die „Ängste vor der Gesellschaft ab[ge]baut" werden (20/7f).

Der Aufbau von Selbstbewusstsein vollzieht sich für ihn im Beharren auf seiner Besonderheit als „stotternden Menschen" (4/5): „Stottern ist nichts Negatives" (4/29). Er setzt Werthaltungen, die entgegen der gesellschaftlich wahrgenommenen Norm stehen. Stottern sei nur dann negativ, wenn er das als stigmatisierend empfundene gesellschaftliche Denken internalisieren würde (die wahrgenommene Fremdzuschreibung in das Selbstbild übernommen würde): „Stottern ist nichts Negatives. Nur wenn ich halt denke, dass ich ned normal bin, was och immer normal is'" (4/29f). „Und das eigentliche Problem ist, [...] des Stotternden ist, dass er denkt, er hat 'n Problem. Wie mit allen Dingen, nä" (5/4ff). Durch die gelungene subjektive Abkehr von gesellschaftlichen Vorstellungen und Werthaltungen könne also das negative Empfinden, das aus dem Sich-Messen an der Norm entstünde, aufgehoben werden. Dies sei eine Möglichkeit, Leiden an gesellschaftlichen Zwängen generell abzuwenden, die mit „allen Dingen" machbar sei.

Trotzdem wendet sich Thomas Ranke in seinem Versuch, gesellschaftliche Deutungs- und Bewertungsmuster für sich unwirksam zu machen, nicht komplett von diesen ab. Er versucht zwar, sein inneres Selbstbild zu schützen, indem er bewusst an eigenen *Commitments* (Lazarus/Folkman, 1984) festhält und erklärt, gesellschaftliche Sichtweisen in seinen Gedanken „abschalten" zu wollen. Den empfundenen Zumutungen der Gesellschaft hofft

57 Dies drückt sich u. a. auch in seiner Kandidatur für ein hohes Amt in der Kommunalverwaltung im Jahr nach dem Interview aus.

er, sich durch den Ausstieg aus dem regulären Arbeitsleben und die Abwehr gesellschaftlicher Sichtweisen für sein Selbstbild entziehen zu können. Jedoch ist seine Umgangsstrategie nicht nur auf äußeren Rückzug und eine Veränderung seines Innenlebens gerichtet, sondern er ist bestrebt, gesellschaftliche Lösungswege für sein Dilemma aufzuzeigen. Die Gesellschaft solle sich verändern.

Weltverbesserer

Die Verteidigung seines *Stotterns als positiver Ausdruck des Menschseins entgegen der gesellschaftlichen Zustände* ist ein Versuch, sich selbst gesellschaftlich zu verorten, in diesem Fall in der Rolle der Opposition. Gleichzeitig stellt er allerdings seine Tauglichkeit und Nützlichkeit für die Gesellschaft heraus, da er sich selbst als Ausdruck des Mahners für Missstände charakterisiert und Wege zur Lösung aufzeigt. Das Stottern bewertet er als ein Anzeichen, als ein Symptom der Gesellschaft, das ihr spiegelbildlich ihre Defizite entgegenhalte. Er wendet es damit ins Positive. Sich selbst bezeichnet er als sensibler als den Durchschnitt der Menschen. In der sprachlichen Interaktion reagiere er deshalb verstärkt auf Einflüsse des Umfeldes: „Ich mein, der Stotternde is' eben bloß beim Sprechen sensibler dann oder, oder reagiert auf, auf, auf, auf Umwelteinflüsse" (5/3f). Die Umwelteinflüsse müssen in dieser Argumentation als störend angenommen werden, da sie in seiner Darstellung dafür verantwortlich sind, dass seine Ausdrucksweise in der Interaktion sich verändert im Sinne eines Anzeigens von Missständen: „Stottern, also ich hab' [...] meine Definition vom Thema Stottern. Stottern ist ein evolutionäres Korrektiv für den unbewussten Gebrauch und den bewussten Missbrauch des Sprechens im gesellschaftlichen Zusammenleben" (15/38ff). Es geht also um eine Weiterentwicklung (Evolution) im gesellschaftlichen Zusammenleben. Er selbst trage korrigierend dazu bei, dass ein falscher Umgang mit einem vermittelnden Grundelement zwischenmenschlichen Austausches – der Sprache – verbessert würde. Er kontrastiere die Gesellschaft, breche das Bild des „Normalen", aber Falschen auf und rüttele damit wach: „Also Stottern is' 'n Kontrast zum Normalsprechen" (15/42f). Der Stotternde erreiche, dass die Menschen in ihrem als oberflächlich und geistlos beschriebenen Alltagshandeln innehielten, nachdächten:

> „Und bei dem flüssig Sprechenden, dann, dann quatschen die Leute, und meist hört man gar ned hin, aber es spielt doch keine Rolle eigentlich, meistens. Ja ne, oder häufig, sag ma' so. Oder es is', es is' sehr, sehr häufig so, dass [...] unser, äh, Bewusstsein so abgelenkt is' von anderen Dingen (-), also, dass wie es eben häufig so is', die Leute reden den ganzen Tag, aber sagen nichts, nä. Und beim Stottern is' es schon so, dass da irgendwie ene Sache kommt, die man erst ma' verarbeiten muss. [...] Also, also es, es regt erst mal den Geist an, nä" (15/44–16/8).

Die normale Kommunikation wird als geist- und bewusstseinslose dargestellt. Der Stotternde breche diese und weise auf eine andere mögliche Dimension zwischenmenschlichen Austausches hin, eine neue, inhaltsreiche und bedenkenswerte. Die *Evolution des gesellschaftlichen Zusammenlebens*, die Thomas Ranke befördern möchte, geht also weg von der Befassung mit Oberflächlichem, Belanglosem, hin zu gefühlsrelevantem, emotional bedeutungsvollem („Sachen, die man erst mal verarbeiten muss") und geistig anspruchsvollem Austausch. Damit charakterisiert er sein Verständnis des alltäglichen zwischenmenschlichen Miteinanders, in dem das Bewusstsein von Wesentlichem abgelenkt sei.

In der kritisierenden Abwertung der „normalen" Kommunikation und der Aufwertung des stockenden Sprechens als bewusstseinsschärfende Technik verortet er sich als eine Art Indexpatient, der Missstände des Systems zum Ausdruck bringt. Als solcher erfährt er Ausgrenzung, da er problematische Entwicklungen aufzeigt. Bei aufmerksamer Beachtung und Einbeziehung seiner Symptome gerät er allerdings zu einem gewinnbringenden Teil für Korrekturen im System. Eine sinnvolle Fortentwicklung der Gesellschaft sei so durch seine Hilfe möglich. Er präsentiert sich damit als wertvollen, integrierenswerten Teil der Gesellschaft und vertritt sein Recht auf ebenso gleichberechtigte Teilhabe. Vorwürfen, er sei als Stotternder eine Belastung für andere, tritt er entgegen: „Also natürlich gibt 's Leute, die sagen: na, oder die vielleicht denken: ‚na, jetzt, jetzt komm mal zu Potte', und ‚ich hab' ned ewig Zeit' und so, nä. Aber wenn, wenn 's, wenn 's Leute gibt, die, äh, sehr blumig sprechen und sehr viel drumrum sprechen, die, die, die sagen vielleicht in, in zehn Minuten so viel wie andere in, in, in zwei Minuten. Und der Stotternde, der, der sagt 's vielleicht in vier Minuten. Also letzten Endes nimmt er einem och ned mehr Zeit weg, nä. Wie halt viele sagen: ‚ja, er nimmt mir die Zeit weg', oder so" (16/9–14). Thomas Ranke kämpft um einen Platz in der Gesellschaft, ohne sich verstellen zu müssen, und hofft auf die Anerkennung seiner Besonderheit, die er als gewinnbringendes Element für die Gemeinschaft deutet.

Neuer Mensch, neue Gesellschaft

Letztlich hofft Thomas Ranke auf eine neue Gesellschaft, in welcher der Mensch frei von gesellschaftlichen Zwängen und Druck leben könne. Der Schlüssel dazu ist für ihn die Forderung nach einem bedingungslosen Grundeinkommen (1/39), für das er sich politisch einsetzt. Durch solch eine bedingungslose finanzielle Eingliederung in die Gesellschaft würde „der Druck" (4/14) genommen, den Thomas Ranke zuvor primär im Arbeitsleben verortet hat. In seiner Vorstellung hebt die Einführung eines bedingungslosen Grundeinkommens das bisherige Menschenbild, das über Arbeit und Zwang definiert sei, auf: „Und weil ich eben och denke, dass es [das bedingungslose Grundeinkommen; CB] diesen Druck nehmen würde" (4/14). Thomas Ranke möchte, dass sich ein neues Menschenbild etabliert, in dem der Mensch sich nicht über „Arbeit" definieren muss. Dadurch „würde ein Grundeinkommen [...] den stotternden Menschen verändern" (4/4f). Der Mensch würde dadurch gewandelt, dass die „Wahrnehmung" sich anders gestalten würde: „Und, ähm, ich denke, dass, dass wenn man so 'n Grundeinkommen hätte, dann die Wahrnehmung des Themas Stotterns 'ne völlig andere sein KÖnnte. Also eigentlich alles, nä" (5/15ff). Unklar bleibt, ob das wahrgenommene Bild der anderen von ihm als einem Stotternden sich verändern würde oder lediglich seine eigene Wahrnehmung des Stotterns als Störfaktor sich ändere. Letztlich würde sich „alles" ändern, da durch den Wegfall des Zwanges zur normierten Einordnung die Unterschiede jedes Einzelnen nicht länger als negativ zu bewerten wären. Dadurch würde eine neue Gesellschaft herbeigeführt: „Ich denke, das Grundeinkommen, obwohl es so komisch klingt, des is', is' im Prinzip 'n neues, würde 'n neues Gesellschaftssystem schaffen, nä" (5/17f). (Damit widerspricht er später wiederholt getätigten Aussagen, wonach Veränderung nicht über Gesetze sondern nur „vom Menschen innen her" kommen könne.[58])

Er stellt die Frage nach dem Menschenbild in Zusammenhang mit dem Gesellschaftssystem: „Ich will 's ned nur auf die Bundesrepublik schieben, weil in der DDR war es och so; oder schieben; de ned nur da drauf festnageln; weil in der DDR war och so 'n Menschenbild, denk ich mal; aber im so genannten Westen vielleicht noch verstärkt, dass sich der Mensch über das Thema Arbeit definiert, nä" (4/15ff). Thomas Ranke erkennt dem bürgerlich-demokratischen System der Bundesrepublik ebenso wie dem realsozialistischen der DDR die Legitimität ab, ein in seinem Sinne positives Menschenbild zu vertreten. Er bezieht auf joviale Art Stellung für seine ostdeutsche Heimat und gegen den „Westen", indem er den delegitimierenden Zusatz „so genannt" (der im Westen häufig gegen die DDR verwandt wird) dem Westen zufügt und ihn dadurch humorvoll diskreditiert bzw. Widerspruch gegen empfundene Hegemonialattitüden des Westens gegenüber dem Osten anklingen lässt.

Dass in seinen gesellschaftlichen Utopien die geistige Auseinandersetzung mit dem Endc dcr DDR eine Rolle spielt, zeigt sich in seinen weiteren Ausführungen. Er begründet seine Einschätzung, warum das System gescheitert sei, mit einem generellen falschen Ansatz linker Politik: „Und was

58 In einer Passage berichtet er über das Leben Aurobindos (des Begründers von Auroville) und erklärt seine Ansichten in Übereinstimmung mit denen Aurobindos: „Auroville kommt von Aurobindo, also des war 'n indischer Unabhängigkeitskämpfer und Phil-, Philosoph, und wie ich jetzt mal vor kurzem gelesen hab', och die Reinkarnation von Napoleon [...] hat sich aber och, och, och weg von der, von der, von der politischen Schiene begeben, weil, ähm, er gemerkt hat, dass es eben nid wirklich 'ne, 'ne Veränderung bringt, nä. Und (--) dass es eben die wirklichen Veränderungen bloß vom Menschen von innen her kommen können, und ned über irgendwelche, (-) äh, pff, ja, Ge-, Gesetze oder über Politik. Also Politik spielt schon 'ne Rolle, nä, aber is' net der Ausgangspunkt, also die, die wirkliche Veränderung" (11/29–46). Im Falle des Grundeinkommens sieht Thomas Ranke politische Veränderung durchaus als Voraussetzung für innermenschliche Veränderung.

ich [...] denke [ist], dass die Linken [...] erst die Gesellschaft verändern wollen und dann den Menschen [...]. Aber, ähm, es kann nid so funktionieren, dass man die Gesellschaft im Großen und Ganzen verändern will, und dann verändert sich der Mensch. Also, das, das, das is' 'n, 'ne Illusion, die och in der DDR zum, zum, zum Kollaps geführt hat, oder wenn nicht sogar im ganzen Ostblock" (5/37ff).

Einerseits hält er der DDR vor, dass in ihr dasselbe Menschenbild wie im Westen wirksam gewesen sei – wobei er seine Aussage einschränkend vornimmt („denk ich mal", s. o.), da er selbst in der DDR – im Gegensatz zur BRD – aufgrund seines Alters den Druck des Arbeitslebens vermittelt über Ältere und nicht primär selbst erfahren konnte. Andererseits bescheinigt er der DDR einen Willen, den Menschen zu verändern, wobei lediglich der Ansatzpunkt ein äußerlicher und damit unzureichender gewesen sei. Die Erfahrung beider Systeme zieht er letztlich als Begründung heran, um ein Menschenbild zu befürworten, das den Nivellierungs- und Anpassungsdruck der Arbeit aufhebt und zu mehr Innerlichkeit, Besinnung auf sich selbst und das eigene Wollen anregt. Die konkreten Ausführungen betreffen jedoch die Erfahrungen im marktwirtschaftlichen System nach 1990.

Dem Osten hält er zugute, dass in ihm die Perspektive für eine Gesellschaftsveränderung in seinem Sinne größer sei als im Westen: „Ich denke, dass wir hier im Osten vielleicht sogar leichter da in dieses Thema Grundeinkommen reinkommen" (5/25f).

Das neue Menschenbild habe im Osten erleichterte Bedingungen, angenommen zu werden, weil durch die Arbeitslosigkeit die Menschen mehr über sich selbst nachdenken und das ausführen könnten, was sie wirklich wollten: „Und vielleicht och, also vor, vor drei Jahren, als ich arbeitslos geworden bin, so genannt arbeitslos geworden bin, hatt ich och mal irgendwie so, so 'ne EINgebung, dass ich dachte: ja, jetzt könnten die Menschen och mehr spiritueller werden in dem Sinne, nä. Mehr über sich nach-, nachdenken und vielleicht ihren, ihr, ihr eigenes Ding mal drehn, nä" (5/31ff). Über sich selbst nachzudenken und eigene Vorstellungen zu verwirklichen nennt Thomas Ranke gleichbedeutend mit „spiritueller werden". Von dieser Warte aus verliert die miserable wirtschaftliche und soziale Situation im Osten nach 1990, wie er sie beschreibt, für ihn den Schrecken und das Negative: „Ich denke, dass wir hier im Osten vielleicht sogar leichter da in dieses Thema Grundeinkommen reinkommen, weil, weil hier halt vieles schon nimmer funktioniert, schon seit zehn, fuffzehn oder schon, schon länger, nä. Und nach der Wende is' halt ziemlich viel wegge-, weggebrochen an (-) industrieller Struktur, an, ja mit, ein bis zwei Millionen Leute sind abgewandert, und irgendwie kann 's in dem Sinne nimmer schlechter werden. Obwohl ich jetzt gar ned sagen würde schlechter, nä" (5/25ff). Dadurch, dass er die reale Misere als Chance für spirituelles Erwachen neu deutet (*Reappraisal*), wendet er seine Sichtweise auf sie ins Positive: „Weil es is' halt nur, ich würd' es gar ned mal wertend, wertend sehen, es is' einfach 'ne andere Ausgangsposition" (5/30f).

Ausgrenzungserfahrung und Verlangen nach Anerkennung des Individuellen

Thomas Ranke rationalisiert in dieser Argumentation gesellschaftliche Ausgrenzungserfahrung und kompensiert sie: Seine gesellschaftliche Stigmatisierung durch das Stottern setzt er in einen Erklärungsrahmen, der eine subjektive Umwertung der Diskriminierung ermöglicht. Nicht er, sondern die Gesellschaft kommuniziere dysfunktional. Der Ausgrenzung entgegnet er mit dem Argument, gerade seine Besonderheit sei etwas, was der Gesellschaft Nutzen und Weiterentwicklung bringe. Trotz der Beteuerung, die ihm zugeschriebene Rolle annehmen und sich aus der gesellschaftlichen Normalität verabschieden zu wollen, versucht er vehement, sich als wertvollen Teil ebendieser Gesellschaft darzustellen.

Das Abweichen von der Normalität sieht er als seinen „Weg [...] Richtung Spiritualität" (3/43). Dies beschreibt er gleichzeitig damit, zu sich zu kommen, sich auf sich selbst und sein eigenes Wollen zu besinnen und dies umzusetzen, anstatt vorgegebene Arbeit aus Angst zu tun.

Ebenso deutet er die Ausgrenzungserfahrung als Bürger im Osten, der ehemaligen DDR, in ein positives Element um. Arbeitslosigkeit und soziale Degradierung machten den Osten zur Ausgangsbasis für eine gesamtgesellschaftliche Veränderung zum Positiven, zur bewusstseinsfördernden, spirituellen Evolution.

Inwiefern seine Spiritualität nicht nur zur Selbsterfahrung, sondern auch als Umwertungsstrategie für negative Erfahrung und damit zur Entlastung dient, wird unten anhand zahlreicher weiterer Ausführungen Thomas Rankes dargestellt.

Menschenbild: der eigentliche gegen den sozialisierten Menschen

In Thomas Rankes Zukunftsvision werde sich ein „neuer Mensch" entwickeln (18/46). Derzeit sei der Mensch nicht der, „der er eigentlich is', nä, des is' bloß 'ne, 'n sozialisierter Mensch, der halt irgendwie fun-, funktioniert und sich in 'n System reindrücken lässt, nä, oder sich selbst reindrückt eigentlich" (4/33ff). In dieser Vorstellung setzt Thomas Ranke den „eigentlichen" Mensch als einen zukünftigen, erstrebenswerten. Gegenwärtig übe die Umwelt Zwang aus, presse den Mensch in starre Formen, die den Menschen dazu führten, nicht wahrzunehmen, was er ursprünglich selbst wolle. Die Unterwerfung des Menschen durch eine als feindlich definierte Umwelt sei derart internalisiert, dass der Einzelne keiner äußeren Zwänge mehr bedürfe, sondern selbst Akteur seiner eigenen freiwilligen Unterjochung werde. Damit „ticken" Menschen wie gewünscht (18/29). In diesem Bild des mechanischen „Tickens" drückt Thomas Ranke die Vorstellung aus, der Mensch funktioniere rational-maschinell, fremdgesteuert nach einem Programm, das nicht das seine ist.

Über diesen Entstehungsprozess der so genannten „instrumentellen Vernunft" mittels „Verinnerlichung von Herrschaft durch die Entwicklung des abstrakten Subjekts, des Ichs“ (Horkheimer 1967, S. 95) reflektierte Horkheimer:

> „Der Mensch ist allmählich von absoluten Verhaltensmaßstäben, allgemein verbindlichen Idealen, weniger abhängig geworden. Er wird als völlig frei angesehen, so dass er außer den eigenen keine Maßstäbe braucht. Paradoxerweise hat jedoch dieses Anwachsen der Unabhängigkeit zu einem entsprechenden Anwachsen der Passivität geführt. [...] Das Individuum, gereinigt von allen Überbleibseln der Mythologien, einschließlich der objektiven Vernunft, reagiert automatisch, nach den allgemeinen Mustern der Anpassung. Die ökonomischen und gesellschaftlichen Kräfte nehmen den Charakter blinder Naturkräfte an, die der Mensch, um sich zu erhalten, beherrschen muss, indem er sich ihnen anpasst“ (Horkheimer 1967, S. 97).

Thomas Ranke will die allgemeinen Muster der Anpassung, nach denen automatisiert gehandelt wird, durchbrechen. Er ist auf der Suche nach einer anderen Vernunft und gerät bei der Suche nach Maßstäben dafür zu einer eigentlichen Innerlichkeit wie auch zu außer ihm stehenden, alles beherrschenden metaphysischen Kräften, wie im folgenden Unterkapitel näher beschrieben wird.

Spiritualität bedeutet für Thomas Ranke die Bewusstwerdung seiner selbst und das Erkennen von Zusammenhängen und Wirkungsweisen zwischen sich und seiner Gesellschaftlichkeit: „Na, es is’ ’n Erkennen von Zusammenhängen. Wer man eigentlich selber ist. Und was man hier macht, in der Gesellschaft. Wie vielleicht manche Dinge och funktionieren. (4 sec) Ähm. (--) Wie man Dinge, die schon da sind, och für sich nutzen kann“ (7/43ff). Klar benannt ist hier die Erwartungshaltung an die esoterische Praxis, Hilfe zur Lebensführung zu erhalten und eine gewinnbringendere Interaktion mit der Umwelt anzustreben. Dies lasse sich mittels Esoterik erreichen, da sie helfe, sich von gesellschaftlich übernommenen Vorstellungen zu lösen und zu einem authentisch-eigenen Bild von sich und der Welt zu finden: „Und so ’ne Art Selbstfindung, nä [...]. Und dass man vor allen Dingen die Fremdein-, Einflüsse mal los wird. Mal aus ’m Kopf rauskriegt [...]. Und, mhm, dass man och Dinge hinterfragt, wo 99% der Leute sagen: ja, es is’ nun mal so. Und es is’ doch schon IMMER so gewesen. Und dann merkt man aber, ja, IS’ aber ned so“ (8/4ff).

Spiritualität dagegen bedeute „Selbstfindung [...] und dass man vor allen Dingen die Fremdein-, Einflüsse mal los wird“ (8/4ff). Sie ermögliche zu erkennen, wer „man eigentlich selber ist“ (7/43f). Damit macht Thomas Ranke eine Spaltung auf: Es gibt in dieser Vorstellung den Menschen, wie er durch gesellschaftliche Einflüsse real geworden ist. Und es gibt einen „eigentlichen“ Menschen, der „man selber ist“. Im alltäglichen Leben werde er demzufolge dazu angehalten, nicht er selbst zu sein; Spiritualität verhelfe dazu, das Identitätsteil, das Lebensgefühl und Selbstbild zu erfahren, nach dem er sich sehnt, welches er als wahrer und zu ihm gehörender empfindet als das äußerlich aufgezwungene.

Der Weg zur Selbstfindung bedeutet für Thomas Ranke, verstärkt seine Emotionen wahrzunehmen und diesen zu folgen. Kopfgesteuerte Entscheidungen führten oft zu falschen Ergebnissen. Er besetzt emotional-intuitive Entscheidungswege weiblich, rational-kognitives Herangehen bezeichnet er als männlich. Sich selbst sieht er auf der weiblichen Seite: „Männer denken immer zu wissen, was, was sie WOLLen, (-) egal ob es nu' gut is' oder schlecht, weil, weil sie mehr über den Kopf denken, nä. Und dann natürlich och manchmal zu Entscheidungen neigen, die eigentlich ned wirklich gut sind. Die mehr so, mehr, mehr kopflastig sind, nä" (22/21ff). Der Verstand führe also zu negativen Entscheidungen, da die Betreffenden nur zu denken glauben, was sie wollen; ihr Wollen sei also ein kopfgesteuertes, eingebildetes, vermeintliches und nicht das wahre, echte Wollen. Frauen seien eher dazu fähig, gemäß ihrer inneren gefühlten Wahrheit zu leben, da sie „mehr aus dem Bauch heraus" (22/25f) entschieden.[59]

Thomas Ranke beschreibt die Schwierigkeiten, sich in der Fülle der täglichen Entscheidungs- und Anpassungszwänge emotional zurechtzufinden: „Täglich macht man so und so viele Entscheidungen, also kann man ja gar ned zählen, also, selbst wenn ich überlege, ob ich jetzt das einkaufe oder das und das" (22/30ff). Spiritualität ermögliche, das Richtige zu entscheiden, da sie ihm dazu verhelfe, sich seine inneren Wünsche und Werte bewusstzumachen: „dass man eben doch nach und nach sich schon seines Seins, seines Tuns BEWUSST wird und genau das macht, was eben in dem Augenblick richtig is', nä. [...] Eben dass Spiritualität wirklich in jedem, jeder täglichen Entscheidung dabei is', nä" (22/28ff). Dies bedeute, achtsam seine Gefühle und Überzeugungen mit einzubeziehen und nicht nach automatisierten Verhaltensmustern zu handeln.

Im Alltag würden viele Menschen gemäß der Gruppendynamik entscheiden, ohne selbst zu merken, dass sie gegen ihr eigenes Streben und Interesse handelten. Durch diese unbewusste Anpassung an die Mehrheit würde das derzeitige System gestützt.

> „Und überall wo man hinkommt, is' es eigentlich so 'n gewisser, eine gewisse Neigung zum Herdentrieb. [...] Und da kann sich 'n Mensch ned selber entwickeln. Also weil er sich selbst schon bei einer Entscheidung, die er ned so fällt, wie er es vielleicht selber machen würde, er kriegt es vielleicht och gar ned mit, dass er eigentlich 'ne, 'ne völlig andere Meinung hätte. Aber wenn halt alle um dich drumrum die Hand heben, dann machst du 's och und damit schneidest du eigentlich deine eigene Entwicklung (-) ab. Oder ned ab-, abschneiden, aber machst ned das, was du eigentlich wirklich denkst oder fühlst. Und aus dem Grund wird sich och in dem momentanen System nid wirklich was verändern" (6/5ff).

59 Diese Intuition-Ratio-Dichotomie ordnet er an anderer Stelle anstatt in das Weiblich/Männlich-Schema in eine Kulturkreistheorie, wobei er eine „verkopfte [...] europäische Denkweise" (24/48) gegen eine „fernöstliche" (25/3) stellt.

Er ist bestrebt, Entscheidungen so zu treffen, dass ihm innerlich ein größtmögliches Gefühl der Authentizität und Kongruenz zu seinem Selbstbild gesichert ist. Dies ist für ihn gleichbedeutend damit, Spiritualität im Alltag zu leben. Nicht mehr übernommene Fremdbilder steuerten demnach sein Handeln, sondern sein als eigenes, eigentliches, wahrgenommenes Selbst: „dass man sich halt dann wirklich [...] mal nur auf seine eigene innere Stimme hört und, und weeß, was man damit eigentlich selber will. Und, (--) mhm, so ungefähr würd' ich 's ausdrücken" (26/13ff).

Eschatologische Menschheitsentwicklung

Die menschliche Entwicklungsperspektive richtet er an Vorstellungen des indischen Sektengründers Sri Aurobindo aus. Dieser habe ein Entwicklungskonzept vertreten, wonach das menschliche Ego sich auflösen solle. Thomas Ranke erklärt seine Abneigung gegen „Egotrips" des Gegeneinanders in der Konkurrenzgesellschaft (6/33; 25/17ff). Seine gesellschaftliche Utopie ist eine positive Vergesellschaftung. Er hofft, mittels Spiritualität ein Zusammenleben zu befördern, das Gesellschaftlichkeit ohne Druck und Konkurrenz ermöglicht:

„Ja, Spiritualität. Also Spirit is' halt so dieses große Ganze [...]. Und (-) letzten Endes geht 's um 'n relativ einfaches Leben, also einfach im Sinne von stressfrei und, und Spaß ham. Also Spaß jetzt ned nur so d-, diese typische Fun-Fun-Generation, also das, das verstehe ICH ned unter Spaß, des is' mehr, mehr so 'n Ego-, Egotrip. So 'n, äh, Spaß im Sinne von, dass man (---), also weg vom, vom Egospaß, sondern mehr so des große Ganze, nä (räuspert sich). Dieses Teilen oder dieses Miteinander, nä. Ned nur Gegeneinander" (25/7ff).

Der Aufbau des Egos sei – laut Thomas Rankes spirituell-menschlicher Entwicklungsgeschichte, welche er Aurobindo entlehnt – bis zu einem gewissen Grad welthistorisch notwendig gewesen. „Ich denke, es war notwendig in der gesellschaftlichen Entwicklung, bis meinetwegen letztes Jahrhundert" (18/20f). Vor allem im „Westen" (er spricht über die Vergangenheit der BRD) sieht er einen Vertreter dieser Entwicklung, anders als in der DDR: „Und das is' och vielleicht der Unterschied zwischen Ost und West. Also im Westen wurde mehr aufs Ego Wert gelegt, auf diese so genannte individuelle Entwicklung. Was aber bei vielen eigentlich net wirklich der Fall war, weil, weil 's eben och, ähm, (-) mehr 'ne wirtschaftliche Entwicklung war" (18/25ff). Die aus seiner Sicht welthistorische Notwendigkeit des Kapitalismus verteidigt seine nach wie vor bestehende Existenz. Dies erkläre, warum auch er selbst sich zum Teil nach einem Menschenbild verhalte, das er eigentlich ablehnt: „Eigentlich bin ich och in gewisser Weise 'n Kapi-, Kapitalist. Ich verhalt mich meinen Freunden gegenüber oder meinen, oder Leuten, die ich vielleicht net kenn, och, och stellenweise in 'ner kapitalistischen Art und Weise und nehm des aber gar net wahr, nä“ (18/36ff). Da sein Ziel ist, sich seines Verhaltens bewusst zu werden und es zu verändern, kann er einerseits ein positives Selbstbild herstellen, indem er seine als falsch erkannten Verhaltensweisen zu ändern bereit ist und bereits daran arbeitet. Andererseits erhält ein oftmals gezeigtes „kapitalistisches“ eigenes Verhalten, das in Widerspruch zu seinem Selbstbild steht, durch seine in welthistorischen Gesetzen vermutete Bedingtheit eine Rechtfertigung.

Mittlerweile bahne sich jedoch eine neue Zeit an. Die Menschheit befände sich an einem Übergang zu einer neuen höheren Entwicklungsstufe, „also wir stehen momentan an ’ner Entwicklung wie vom, vom Menschenaffen zum, zum Homo sapiens“ (18/47f). Das Ego, einst Entwicklungsmotor, sei dabei zum Hindernis geworden: „Aber ’n paar Leute ham schon längst eine Entwicklung erreicht, wo, wo sie des Ego wieder im Großen und Ganzen auflösen können.“ Die persönliche Entwicklung stehe vor der Frage, „wie man so das Ego mit der gesellschaftlichen Entwicklung in EINklang bringen kann, nä“ (18/22ff).

Gefragt, was er unter der „Auflösung des Egos“ verstehe, antwortet Thomas Ranke mit einer längeren, ausschweifenden Erläuterung, die im Folgenden ungekürzt (aber durch Analysen unterbrochen) wiedergegeben wird:

CB: Und, äh, was heißt denn „Ego aufhören“?

TR: Na, letzten Endes, ähm, geht ’s schon in Richtung Gott. Äh, dass es ’n großen Plan gibt, ohne dass ich jetzt weeß, wie dieser Plan aussieht (18/41ff).

Die Entwicklung bzw. das Ende des Egos hänge also mit einem großen Plan zusammen, der göttlich konnotiert wird. Gemäß der oben zitierten Stelle höre das Ego nicht von selbst auf zu existieren, sondern müsse von den Menschen selbst, durch eigene Entwicklung, aufgelöst werden. Dies sei eine spirituelle Entwicklung, wodurch ein „Übermensch“ entstehe: „Aber es gibt ja och so, das finde ich ganz interessant, das war ’n Schüler von, von Aurobindo, Satprem, des is’ ’n Franzose, ‚Auf dem Weg zum Übermenschen‘. Also jetzt ned, ned so ’n Übermensch wie, wie bei Nietzsche vielleicht, so ’n, so ’n, so ’n physischer, sondern mehr ins Spirituelle da; ’n neuer Mensch“ (18/43ff). Das „Ego auflösen“ bedeutet also bei näherer Betrachtung eine innere Entwicklung zu einem neuen Menschen, einem spirituell-psychisch entwickelten „Über“-Menschen. Thomas Ranke versucht, den zu erwartenden fundamentalen Entwicklungsschritt mit wissenschaftlichen Anleihen aus der Anthropologie zu untermauern:

„Und der schreibt zum Beispiel och, dass es wie, also wir stehen momentan an ’ner Entwicklung wie vom, vom Menschenaffen zum, zum Homo sapiens, und da gibt ’s halt ’n paar Leute, die, also so vielleicht oft früher, ähm, ähm, vor ’n paar tausend Jahren oder wie viel das nu waren, ’n paar Menschenaffen von Baum zu Baum gehüpft sind und irgendwann mal runtergefallen sind, weil, weil se halt langsam ’nen aufrechten Gang erlernt haben, und die oben, die noch hin und her gesprungen sind, vielleicht über die, die gelacht haben" (18/47ff).

Thomas Ranke transportiert seine Alltagserfahrung in ein vermeintliches menschliches Frühstadium, in dem einige Weiterentwickelte von der großen Mehrheit verhöhnt worden seien. Die Erwartung eines kommenden spirituellen neuen Menschenzeitalters erhält durch diesen Bezug auf Versatzstücke der Evolutionstheorie vermeintlich höhere Glaubwürdigkeit. „So is' es jetzt och, nä. Dass halt die; 'n großer Teil der Gesellschaft über Leute lacht oder, oder a-, abschätzig denkt, die vielleicht arbeitslos sind oder die irgendwie 'n bissel, scheinbar a bissel schräg ticken, nä" (19/5ff). Menschen, die heute gegen die Norm verstießen und von der Gesellschaft keine Wertschätzung und Integration, sondern Unverständnis und Degradierung erfahren, seien die Vorboten einer höheren Entwicklungsstufe. Sie seien der Gesellschaft insofern voraus und überlegen. „Aber eigentlich sind, also wo es dann heißt, na ja, der, der is' halt ned normal, also ich hab' des jetzt och die letzten drei Jahre sehr, sehr spürbar erlebt. Wo mich dann Leute immer, also mir dann halt erzählen, dass so wie ich ja momentan lebe, eigentlich, dass des ja eigentlich net sein kann so" (19/7ff). Das spirituelle Erklärungsmuster für den evolutionären Weltenplan entspricht passgenau Thomas Rankes eigenen Erfahrungen von gesellschaftlicher Ausgrenzung (er ist „arbeitslos" und der, über den „abschätzig gedacht" wird). Er erzählt sein eigenes erfahrenes Fremdbild in die Mehrheit der rückständigen „Affen auf dem Baum" hinein. Gleichzeitig verleiht ihm die Unterlegung seiner spirituellen Theorie mit wissenschaftlichen Anklängen vermeintliche Seriosität und Gewissheit, dass in der Zukunft er als bisher Ausgegrenzter den gesellschaftlichen Maßstab setzen wird. In seiner Darstellung der Entwicklungsgeschichte der Menschheit stellt er aber nicht nur die zukünftige „Norm" menschlichen Verhaltens dar, sondern ist bereits heute – für alle anderen unerkannt – der Vertreter des gültigen, zeitgemäßen menschlichen Daseins. Früher hat ihn die Ausgrenzung und Degradierung geschmerzt und wütend gemacht. Heute, mit der Gewissheit, den anderen überlegen zu sein, kann er der Umwelt friedlich und ruhig gegenübertreten:

„Und wo ich dann immer denke, hä, was die alles wissen über dich und dein Leben, nä. Wenn die, die seh'n mich eenmal im Jahr und machen, machen sich 'n Bild, wo ich denke, das is' ja schon witzig, also. Ich, ich mein, mittlerweile kann ich drüber lachen, es gab mal 'ne Phase, wo mir das ziemlich schwer fiel und wo mir 's so, hm, sag ich mal so, auf Deutsch gesagt, of 'n Sack ging. Aber, mhm, ähm, mittlerweile kann ich da och eine gewisse LIEBE den Menschen gegenüber aufbringen, dass ich sage, o.k., macht man euer Ding. Also ich raste och; ne, ich bin eigentlich nie ausgerastet, aber, mhm, na ja, des is' halt doch so 'n ALTes Denken, nä. Is' echt, also ich merk des wirklich, es is' 'n anderes Denken. Und das kann man denen och ned übelnehmen, des is' halt so. Und die brauchen halt noch 'n bissl stellenweise. Des soll jetzt ned, des soll jetzt ned arrogant klingen, dass ich jetzt sage, ich steh jetzt über allen oder wie, nä. Das kommt häufig so rüber, des wes ich. Aber, ähm, es geht mehr darum, dass, ähm (--), die Entwicklung (--) ähm, ja, wie soll halt so was Neues aussehen, nä. Also so 'ne, so 'ne neue Gesellschaft. Und da kann man eben ned mit alten Denkmustern rangehen. Und, na ja, wie soll ich 's (--)" (19/11–25).

Das Ego auszuschalten, um zum neuen, spirituellen Menschen aufzusteigen, läuft also in seiner Erklärung darauf hinaus, sein Denken zu ändern, negative Fremdbilder abzuwehren und das Selbstbewusstsein zu erhöhen. Dies ermöglicht ein stressfreieres Leben in der Gesellschaft. „Ja Spiritualität. Also Spirit is' halt [...] letzten Endes geht 's um 'n relativ einfaches Leben, also einfach im Sinne von stressfrei" (25/7ff).

Das „Ego auszulöschen", wie es in vielen Sektenkulten angestrebt wird und auch im Integralen Yoga erreicht werden soll, bedeutet für Thomas Ranke also die Auflösung respektive die angestrebte Annullierung eines Teils des Ichs, und zwar des internalisierten Fremdbildes. Dies geschieht durch eine verstärkte Hinwendung zu eigenen Werten und Vorstellungen sowie durch den Abbruch äußerer Beziehungen, die disparate Erfahrungen zu seinem erwünschten Selbstbild liefern.

Thomas Ranke bringt den wirtschaftlichen Wachstumszwang in Zusammenhang mit dem seiner Meinung nach hohen Wert des „Ego". Er rezipiert die Freiwirtschaftslehre[60] und Regionalgeldtheorien und erklärt die in diesem Denken gängige unzureichende wirtschaftliche Vorstellung, wonach der der kapitalistischen Wirtschaftsweise inhärente Zwang zum Wachstum

60 Freiwirtschaftslehre: Ursprünglich auf Silvio Gesell (1862–1930) zurückgehende Wirtschaftslehre, die sich u. a. in esoterischen Kreisen großer Beliebtheit erfreut. In Gesells Denken ist nicht die private Gewinnaneignung und nur teilweise Ausschüttung des Arbeitsertrages an die Lohnabhängigen das Problem für Überproduktion und Wirtschaftskrise im Kapitalismus, sondern lediglich die Verwendung von Geld als Ware in Form von Zins. Er will den Zins verbieten, was seine Lehre für wirtschaftspolitische Denkweisen anschlussfähig macht, die ein so genanntes „Produktions"- gegen ein so genanntes „Spekulations"-Kapital setzen, wie dies v. a. in nationalrevolutionären Kreisen beliebt war und ist.
Die Lehre fließt als Grundlage in zahlreiche *Tauschringe* und *Regionalgelder* ein, wie sie in der Bundesrepublik derzeit populär sind. Um – wie Gesell vorschlug – eine Kapitalansammlung zu vermeiden, führen diese Gruppierungen und Vereine ein so genanntes „Schwundgeld" ein. Die einzelnen Zahlungsnoten (selbstgedruckte Geldscheine) werden kontinuierlich (meist monatlich) entwertet. Dadurch unterliegt jede einzelne Note einer starken Inflation, wenn sie nicht sofort ausgegeben wird. Dieses Prinzip beschert derzeit den Veranstaltern solcher Regio-Währungen reichen Geldsegen.
Zur Problematik der Gesellschen Freiwirtschaftslehre und deren aktuellen Nachfolgekonzepten (z. B. „Natürliche Wirtschaftsordnung") sowie der Regio-Gelder und der strukturell antisemitischen Ausrichtung der Gesellschen Ideen vgl. Lührs 2008.

durch den Zins hergestellt würde: „Aber irgendwann fiel mir mal ein, dass, äh, der Zins, (-) ähm, 'n Wachstum (-) generiert hat, 'n Wirtschaftswachstum, also man musste wirtschaftlich wachsen, um das Geld wieder zurückzuzahlen" (17/47ff). Dies führte seiner Ansicht nach zu einem Anwachsen des „Egos": „Ich denke, durch den Zins is' och das Ego stärker angewachsen" (18/12). Eine Regionalwährung sei ein „gesellschaftsveränderndes" (17/34) Modell, da durch die kontinuierliche Entwertung dieser Währung (Schwundgeld, Negativzins) auch das menschliche „Ego" schwächer würde. „Und durch diese Regionalwährung, dadurch, dass man so 'n, so 'ne Art Negativzins hat – des heißt irgendwie anders, aber diese, dass es eben nach 'nem halben Jahr weniger wert is' – das zerst-, na, ich will ned sagen, das zerstört, aber des, des löst so das menschliche Ego auf" (18/9ff). Einmal mehr gibt Thomas Ranke an dieser Stelle ein Beispiel, dass er durchaus auf gesellschaftspolitische Veränderungen setzt, um innermenschliche Entwicklung zu erreichen. (Obgleich er dieses Vorhaben an anderen Stellen als „Fehler der Linken" kritisiert, denn Veränderung könne nur von innen her und nicht durch Gesetze erreicht werden.) In seiner Beschreibung eines mit materiellem Wohlstand korrelierenden hohen Ego-Werts scheint auf, dass er Reichtum als gesellschaftliches Statussymbol der marktwirtschaftlichen Lebensweise versteht. In seiner sozialen Zugehörigkeit als Ostdeutscher und Arbeitsloser, der sich marginalisiert fühlt, gerät die Entwertung von Geld gleichbedeutend mit dem dadurch erreichten Abbau von Ego, also der Auflösung gesellschaftlich normierter Vorstellungen.

Durch den angenommenen „großen Plan" (18/42), der über die Welt walte und in dem er eine Vorreiterrolle einnimmt, wird Thomas Ranke nicht nur in seinem Selbstbewusstsein bestärkt. Sein Leben erhält auch vermehrte Bedeutsamkeit und Verstehbarkeit. Nach einer kurzen Definition seiner Spiritualität gefragt, antwortet Thomas Ranke mit seiner Rolle in der Welt, die er durch Spiritualität erfahre und durch Bedeutsamkeit seines alltäglichen Handelns, welche gesteigert werde:

CB: Könntest du, ähm, also, ist es dir möglich, äh, die, wenn du jetzt so dein, DEINE Spiritualität in so drei kurzen Sätzen beschreiben müsstest, so weiß ich nich', Lexikonartikel oder, ähm, was die ausmacht, was die beinhaltet? Könntest du das sagen, so ganz kurz, knackig?

TR: Äh. Meine Rolle in der Weltgeschichte zu erkennen, sozusagen. Das klingt et-, etwas hoch, vielleicht. Im Zusammenhang mit meinem tag-, tagtäglichen Schaffen, sag ich mal. Dass ich mir, wenn ich irgendetwas mach, wenn ich 'nen Artikel schreib, wenn ich 'ne e-mail schreib, dass ich in dem Augenblick weiß, okay, dass is' ned bloß 'ne e-mail an Person A oder B, sondern ich bezwecke damit was (24/33ff).

Der Bereich, in dem er mit Spiritualität etwas „bezwecken" möchte, liegt im zwischenmenschlichen Austausch und der eigenen Weiterentwicklung: „Äh, dass ich (dir?), sag ich mal, entweder 'ne Freiheit gebe, selber d'rüber nachzudenken, über dieses und jenes, dass ich selber daraus lern' (-) und mir bewusst werde, mir selber bewusst werde und och meine eigenen Erfahrungen weitergeben kann" (24/39ff). Als ebenso wichtig fügt er die Dimension der Handhabbarkeit hinzu. Er will seine „Erfahrung weitergeben", also zwischenmenschlich eingreifen und etwas bewirken.

Für Thomas Ranke bedeutet Spiritualität, seine „Rolle in der Weltgeschichte zu erkennen [...]. Im Zusammenhang mit" seinem „tag-, tagtäglichen Schaffen" (24/37f). Seinem Wohnort – der im Zusammenhang mit seinen zahlreichen Überlegungen zu Ausgrenzung und seinen Aufwertungsversuchen für den Osten ebenfalls zu einer in seinen Gedanken erklärungswürdige Grundlage seiner Existenz gerät – gibt er mittels spiritueller Theorien einen sinnhaften Rahmen:

„Und auf jeden Fall [...] ich [...] weeß och, also, dass ich ned ohne, ohne Grund hierher gekommen bin, nä. Um des ma' von der spirituellen Seite her zu sehen. Irgendwann merkt man dann halt, dass an dem Ort, wo man dann is', man schon seine Aufgabe erfüllen kann für die große Entwicklung [...]. Aber ich hab' halt für mich gemerkt: es hat schon 'n Grund, warum ich in [X-Stadt] bin. Und, also, dass ich meine, meine Entwicklung, der, meine Entwicklung och der großen Entwicklung ned unterordne, sondern so, so parallel, nä. Also, dass ich hier in der Stadtentwicklung bin, dass ich eben och meine Hände in allen möglichen Dingen drinne hab" (14/19ff).

Zweimal spricht er in dieser Passage von einem „Grund", weshalb er an seinem Wohnort sei. Das weist darauf hin, dass der Sinn und Ursprung seiner Wohnortwahl für sein Selbstbild erklärungsbedürftig sind. Auch sein alltägliches Wirken in der Stadt, das von vielen Versuchen des sozialen Engagements geprägt ist, stellt er an dieser Stelle explizit in Zusammenhang mit seiner freiwillig gewählten Arbeit für den angenommenen großen spirituellen Plan. Auch dass die Stadt eine bedeutende kulturelle Auszeichnung erfuhr, führt er als weltliches Indiz dafür an, dass er an diesem Ort mit seiner weltgeschichtlichen Aufgabe richtig sei:

„Ich denk, [X-Stadt] spielt, spielt schon och in der Weltgeschichte irgendwie so 'ne, so 'ne besondere Rolle. Ich mein' grade die Sache mit [..., städtisches Bauwerk; CB], dieses [..., kulturelle Auszeichnung; CB], und diese ganzen Sachen drum herum, äh, s, kommen ja ned von, von irgend-, irgendwo her. Man könnte natürlich sagen, ja, es ist Zufall und, und es könnte auch jede andere Stadt sein, aber ich weeß ned, ob das jede andere Stadt sein könnte. Also ich denk, das, das spielt, spielt schon irgendwie 'ne Rolle, dass das irgendwie jetzt nu grade hier war [...]. Und auf jeden Fall [...] ich [...] weeß och, also, dass ich ned ohne, ohne Grund hierher gekommen bin, nä" (14/9ff).

Dass Spiritualität eine Tauglichkeit für den Alltag haben muss, ist ein Grundsatz von Thomas Rankes Glauben: „Also es bringt nichts, wenn, wenn du dich irgendwo im Him-, Himalaya oder in der Sächsischen Schweiz da in 'ner Höhle ver-, verkriechst und den ganzen Tag medi-, meditierst. Also ich mein, das kann man gerne machen, nä. Aber da, ähm, verändert sich ned wirklich was" (13/22ff). Er will „die Spiritualität wirklich im Tagesgeschäft" (13/21f) anwenden können, um praktische Veränderungen für sich herstellen zu können.

Das so genannte Negative: Umwertung und Aufhebung von Belastungen

Mehrfach erklärt Thomas Ranke, die Wertung von Vorgängen als positiv oder negativ abzulehnen. Er wolle die Gegebenheiten „wertfrei" sehen (4/27). Dies sei seine favorisierte „Ausgangsposition" (5/31), mit der er im Anschluss eine Neubewertung der Ereignisse vornimmt. Er beruft sich auf ein spirituelles Bild, wonach positive wie negative Vorgänge als Teile des Ganzen, des Göttlichen, zu sehen sind und damit metaphysische Sanktionierung erfahren: „Und Gott is' alles, also gehört och alles mit dazu, nä, sowohl die, die, die so genannten negativen als auch die positiven Dinge" (23/41f). Alles befinde sich in einer Entwicklung hin zum Göttlichen: „Eigentlich is' alles spirituell, weil spirituell heißt, äh, dass alles Richtung Gott geht" (23/40). Mit dieser positiven Zukunftsgewissheit kann er die widrigen Gegebenheiten ruhig und gefasst ertragen und sie als Chancen begreifen, denen für ihn etwas Positives abzugewinnen wäre. Momentane Perspektivlosigkeit und Zukunftsangst kann in dieser göttlichen Heilsperspektive zu einer zukunftsoffenen, positiven Erwartungshaltung umgewandelt werden, die es ermöglicht, die gegenwärtig negativen Situationen nicht nur hinzunehmen, sondern nach positiven Chancen in ihnen zu suchen. Thomas Ranke verdeutlicht dies anhand seiner Erfahrungen in der Friedensbewegung anlässlich des Irakkrieges: „Und irgendwie entwickelt sich immer alles weiter, nä. Also selbst, selbst die negativen Dinge, selbst 'n Irakkrieg war für mich gut, weil ich da in [X-Stadt], durch das Friedensbündnis viele Leute kennengelernt hab, nä. [...] Also ich mein, es wär', wär' auch was anderes entstanden, ohne Irakkrieg, nä. Aber momentan IS' es eben so" (23/42ff).

Der Irakkrieg, gegen den vorzugehen sich das Friedensbündnis anschickte, gerät in Thomas Rankes rückblickender Bewertung nicht mehr zum negativen Ereignis, sondern wird retrospektiv von ihm positiv unterstützt. Nicht seine Beteiligung am Friedensbündnis, also seine selbstbestimmte Zuordnung, macht er für die angenehme Erweiterung seiner Sozialkontakte verantwortlich, sondern den – durch politisch übermächtige Kräfte herbeigeführten – Irakkrieg. In dieser Ausdeutung ändert er die Sichtweise auf Krieg und Frieden und schätzt Krieg als für ihn selbst gewinnbringend ein. Ebenso erklärt er seine damalige Motivation, einem Bündnis für den Frieden beizutreten, heute für nicht mehr relevant, sondern betont, dass entgegen seinem Wollen und seiner Absicht durch höhere Fügung – den Krieg – sich sein Leben positiv verändert habe. Den Krieg bewertet er danach, was für ihn persönlich ihn dessen Schatten entstanden ist. Mit oder ohne Krieg glaubt er an eine positive Entwicklung seines Lebens. Da Krieg momentan zu den manifesten Tatsachen zählt, versucht er ihn zu akzeptieren und seinen Nutzen aus den gegenwärtigen kriegerischen Bedingungen – unter Ablehnung ihrer kritischen substantiellen Beurteilung – zu ziehen.

Sein Verhalten angesichts der politischen Zustände erinnert an das von Brecht der Marketenderin *Mutter Courage* auf den Leib geschriebene: Der Bedrohung ihrer selbst und ihrer Söhne durch die kriegerischen Zustände begegnet sie, indem sie geschickt und offensiv mit den Auswirkungen umgeht und die gewinnbringenden Möglichkeiten und Spielräume ausnutzt: Sie handelt mit den Soldaten, macht ihren Gewinn und versucht ihre Kinder davor zu bewahren, direkt in die Kampfhandlungen einbezogen zu werden.

Vergleichbar versucht Thomas Ranke, einen Nutzen aus unabwendbar erscheinenden Gegebenheiten zu ziehen und sein materielles Leben so einzurichten, dass er dem – für ihn zerstörerischen – Zwang der Arbeit derzeit entgehen kann.

Thomas Ranke verortet sich selbst im gesellschaftskritisch-alternativen Spektrum. Dort sei er allerdings aufgrund verschiedener Aussagen als „der Neoliberale" (3/3f) und „reaktionär" (23/29) bezeichnet worden. Dass Thomas Ranke diese Zuschreibungen als störend beschreibt, ist Hinweis auf seine Selbstverortung in der gesellschaftskritischen linken Szene. Auch seine Mitarbeit im freien Stadtradio sowie dem globalisierungskritischen Netzwerk Attac unterstreicht dies.

Neben den oben beschriebenen Aktivitäten gegen den Irakkrieg im Friedensbündnis erzählt Thomas Ranke von zahlreichen weiteren Themen, die im linksalternativen Spektrum relevant sind. Um ihre Einschätzung als belastend – wie in der linksalternativen Szene zu diesen Themen üblich – zu widerlegen, vollzieht er jeweils eine Umwertung der Bedeutung des Ereignisses. Dies expliziert er beispielsweise anhand der Proteste gegen den G8-Gipfel in Heiligendamm. Viele Menschen seien dagegen gewesen, er hingegen fand ihn „gut", weil „Tausende, Mi-, Millionen oder Milliarden Leute nach Deutschland ge-, äh, äh, äh, geschaut" hätten (24/1f). Dies sei positiv für die Selbstdarstellung nutzbar, denn der Osten würde ansonsten wenig beachtet: „Das kann man ja als Forum nehmen, nä. Für andere Dinge, die man damit transportieren will, eigene Ideen, nä. Ob da jemand hin-, hinschaut, scheint 'ne, is', is', des is', äh, mal sekundär. Aber sonst würde sich doch kein Mensch dafür interessieren, was hier ab-, abgeht, vor allem och im Osten, nä" (24/2ff). Hier zeigt sich abermals sein Bestreben, die gesellschaftliche Ausgrenzung des Ostens der Republik zu überwinden. Ob diese sehr vage Möglichkeit der visionierten anderweitigen, positiven, aufmerksamkeitsfördernden Nutzung des G8-Gipfels für die Probleme des Ostens eine reale Umsetzung erfuhr, spielt in seinen Ausführungen keine Rolle. Lediglich die theoretisch vorstellbare Möglichkeit einer anderen Bedeutung des G8-Gipfels genügt Thomas Ranke, um von seinen realen Auswirkungen abzusehen und das in linksalternativ-politischen Kreisen umstrittene Ereignis für sich persönlich annehmbar zu machen. Eine kritische, negative Betrachtung des G8-Gipfels und die Argumente der Gipfelkritiker blendet er aus, obgleich er sich einleitend formal auf diese bezieht.

Er fügt als weiteres Argument hinzu, dass die wirtschaftliche Globalisierung ihm eine breite Auswahl materieller Güter beschere und demnach positive Auswirkungen auf ihn habe („Die Becher kommen aus Indien, die Thermoskanne kommt aus China“; 24/16). Diesen Begründungen fügt er noch die moralische hinzu, wonach eine kulturelle Globalisierung begrüßenswert sei. Auch die weltweite Durchsetzung von Menschenrechten sei der Globalisierung zu verdanken. Alles verlaufe gemäß einer Entwicklung, deren notwendige Vorstufe die derzeitige wirtschaftliche Globalisierung sei. Seine weitläufigen Auslassungen kulminieren in einer in der Endstufe zu erreichenden globalen Spiritualität:

> „Und (-) wir ham halt bloß 'n völlig schräges Bild von, von der so genannten Globalisierung. Und letzten Endes geht 's um 'ne glob-, globale Spiritualität, denk ich. Das is' eben och die Religionen vereinen, vereinen könnte. Oder was heißt vereinen, dass es erst mal den ganzen, dass es Trennungen aufhebt, nä. Dass es eben, die Religion macht das und, und die macht das, dass sie alle eigentlich dasselbe machen, nä. Letzten Endes. Und nur unsere Trennung in dem Kopf, dass das eben nichts mit dem zu tun hat, sondern dass es völlig anders is', was es aber gar ned is'“ (24/26ff).

Wären die Menschen fähig, Globalisierung anders – in seinem spirituellen Sinne – auszudeuten, wäre eine andere Realität hergestellt. Durch den Zusatz „so genannte“ Globalisierung macht er klar, dass er das Phänomen, wie es gesellschaftlich umschrieben wird, nicht anerkennt. In Thomas Rankes Wahrnehmung verschwimmen die Grenzen zwischen Realität und seinem Blick auf die Wirklichkeit: Die Menschen behaupteten, Globalisierung habe „nichts mit dem“ – er nimmt Bezug auf eine globalisierte, Trennungen aufhebende Spiritualität – „zu tun“. Die Umwelt behaupte, dass die Globalisierung „völlig anders is'“, als er selbst sie ausdeute. Thomas Ranke beharrt auf seiner Weltsicht: Sein Bild der Globalisierung sei das richtige, die Gesellschaft behaupte eine Realität, wie sie „gar ned is'“.

Letztlich führt Thomas Rankes Strategie der alternativen Bedeutungsgebung für Vorgänge der Welt dazu, dass er die Gegebenheiten subjektiv annehmen kann, sich aber gleichzeitig ihnen gegenüber in eine Handlungsunfähigkeit manövriert. Potentielle Bündnispartner im Streit um eine andere Globalisierung können nur gewonnen werden, wenn die Sichtweise auf das Phänomen in entscheidenden Punkten Übereinstimmungen aufweist. Durch die eigenwillige Ausdeutung, mit der Thomas Ranke der Umwelt per se ein „völlig schräges Bild von, von der so genannten Globalisierung“ unterstellt, und seine mangelnde Bereitschaft, die Sichtweise anderer in seine Argumentation einzubeziehen, isoliert er sich und wird zum einsamen Mahner für Weltverbesserung.

In Thomas Rankes Wirklichkeitskonstruktion wird schlussendlich auch die Globalisierung zum Guten und Spirituell-Göttlichen führen. Damit legitimiert er die herrschenden Zustände für sich. Sie verlieren den Schrecken und werden in seiner Wahrnehmung zu Vorboten einer positiven Zukunft. Seine esoterische Rolle (Sundén), aus der heraus Thomas Ranke seine Einschätzung vornimmt, steht dabei der politischen nicht entgegen. Sein politisches Denken über Begriffe wie Kapitalismus, Sozialismus, Globalisierung ist in seinen esoterischen Referenzrahmen eingebaut. Die Bedeutung und Sichtweise dieser Begriffe sind bei ihm jedoch von esoterischer Sinngebung durchdrungen und finden in seinen Ausführungen deshalb so gut wie keinen Anschluss mehr an die übliche Bedeutung dieser Begriffe. Sein esoterischer Referenzrahmen ermöglicht ihm eine andersartige Wahrnehmung und Ausdeutung der Begriffe.[61]

Eine weitere positive Umdeutung von Begriffen und Themen aus politischen Feldern nimmt er bei den Themen Klimawandel und Videoüberwachung öffentlicher Räume vor, die im Folgenden ausgeführt werden.

Thomas Ranke erklärt, wieso der öffentlich beklagte Klimawandel aus seiner Sicht begrüßenswert sei:

„Warum ich für Klimawandel bin. Aber natürlich mit 'nem andern Hintergrund. Ich denke jetzt, viele Menschen, die ham, sag ich mal, 'nen heißen Kopf und kühle Herzen, und der Klimawandel wäre: ‚kühle Köpfe und heiße Herzen', nä. Und was so, so, so dieser Klimawandel [...], eigentlich is' alles spirituell, weil spirituell heißt, äh, dass alles Richtung Gott geht. Und Gott is' alles, also gehört och alles mit dazu, nä" (23/35–41ff).

Ebenso wie im obigen Beispiel der Globalisierung blendet Thomas Ranke in seiner Interpretation des Klimawandels die mögliche ökologische Bedeutung aus und verwandelt ihn in ein innermenschliches Phänomen. Dies erinnert an Rudolf Bahros Vorgehen, der in seinen esoterischen Schriften Ökologie nicht als Umweltschutz verstanden haben wollte, sondern als spirituelle Rückverbindung mit der Erde. Da Thomas Ranke das Lebensgut Pommritz von mehrmaligen persönlichen Aufenthalten kennt (20/25) und mit den dort herrschenden spirituellen Vorstellungen vertraut ist, die auf Bahros Konzept aufbauen (vgl. Interviewauswertung mit Michael, Kap. III.4), lässt diese Deutung des Klimawandels eine esoterische Kontextualisierung zu. Wie von mir am Beispiel Dieter Duhms, einst führender Kopf des ZEGG (Zentrum für experimentelle Gesellschaftsgestaltung), herausgearbeitet

61 Gleiches trifft für seinen Rekurs auf wissenschaftliche Theorien zu. Zwar verwendet er Bruchstücke z. B. aus der Evolutionstheorie, die jedoch nicht auf eine latent vorhandene wissenschaftliche Rollenidentität von Thomas Ranke verweisen, sondern Teil einer esoterischen Theoriegebung sind, die wissenschaftliche Versatzstücke in ihre Lehren einbaut und umdeutet; vgl. Kap. I.4.

(Barth 2006, S. 120), wird aus den Lehren Bahros von seinen Rezipienten eine derartige Verinnerlichung ökologischer Missstände speziell für den Klimawandel abgeleitet:

„Wesentliche Elemente der Lehre des ZEGG gleichen den Ideen Bahros, der wiederum [...] Duhms Projekte anerkennend erwähnt. In direkter Anlehnung an Bahro besteht nach ZEGGscher Ideologie ein eindeutiger ‚Zusammenhang zwischen dem Zustand der Erde und dem inneren Zustand des Menschen' und es wird gefolgert, dass der ‚Weg nach innen' bei zunehmender Umweltzerstörung immer stärker gegangen werden müsse, um durch Sehen, Berühren und Angehen der ‚Arktis in uns' die ‚geographische Arktis heilen zu können'" (Die rosaroten PantherInnen 1995, S. 6f).

Erstrebt wird ein neues Zeitalter auf spirituell-biologistischer Grundlage, in dem angebliche ökologisch-natürliche Gesetze auf die menschliche Gesellschaft übertragen werden. So fordert Dieter Duhm: „Das System Mensch muss kompatibel werden mit dem System Erde und mit dem System Welt".[62]

Gemäß dem esoterischen Grundsatz *Mikrokosmos = Makrokosmos* (vgl. Kap. I.4) wird eine derartige Transformation natürlicher äußerer Ereignisse als im einzelnen Menschen vollständig enthaltene Grundmatrix systemimmanent logisch. Wie in einem Hologramm fänden sich alle Vorgänge des Makrokosmos im Mikrokosmos, der Innenwelt jedes einzelnen Menschen, wieder. Durch Änderung des Innenlebens könne in der Folge verändernd Einfluss auf die äußere Welt genommen werden. Reale Interaktion sei – außer dem Übertragen von Gedanken und angenommenen feinstofflichen Schwingungen in meditativen Sitzungen – nicht nötig. Vergleichbares klingt bei Thomas Ranke an, wenn er davon spricht, dass sich „zuerst [...] nur der Mensch verändern" (5/42) könne und die Entwicklung im „Großen" als „Parallelentwicklung" dazu zu verstehen sei (5/43f). Dadurch wird individuelle Wirkungsmacht und Handlungsfähigkeit suggeriert, denn es könne privat Einfluss auf den Weltverlauf genommen werden: „Und, also, dass ich meine, meine Entwicklung der, meine Entwicklung och der großen Entwicklung ned unterordne, sondern so, so parallel, nä" (14/27f). Da der eigene Veränderungsimpuls „parallel", also gleichlaufend mit der kosmisch gesetzten Weltentwicklung verlaufe, wird dem eigenen Tun eine Erfolgsgarantie unterstellt.

Als weiteres Beispiel dafür, dass mit einer Umdeutung von gängigen Vorstellungen die Welt real zu verbessern wäre, nimmt er sich eines in linken Kreisen umstrittenen Themas, der Videoüberwachung öffentlicher Plät-

62 „Die Wiedereingliederung des menschlichen Lebens in die Ordnung, in die Spielregeln einer höheren kosmischen Welt, ist die Aufgabe Nummer eins in diesem Schöpfungsgedanken, den wir verbinden mit dem Projekt Heilungsbiotop I" (Das Heilungsbiotop I war ein Wohnprojekt des ZEGG). (Duhm 1992; zit. in: Die rosaroten PantherInnen 1995, S. 20f)

ze, an. Indem er die Gegnerschaft „aus dem so genannten autonomen Lager“ (23/15) gegen diese „Videoüberwachung“ durch „Polizeileute“ (23/12f) anführt, versucht er seine Selbstpositionierung in der Auseinandersetzung mit linkspolitischen Gesellschaftsteilen herauszustellen. Er ergreift Partei für Videokameras in den Straßen, da mit spirituellem Denken ein völlig anderer Nutzen dieser Kameras denkbar wäre:

„Und, ähm, (---) ich denke, dass och an solchen Themen kann man och spirituelles Denken reinbringen. [...] Ich hab’ nur geschrieben, dass ich FÜR Videokameras bin und so ’ne, so ’ne Videokamera kann man ja och, wenn man das regeln könnte, wenn man die Daten direkt in ’s Internet bringt so, so wie ’ne Web-, Webcam, kann man des och für alle mögliche Werbung nutzen, nä. Da können halt och Bands auf der Straße spielen, die dann in ’s Internet übertragen werden, oder kulturelle Veranstaltungen oder och Werbung“ (22/48–23/8).

Mit dem Wunschbild einer anderen als der derzeit objektiv realen Bedeutung der Gegenstände und dem versuchten „Ausschalten“ gesellschaftsmächtiger Deutungsmuster kann Thomas Ranke in einer anderen Vorstellungswelt leben. Mit diesem klassischen *defensiven Reappraisal* versucht er, der gefühlten Bedrohung und Machtlosigkeit subjektiv zu entgehen. Er scheint seine bunten Umdeutungen der Begriffe selbst nicht völlig ernst zu nehmen, sondern als Provokation bzw. Spaß aufzufassen. Auch dies dient jedoch als Möglichkeit, gesellschaftlich geteilte Attribuierungen spielerisch in Frage zu stellen, um sie aufzuweichen.

In den genannten Szenarien kommt seine Wunschvorstellung über eine alternative Bedeutung der Begriffe zum Ausdruck, ohne dass er jedoch darauf eingeht, wie die Verwandlung der realen Beschaffenheit der Phänomene in seine Wunschvorstellung zu bewerkstelligen sei. Real bleibt die Machtlosigkeit den bestehenden Verhältnissen gegenüber. Thomas Ranke deutet diese für sich subjektiv um. Gleichwohl ist er aber bemüht, durch zahlreiche soziale Aktivitäten, Vereinsbeitritte, Radiosendungen etc. seine Vorstellungen in die gesellschaftliche Diskussion einzubringen.

Die angestrebte Wirksamkeit seines Tuns unterstützt er mit einem spirituellen Gedankengerüst, dass in der Welt ein göttlich-evolutionärer Plan walte, durch den die gewünschten Änderungen hergestellt würden. Diese metaphysisch gestützte Gewissheit, letztlich auf der Seite des Richtigen und der Gewinner zu stehen, kann die oftmals real erfahrene Machtlosigkeit kompensieren.

Der Kosmos ist ihm Hilfe, positive Unterstützung für seinen persönlichen Zukunftsentwurf, bestärkt ihn in der Richtigkeit seines Strebens und Handelns und hilft ihm so, mit Selbstbewusstsein in der gegenwärtigen Welt zu bestehen.

Wiederholt berichtet er aber von seinem realen Scheitern an diesen Gruppenmitgliedschaften: „Also, ich war och in solchen Gruppen mal drin, aber

IMMER nach 'ner gewissen Zeit, spätestens nach 'nem Vierteljahr, hab' ich gemerkt, ne, irgendwie is' es nimmer mein Ding" (7/34ff). Dies betrifft sowohl eine Meditationsgruppe, einen Verein, der sich mit dem Thema Stottern beschäftigt, die örtliche Attac-Gruppe, einen philosophischen Diskussionszirkel als auch zahlreiche weitere Gruppierungen. Es waren verschiedene „Projekte" (7/19), mehrere „Vereine" (7/26), in denen er „mal vorrübergehend, äh, mitgemacht" (7/21), sich aber regelmäßig wieder „ausgeklingt" (7/26) habe. In der Vergangenheit haderte er mit seinen wiederholten Abbrüchen der Gruppenbezüge und hatte die Selbsterwartung an sich, „du MÜSSTEST doch ma" (26/7) bleiben können. Mittlerweile ist er der Ansicht, dass Gruppenstrukturen, sobald sie in einen „gefestigten Rahmen" (25/45) übergingen, eine „Gruppendynamik" (26/11) auslösten, durch die der/die Einzelne sich selbst unbewusst „Grenzen" (26/2) setze, was er persönlich nicht akzeptieren wolle. Er berichtet von seinen Erfahrungen bei Attac: „Wo ich dann dachte, ja so irgendwie dachte, das is' alles so, so frei und so Netzwerk und keene Hierarchien und dann die Realität is' meist 'n bissel anders, nä" (6/35ff). In der Realität erfuhr er, „dass der Chef von Attac eher so 'n Ego-, Egotrip fährt und [ihn] och nich' unterstützt hat" (6/33f), woraufhin er wieder aus der Gruppe ausstieg. Sein wiederholtes Scheitern an der Vereins- und Gruppentätigkeit begründet er mit einem dahinterliegenden unbegreiflichen, aber sinnvollen Wirkmechanismus: „Aber irgendwie dacht ich dann so ab 'nem gewissen Punkt, nee (verneinend), also wenn 's jetzt so häufig is', des hat jetzt schon seinen Grund, nä. Dass man sich an solche Strukturen gar ned erst bindet" (26/7ff). Da er an einen unfassbaren „Sinn" hinter seinem Scheitern glaubt, kann er es annehmen. In der Folge fügt er eine weitere Erklärung hinzu, die ihn selbst über die übrigen Gruppenmitglieder erhöht und seinen Ausstieg aus der Gruppe in einen selbstwertsteigernden Erklärungszusammenhang setzt. Die anderen Gruppenmitglieder seien sich selbst nicht bewusst. „Ich mein, die meisten Leute merken das ja gar ned. Das kriegt man och gar ned mit, dass man in gewisser Weise in so einer Gruppendynamik tickt, nä. Oder Herdentrieb kann man das och nennen" (26/10ff). Er selbst erhält in dieser Sichtweise den Status des Wissenden, der sich nicht manipulieren lasse, „auf seine eigene innere Stimme hört und weiß, was man damit eigentlich selber will" (26/14f). Er zeichnet das Bild einer Masse, die aus unbewusst und durch übernommene Fremdbilder agierende Menschen bestehe. Er selbst bleibe dagegen seinen eigenen, authentischen Werten und Vorstellungen verhaftet, weshalb er von der Gesellschaft zwar ausgeschlossen, ihr aber überlegen sei. Ohnmachtsgefühle und religiös-esoterische Techniken, um ein subjektives Allmachtsempfinden über die Gegebenheiten herzustellen, liegen auch hier dicht beieinander.

Er betont einerseits, „keene Vorherbestimmung" (10/19) walten zu sehen, andererseits wirkten aber auch „höhere Energien" (10/15), so dass kein Zufall existiere, sondern alles Bestehende „seinen Sinn" (10/21) habe. Damit bleibt er einerseits ein selbstbestimmtes Individuum, andererseits wird er vom Erklärungs- und Handlungsdruck unverständlicher Ereignisse befreit: „Es hat schon alles seinen Sinn, irgendwie das d-, irgendwie so, also ich hinterfrag das och in den wenigsten Fällen“ (10/21f). Unverständliches wird annehmbar, indem ihm eine metaphysische Bedeutung zum eigenen Wohle unterstellt wird.

Thomas Ranke ordnet das eigene Dasein jedoch nicht komplett einer größeren Ordnung unter. Er erläutert, dass „ich meine, meine Entwicklung der, meine Entwicklung och der großen Entwicklung ned unterordne, sondern so, so parallel, nä. Also, dass ich hier in der Stadtentwicklung bin, dass ich eben och meine Hände in allen möglichen Dingen drinne hab“ (14/27ff).

Er geht von der Existenz transzendenter Zusammenhänge aus. Sein Leben und Handeln verlaufe nicht untergeordnet, sondern „parallel“ zur „großen Entwicklung“ (14/27f). Er deutet sein eigenes Tun als im Einklang mit der kosmisch-göttlichen Entwicklung befindlich und deswegen richtig und zukunftsweisend aus. Thomas Ranke versteht sich also als eigenständig handelndes Subjekt, das durch Einsicht in den größeren Weltenplan erkennt, „wie Dinge [...] funktionieren“, und damit eine Grundlage erhält, „wie man Dinge, die schon da sind, och für sich nutzen kann“ (7/45f). Er beteuert, dass Spiritualität für ihn Zusammenhänge erschließe. In seiner anschließenden Erklärung führt er aus, dass sein Interesse jedoch weniger den Zusammenhängen der äußeren Welt gelte, sondern mehr dem Begreifen seiner eigenen Rolle darin: „Spiritualität [...] is' 'n Erkennen von Zusammenhängen. Wer man eigentlich selber is'. Und was man hier macht, in der Gesellschaft. Wie vielleicht manche Dinge och funktionieren. (4 sec) Ähm. (--) Wie man Dinge, die schon da sind, och für sich nutzen kann“ (7/43ff). Das Erkenntnisinteresse gegenüber der äußeren Realität reduziert sich darauf, manche Funktionsweisen zu erkennen, die persönlich nutzbar und gewinnbringend auszugestalten sind. Sein spirituelles Interesse, wie er es an dieser Stelle definiert, hat das Ziel der Selbsterkenntnis und der pragmatischen Sichtweise der Realität, so dass sie sich ihm gewinnbringend darstellt.

Esoterische Strategien zur Annahme des Herrschenden bei gleichzeitig subjektiver Kompensation von Ohnmachtsgefühlen

Thomas Ranke kreiert seine Spiritualität als Erklärungsrepertoire, um gesellschaftliche Zustände, die er negativ wahrnimmt, denen gegenüber er sich aber gleichwohl als machtlos empfindet, innerlich annehmen zu können. Das Argument „alles ist gutzuheißen, weil es ein Teil des Göttlichen ist“ dient dazu.

In den genannten Beispielen genügt Thomas Ranke jedoch das Argument, „alles sei gut zu heißen, weil es göttlich ist“ allein nicht.

Er fügt jeweils eine weitere Methode hinzu, mit der das Abgelehnte aus der Welt wegdefiniert wird, indem von seiner Existenz abstrahiert wird. Die äußere Form bleibt dabei gleich (Videokamera), der dahinterliegende Sinn

(Überwachung ↔ open source für internet performance) wird JEDOCH nach eigenem Wunsch umgedeutet. Die reale Machtlosigkeit gegenüber den Phänomenen bleibt bestehen, lediglich das subjektive Gefühl des Unwohlseins wird verringert, da den Erscheinungen ihr bedrohlicher Inhalt genommen wird. Insgesamt unterzieht er die „so genannt negativen" (23/41f) Dinge zusätzlich einer Sinnverkehrung ins Positive, um die angestrebte Annahme der eigentlich negativen Phänomene zu erleichtern.

Die real erfahrene Ausgrenzung und Machtlosigkeit wird erträglich, weil sie lediglich als ein vorübergehender Teil eines sich zum Positiven wendenden Prozesses angesehen wird. Das Gefühl, auf der Seite des kosmischen Planes zu stehen, ihn zu erkennen, verleiht Zuversicht, Selbstbewusstsein und Bedeutsamkeit der eigenen Person und des eigenen Handelns.

Übertragung dieses spirituellen Erklärungsmusters auf den Alltag

Thomas Ranke legt sich mit Hilfe der spirituellen These „alles ist gutzuheißen, weil es ein Teil des Göttlichen ist" eine Weltsicht zurecht, in der wahrgenommenes Negatives eine Umdeutung ins Positive und Annehmbare erfährt. Dies ermöglicht, es subjektiv nicht länger als belastend und handlungserfordernd einzuschätzen. Der *Stressor* ist in der subjektiven Einschätzung behoben.

Auf der Alltagsebene versucht er ebenfalls, durch bewusstes Tun von für ihn negativ konnotierten Handlungen etwas ins Positive zu wenden.

So ließ er sich einen Bart wachsen, „ne kleene Foltermethode für mich selbst, weil ich eigentlich keene Bärte mag" (15/10), den er sich erst bei der lange überfälligen Abgabe der Dissertation abrasieren wolle. Mittlerweile habe sich dieses vermeintlich Negative, der Bart, ins Positive gewendet, weil er bereits viele angenehme Gespräche aufgrund seiner Barttracht geführt habe.

Da die Richtigkeit der spirituellen Grundthese (wonach *das Bejahen der negativen Aspekte der Gesellschaft richtig sei und letztendlich doch zum Guten führe*) in gesamtgesellschaftlichen Phänomenen wie Globalisierung oder Klimawandel nicht nachprüfbar ist, dient ihre Anwendung in überschaubaren Alltagsbereichen für Thomas Ranke dazu, sein Festhalten an diesem Erklärungsmuster für abstrakte gesellschaftliche Phänomene zu plausibilisieren. Durch die Anwendung der spirituellen These, dass *das Bejahen der vermeintlich negativen Aspekte der Gesellschaft richtig sei und letztendlich doch zum Guten führe*, auf alltägliche, überschaubare Zusammenhänge verifiziert Thomas Ranke ihre Gültigkeit.

Zusammenfassung aus identitätstheoretischer Sicht

Thomas Ranke expliziert identitätstheoretische Vorstellungen, wonach das internalisierte gesellschaftliche Bild der eigenen Person mit dem Selbstbild verschmilzt und zu einem gesamt-identitären Selbstverständnis beiträgt. Thomas Ranke spaltet die gesuchte und nicht gefundene einheitliche Identität auf. Er kreiert ein klar umgrenztes internalisiertes Fremdbild, von dem er sich innerlich mittels Spiritualität zu befreien hofft (8/4ff). Dadurch meint er, sich selbst finden zu können (7/43ff).

Die Abwehr gesellschaftlicher Fremdbilder, Normen und Werte und der Aufbau eigener Deutungshoheit ist jedoch keine Abkehr von der Gesellschaft, sondern lediglich ein einstweiliger Schutzmechanismus, um Selbstwert aufrechtzuerhalten. Letztlich ist es Thomas Rankes Ziel, gesellschaftliche Annahme und Anerkennung zu erfahren. Dabei lehnt er die Integration über definierte Rollen ab. In der gesellschaftlichen Zugehörigkeit via Rollen gehorche der Mensch Gruppenzwängen, ohne es selbst zu bemerken. Er handele nicht mehr entsprechend seiner „inneren Stimme", dessen, was er „eigentlich selber" will und sei (26/14f).

In seinen Ausführungen haben die Suche nach Anerkennung und die Kompensation gesellschaftlicher Ausgrenzungserfahrung einen zentralen Stellenwert. Keupp et al. (2002) sprechen von einer besonderen Bedeutung der Anerkennung im Prozess der alltäglichen Identitätsarbeit. Anerkennung muss, ebenso wie Identität, im sozialen Prozess hergestellt werden. Dabei sind drei Dimensionen unterscheidbar (vgl. Keupp et al. 2002, S. 256):

- die Aufmerksamkeit von anderen;
- die positive Bewertung von anderen;
- die Selbstanerkennung.

Nur durch eine positive Erfüllung aller drei Dimensionen kann von einer subjektiv als vollständig erfahrenen Anerkennung ausgegangen werden (ebd., S. 256).

Thomas Ranke sucht in zahlreichen sozialen und kulturellen Aktivitäten aktiv nach gesellschaftlicher Einbindung, scheitert jedoch häufig. Er erhält durch seine Aktivität *Aufmerksamkeit anderer*, die *positiven Bewertungen anderer* bleiben jedoch regelmäßig aus. Thomas Ranke versucht, die erfahrene negative Fremdbewertung nicht in sein Selbstbild zu übernehmen. Er schützt seine *Selbstanerkennung* durch spirituelle Konzepte, die ihm eine besondere gesellschaftliche Rolle zusichern und in denen der erfahrenen Abwertung seiner individuellen Besonderheit Wertschätzung zuteil wird.

Durch diese unerfüllte Komponente der anerkennend-positiven Bewertung seitens signifikant Anderer bleiben Zweifel an seiner insgesamt wahrgenommenen Anerkennung. Um diese herzustellen, geht er zwei Wege:

- Zum einen bringt er sich kontinuierlich aktiv gestaltend in soziokulturelle Aktivitäten ein. Seine versuchte komplette Negation gesellschaftlicher Bedeutungsgebung zementiert allerdings immer wieder seine Außenseiter-Position. Seine verfestigte Annahme, dass Menschen in gesellschaftlichen Rollen nicht gemäß ihrem inneren Kern handelten, erschwert es ihm, sich anderen im zwischenmenschlichen institutionalisierten Austausch zu nähern. Unliebsame Erfahrungen werden von ihm pauschal als unreflektiertes Rollenverhalten bzw. egoistisches Verhalten des/der Betreffenden etikettiert und die Beziehung beendet. Dies erschwert es Thomas Ranke, andere Menschen als Subjekt wahrzunehmen, das auch in der Rolle trotz aller Widersprüchlichkeit versucht, authentisch zu leben.

- Zum anderen nutzt er esoterische Theorien dazu, seine Selbstanerkennung zu unterstützen. Er hat in diesem esoterischen Denken die Aufgabe, die Gesellschaft auf ihre Fehlentwicklung aufmerksam zu machen, ist also ein wertvoller Teil der Gesellschaft. Durch das Selbstbild als Vertreter einer weiterentwickelten spirituellen menschlichen Entwicklungsstufe kann er sich über die Masse der Gesellschaft erheben, was seinen Selbstwert ebenso unterstützt wie es auch seine aggressiven Gefühle gegen die Umwelt abnehmen lässt, da deren als negativ empfundenes Verhalten durch esoterische Gesetze erklärt und entschuldigt wird.

6 Erwin: „Esoterik schlicht als 'n Weg, der sich mit dem eigenen Innenleben beschäftigt, mit dem Ziel, sich zu befreien"

„Yoga gefiel mir von den Übungen her besser, ist viel energetisierender, ich hab' direkt viel mehr wahrgenommen. Ich wollt' halt immer raus, nä, hier aufs dritte Aug und raus in diese anderen Dimensionen. Und des Qi-Gong ist ein, na, komm mal runter, erde dich erst mal, öffne dein Herz, und das da oben, vergiss das mal alles, also find' ich eigentlich total langweilig und unspannend. Und ich bin trotzdem dabeigeblieben. Ich kann immer noch nicht erklären, warum. Mittlerweile kann ich 's sagen. Weil ich sonst total abgedriftet wär'. So, und das mich wieder runterholt. Und was ist, wo ich halt hier in dieser Welt was mit anfangen kann und nicht nur 'n Werkzeug, was irgendwie, als Drogenersatz, irgendwo auf natürlicher Basis mit körpereigenen Substanzen irgendwie wegzuspacen" (29/45ff).

Erwin ist 26 Jahre alt und lebt in einer norddeutschen Großstadt. Er bewohnt ein Zimmer in einer Wohngemeinschaft, ist finanziell abgesichert und führt eine lose Partnerschaft mit einer Frau, die er über ein Qi-Gong-Seminar kennenlernte. Dem Qi-Gong, wie es von der Lotusakademie e. V. vertreten wird, widmet er sich seit mehreren Jahren. Die Lotusakademie e. V. unter „Großmeister" Wei Ling Yi charakterisiert ihre Variante des Qi-Gong als eine, die den „Anforderungen einer modernen westlichen Lebensform angepasst ist" (Lotusakademie e. V. 2008).

Qi-Gong

Bei Qi-Gong handelt es sich um eine ursprünglich im alten China vermutlich vor 6000 Jahren entstandene Lehre, in der einfache gymnastische Übungen mit spirituellen Vorstellungen über die Erlangung von Gesundheit, Ausgeglichenheit, Harmonie und positiver Lebenszufriedenheit gekoppelt werden. „Qi-Gong" kann näherungsweise als „beständige Übung mit/an Energie" übersetzt werden (vgl. Deutsche Qigong-Gesellschaft 2008; vgl. Goldner 2000, S. 474). Mit „Qi" (in anderen Varianten auch „Qui", „Ki" oder „Chi" geschrieben) ist eine universelle Energie gemeint, die als Lebensenergie den menschlichen Körper auf festgelegten Bahnen durchströme und dabei die angenommenen sieben Chakren[63] durchfließe. In vitalistischer Art wird davon ausgegangen, dass ein „Stau" bzw. eine „Blockade" dieser Qi-Energie im Körper Unwohlsein und psychische wie

63 Chakra, Chakren (Mz.): Aus fernöstlichen Religionen und traditionellen Gesundheitslehren übernommene Vorstellung von sieben Energiezentren, die sich entlang der Wirbelsäule (vom Steiß bis zum Kopf) reihen und je eigene Zuständigkeiten für körperliches und psychisches Wohlbefinden besäßen.

physische Probleme auslöse. Durch Übungen könne die Energie zum gleichmäßigen Fließen gebracht werden und damit Gesundheit und Wohlbefinden erlangt werden. Auch Krankenkassen (wie z. B. die AOK als größte des Landes) fördern Qi-Gong sowohl bei körperlichen Beschwerden wie z. B. Asthma oder Magen-Darm-Krankheiten als auch zum „Abbau seelischer Spannungen" (vgl. AOK-Bundesverband GbR 2008) mit bis zu 100% der Kursgebühren, ohne dass jemals wissenschaftlich die Wirksamkeit nachgewiesen werden musste. Diese Bezahlung aus Mitteln des allgemeinen Fonds der Krankenkassen ist möglich, da nach dem deutschen Arzneimittelgesetz von 1976 drei so genannte Alternativheilmethoden von der ansonsten verpflichtenden Wirksamkeitsprüfung der Mittel ausgenommen wurden: die anthroposophische Medizin, die Homöopathie sowie die Pflanzenheilkunde bzw. Phytotherapie. Alle Bereiche entbehren bis heute eines wissenschaftlichen Wirksamkeitsbelegs und werden trotzdem in immer größerem Maße von den Krankenkassen angepriesen (vgl. Lambeck 2001; vgl. Stiftung Warentest[64] 2005).

Erwins erste Berührungen mit esoterischen Praktiken und Theorien entstanden im Alter von acht Jahren über seinen Großvater. Dessen Frau, Erwins Großmutter, starb an Krebs. Dies stellte für den Großvater den Auslöser dar, sich mit spirituellen Theorien, die ihren Tod erklären, zu befassen:

E: Ähm, (---) mein Opa hat, äh, von 'nem Bekannten, der, also, mit Wünschelruten Hausuntersuchungen gemacht hat, erfahren, ja, die, die hat Jahrzehnte auf 'ner linksdrehenden Wasserader gelebt.

CB: Auf was?

E: Auf 'ner linksdrehenden Wasserader geschlafen. (-) So und das, (-) nä. Da halt da, irgendwie Strahlung, Wasser, Strahlung links-, rechtsdrehend, ähm, dass das halt über die Jahre hinweg, ähm, praktisch die (--) Kommunikation der Zellen in bestimmten Bereichen des Körpers durcheinandergebracht hat und den Krebs hervorgerufen hat. Woraufhin mein Opa halt angefangen hat, sich mit, ähm, erst mit Wünschelruten und dann immer weiter Radiästhesie, Kinesiologie, ähm, heilpraktischen Verfahren und bis hin zu allen möglichen Formen der Energieheilung befasst. Das hab' ich halt so, nä, im Familienkontext mitgekriegt (3/2–13).

64 Die Autorinnen Krista Federspiel und Vera Herbst geben im Ratgeber der Stiftung Warentest einen nüchternen Überblick über die oftmals lediglich placebohafte Wirkung so genannter marktgängiger alternativer Heilverfahren.

Neben geomantischen[65] Theorien von Erdstrahlen, Wasseradern, Wünschelrutengehen kam Erwin über seinen Großvater nach eigenen Angaben mit Lehren über Telekinese (dem metaphysischen Bewegen von Gegenständen durch geistige Konzentration), Telepathie (Gedankenübertragung), Ferndiagnose und Fernheilung sowie Kinesiologie[66] in Berührung.

Erwin hat ebenso Erfahrung mit diversen Formen des Yoga. Nach einiger Zeit des Überlegens entschied er sich, Yoga aufzugeben und sich völlig auf Qi-Gong zu konzentrieren. Diese Entscheidung scheint ihm retrospektiv richtig. Yoga habe ihm als „Drogenersatz" gedient, um in „anderen Dimensionen [...] wegzuspacen" (29/47ff). Qi-Gong dagegen sei etwas, was ihn „erde", womit er „hier in dieser Welt was mit anfangen kann" (29/48; 30/4; siehe unten).

---

65 Geomantie: pseudowissenschaftliche esoterische Geologie, die das Aufspüren vermeintlich negativer/positiver „Kraftplätze" in der Natur zum Inhalt hat. Zugrunde liegt die Vorstellung, dass die Erde im Inneren von einem energetischen Gitternetz durchzogen sei. So genannte „Erdstrahlen", „Verwerfungen von energetischen Strahlungen", Wasseradern etc. könnten demnach das Wohlbefinden des Menschen beeinträchtigen oder fördern. Mittels bestimmter Techniken wie z. B. Wünschelrutengehen könnten medial begabte (im spirituellen Sinn „energetisch feinfühlige") Menschen diese Energien aufspüren. Durch ein Leben gemäß der Erdstrahlung, z. B. entsprechendes Einrichten/Umstellen der Wohnungseinrichtung (beliebt ist ein empfohlener Platzwechsel für das Bett), könne Heilung erlangt werden.

66 Kinesiologie: Eine so genannte „alternativmedizinische" Lehre, der zufolge eine dem Qi verwandte Lebensenergie auf bestimmten Körperbahnen, Meridiane genannt (ebenfalls ein Element der traditionellen chinesischen Medizin), durch den Körper fließe. Störungen oder Beeinträchtigungen des harmonischen Flusses könnten mittels eines so genannten „Muskel-Tests" nachgewiesen werden. Der Patient hebt seinen gestreckten Arm seitlich nach oben, der Heiler stellt einfache „Ja/Nein"-Fragen und übt jeweils leichten Druck auf den Arm aus. Das Nachgeben des Muskels bei einer Frage bezeuge, so die kinesiologische Annahme, eine Schwächung des angesprochenen körperlichen/emotionalen Bereichs.
Kinesiologie zählt zu den esoterischen Pseudowissenschaften und wird z. Zt. bevorzugt als Edu-Kinesiologie bei Kindern angewandt, die Lernanforderungen der Schule nicht erfolgreich bewältigen. Dr. Barbara Ohrt (Leiterin des Zentrums für Entwicklungsneurologie und Frühförderung der Kinderklinik der Universität im Dr. von Haunerschen Kinderspital München), die in einem ausführlichen Gutachten die wissenschaftlichen Behauptungen der Edu-Kinesiologie untersuchte, resümiert, dass diese „neurologisch und physiologisch unhaltbar sind" (Walbiner 1997, S. 56f). Sie nennt die Verbreitung derartiger Theorien „besorgniserregend" (ebd.) und deutet sie als einen „Ausdruck für die Not" (ebd.), in der sich Eltern und Lehrer angesichts wachsender Probleme im Lern- und Sozialverhalten der Kinder sehen.

Als weitere esoterische Bereiche, mit denen er in Berührung gekommen ist, nennt Erwin neben I-Ging[67] und Tarot die anthroposophische Lehre Rudolf Steiners. Er besuchte Vorträge über Waldorf-Pädagogik und las Schriften von Steiner.

Erwin studiert „materialistische Behindertenpädagogik" (6/19) – seiner Aussage nach einer der letzten marxistisch begründeten Studiengänge der Republik. Er vertritt den Ansatz seines Institutes, in dem Behinderung nicht „als biologisches Moment, sondern als soziale Konstruktion" begriffen wird (6/22).

Esoterik – der Weg zur inneren Befreiung

Zu Beginn des Gespräches bat ich Erwin, mir zu erläutern, was Esoterik bzw. Spiritualität für ihn bedeute, was er darunter verstehe, wie er dazu kam. Ich bat ihn, von einschneidenden Erlebnissen auf diesem Weg zu berichten, deren Bedeutung für ihn und sein Leben zu schildern und mir zu erklären, was daran für ihn am wichtigsten sei.

Er entschied sich, zunächst mit einer Begriffsbestimmung von Esoterik einzusteigen. Er gab als Hintergrund an, sich dabei an einem anthroposophischen Autor zu orientieren. Esoterik sei versteckt im Rahmen einer „politischen Verfolgung" (2/17) durch das Christentum entstanden. Er differenziert das äußere Wissen der „Exoterik" von der „Esoterik als Inneres" (2/19). Erwin hat sich, diesen Ausführungen zufolge, mit der Geschichte der Esoterik befasst, da er auf gängige Theoreme und Begrifflichkeiten zurückgreift. Dann folgt eine persönliche Begriffsbestimmung von Esoterik: „Esoterik schlicht als, als 'n Weg, der sich mit dem eigenen Innenleben beschäftigt mit dem Ziel (--) sich zu befreien" (2/34f).

Erwin geht von einem ursprünglichen Zustand des Menschen aus, mit dem dieser geboren werde. Er bringe spezifische Voraussetzungen mit – die Erwin zum einen an Besonderheiten von Menschen mit Behinderung deutlich macht und zum anderen an der Karmatheorie, der zufolge jeder Mensch festgelegte Aufgaben mit in sein Leben brächte. Die Umwelt solle den Menschen die Möglichkeit geben, sich mit seinen spezifischen Voraussetzungen zu verwirklichen. Real werde diese Verwirklichung jedoch von der Gesellschaft blockiert.

---

67 I-Ging: Ein ursprünglich altchinesisches und in der heutigen esoterischen Szene beliebtes Orakel. Durch das sechsmalige Werfen einer Münze – deren beide Seiten entweder einen durchgehenden Strich (steht für die angeblich männliche Urenergie Yang) oder eine unterbrochene Linie (steht für die angeblich weibliche Urenergie Yin) symbolisieren – werden Hexagramme erstellt, deren vermeintliche Bedeutung für das eigene Leben in dem Buch *I-Ging – Buch der Wandlungen* nachgelesen werden können.

So werde einem behinderten Menschen durch die Gesellschaft nicht der adäquate „Entwicklungsraum" gegeben, „den er mit seinen Bedingungen haben müsste" (6/26f). Dadurch gerate der betreffende Mensch in gestörte Austauschprozesse mit der Umwelt und in der Folge in Isolation (vgl. 7/7). Dies sei das grundlegende Verständnis von Behinderung, wie es an seinem Lehrstuhl vertreten und von ihm hoch geschätzt werde.

Auf gesamtgesellschaftlicher Ebene sieht er einen ähnlichen Prozess wirken, wie er an anderer Stelle des Interviews beschreibt. Er geht davon aus, dass jeder Mensch „seine eigenen Entwicklungsbedingungen mitbringt, auf diese Reise, auf diesen Planeten" (12/32f), es handele sich um „das Karma, das man mitbringt" (12/33); dies gelte es „aufzulösen" (12/34). „Also würd' ich sagen, dass gesellschaftliche Strukturen die Entwicklung von Individuen hemmen, [...] ähm, (--) ffffffffff, verhindern praktisch, dass 'n, dass 'n Mensch die Aufgabe, der hinterher kommt, ähm, (-) lösen kann" (12/1ff).

Das authentische Ich – karmisch gegeben

Erwin hat einen eigenen Karmabegriff, wie er betont: „Den Karmabegriff find' ich recht stimmig. Ich benutze ihn nur ungern, weil ihn wenige so verstehen wie ich" (12/10ff). Erwin schwankt in der Anwendung der Karmatheorie. Einerseits beteuert er, diese esoterischen Gesetzmäßigkeiten auf alle Menschen und Geschehnisse universal gültig anzuwenden („das Karma, das man mitbringt, aufzulösen. So, da geht 's hier für jeden hier drum"; 12/34), andererseits schränkt er die Gültigkeit der Karmatheorie ein. Er unterscheidet „gesellschaftliche Strukturen, die Entwicklung von Individuen hemmen" (13/1f) von karmischen Aufgaben. Im Falle eines von ihm betreuten behinderten Kindes, Tekin, der aufgrund eines Behandlungsfehlers einer Krankenschwester starb, möchte er nicht karmische Gründe für seinen frühzeitigen Tod gelten lassen:

> „Und, ähm, man könnte jetzt auch sagen, er hat sich ausgesucht [...]. Mhm, man könnte jetzt sagen (--), dass sich dat irgendwie gefügt hat, dass diese Frau nur 'n Werkzeug war, um dat für ihn, für die Familie, zu beenden. Ähm (4 sec)" (24/19ff). „Also ich würd' nicht sagen, er hat sich an dem Punkt ausgesucht, seine Reise zu beenden" (14/18). „Wenn da jetzt, sag ich, so 'n Scheiß-Fehler macht, irgendwie, dass der Kleine so, plupp, Reise vorbei. Das is' was, das war nicht in seinem Sinne. So. (--) Also das, das würd' ich dann einfach als ganz blöden Unfall werten" (14/10ff).

Dies widerspricht vordergründig einer anderweitigen Aussage, dass er „nichts mehr als ZUFÄLLIG ansehe" (5/41). Da er jedoch davon ausgeht, dass der plötzliche Tod nicht „in Tekins Sinne war" (14/29), kann er auch nicht davon ausgehen, dass das Ereignis in Übereinstimmung mit seinem „Karma" bzw. der „höheren Ordnung" geschah. Erwin macht hier eine klare Trennung: Der Kosmos ist den Menschen tendenziell wohlgesonnen, negative Ereignisse sind vor allem durch gesellschaftliches Eingreifen in die menschliche Existenz begründet.

Eine Ausnahme bildet hier Erwins Verteidigung der Ansicht Rudolf Steiners, wonach die Bewohner Amerikas („Indianer") nicht durch die Kolonialisierung millionenfach getötet wurden, sondern weil auf dem kosmischen Weltenplan deren Zeit als Volk vorüber gewesen sei. Nachdem er Steiner anfänglich zustimmt, wendet Erwin seine Position und bezeichnet diesen Völkermord als „künstlichen Eingriff" des Menschen und nicht karmisch bedingt: „Also, von meinem persönlichen Empfinden aus, würde ich sagen, das, das ist wieder so 'n künstliches Eingriffen in, Eingreifen in, in die Entwicklung (-) [...]. Also, so gesehen auch vom kosmischen Standpunkt aus, nicht zulässig. Wenn sich jemand anmaßt, das Leben von wem anders zu beenden. So. Geht nich' an. (---) Ganz klar" (19/24ff).

In dieser kurzen argumentativen Passage lässt sich nachvollziehen, wie Erwin den Wahrheitsgehalt und die Gültigkeit angeblicher kosmischer Gesetze prüft und verifiziert: War er sich in den letzten Minuten vor dieser Aussage noch unschlüssig darüber, ob dieser Völkermord menschlich oder karmisch begründet sei, so entscheidet er am Ende von seinem „persönlichen Empfinden" aus, wie es vom „kosmischen Standpunkt" aus „ganz klar" ist.

Der kosmische Standpunkt ist also derjenige, der sich nach Erwins innerem Gefühl stimmig anfühlt und der seinen Werten und Vorstellungen entspricht. Im Einklang mit Kosmos und Karma befinden sich Vorgänge für Erwin nur dann, wenn sie für ihn persönlich Sinn machen.

Tekins Tod kann er nur schwer einen Sinn abgewinnen, obwohl er die wegfallende Belastung für die Eltern als abwägendes Argument benutzt. Für den Jungen sieht er keinen Sinn in diesem Tod, deswegen erklärt er ihn als nicht mit den karmischen Gesetzen übereinstimmend.

Ebenso der Massenmord der kolonialen Europäer in Amerika: Zwar erwägt Erwin, ob diese Ereignisse nicht „eine Rolle [...] im großen kosmischen Spiel haben" (17/39f), und kommt deswegen zunächst zu dem Schluss, sich kein Urteil darüber bilden zu können (17/35). Nach längerem Hin und Her der Überlegungen und mehrmaliger Bezugnahme auf Steiners Theorien fällt er jedoch ein klares Urteil, das Rudolf Steiner widerspricht und den Völkermord nicht als kosmisch begründet ansieht. „Ich glaub', da, ich glaub', da will ich m-, meine persönliche Überzeugung in dem Fall nich', nich', nich' loslassen, weil ich sonst echt Bedenken hätte" (19/33f). Seine persönlichen Überzeugungen speisen also ebenso wie sein Gefühl für Stimmigkeit und Sinn die Inhalte der karmischen Gesetze.

Das Karma, die innere Verfasstheit, mit der ein Mensch in die Welt geboren wird, stellt Erwin als ursprünglichen, authentischen Zustand dar. Demgegenüber stellt er eine gesellschaftliche Sozialisation, die der Mensch durchlaufe, als negativ dar und möchte sich von ihr „befreien".

Die gesellschaftliche Existenz – Last und Sehnsucht

Der Urzustand des Menschen werde durch gesellschaftliche Sozialisation verändert. Die Gesellschaft hinterlasse „Spuren" in ihm, und der Mensch übernehme die „Bedeutungsgebung" über Dinge und Begriffe, die ihm die Welt vermittle. „Du kommst als Säugling auf die Welt [...] und eignest dir die Spuren und Bedeutung dieser gesellschaftlichen Welt an (---) und irgendwann merkt man, dat is' es nicht" (2/23ff). Er selbst war offensichtlich mit der Übernahme sozialisierter Deutungsmuster nicht zufrieden und erklärt, sich mittels Esoterik davon lösen zu können: „Also f-, für mich is' es 'n Weg d-, des Ausbruchs, sozusagen, aus, aus dieser Bedeutungswelt" (2/23ff).

Er setzt gegen die gesellschaftlich erfahrenen Deutungsmuster andere Strukturen, aus denen Informationen und Anleitungen für die Strukturierung des Lebens zu beziehen seien. Diese Strukturen seien mächtig und allgegenwärtig wirksam. Er erklärt sie zunächst am Beispiel seiner verstorbenen Großmutter. Esoterische Einsichten in Ordnungskräfte der Erde hätten posthum ergeben, dass ihr Bett an der falschen Stelle gestanden habe (sie habe auf einer Wasserader geschlafen, wie sich durch nachträgliches Wünschelrutengehen des Witwers herausstellte). Dies habe „über die Jahre hinweg, ähm, praktisch die (--) Kommunikation der Zellen in bestimmten Bereichen des Körpers durcheinander gebracht [...] und den Krebs hervorgerufen" (3/7ff). Zuvor wurde er über Fernheilungen, mit denen sein Großvater „blockierte Energien zum Fließen" gebracht und damit Heilung erzeugt habe (vgl. 3/16f), von der Existenz anderer, wirkungsmächtiger Zusammenhänge und Realitäten überzeugt.

Diese Beispiele, bei denen es sich um Krankheit bis hin zum Tod handelt, die durch esoterische Hilfe rechtzeitig abzuwenden gewesen wären, fungieren in der Eröffnungssituation des Interviews als Appell und Argument an mich als Interviewerin. Mit ihnen will Erwin die fundamentale Bedeutung der esoterischen Einsichten unterstreichen. Esoterische Theorie und Praxis hebt er damit in den Rang einer existentiellen Frage.

Dann beginnt Erwin, diese „andere Dimension" (3/30) näher zu erläutern. Sie könne mit Rupert Sheldrakes Theorie der „Morphischen Felder" (vgl. Kap. III.4) oder mit dem Begriff der „impliziten Ordnung" (3/40), den David Bohm prägte, beschrieben werden. Erwin möchte sich jedoch nicht an Begrifflichkeiten festhalten, die seien lediglich „Verdinglichungen" (4/1) des Verstandes. Entscheidend sei das Kriterium der direkten Vermittlung durch den Großvater (4/3), die Erfahrbarkeit und der scheinbare Beweis, mittels des erlernten Umgangs mit dieser Ordnungsstruktur praktischen Erfolg zu haben (4/17). Um zum Verständnis für diese Ordnung zu gelangen, „musst de [...] dann 'n ganz anderes Weltbild als Grundlage nehmen" (4/30). In diesem neuen Weltbild sei der Mensch „als Struktur" (4/35) anzusehen, die mit diesen höheren Ordnungen in Kontakt treten könne.

Diese „astrale oder spirituelle oder sonst was Ebene“ (5/16) sei an der subjektiven Interaktion mit der Welt ebenso beteiligt wie die „physische Ebene“ (5/14). Es handele sich um zwei Seiten einer Medaille (5/22). Durch den richtigen Umgang mit der „energetischen Ebene“ (5/26) gelänge es, dass „ich irgendwie, fff, meine Theorie, also meine, meine, meine Bahnen und Bewegungen in dieser Welt wieder 'n Stück zu uns zurechtgerückt werden“ (5/27ff). Er schwankt zwischen aktiver und passiver Satzkonstruktion und entscheidet sich für das Passiv. Etwas Außenstehendes, die „implizite Ordnung“, die durch kenntnisreiche Kontaktaufnahme auf der „energetischen Ebene“ wirke, helfe ihm, dass seine Bewegungen in der realen Welt richtig verlaufen. Mit dem Wechsel in den Plural („zu uns zurechtgerückt“) scheint er kurzfristig auf die allgemeingültige Ebene zu wechseln, dass die Bewegungen der Menschen in der Welt „zu ihnen“ zurechtgerückt würden und ihr Gang auf der Welt ihnen selbst näher komme.

Die Passivität seiner eigenen Person beim „Zurechtrücken“ wichtiger „Bahnen“ seines Lebens führt er fort, indem er ergänzt: „die wichtigen Entscheidungen in meinem Leben hab' ich nich' selber getroffen“ (6/2). Die Zusage des Studienplatzes in A-Stadt und seine Entscheidung, dorthin zu wechseln, beschreibt er als „zurechtgerückt werden, dass ich zur rechten Zeit am rechten Ort bin“ (5/29f). „Es hätte nur diese Stadt sein dürfen“ (6/12f), urteilt er über den Wink des „Schicksals“, da er dort eine – ihm heute persönlich wichtig gewordene – Theorie der Behindertenpädagogik kennengelernt habe (eine „dialektische, vom Marxschen Imperativ ausgehende“; 6/14f). In dieser werde Behinderung „nicht [...] als biologisches Moment, sondern, sondern als soziale Konstruktion“ (6/22) begriffen. Diese theoretische Schule der Behindertenpädagogik gelte unter Kollegen als „utopisch und nicht realisierbar“, denn, so Erwin, „wenn man unsers durchzieht, dann müsstest du die gesamte Gesellschaft, das gesamte Schulsystem, einmal, pffft, komplett neu aufbau'n“ (7/40).

Er bezeichnet die Begebenheit, genau in dieser Stadt, an diesem Lehrstuhl mit dieser Theorie gelandet zu sein, als „stimmig“ für sich (8/22). Dies markiert, dass die Auseinandersetzung und Veränderung von Gesellschaft für Erwin – zumindest im theoretisch-utopischen Rahmen – durchaus interessant ist.

Wäre er bei der Wahl seines Studienortes seiner kognitiven Entscheidung gefolgt, so hätte er an einem anderen Ort studiert. „Hätt' ich das gemacht, hätt' ich das durchgeboxt, was mein Ego gewollt hätte, wär' ich in 'ner Sackgasse gelandet“ (8/30ff). „Dadurch, dass es aber anders kam, als ich es wollte, bin ich genau, fühl ich, dass es genau der Ort ist, an den ich hin muss“ (8/32ff). Er schildert, wie sein Umschwenken auf den letztendlichen Studienort A-Stadt von der spontanen Bereitschaft geprägt war, sich nach vagen Möglichkeiten umzusehen, die sich glücklich und durch Hilfe und Zuspruch von außen zueinander fügten. Dass er hierbei seine kognitiv vorgefassten Pläne beiseite ließ und sich von einer diffusen gefühlsmäßigen Zuneigung zum endgültigen Studienort leiten ließ, sieht er als Schlüssel zum einzig richtigen Weg für sich. „Ich glaub, der Kern dessen, was ich will (--) und meine Entscheidung, ist immer affektiver Natur" (8/25f). Gefühle, Affekte führen also auf den persönlich „rechten" (5/30), „stimmigen" (8/22), „passenden" (8/35) Weg.

Die extreme Vagheit seiner damaligen Lebenssituation – die Absage fast aller Universitäten, an denen er sich um einen Studienplatz beworben hatte, seine Orientierung auf eine Stadt (B-Stadt), in die er ursprünglich nicht ziehen wollte, danach seine abermalige Umorientierung auf die ersehnte A-Stadt, als er dort im Nachrückverfahren doch zum Studium zugelassen wurde – diese Phase der Unstrukturiertheit und Orientierungslosigkeit, die schlussendlich mit seiner ursprünglich erwünschten Zukunftsplanung übereinstimmte, wird von Erwin im Nachhinein mit einer deterministischen Attitüde unterlegt. Er habe „Kontakt zu diesem, zum (--) kollektivem Bewusstseinsfeld oder Unbewussten oder zur impliziten Ordnung oder was auch immer" (9/13ff) erhalten, wodurch sein Lebensweg sich in die für ihn stimmigen Bahnen geordnet habe.

Seine ursprüngliche getroffene Entscheidung für A-Stadt wird durch seine zwischenzeitliche Umorientierung auf und Wohnungssuche in B-Stadt nicht mehr erinnert. Dass er sein verloren geglaubtes Ziel des Studiums in A-Stadt dennoch erreichte, rechnet Erwin retrospektiv nicht seinen eigenen Bemühungen darum sowie dem Zufall der Studienplatzvergabe zu, sondern er deutet seine Erfolgsgeschichte als Beweis für die Richtigkeit seiner authentischen und emotionalen Handlungsstrategie. Diese besteht in der Bereitschaft, kognitiv vorgefasste Beschlüsse aufzugeben und bereits eingeschlagene Wege jederzeit zu verlassen, um sich je nach eröffneter äußerer Option umzuorientieren.

Diese Handlungsstrategie, mit der Bedingung der allseitigen Flexibilität gegenüber unkontrollierbaren äußeren Veränderungen, enthält eine für das autonome Selbstbild bedrohliche Komponente. Zur Kompensation benutzt Erwin esoterisch entlehnte Sinnkonstrukte, um Selbstgewissheit und den Anschein von Selbstbestimmung herzustellen. Diese gewähren eine metaphysisch-kosmische Garantie dafür, dass der jeweils flexibel eingeschlagene Weg in Wahrheit der einzig richtige sei, den er (aufgrund seiner esoterischen Kenntnisse) aus den Wirrnissen des Alltags herauszufinden in der Lage ist. Dies gelänge durch die Herstellung einer „Resonanz".

Es bestünde eine „Resonanz" (9/32) im Denken und Fühlen zwischen ihm und „wie da in [A-Stadt] an der Uni gedacht wird" (8/34f). Diese Resonanz verlaufe über „außersinnlichen" (9/31) Kontakt und lasse ihn seine Handlungen so leiten, dass die für ihn passenden Dinge sich realisierten. Der Effekt der Resonanz ist die reale Entwicklung des Lebens in stimmigen Formen. Wie Resonanz zu erreichen sei, lässt sich nur implizit aus Erwins Erzählung erschließen. Sie scheint dadurch herstellbar zu sein, dass auf eigene Gefühle, Neigungen und Wünsche gehört und versucht wird, diese mit Zutrauen zu realisieren. Es handelt sich, identitätstheoretisch ausgedrückt, um Identitätsprojekte; die „Resonanz" zur „impliziten kosmischen Ordnung" fungiert dabei als positiv unterstützende, selbstwertstärkende (da nur besondere Menschen Zugang zu ihr besäßen) Hilfskonstruktion. Dabei werden von Erwin vorrangig eigene Gefühle in den Blick genommen, um die realen Möglichkeiten der Welt danach auszuwählen, ob sie ihm erlauben, sich mit seinen Werten und Vorstellungen darin wiederfinden und eine Stimmigkeit des Selbstgefühls erleben zu können.

Befreiung von dysfunktionalen Verhaltensmustern

Erwin nennt zwei Motive der „Befreiung", die er mittels Esoterik zu erreichen hofft. „Ähm, also zum einen Befeiung (5 sec) von diesem reinen Gebundensein an-, an die kulturelle Welt der Bedeutung" (21/20f). Das Motiv, durch die gesellschaftliche Interaktion übernommene und selbsterschlossene Bedeutungen ablegen zu können, nennt er oftmals während des Interviews. Es knüpft als logische Voraussetzung an die zweite Dimension der „Befreiung" an, die Erwin erreichen möchte:

> „Das andere is', ähm, da komm ich in, psychologische Ecke, ähm, Befreiung von festgefahrenen Mustern, wo ich nich' mehr frei bin, ähm, (-) entsprechend einer Situation und mir selbst entsprechend zu handeln, sondern wo ich merke, dass (-) aus, ff, Strukturen, die sich in der Vergangenheit irgendwann gebildet haben, Gewohnheiten, sei es aus Stresssituationen, aus, aus Verletzungen, aus (--), was Freud ‚Neurosen' nennt, und diese gesamten Dinger. Wo ich merke, ich bin in 'ner Situation nich' mehr, nich' mehr frei" (21/30ff).

Aufgrund eingespielter Verhaltensweisen (explizit: negative gesellschaftliche Erfahrung, „Verletzung", „Stress") sei ihm zweierlei oft nicht mehr möglich:

a) sich selbst entsprechend zu handeln sowie
b) angemessen und erfolgreich zu handeln.

In die Theorie der Salutogenese übersetzt, beschreibt Erwin sich hiermit als in der Komponente der Handhabbarkeit beeinträchtigt, was sein gesamtes Gefühl für Kohärenz herabmindert.

Die „Befreiung von diesen festgefahrenen Mustern" (22/13f) solle ihm dazu verhelfen, „in jedem Moment aus allen Möglichkeiten diejenige wählen zu können, die grad die, die lustvollste oder, oder, ff, die am meisten Freude verspricht" (22/15f). Diese Aussage deutet darauf hin, dass er mit seinen bisherigen interaktionalen Strategien einen Mangel an Lust und Lebensfreude verspürt. Es geht Erwin beim erhofften Lustgewinn um Fundamentales, wie an seinen folgenden Ausführungen zur ersehnten Aufhebung der Trennung zwischen sich und der Umwelt deutlich wird.

Leiden an Entfremdung

Die Ausführungen über die Bedeutungsebene, die er verlassen möchte, betreffen das Gefühl menschlicher Isolation und die Hoffnung auf Gemeinschaft und Verbundenheit. „Ich muss, wenn ich mich in dieser Welt bewegen kann, muss ich zwischen Ich und Du trennen. So. Sonst könnt ich mich gar nich', in ihr bewegen. Aber wenn ich mich von, von, von dieser Bedeutungsebene mal trenne, krieg ich 'n, eröffnen sich mir Welten, wo ich 'n Zusammenhang wahrnehme, den ich in, in diesem begrifflichen Denken zwar denken kann, aber nich' erleben kann" (21/15ff). Er möchte „die Grenzen des menschlichen Erfahrungshorizonts sprengen, sozusagen, und, und hinter das, was unser Gehirn irgendwie uns an (--) Bedeutungen aufbaut und bereithält, irgendwie, dahinter schauen" (21/27ff). Was er also konkret angreift, sind nicht jegliche gesellschaftliche Bedeutungsmuster („Ich muss ja gewisse Strukturen auch teilen, sonst zerfall' ich. Sonst paff. Sonst lös' ich mich auf in diesem kosmischen ‚woum' und bin weg, so. Klar, so was wie die Struktur Sprache zum Beispiel" 22/9ff). Sein Ansinnen, fundamentale gesellschaftliche Bedeutungen und Sinnstrukturen für sich außer Kraft zu setzen, um andere Erfahrungen zu ermöglichen, betrifft konkret den Bereich des isolierten, entfremdeten Daseins und die Sehnsucht nach positiver Vergesellschaftung. Diese Gefühle habe er bereits durch den Gebrauch von psychoaktiven Drogen (Pilzen) erlebt:

> „Ich hab' aber Dimensionen erfahren, die eben durch psychoaktive Pflanzen, oder eher Erfahrungsbereiche, in denen diese Bedeutung abstreift. Und die Dinge plötzlich völlig neu unter 'nem andern Licht darstellen, sich andere Zusammenhänge ergeben, ähm, und (-) dann mit Pilzen halt auch 'n Gefühl von Verbundenheit. Von, von eins sein mit allem [...]. Also es is', ich krieg 'n Gespür dafür, dass das alles ein großes System is', wo alles ineinander greift und alles Teil von ist und, ähm, ja, dass, dass ich mit allem, also alles mit allem verbunden ist, weil alles miteinander in Interaktion steht. (--) So. Also, dass alles ein, dieser gesamte Kosmos ein großer Organismus is', irgendwie, der sich, wo ich nich' zwischen Ich und Du, trennen kann" (21/3ff).

Erwin ist der Ansicht, dass er durch eine Umdeutung seiner Sichtweisen zu anderen Erfahrungen gelangen könne. Er hofft, dass seine Interaktionsfähigkeit sich verbessert, wenn er anderen Menschen gegenüber offener sein könnte. In seinen Liebesbeziehungen merke er, dass er sich „emotional nicht voll und ganz einem Menschen hingeben" (22/27f) könne, es aber ein tiefes, berauschendes Erlebnis sei, sich ganz zu öffnen, wie er in kurzen Momenten erfahren konnte. Dies treffe auf „den gesamten Austausch mit der Welt" zu:

E: Und ich merke aber, dass da, dass ich da, also da is' 'n Kern, aber halt das, ich merk grad, das betrifft den gesamten Austausch mit der, mit der Welt. So, wie offen geh ich durch die Welt. Und dass ich oft merke, ich bin nich' so offen, also wenn ich, je offener desto, desto reicher is', is' das Erleben.

CB: Mhm.

E: Und dass ich merke, dass da ganz viele Sperren zwischen sind, die sich irgendwann mal aufgebaut haben, und die will ich loswerden. Und eigentlich ist das, äh, die Hauptmotivation meiner Reise (-). (22/31ff)

Als Hauptmotivation seines Weges der Innerlichkeit gibt er also an, die Trennung zwischen sich und den anderen Menschen aufzuheben.

Hauptthemen seiner Erzählung im Interview sind dementsprechend das intensive Erleben von zwischenmenschlichem Austausch und der kompetente Umgang damit, um sich nicht durch Interaktion verwirren zu lassen, sondern sich selbst im zwischenmenschlichen Austausch zu erfahren und authentisch verwirklichen zu können.

Erfahrung und Reflexion – Stärkung des Selbstgefühls

Erwin möchte vielfältige Erfahrung durchleben – ein wirklicher Buddha bzw. Meister hat alle menschenmögliche Erfahrung der Welt durchlebt, wie er berichtet (vgl. 27/39ff). Dieses Beispiel dient ihm nicht als absolute Utopie, sondern als Hinweis und Legitimation dafür, dass das Sammeln weitläufiger und auch disparater Erfahrung ein hoch zu schätzendes Gut sei. Er möchte sich auf Emotionen und Erfahrungen bewusst einlassen, aber sich nicht in diesen verlieren, seiner nicht selbst verlustig gehen. Er spricht von wiederkehrenden Situationen, die ihn emotional „total durcheinander" bringen (26/21f). Er wolle diese durchleben: „Und dann (---) um wirklich zu schnallen, was da mit mir passiert, (--) hab' ich für mich klar gehabt, so, ich muss da reingehen, es bringt mich jetzt total durcheinander, emotional, es wühlt mich VOLL auf, so. Ähm, ich bin halt voll reingegangen in das Gefühl. Also das mein ich, glaub ich eher, dass ich, ähm, in das jeweilige Gefühl, was 'ne Situation in mir auslöst, voll reingehe und es versuche anzunehmen und gucke, was passiert da in mir" (27/4ff). Wichtig ist ihm also die Reflexion seiner Gefühle, um sie einerseits erleben und sich andererseits wieder von ihnen distanzieren zu können. Er will sich die Erfahrungen nicht zu eigen machen, sie sollen im Rang vorübergehender Erlebnisse verbleiben, auf die er sich mit Haut und Haar einlässt, von denen der Kern des Selbst jedoch unverändert bleiben könne:

> „Ich meine jedoch, wenn man, ähm, (-) diesen Weg geht, ähm, (--) frei, also sich, sich zu befreien, [...] dann bedeutet das für mich, ähm, dass ich, dass ich auch durch die stressigste, widrigste Situation durchgehen kann, sie als das erfahre, sie als das erlebe, gucke, also immer, immer 'n Stück den, immer den Beobachter an der Seite, schau, was macht das grad bei mir: ‚Boh, das wühlt mich ganz schön auf.' So. Aber wenn es vorbei is', klingt 's dann auch wieder ab, und ich gucke, was hat das gemacht mit mir. Was war das jetzt für 'ne Erfahrung. Was war das jetzt für 'n Gefühl?" (24/29ff)

Er betreibt Selbstreflexion, um sich auf wechselnde Anforderungen des Lebens einlassen zu können, sich aber ebenso als konstantes Selbst wahrzunehmen, das über die alltäglichen Erfahrungen hinaus einen stabilen Kern besitzt: „Und genau so is' für mich jetzt dieser, dieser Zustand des In-Mir-Ruhens, des Neutralens, ähm, in 'ner Konstante, die sich durchzieht, wie sehr ich mich auch entwickle und verändere" (26/30ff). Sein Ziel ist es, trotz der disparaten Selbstwahrnehmungen in situationalen Selbstthematisierungen die Sicherheit des eigenen stabilen Selbst zu bewahren:

> „Ich nehm' aber zunehmend zwischen intensiven Erfahrungen, ähm, (-) 'ne Art, ähm, emotionstechnisch neutralen Zustand wahr. Also ich merke, ich bin, ich bin bei MIR. So. Es läuft alles, grad alles, alles super. Da kann wieder was kommen, was mich total durcheinander bringt. Ja. Klar. Und das mag mich durcheinander bringen, dann guck ich das und veränder' mich dadurch, dass ich mir das angucke, dass ich das reinlasse und gucke, was macht das. Danach bin ich verändert, aber ich kann trotzdem wieder in diesen (--) neutralen Zustand reingehen" (26/17ff).

Er ist „bei sich" und sucht ein konstantes Ich über die Situationen hinweg zu halten. Zugleich schildert er, wie er alles Erlebte abzuschließen versucht, um sich ständig aufs Neue unvoreingenommen auf Situationen einstellen zu können, was einer positiven Integration von Erfahrung und Erkenntnis zuwiderläuft. Eine Perspektive, in der durchlebte Erfahrung etwa auch positive Lebenserfahrung und behaltenswerte, bewusst identitätsstiftende Erkenntnis bringen könnte, findet sich bei Erwin nicht. Vergangene Erfahrungen scheinen ihn nur einzuschränken: „Wenn ich das erlebt habe, dann ist das durch und weil, nur wenn, nur wenn ich das dann hinter mir lasse, bin ich wieder offen für, für die nächste Situation, für 's nächste Erleben. Also mich, mich offen zu halten, auch für das, was dann, dann an Weiterem kommt. Weil je mehr ich ansammle, desto, desto weniger Raum is' da, um das Nächste voll und ganz anzunehmen" (25/23ff).

In Erwins Aussagen spiegelt die Rastlosigkeit einer Zeit wider, in der ein flexibler Mensch sich selbst kreieren muss: ständig bereit, frühere Erfahrung zu vergessen und sich völlig neu auf Situationen und Bedeutungsebenen einzulassen, diese gar emotional an sich heranzulassen, authentisch für einen gewissen Zeitraum durchleben zu können. Hier zeigt sich ein Paradeexemplar eines flexiblen Menschen. Der alte Facharbeiter, der in seiner Fähigkeit und seinem Selbstbild kohärent und authentisch im Berufsleben stehen konnte, hat ausgedient. Der Wunsch, über allzeit frei einsetzbare Kräfte zu verfügen, sich mit dem ganzen Sein einzulassen und trotzdem bereit zu sein, gemachte Erfahrung hinterher zu vergessen und sich selbst neu zu kreieren, spricht aus Erwins Aussagen (vgl. Kap. IV.1).

Das permanente Beobachten und Reflektieren seiner Selbsterfahrung in aktuellen Situationen ermöglicht ihm, einen flexiblen Umgang mit gestellten Anforderungen des Alltags zu erlernen. Er referiert – ohne sie zu benennen – Teile der transaktionalen Stresstheorie. Wie Lazarus/Folkman beschreiben, wird eine Situation dann als stresshaft empfunden, wenn das Individuum in seiner ersten Einschätzung, dem *primary appraisal*, die Lage als Bedrohung einschätzt und sich dadurch zu Bewältigungs(re-)aktionen veranlasst sieht (vgl. Lazarus/Folkman 1984, S. 31; Kap. I.2). Auf dieser Idee baut Erwins Ansicht auf, wonach nicht eine bestimmte Situation ihn in Stress versetze, sondern lediglich seine Ausgangslage, mit der er persönlich in die Situation eintritt und aufgrund der er sie bemisst:

„Auf 'ner anderen Ebene auch nur bewusst zu sein und angucken zu können, [...] immer, immer, immer in die Reflexion, und dann, dann halt auch zu sehn, das war nich' die Situation, die mir den Stress gemacht hat, sondern das war meine Reaktion auf die Situation. Hätt' ich, wär' ich mit 'ner ander'n Basis reingegangen, zum Beispiel, hätt' ich heute 'nen guten Tag gehabt und vorher schon 'n schönes Erlebnis gehabt, da hätte mich die Situation vielleicht nicht gestresst, obwohl die Situation die gleiche gewesen wäre, von, von, von den äußeren Umständen her. Das mein ich mit, es ist nicht die Situation, die stresst, sondern es is' immer ICH IN der Situation" (24/37ff).

Erwins Sichtweise auf Bewältigungshandlungen ist, wie sich an dieser Stelle zeigt, eine einseitige: Die Situation ist, wie sie ist; er bezieht in seine Betrachtung nicht die Perspektive mit ein, die gegebenen Rahmenbedingungen verändern zu wollen oder zu können. In seinem Denken setzt er sich als isoliertes Individuum, das sich selbst, seine Einschätzung und Betrachtungsweisen, Grundhaltungen ändern kann, um erfolgreich bestehen zu können.

Es geht ihm also nicht darum, Handlungsoptionen für Situationen kennenzulernen, die zu einer Veränderung des Bestehenden führen, um den Stress auf diese Weise zu minimieren. Sein Augenmerk ist darauf gerichtet, Situationen annehmen zu können, wie sie sind, und durch Selbstoptimierung des eigenen Ichs gut mit ihnen umgehen zu können. Seine eigene These ist, dass er dann in der Lage sei, Situationen gut zu bewerkstelligen, wenn er „bei sich selbst" ist, „in sich" ruht, in die Interaktion mit einem kohärenten, authentischen Gefühl für sich selbst eintritt.

So berichtet er von einer Prüfung an der Universität. In der Vorbereitungsphase habe seine Freundin ihn verlassen, er sei verletzt gewesen, habe sich nicht auf das Lernen konzentrieren können. Kurz vor der Prüfung habe er es geschafft, wieder „in so 'n ruhigen Zustand zurückzukommen" (27/30) und in „'ne innere Gewissheit, dass das alles klappt" (27/28). Dadurch, dass er wieder in sich geruht habe, lief die Prüfung hervorragend, der Austausch mit dem Prüfer funktionierte auf zwischenmenschlicher Ebene, da er Ruhe und Sicherheit ausstrahlte (27/28f). Dies sei eine grundlegende Fähigkeit, die er durch Esoterik lerne: „Es geht um, um 'ne Art von Urvertrauen, 'ne, 'ne Grundverfassung, mit der man durchs Leben geht, eine Einstellung der Welt gegenüber und mir selbst gegenüber" (28/6ff).

Die Ausführungen zur persönlichen Strategie der Stressbewältigung schließt er damit: „Nicht, dass ich frei bin zu wählen: ‚So jetzt stresst mich das nicht'. Nee, wenn 's mich stresst, dann stresst es mich. Aber es stresst mich auch nur dann, wenn ich nicht ganz bei mir bin" (25/7ff). Hinter dieser Aussage steckt die Vorstellung, dass er dann, wenn er es schafft, mit esoterischer Selbsterkenntnis dauerhaft in seinem inneren Kern zu ruhen, jede Situation meistern könne.

Strategien zur Annahme der gegenwärtigen Verhältnisse

Erwin berichtet, dass er früher „die Menschen nie verstanden" (30/12), vieles auf der Welt ihn „angekotzt" (31/17) habe. „Ich hab' halt die Menschen nie verstanden, in dem, was sie machen und warum sie so 'ne schrägen Sachen machen. Wo sie sich verletzen und andere unterdrücken. [...] Und ich, ich, ich, je größer das Gewaltmoment, desto krasser und je menschenunwürdiger" (39/11ff). Erwin erlebte gesellschaftliches Miteinander als Unterdrückung und Gewalt. Der zwischenmenschliche Austausch erschien ihm barbarisch, die Humanität zertretend. Er wollte nicht mehr in dieser Gesellschaft bleiben, fühlte sich in ihr komplett isoliert, verloren und haltlos: „Aber immer, im Grunde genommen war es eigentlich irgendwann ALLES. Und da hatte ich einfach den Boden verloren. Ich hatte keinen Kontakt mehr zu dieser Spezies" (30/19ff). Sowohl Drogen als auch bestimmte esoterische Techniken – so seine Einschätzung im Nachhinein – dienten ihm dazu, der Welt innerlich zu entfliehen. Er habe Yoga benutzt „als Drogenersatz, irgendwo auf natürlicher Basis mit körpereigenen Substanzen irgendwie wegzuspacen" (30/5f).

Durch Qi-Gong habe er hingegen Hilfe und Anleitung bekommen, um in dieser Welt zurechtzukommen. Er suche danach, „Frieden" (32/10) mit der Gesellschaft schließen zu können. In seiner Erklärung gestaltet sich dieser derart, dass er ihr keinen Widerstand mehr entgegensetzt im Willen, sie zu verändern; dafür aber nach „Lücken" sucht, also Grenzen gesellschaftlicher Definitionsmacht über sein Leben; Nischen, in denen er gemäß seinen eigenen Werten und Vorstellungen leben und handeln kann. Er schränkt die Vorstellung seiner Selbstverwirklichung auf diese Nischen ein und versucht, sich mit der Unveränderlichkeit der Welt und seiner Ohnmacht abzufinden:

> „Ich hab' aufgehört, mich drüber aufzuregen. Und mach' einfach mit, weil ich merke, das wären eh sinnlose Aufreibungen, die verschwendet wären, immer wieder. Ich fänd' 's schöner, wenn 's anders wäre, aber ich, ich fänd' diese gesamte Welt schöner, wenn 's anders wäre. Ich finde hier alles falsch. Sozusagen. Von den Grundstrukturen. Aber ich leb' in dieser Welt. Und ich wird' sie nicht verändern können, so, wie ich sie gern haben möchte. Also guck ich, meinen Frieden mit ihr zu schließen und zu schauen, wo find ich für mich Lücken, dass ich mein Handeln so organisieren kann, wie es für MICH richtig ist. Mehr kann ich nicht tun" (32/5ff).

Esoterik hilft Erwin mit verschiedenen Methoden, die benannten gesellschaftlichen Erfahrungen der Ohnmacht zu kompensieren. Einerseits sucht er – wie im obigen Zitat benannt – Nischen, um authentisch leben zu können, und will die Einsicht in die Unveränderlichkeit der Gegenwart damit abmildern und erträglich machen.

Andererseits macht er an anderer Stelle des Interviews, als er über das „holographische“[68] Bild des Menschen und des Universums spricht, deutlich, dass er über Esoterik die Fähigkeit zu erlangen sucht, omnipotent auf jeden Punkt der Welt und der Gesellschaft zugreifen und Einfluss ausüben zu können:

„Bei einem Hologramm [...] hast du, an jedem Punkt alle Informationen des gesamten Bildes. [...] Irgendwie, is' alles mit allem auf 'ner Informationsebene vernetzt. Also es lässt sich, von jedem Punkt, lässt sich auf jeden andern Punkt zugreifen. Und ich seh' mich als, als 'ne Art, mhm, selbstorganisierte Struktur, [...] aber strukturell wieder gekoppelt über meine Austauschprozesse mit dieser Welt. [...] Und (--) diese Strukturen sind alle miteinander vernetzt. Das heißt, ich kann von jedem Punkt auf jeden andern Punkt Zugriff nehmen, wenn ich, wenn ich 's schaffe, mich so weit zu fokussieren, dass ich da drauf zugreifen kann“ (11/14ff).

Um seine Vorstellung der angestrebten esoterischen Verbindung zwischen sich und der Welt darzustellen, schickte er mir im Anschluss an das Interview eine Bilderreihe, die seine Ideen veranschauliche. In der neunteiligen Serie ist ein Mensch zu sehen, der im Mittelpunkt des Bildes steht. Er leuchtet zunächst aus seinem Inneren heraus und eine übergroße DNA ist in seinem Körper zu sehen. Übermenschengleich steht er im ersten Bild vor einem schwarzen Hintergrund, die Arme zur Empfängnis höherer Informationen geöffnet, eine „Aura“ bzw. ein Energiefeld scheint um seinen Körper zu leuchten.

Im zweiten Bild hat die schwarze Umgebung unzählige gleichförmige Augen erhalten. Über dem Kopf des Menschen erstrahlt im Kosmos ein Licht, auf welches er ausgerichtet scheint. Die Pose des Menschen ist ähnlich der anfänglichen, allerdings verblasst seine Übermenschlichkeit angesichts des kosmischen Lichtes. Im dritten Bild nimmt der Mensch Kontakt zum ihn umgebenden kosmischen Licht auf. Ein weißes Licht durchströmt ihn, ist in seinem Herzen (dem sinnbildlichen Sitz der Emotion) zu sehen und vereint sich über seinem Scheitel mit dem über ihm befindlichen Kosmos. Der

68 Das Hologramm ist ein in der esoterischen Szene beliebtes Bild zur Veranschaulichung des eigenen Weltverständnisses. In jedem einzelnen Teilchen ist der Inhalt des gesamten Bildes vorhanden: alles ist EINS, das Große ist identisch mit dem Kleinen (oben wie unten/Mikro- wie Makrokosmos).

Mensch öffnet sich über seinen Kopf dem Universum, verbindet sich mit ihm.

Im vierten Bild beginnt der Mensch – der bereits im Bild vorher zum entkorporalisierten Gerippe wurde – sich aufzulösen. Er kreuzt, als sei der Körper gestorben, die Arme vor der Brust, in seinem aus dem Kopf strahlenden Lichtschein finden sich die gleichen Augen wieder, wie sie den gesamten Kosmos mannigfach ausfüllen und sich bereits in seinem eigenen Augenpaar abzeichnen.

Im fünften Bild haben sich die Augen der Umgebung in strukturandeutende Lichtkurven verwandelt; im sechsten Bild hat der vormalige Mensch diese Entwicklung nachvollzogen und ist nur mehr eine Lichtskulptur in Form einer angedeuteten Vase.

Leuchtende Kreise durchziehen das sechste Bild, die im siebten Bild noch stärker aufscheinen und im achten und neunten Bild zu einer einheitlichen Struktur verwachsen, in welcher der einstige Mensch nicht mehr kenntlich ist. Er ist eins mit dem energetisch leuchtenden Kosmos geworden.

Die Serie kann als Verbildlichung des modernen Dilemmas zwischen Isolation und Vergesellschaftung gesehen werden. Der isolierte Mensch zu Beginn der Serie zeigt das freigesetzte Individuum: Nichts existiert außer ihm, es ist gottgleich der Mittelpunkt des abgebildeten Universums. In ihm spielt sich etwas Fundamentales ab, versinnbildlicht durch die DNA-Spirale, den Kern des menschlichen Lebens. Trotz der inneren Leuchtkraft, der Kraft und Größe des dargestellten Menschen, die etwas Besonderes in ihm aufscheinen lassen, bleibt er äußerlich anonym. Weder seine Augen noch sein Gesicht sind erkennbar.

Er strebt weg vom Boden, hin in die Umgebung, die als weite Leere erscheint. Diese füllt sich im zweiten Bild mit ebenso abstrakten, gleichförmigen Menschen, versinnbildlicht als Augen. Vergesellschaftung, das Aufgehen in der Gemeinschaft, die Auflösung des isolierten Ichs sind greifbar. Auch ist hier eine Doppelbedeutung mit dem „Auge Gottes“ denkbar, welches in vielfacher Gestalt aus dem Kosmos auf den Mensch herabblickt und zu dem jener sich aufrichtet.

Im dritten Bild, dem letzten vor der endgültigen Auflösung des einzelnen Menschen, ist dieser zum ersten Mal auf Augenhöhe zu erblicken. Er sieht – und nur dieses eine Mal – den/die Betrachter_in an; seine Körperlichkeit ist durch die Rippen symbolisiert. In diesem

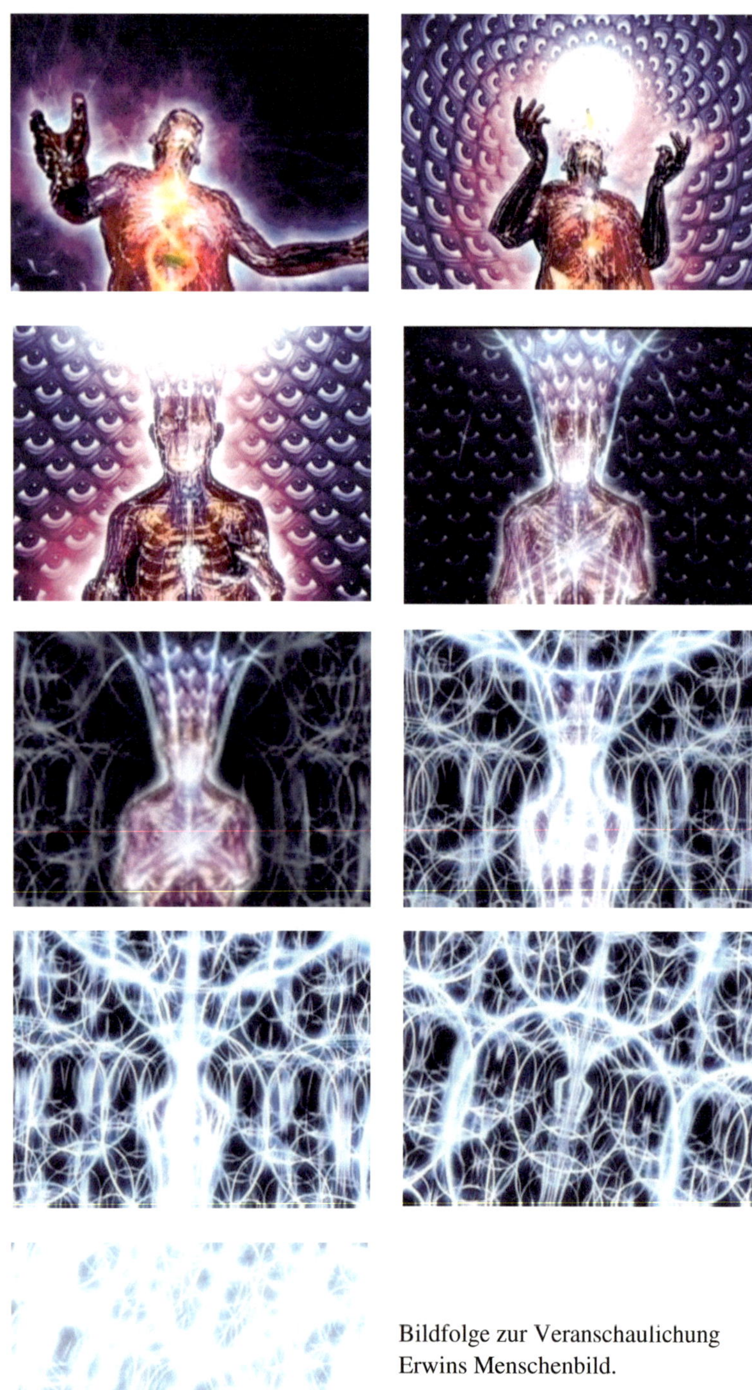

Bildfolge zur Veranschaulichung Erwins Menschenbild.

Quelle: Bilder von Alex Grey zum Videoclip Parabola der Gruppe Tool. http://www.youtube.com/watch?v=_z2O289Jemo (11.07.11)

> dritten Bild scheint das einzige Mal in der Serie ein menschliches, erkennbares Gegenüber abgebildet zu sein. Sowohl er selbst als auch die ihn umgebenden Augen sind klar definierbare und abgrenzbare Elemente, welche miteinander und nebeneinander existieren. Dieser Zustand ist der Zwischenzustand – zwischen absoluter Selbstzentrierung und Vereinzelung versus der Nicht-Existenz und Auflösung des Individuellen. Das Bild erinnert an die Worte Michaels über seine Ex-Freundin Michaela, die durch Esoterik „so 'ne Vergeistigung, im Prinzip erreicht, dass sie wieder 'n Mensch wird“ (2/28f).

Wo keine der beiden Strategien, um in innerer Ruhe und Frieden mit der Welt leben zu können, funktioniert – weder das authentische Leben in gesellschaftlichen Nischen noch die esoterisch erreichte Omnipotenz zur Veränderung der realen Verhältnisse – verfügt Erwin noch über eine weitere esoterische Variante, Gegebenheiten annehmen zu können. Diese letzte Möglichkeit bedeutet die Umstrukturierung seiner eigenen Sichtweisen und Wertvorstellungen, seines Selbstbildes, um nicht weiter in Widerspruch zur Gesellschaft zu stehen. Dies widerspricht den vorangegangenen Bemühungen, „sich selbst“, seinem inneren Selbstbild treu zu bleiben. Jedoch ist auch dies eine Strategie, um Erwins meist umkämpftes Thema – den Widerspruch zwischen der erfahrenen Welt und seinen eigenen kohärenten Handlungsmöglichkeiten gemäß seinem Selbstbild – aufzulösen. Er verwendet dazu ein klassisches Re-appraisal, also eine Neubewertung von grundlegenden Phänomenen (vgl. Lazarus/Folkman 1984; Kap. I.2). Erwin verdeutlicht diese Strategie an einem Beispiel aus einem Qi-Gong-Seminar, bei dem der Großmeister aus dem Ausland zugegen war. Unter den Teilnehmer_innen habe sich ein ritualisiertes, unkritisches apologetisches Verhalten dem Meister gegenüber ausgebreitet: „‚Steht mal auf und klatscht, wenn der Meister reinkommt‘. Also [...] dieser ritualisierte formale Rahmen. Das ist das, weißt du, das, wovor ich, was mich in dieser ganzen Welt angekotzt hat, dass alles in 'ne formalisierten, ritualisierten, traditionellen Rahmen abläuft und die Leute nicht mehr selber denken und des machen, was sie eigentlich gerade machen wollen. Und dann: ‚ha der Meister mhm, oho‘“ (31/13ff). Er vergleicht seinen Widerwillen gegen die unkritische Ehrerbietung gegenüber dem „Meister“ mit der unkritischen Übernahme gesellschaftlicher Deutungsmuster allgemein, gegen die er rebelliert. Im Seminar erprobt er jedoch eine andere Form, mit seiner inneren Opposition umzugehen: Nicht mehr die konventionellen Verhaltens- und Deutungsmuster abzustreifen, sondern die eigene Werthaltung in ihrer Bedeutung zu relativieren. Brachten ihn vorher die Erfahrungen, mit seiner Haltung alleine und gegen die Mehrheit der Gesellschaft isoliert zu sein, in Gefühle der Isolation und Ausgrenzung, so umgeht er diese, indem er anderen das gleiche Recht zuspricht, die Welt verschieden zu sehen, so wie er es sich selbst gewährt. Dadurch kann er sich selbst einreihen in eine vielfältige Sichtweise der Realität, die in Tausenden von subjektiven Wirklichkeiten existieren kann, ohne dass eine davon den Anspruch auf Wahrheit beanspruchen müsse.

„Warum hab' ich diese großen Widerstände? So, also, ich merk jetzt gerade langsam, dass genau das der Rahmen ist, in dem ich weiterkommen kann. Nicht der, wo irgendwie junge, alternative, kritische Leute sich zusammentun und 'n bisschen Yoga machen, was sich bestimmt toller anfühlt, aber wo ich nicht an meine eigenen Widerstände komme. Und die Frage ist ja, warum hab' ich da 'n Widerstand, warum stößt mir das so auf? Warum kann ich die Menschen nicht für das anerkennen, für die Art und Weise, wie sie sind? Warum verurteil' ich sie? Und sage: ,Hey, Leute, denkt mal selber'. Das, klar, ist nicht falsch, so zu denken, aber es ist immer 'n Urteilen über andere" (31/27ff).

Dadurch, dass er nicht mehr über das Handeln anderer urteilt, kann er unliebsame gesellschaftliche Verhaltensweisen gleichmütig hinnehmen und sein interaktives Stresspotential minimieren. Früher habe er die Menschen verstehen wollen und sei daran gescheitert, habe seine gesellschaftliche Integration dadurch in Frage gestellt: „Ich hab' halt die Menschen nie verstanden in dem, was sie machen, und warum sie so 'ne schrägen Sachen machen. Wo sie sich verletzen und andere unterdrücken, und. Ich hab 's nie verstanden [...]. Und da hatte ich einfach den Boden verloren. Ich hatte keinen Kontakt mehr zu dieser Spezies" (30/11ff). Durch seine nun erlernte Haltung, die Menschen nicht mehr verstehen zu wollen, habe sich – was widersprüchlich anmutet – der Kontakt zu ihnen verbessert: „Und mittlerweile, weißt du, kann ich auf jeden zugehen, mit ihm reden, offen, auch wenn ich weiß irgendwie, dieser Mensch ist schizophren, hat seine Kinder misshandelt, und deswegen muss ich den jetzt betreuen, und ich kann trotzdem offen und frei mit dem reden. Und, und sagen, das ist okay." (30/20ff).

Als zusätzliche esoterische Strategie, um diese Haltung einnehmen zu können, dient eine Entlastung der Menschen, die eine andere Meinung haben, mittels kosmischer Entwicklungsgesetze: „Menschheit is' ja auch, jede andere, 'ne Art, die dabei is' sich zu entwickeln. Und ich seh' uns eher auch als gerade aus den Kinderschuhen entsprungen, phylogenetisch, also die erste Art mit 'nem selbstbewussten Denken. So. Kein Wunder, dass wir noch ausprobieren und viel Scheiße bauen" (16/29ff).

Zusammenfassung aus identitätstheoretischer Sicht

Erwin zeigt den Typus eines Menschen, der an der Gesellschaft verzweifelt und Anstrengungen unternimmt, die erfahrene Diskrepanz zwischen ihm und der Gesellschaft, die Entfremdung und Isolation, das Gefühl, keine Wurzeln zu haben, nicht-authentisch in der Interaktion zu sein, zu eliminieren. Er sucht Gegenstrategien und findet sie in religiösen Deutungsmustern von nahen Familienangehörigen (Großvater).

Erwin ist intellektuell gebildet, studiert und betreibt die esoterische Befassung mit seinem innerpsychischen Leben in Verbindung mit und in religiöser Abwandlung von psychologischen Theorien zur Stressbewältigung und zur Attributionstheorie. Es ist anzunehmen, dass Erwin durch sein Studium der Behindertenpädagogik mit Ansätzen transaktionaler Stresstheorie vertraut ist.

Seine persönliche Karmatheorie basiert auf einer Betonung des Gefühls der *Stimmigkeit* des vollzogenen Lebens *mit eigenen Werten und Überzeugungen* (*Beliefs und Commitments*) und damit der individuellen *Sinnhaftigkeit*. Sein Karma übernimmt symbolisch die Bedeutung einer authentischen Identität, die er zu erreichen anstrebt.

Um diese Authentizität bzw. Stimmigkeit zu erreichen, möchte Erwin sich von dysfunktionalen Verhaltens- und Interaktionsmustern mit der Umwelt befreien. Durch neue Bedeutungsgebung (Re-appraisal) versucht er, passenderen Austausch zwischen sich und der Welt herzustellen. Eine Möglichkeit besteht darin, Taten anderer Menschen, die seinen Werten und Überzeugungen entgegenstehen (Gewalt, Misshandlung etc.), nicht mehr zu verurteilen und negativ zu bewerten, sondern seine eigenen Bewertungen als Grund seines Unwohlseins in den Mittelpunkt zu stellen und diese zu modifizieren. Dies geschieht etwa dadurch, dass er es grundsätzlich vermeidet, über andere Ansichten zu urteilen, um Brüchen mit seinen Mitmenschen aus dem Weg zu gehen. Theorien einer esoterischen Menschheitsentwicklung unterstützen ihn in seinen Versuchen, erfahrene Unzulänglichkeiten kompensieren zu können: Die Menschheit befinde sich erst am Beginn ihrer spirituellen Entwicklung, mit dem Fortschreiten auf dem spirituellen Pfad werden Erwins Ansichten sich zunehmend durchsetzen und seine Widersprüche mit der Gesellschaft minimiert werden. Die Gewissheit, auf der historisch richtigen Seite zu stehen, macht eigene konkrete Versuche der Weltverbesserung und des Scheiterns daran erträglich.

Esoterik spielt für Erwin ebenso eine Rolle, um Wendepunkte in seiner Lebensgeschichte und Ohnmachtserfahrungen nachträglich sinnhaft zu integrieren. So wurde die Wahl des Studienortes durch unbeeinflussbare äußere Instanzen bestimmt (zentrale Studienplatzvergabe). Er stellte sich mit einer inneren Strategie einer möglichst großen Flexibilität darauf ein, indem er kognitive eigene Entscheidungen (für die Bevorzugung eines Studienortes bzw. einer bestimmten Uni) esoterisch-religiös motiviert für nachrangig erklärt. Nachdem er sich in der Stadt gut einlebte und die spezielle Theorie des Lehrstuhls sich zu eigen machte und in sein Weltbild integrierte, nahm er eine nachträgliche biographische Selbstnarration vor, welche die vage und unstete Situation, mit der er sich damals innerlich arrangieren musste, zur vorherbestimmten einzig richtigen Möglichkeit stilisiert. Es hätte keine andere Stadt sein dürfen (6/12f), da sich sein Lebensweg damit heute „stimmig" (8/22) anfühle und dies Erwins grundsätzliches Bewertungskriterium darstellt, mit dem er den Wahrheitsgehalt und die persönliche Annahmebereitschaft für Deutungsmuster bemisst.

Erwin sieht Esoterik als Anleitung dafür, seine Reflexionsfähigkeit über seine eigene Gefühlswelt auszubauen. Er lernt, seine Gefühle bewusst wahrzunehmen und sich von ihnen zu lösen. Der bewusste Aufbau einer inneren Meta-Ebene ermöglicht ihm, innere Ruhe und Ausgeglichenheit zu finden und belastende und widersprüchliche Gefühle aus seinem generalisierten Identitätsgefühl auszuklammern. Er kann einen stabilen Kern der eigenen Identität in wechselnden Erfahrungen bewahren, sein Selbstbild erhalten und, in seinen Worten formuliert, „bei sich sein" (25/7ff).

Durch die Möglichkeit, sich von Erfahrungen und Gefühlen zu distanzieren und sich auf jede Situation wieder neu und völlig offen einzulassen, erhofft Erwin sich, das Gefühl von Isolation und Entfremdung zu überwinden und nahe, intime, geteilte Erfahrungen mit seiner Umwelt zu erhalten, die Trennung aufzuheben. Da diese Form des Daseins in der Realität nicht möglich ist, wie Erwin rekapituliert, möchte er durch innige Erfahrung im Alltag ebenso wie in esoterischen Seminaren die Aufhebung der Trennung für einen Moment erleben.

Insgesamt sucht er mittels esoterischer Hilfskonstruktionen danach, in dieser Welt weiterhin erfolgreich leben zu können, weniger Diskrepanz zur Umwelt zu empfinden, sein Selbstgefühl aufrechtzuerhalten und die Erfahrung positiver, nicht-isolierender Interaktion zu erhöhen.

Seine Strategien verlangen Erwin jedoch ab, seinen subjektiven Veränderungswillen, seine Gestaltungsfreiheit zurückzunehmen. Die Reibungsfreiheit seines gesellschaftlichen Daseins wird durch vermehrte Anpassung erreicht, während gesellschaftliche Veränderungsvorstellungen ins Utopische verlagert werden. Eine jenseitige Matrix bzw. holistische Ordnung existiere; durch Weiterentwicklung der esoterischen Fähigkeiten könne auf diese zugegriffen und eine gesellschaftliche Einflussnahme auf jeden beliebigen Punkt erreicht werden. Dies bedeutet esoterisch induzierte Allmachtsphantasien bei gleichzeitiger Aufgabe konkreten, persönlichen gesellschaftlichen Gestaltungswillens.

Dass die von Erwin ausgeführte esoterisch unterstützte Welt- und Selbstdeutung für ihn nicht konsistent ist, ihm nicht völlig als Selbst- und Weltdeutungsmuster genügt und zufrieden stellt, macht seine Aussage deutlich, dass er sich „in zwei Welten" (16/18) bewege: einer gesellschaftlichen, materialistischen (16/21ff) Welt samt Erklärungsmuster sowie einer esoterischen, „feinstofflichen" (16/34). Er bekomme beide Ansätze noch nicht „in Einklang" (16/36) und fühle sich oft „widersprüchlich" (16/39). Er hofft darauf, eines Tages „Zugang zu diesem kosmischen Bewusstsein (zu) erlangen" (17/4f). Derzeit ist der „Einklang" seines „Weltbildes" (16/36ff) noch nicht erreicht. Dies zu erreichen ist sein „großes Projekt", das noch „dauern mag" (17/2f).

IV Identität und esoterische Lösungsversuche – Fazit und Ausblick

1 SUBJEKTIVIERUNG UND ENTGRENZUNG ALS ANFORDERUNG DER MODERNEN GESELLSCHAFT

Ein großes Metathema hat sich von Beginn der Forschung an in den Interviews herauskristallisiert: Es ist die Suche nach dem „eigentlichen Selbst", auf die sich die betreffenden Interviewpartner_innen gemacht haben. Auf dem Weg dorthin nehmen sie esoterische Theorien als Hilfe in Anspruch. Es handelt sich im New Age, wie Keupp bereits 1988 erkannte, um eine „Sinn- und Orientierungssuche", die sich „fast ausschließlich auf das ‚Selbst' richtet, auf das ‚wahre Selbst'" (Keupp 1988, S. 293).

Selbst als Gegenbild zum Rollen-Ich

Explizit benennen die *Suche nach dem Selbst* Elektra, Mona, Elvira Böhm, Erwin sowie Thomas Ranke. Sie setzen dabei einen „sozialisierten" gegen einen „eigentlichen" Menschen; eine ursprüngliche innere Selbstheit (die zumeist metaphysisch-karmisch begründet wird) gegen jene Anteile der Identität, die durch das reale Erleben der eigenen Person in Rollen gebildet werden: „Du kommst als Säugling auf die Welt [...] und eignest dir die Spuren und Bedeutung dieser gesellschaftlichen Welt an (---) und irgendwann merkt man, dat is' es nicht" (Erwin 2/23ff).

Im rollenförmigen Dasein, v. a. der Arbeitswelt, werde der Mensch gezwungen, sich innerlich von sich selbst zu entfernen: „Meinen Charakter total zu verbiegen. [...] Dinge zu tun, die ich nicht bin" (Elektra 2/42ff). Das authentische Selbstgefühl leide darunter: „Das Gefühl, die Seele zu verlieren, war schon sehr stark, ja" (Elektra 11/6). Bei den Interviewten wird eine Spaltung deutlich, die sie auftun: Je stärker die drückenden, nicht mit dem Selbstbild zu vereinbarenden Anforderungen der Umwelt werden, desto stärker entsteht dazu als Antithesis die Vorstellung eines eigenen Selbst, einer „defensiven Idee einer inneren Freiheit, die einem durch Zwang und Gewalt nicht enteignet werden kann" (Keupp et al. 2002, S. 21).

Diese Vorstellung schließt an die Schlüsselbegriffe der klassischen Identitätsvorstellungen an, wie sie Mead und die symbolischen Interaktionisten entwickelten.

„In dieser Sicht, die die klassische soziologische Konzeption dieses Gegenstandes geworden ist, wird Identität in der Interaktion zwischen einem Ich und der Gesellschaft gebildet. Das Subjekt hat immer noch einen inneren Kern, ein Wesen, das ‚das wirkliche Ich' ist, aber dieses wird in einem kontinuierlichen Dialog mit den kulturellen Welten ‚außerhalb' und den Identitäten, die sie anbieten, gebildet und modifiziert" (Hall 1994, S. 182).

Diese Vorstellung von Identität als ein um einen sicheren, kohärenten und gleichbleibenden Kern gebautes Konstrukt ist zeitgeschichtlich abgelöst von Vorstellungen, die das postmoderne Subjekt als ein fragmentiertes verstehen, das dazu angehalten ist, widersprüchliche, ungelöste Identitätsanteile zusammenzusetzen und auszubalancieren. „Im Gegensatz zur vorherrschenden Semantik kann eine kritische Begrifflichkeit von Identität nicht an einem stabilen Kern des Selbst festhalten – ein Selbst, das sich von Anfang bis Ende durch alle Schicksale und Wechselfälle der Geschichte ohne Veränderung entwickelt, das immerzu ‚dasselbe' bleibt, identisch mit sich selbst durch die Zeit. [...] Stattdessen gehe ich davon aus, dass Identitäten niemals einheitlich sind. In der Spätmoderne erscheinen sie zunehmend fragmentiert und zerstreut" (Hall 2004, S. 170).

Kurz gesagt: „Das Substantielle, das nach jener Ideologie der Person ihre Würde verleiht, existiert nicht" (Adorno 2003, S. 274).

Modernen Identitätstheorien von flexibel balancierten Identitäten zum Trotz suchen die Interviewten nach ihrem substantiellen Kern. Diesen „inneren Kern" möchten sie freilegen, wobei es in ihrer Vorstellung um ein „Wieder"-Freilegen geht. Dahinter steht die Idee von einem unverbrüchlich Gleichen, die Suche nach Kontinuität und Echtheit, die in ihnen stecke und aus den Verkrustungen der Erfahrungen des Lebens geschält werden solle. Der Zugang zu diesem inneren Sein, dem angenommenen unteilbaren Identitätskern, wird über die Erforschung der eigenen Gefühlswelt gesucht. Das Gefühl der Stimmigkeit, sich selbst zunächst im geschützten Rahmen esoterischer Seminare mit seinen authentischen Empfindungen zu äußern und von der Gruppe angenommen zu werden, ist der erste Schritt. „Und des, des war für mich schon auch, ähm, also, etwas Befreiung, was sie [die Astrologin; CB] mir da gesagt hat, ja. Also, schon das Gefühl, jetzt irgendwie, mit meinem Gefühl nicht ganz äh, äh, auf 'm Holzweg zu sein" (Mona 11/23ff).

Entscheidend für die Interviewten ist die Erkenntnis, dass die innere Übernahme von unterdrückenden, entfremdenden Strukturen kein einseitiger, von außen gesteuerter Prozess ist, sondern sie selbst mehr oder minder aktiv am Vorgang der Antizipation beteiligt sind. Erkenntnisse über Gouvernementalität, den fließenden Übergang zwischen Fremd- und Selbststeuerung, Fremd- und Selbstunterdrückung, scheinen in den Selbsterkenntnisprozessen der Interviewten auf. „Foucaults Begriff des gouvernement drückt das Eigentümliche an Machtverhältnissen aus – zum einen das ‚Anführen', zum anderen das ‚Sich-Verhalten' [...] – und verweist somit auf den Zusammenhang von Fremd- und Selbstführungstechniken" (Suttner 2002). So reflektiert Thomas Ranke die in Selbstunterdrückung gewendeten gesellschaftlichen Ansprüche am Beispiel seines Stotterns. Die Gesellschaft halte ihn dazu an, dieses zu beseitigen, er selbst habe lange Jahre die fremde Anforderung innerlich übernommen und sein Selbstbild demgemäß strukturiert. Er habe sich damit selbst unterdrückt. Nun versucht er, über esoterische Hilfskonstrukte, mit denen er Stottern als Ausdruck seiner Individualität und Spiritualität deutet, den übernommenen gesellschaftlichen Wertigkeiten subjektiv andere entgegenzusetzen, um sich von der Selbstunterdrückung zu befreien. Dadurch könne er zu seinem wahren, „eigentlichen Sein" gelangen:

> „Ich seh dann halt so 'n Bild, dass wir unser Stottern verändern wollen oder müssen, weil wir eben denen, diesen oder jenen Arbeitsplatz kriegen müssen oder wollen. Und is' aber 'n völlig falscher Ansatz meines Erachtens, weil, weil es wird NIe den Menschen (-) hervorbringen, der er eigentlich is, nä, des is bloß 'ne, 'n sozialisierter Mensch, der halt irgendwie fun-, funktioniert und sich in 'n System reindrücken lässt, nä, oder sich selbst reindrückt eigentlich. Sowohl als auch, nä" (Thomas Ranke 4/32ff).

Der Mensch wird „reingedrückt" und „drückt sich selber rein". Die Interviewten wählen den Weg, sich mit Letzterem zu befassen. Nicht die äußeren Verhältnisse sind Ziel der Veränderung, sondern der innere Wirkungsprozess der Übernahme der Fremd- in die Selbststeuerung.

Erfolgreiche Bewältigung des Alltags als Ziel der inneren Neustrukturierung

Der Anlass, sich an einer Neuordnung des Inneren zu schaffen zu machen, sind nicht Erfahrungen innerer Entfremdung, sondern als konkreter Auslöser werden Erfahrungen des Scheiterns an äußeren Anforderungen genannt. Trotz vermehrter Anstrengung, die Rollen zu erfüllen, scheiterten Elektra und Elvira Böhm in der Erwerbsarbeit. Erwin geriet mit seinen Empfindungen und Vorstellungen so sehr in Kollision mit seiner Umwelt, dass er „den Boden verloren" und „keinen Kontakt mehr zu dieser Spezies" (30/19ff) hatte, sich in der Interaktion nicht mehr passungsgemäß verhalten konnte, obwohl er es versucht hatte. Es geht den Interviewten um Kontakt mit der Umwelt, um erfolgreiche Interaktion, die sie wiedergewinnen möchten.

EB: Und was sich ergeben hat in diesen, in diesen [spirituellen; CB] Ausbildungen ist einfach, dass meine Kontaktfähigkeit überhaupt sich verbess-, ganz anders geworden ist.

CB: Mhm.

EB: Und da bin ich einfach total froh d'rüber und, ähm.

CB: Was hat sich da verändert?

EB: Dass ich viel mehr in Kontakt gehen kann. Dass ich mehr Kontakt zu mir gefunden habe. Dass ich noch mehr im Kontakt mit mir bin, und damit kann ich auch viel leichter in Kontakt mit anderen gehen, und für mich ist, äh, Kontakt ein wichtiger Lebensinhalt. Mhm. Und, und des is' wichtig für meine Arbeit, die ich mache, für diese logopädische Tätigkeit (Elvira Böhm 9/23ff).

Die verbesserte Kontaktfähigkeit zu anderen, die vermehrte Handlungsfähigkeit in der Interaktion gelingt also nicht durch bestmögliche Erfüllung von vorgegebenen festgelegten Rollenanforderungen, sondern durch einen intensivierten „Kontakt zu sich selber“, ein Bewusstsein eigener intrinsischer Werte und Vorstellungen. Werden diese in die Interaktion mit Dritten eingebracht, lässt sich der Austausch erfolgreicher gestalten.

Modernität als hoch reflexive Form des Lebens[69]

Das Projekt der Selbstfindung ist eines, welches zutiefst mit den Anforderungen der gegenwärtigen „modernen“ Gesellschaft an das Individuum verknüpft ist, ja aus dieser resultiert. Anthony Giddens fasst zusammen: „The reflexive Modernity extends into the core of the self. […] The self becomes a reflexive project” (Giddens 1992, S. 32). Die reflexive Moderne erwartet vom einzelnen Gesellschaftsmitglied nicht nur eine Verinnerlichung und Reflexion seines gesellschaftlichen Status bzw. der verschiedenen Status und zugehörigen Aufgaben, sie setzt den Einzelnen zusätzlich einer permanenten Neuverortung im gesellschaftlichen Gefüge durch rasche Veränderung der Anforderungen aus.

Identität ist herzustellen – permanent und durch die Verdichtung sozialer Anforderungen in immer größerem Maße. Verdichtet werden soziale Anforderungen auf vielerlei Ebenen. Mit am deutlichsten ist dies im Arbeitsleben erfahrbar: Die kontinuierliche Erwerbsbiographie in einem gelernten Beruf schwindet, alltäglich sind heute nicht nur Stellenwechsel innerhalb einer Berufssparte, sondern permanente Neuverortung durch Wechsel von Arbeitsorten, Firmen, Branchen, Zeiten von Arbeitslosigkeit und beruflicher Neuorientierung, die in nahezu jedem Erwerbsleben zur Regel geworden sind. Verdichtung der Anforderungen im Arbeitsalltag, zunehmende Konkurrenz, Mobbing und Angst vor sozialem Abstieg prägten auch die Arbeitserlebnisse der Interviewpartner_innen. An herausragender Stelle beschreiben die

69 Titel zit. nach Stuart Hall 1984, S. 183

Interviewpartner_innen das Berufsleben als Zwang und Selbstentfremdung (Elektra, Mona, Thomas Ranke, Elvira Böhm) und den Weg zur Selbstfindung als innere Befreiung von diesen Zwängen. Eingespielte Verhaltensmuster müssen durch den Zwang zur unentwegten Neuverortung überdacht werden. Diese Entledigung von „sozialer Konditionierung" drücken die Interviewten als „Befreiung von Mustern" bzw. „Programmen" aus.

Umgestaltung der Arbeitswelt

An hervorstechender Stelle beschreiben die Interviewten ihr Unwohlsein und Scheitern im Arbeitsleben, das sie zu esoterisch unterstützter Selbstfindung und Neustrukturierung motiviert hat.

Zwar erscheinen moderne, flexible Arbeitsverhältnisse auf den ersten Blick weniger repressiv als die früheren, durch Schichtarbeit und Stempeluhr gekennzeichneten. Mit Gleitzeit, Projekten und Teamarbeit wird heute eine freie Einteilung der Arbeitszeit und die individuelle Ausgestaltung der Arbeit ermöglicht – doch ist damit nicht nur mehr Gestaltungsspielraum für den und die EinzelneN verbunden, sondern auch die Anforderung, sich die Arbeit und die Zielerreichung zu eigen zu machen: die Selbstverantwortung, das fremdgesteckte Ziel im Projekt zu erreichen, gleich wie viel Zeit und Einsatz es kostet. Die moderne Umstrukturierung der Arbeitswelt setzt auf den Einsatz der Kreativität und des schöpferischen Potentials der Angestellten und trägt als Kehrseite für die Kolleg_innen eine weitreichendere Vereinnahmung des ganzen Menschen durch die Arbeit als zuvor, als streng geregelte Vorgaben den Arbeitsalltag prägten. Die Grenzen zwischen Arbeits- und Privatsphäre verschwimmen damit zunehmend, eine innere Abgrenzung des Menschen von den teilidentitären Rollenanforderungen wird erschwert. Das Einbringen eigenen schöpferischen, gestaltenden, kreativen Potentials wird verlangt; Mitbestimmungsmöglichkeiten bei Zielvorgabe und Zielkontrolle entziehen sich jedoch der Verfügungsmacht des/der Einzelnen, obwohl sie durch geschickte Personalführungstechniken suggestiv angedeutet werden.

> „Schlagworte wie Selbstlenkung, Selbstmanagement, aber auch ‚alte Bekannte' wie Selbstverwirklichung und Selbstdarstellung, die jetzt ökonomisch gewendet werden, erlauben eine Übersetzung in neue Formen, auf sich selbst einzuwirken, also: in neue Selbsttechnologien (Miller/Rose 1994). Ein Weniger an äußeren Zwängen impliziert ein Mehr an individuellen Freiheiten, die aber richtig genutzt sein wollen, um in einer vom Konkurrenzkampf geprägten Umwelt bestehen zu können" (Suttner 2002).

So, wie das autonome Subjekt, das selbstverantwortlich die Rollen ausübt, eine zu erreichende subjektive Leistung des Gesellschaftsmitglieds im demokratisch-marktwirtschaftlichen System war, so verlangt die entwickelte Moderne durch die fortschreitende Auflösung fester sozialer Strukturen und

Bindekräfte sowie fortschreitender Vereinnahmung der Privatsphäre die Aufrechterhaltung eines inneren festen, authentischen Kerns als größte Herausforderung.

Die unter dem Schlagwort „Subjektivierung der Arbeit" stattfindende Umstrukturierung der Arbeitswelt bedeutet, dass „neben der Einforderung der Fähigkeit zur Selbstkontrolle, Selbstökonomisierung und Selbstrationalisierung [...] zugleich auch die emotional-schöpferischen Potentiale des Subjekts wie Kreativität, Sozialkompetenzen, Begeisterungsfähigkeit und anderes mehr in stärkerem Masse beansprucht" (Jochum 2011, S. 4825) werden, was einen „erweiterte[n] Zugriff auf die subjektiven Potentiale von Arbeitspersonen" (ebd., S. 4825) bedeutet. „Die Betriebe wollen alles: die Kreativität, die Motivation, die Begeisterung der Menschen, ihre Freundlichkeit, ihre Loyalität, ihr Engagement, ihre Gefühle – es geht um die ‚Seele' der Menschen, die nun zur Produktivkraft werden soll, zur Ressource für die Profiterzeugung" (Voß 2006).

Entsprechend geht es den Interviewpartner_innen nicht darum, Selbstfindung, authentisches Handeln im isolierten privaten Dasein zu betreiben, sondern ihre Befassung mit dem und Neustrukturierung des eigenen Inneren zielen auf eine verbesserte, erfolgreichere Interaktion mit der Umwelt, v. a. der Arbeitswelt ab. Die interviewten Frauen sind extrem leistungsorientiert, selbst Mona, die ihre Karriere zugunsten eines zeitweiligen Ausstiegs unterbrochen hat, trägt ihren beruflichen Erfolg als Schlüsselkriterium ihrer gesellschaftlichen Selbstverortung im Interview vor. Arbeit zu leisten, hinter „der man stehen" kann, die eine „Berufung" ist, die durch eigene Kreativität und Inspiration erfüllt wird, ist das erklärte Ziel der Mehrzahl der Interviewten (Elektra, Mona, Elvira Böhm, Thomas Ranke). Elektra, Mona wie auch Elvira Böhm beschreiben, wie sie durch das versuchte Erfüllen der beruflichen Rollenerwartungen nicht zum Erfolg kamen, sondern scheiterten.

Elektra wie Mona, die beiden typischsten Vertreterinnen dieses Musters, beginnen beide im ersten Teil des Interviews ausführlich von ihrer erfolgreichen Karriere im Beruf zu erzählen, in der sie im projektorientierten, selbstgesteuerten Alltag aufgingen, bis sich Misserfolge einstellten, die sie auf den – esoterisch begleiteten – Weg der Selbstfindung führten. Elvira Böhm und Mona versuchen sich in selbstgewählten esoterischen Berufen zu verwirklichen und trainieren damit im Kleinen das Bestehen in der alltäglichen Arbeitswelt – authentisch, unter Einsatz des kreativen Potentials, des „ganzen Menschen". Elektra versucht ihren Alltag weiterhin zu bestehen und unternimmt esoterisch unterstützte Anstrengungen, diesen authentisch mit eigenen Gefühls- und Sinngebungen erfolgreich zu gestalten. Alle drei nehmen keinen kompletten Ausstieg aus der gesellschaftlichen Arbeitswelt vor. Sie nutzen esoterische Zusammenhänge als Freiräume, um zu lernen, mit der neu erarbeiteten Selbstfindung authentisch auf andere zugehen zu können und handlungsfähiger zu werden. In Versuchen des Lohnerwerbs innerhalb des esoterischen Feldes (Beratung nach der Hellinger'schen Aufstellungsmethode, astrologische Dienstleistungen, Leitung kommerzieller esoterischer Musikgruppen) erproben sie einen Transfer ihrer neu erworbenen Handlungsfähigkeit auf den beruflichen Alltag. Lediglich Mona befindet sich derzeit nicht in einem konventionellen Arbeitsverhältnis, hat jedoch den Erfolg im Berufsleben nach wie vor als zentrale Referenzgröße in ihrer gedanklichen Auseinandersetzung mit der Gesellschaft. Nach erfahrenem Misserfolg sucht Mona nach Möglichkeiten: „Wie kann ich 's besser machen?" (22/14). Elektra sucht eine Möglichkeit, Gründe für ihren verhinderten Aufstieg zur Vorstandsetage in sich selbst zu finden und zu eliminieren, was ihrer Ansicht nach dadurch gelänge, dass sie lernt, zu sich zu stehen, mit Selbstbewusstsein ihr eigenes Empfinden, ihre Gefühle und Sichtweisen gesellschaftlich zu zeigen und zu leben, d. h. „100% zu sich zu stehen".

In der angestrebten inneren Neustrukturierung und der Entdeckung des „Selbst" nehmen die Interviewten an einem gesamtgesellschaftlich ablaufenden Prozess teil, den der französische Soziologe Alain Ehrenberg als eine „Veränderung der Subjektivität" bezeichnet (Ehrenberg 2004, S. 12). Ehrenberg beschreibt die neue Subjektivität, die sich seit den 1960er Jahren abzeichnet, folgendermaßen:

> „Parallel zur Relativierung des Verbotsbegriffs schwindet auch die Bedeutung der Disziplin in der Beziehung zwischen Individuum und Gesellschaft. Es geht nun weniger um Gehorsam als um Entscheidungen und persönliche Initiative. Die Person wird nicht länger durch eine äußere Ordnung (oder die Konformität mit einem Gesetz) *bewegt*, sie muss sich auf ihre inneren Antriebe stützen, auf ihre geistigen Fähigkeiten zurückgreifen. Die Begriffe Projekt, Motivation, Kommunikation bezeichnen heute die neuen Normen. [...] Das ideale Individuum wird nicht mehr an seiner Gefügigkeit gemessen, sondern an seiner Initiative. Hierin liegt eine der entscheidenden Veränderungen unserer Lebensweise, denn man kann sich nicht nach Belieben für oder gegen diese Regulationsmechanismen entscheiden, sie gelten für alle[70], bei Strafe des Ausschlusses aus der Gemeinschaft. Sie manifestieren den ‚allgemeinen Geist' unserer Gesellschaft, sie sind die *Institutionen des Selbst*[71]" (Ehrenberg 2004, S. 8f).

Mit ihrer Selbststrukturierung als leistungswillig, eigeninitiativ und authentisch im Beruf erfüllen alle interviewten Frauen die Anforderungen, wie sie die strukturierte Arbeitswelt aktuell stellt. Der zunächst aufscheinende Charakter der Opposition gegen gesellschaftliche Rollenanforderungen, mit dem sie ihre subjektiven Sichtweisen und Gefühlswelten verteidigen, ist also ein doppelschneidiges Schwert.

70 Wie sie ein jeder umsetzt, ist freilich ein anderes Problem.

71 ‚Institution' unterstreicht die soziale Natur der Begriffe ‚Selbst' oder ‚Man-selbst-sein'. [...]

Zwei Seiten der neuen Subjektivität

Die ausgehenden 1960er Jahre waren, so Ehrenberg, „durch eine Dynamik gekennzeichnet, deren zwei Gesichter die *psychische Befreiung* und die *unsichere Identität* sind. Auf der Bühne beginnt die Emanzipation der Massen: Die Medien ermuntern ab den 1960er Jahren zu einer neuen Aufmerksamkeit für das eigene Innenleben. Die Techniken, die der amerikanische Soziologe Philip Rieff 1966 ‚Befreiungstherapien' nannte, behaupten, jedem die praktischen Mittel an die Hand zu geben, sich seine ‚Identität' unabhängig von jeder Einschränkung zu konstruieren" (Ehrenberg 2004, S. 124).

Adorno sprach 1970 von einer Chance, die darin aufkeime, dass das Individuum seinen vermeintlich substantiellen Kern gegen einen selbstentfremdeten rollenförmigen Identitätsanteil verteidige. Nachdem er die Existenz eines Substantiellen im Inneren des Menschen negiert, erkennt er doch die Möglichkeit der Emanzipation gegen das Bestehende, die dieser Vorstellung auch innewohnt und zu beachten ist, wenn die Emanzipation des Menschen das Ziel der Analyse ist: „Das Substantielle, das nach jener Ideologie der Person ihre Würde verleiht, existiert nicht" (Adorno 2003, S. 274). In ihm scheint allenfalls die Sehnsucht auf, dass im psychischen (Selbst-)Erleben des Menschen anderes möglich sein könnte, als gegenwärtig zu fühlen und zu fassen ist: „Die Menschen, keiner ausgenommen, sind überhaupt noch nicht sie selbst. Mit Fug und Recht dürfte unter dem Begriff des Selbst ihre Möglichkeit gedacht werden, und sie steht polemisch gegen die Wirklichkeit des Selbst" (ebd., S. 274). Und deshalb sei „auch im Moralischen Identität nicht abstrakt zu negieren, sondern im Widerstand zu bewahren, wenn sie je in ihr Anderes übergehen soll" (ebd., S. 275).

Ebensolchen Widerstand, sich nicht durch Arbeitsanforderungen von sich selbst entfremden zu wollen und dagegen aufzubegehren, zeigen auch die Interviewten und geben damit zunächst das Bild von Opponenten gegen eine die Individualität und Subjektivität nicht achtende Strukturierung des Produktionsprozesses.

Der Ausgangspunkt dieser Umstrukturierung der Arbeitswelt liegt im sozialen und kulturellen Aufbegehren der 1960er Jahre und wurde in den letzten 20 Jahren in Form von moderner „Personalführung", neuen Steuerungselementen sowie Managementformen systemtauglich umgesetzt und absorbiert. Wie Boltanski und Chiapello in *Der neue Geist des Kapitalismus* (2006) argumentieren, war es die im Zuge der kulturrevolutionären Diskussion Ende der 1960er Jahre vorgebrachte Kritik, die damals darauf abzielte, die Lage der Menschen im Arbeitsprozess zu verbessern. Entsprechend dieser Kritik an der Unterdrückung der kreativen Potentiale des Menschen und der missachteten Subjektivität wurden „Kontrollmechanismen in den Betrieben [...] abgebaut und die Forderung nach mehr Entfaltungsmöglichkeiten der arbeitenden Subjekte teilweise erfüllt. Dies war allerdings nicht allein das Resultat eines bloßen Nachgebens gegenüber dem Druck der Kritik – vielmehr konnten damit die Potentiale der Subjekte für eine neue Stufe der

Produktivität erschlossen werden" (Jochum 2011, S. 4824). Die Arbeitnehmer_innen erhielten zunehmend die „Möglichkeit aber auch die Pflicht [...], ihre Arbeitsausführungen autonom zu strukturieren. Die im Fordismus weitgehend heteronom gesteuerten Erwerbstätigen werden vermehrt zu ‚Unternehmer [sic.] ihrer Selbst'" (ebd., S. 4824). Die im Zuge der Kulturkritik geforderte Individualität „konnte im Neuen Kapitalismus assimiliert, durch die Subjektivierung der Arbeit produktiv vernutzt werden, und wurde zur Grundlage einer neuen Stufe der Expansion des ‚Empire'" (ebd., S. 4829).

Individualität und Subjektivität stehen also modernen projektorientierten unternehmerischen Arbeitswelten nicht im Wege, sondern ergänzen diese ideal. Die individuell-authentische Gestaltung ihrer Arbeit, wie die Interviewten sie anstreben, steht nicht im Widerspruch, sondern im Zeitgeist des geforderten unternehmerischen, flexiblen und hybriden Subjekts. Solange mit der Forderung, authentisch gestalten zu können, kein In-Frage-Stellen von Sinn und Zweck des Arbeitsprodukts und der Arbeitsverhältnisse insgesamt verbunden wird, sondern die Kritik auf der Ebene der individuellen Gestaltung des Arbeitsalltags verbleibt, kann sie vom System absorbiert werden. Die Interviewten arrangieren sich auf der Ebene eines größeren Sinnzusammenhanges mit dem geforderten Arbeitsziel. Sie befassen sich mit einer Neustrukturierung der eigenen Innerlichkeit; die Gesamtstruktur des Betriebs, Sinn und Auftrag der konkret getätigten Arbeit bleiben von ihren Überlegungen unberührt.

Das Schwert, das gegen die Rollenanforderungen gerichtet war, um die Subjektivität zu verteidigen, wird im Sinne einer erforderten Selbststrukturierung nach innen gerichtet. Nicht die Anforderungen, sondern die eigenen Antworten darauf im Sinne des Zeitgeistes werden ins Visier genommen.

Elektra hätte auf den Gedanken kommen können, ihre Opfererfahrung nicht zu spiritualisieren und mit sich selbst auszumachen, sondern mit jenen Chefs, die ihr eine „Falle" gebaut haben; ebenso hätte für Mona die theoretisch-alternative Handlungsoption bestanden, gegen eine zu kurze Einarbeitungszeit bzw. übermäßige Anforderungen bei zu wenig Zeit aufzubegehren. Die realen Arbeitsverhältnisse zu ändern, bleibt bei beider Kritik jedoch außen vor; sie ziehen den Weg der Selbstoptimierung vor. Sie verhalten sich „entsprechend der empathischen Empfehlungen der humanistischen Psychologie: ‚Unsere Heimat liegt innen, und dort sind wir souverän'" (Bugental 1985, S. 216; zit. in: Keupp 1988, S. 293).

Das zweischneidige Schwert der Selbstfindung entgegen Rollenanforderungen, das Behaupten der Subjektivität erbringt ihnen das bessere Bestehen im Gegebenen, da sie keine weiter reichenden subjektiv-emanzipatorischen Vorstellungen als das Bestehen im Gegebenen anstreben.

Entgrenzung und Isolation als Anforderung moderner Lebensführung

Die neuen Steuerungsformen der Arbeit, wie sie oben dargelegt wurden, bewirken eine funktionale Entgrenzung der subjektiv-privaten Sphäre. Was in den oben skizzierten „neuen Managementformen gelingt, ist so etwas wie die ‚Aufhebung der Entfremdung in entfremdeter Form'" (Peters 2002). Die individuelle Gestaltungsmacht wird nur scheinbar erweitert, das Umschlagen der Fremd- in Selbststeuerung wird dadurch perfektioniert, dass nicht nur das Fremdbild übernommen und als intrinsische Eigenmotivation des Handelns und Verhaltens gespürt wird, sondern dass auf die einstig „autonomen", „privaten" Bereiche des Inneren zugegriffen und sie in den Dienst des öffentlichen, vergesellschafteten Teil des Subjekts integriert werden sollen. Freilich geschieht dies nicht unter emanzipatorischen Bedingungen der freien Wahl, sondern unter dem Druck, bei Verweigerung des Zugangs zur eigenen Innerlichkeit vom Markt gestoßen und gesellschaftlich ausgegrenzt zu werden. Die Subjektivierung wird zum „Muss".

Doch die Entgrenzung des privaten Bereichs, der persönlichen Kern-Identität des Subjekts hat sich nicht nur im Arbeitsleben niedergeschlagen, sondern ist zu einem Gesamtphänomen geworden, nach welcher das Subjekt sich heute zu strukturieren gefordert ist.

Die Identitätsvorstellung eines stabilen, abgegrenzten, einheitlichen inneren Kerns, über den das Subjekt als „Privatbesitz" verfüge, befindet sich in Auflösung. Der Mensch muss sich selbst, seine Identität, gleich einem „Planungsbüro" (Beck 1985, S. 59) alltäglich neuen Anforderungen anpassen. „Das postmoderne Selbst ist keine zusammenhängende Entität mehr [...], es ist dezentriert worden. Das radikal Unbestimmte des Postmodernismus ist ins individuelle Ego eingezogen und hat seine frühere (unterstellte) Stabilität drastisch beeinträchtigt. Identität ist etwas ebenso Unsicheres geworden wie alles andere" (Bertens 1987, S. 93f). Die „Entgrenzung", mit der das Subjekt zu tun hat, betrifft nicht nur die äußeren Lebensformen. Sie ist eine ins Innere der/des EinzelneN reichende und betrifft die Entgrenzung sämtlicher traditioneller Wertvorstellungen, Geschlechterrollen, Arbeitsidentitäten. Sie betrifft, wie oben gezeigt, die Vorstellung eines kohärenten zeitüberdauernden subjektiven Kerns, der in den Wechselfällen des Lebens als wertüberdauernder, gleichbleibender im Individuum vorhanden sei. Das „Selbst" droht sich aufzulösen.

Die Vorstellung der konsistenten Innerlichkeit, die Konzentrierung auf diese Ego-Individualität ist eine, die mit Beginn der demokratisch-bürgerlichen Gesellschaft nötig wurde, wie in Kapitel I.6 dargelegt. „Das Innere ist eine Fiktion, die sie [die Modernen; CB] konstruiert haben um zu sagen, was in ihnen vorgeht. Aber diese Fiktion ist zugleich auch real: Wir glauben daran wie andere an die Seelenwanderung oder an die magische Kraft der Vorfahren glauben" (Ehrenberg 2004, S. 10). Die Vorstellung dieser „Innerlichkeit" ist eine sozial konstruierte. Niemals sonst in der menschlichen Geschichte war ein dem gegenwärtigen „egozentrierten Subjektverständnis" gleichendes Selbstbild des Menschen existent (vgl. Keupp 1994, S. 252).

Kommunikativ-interaktionale Identitätskonstruktionen

Die derzeitige Auflösung des kohärenten Ich-Zentrismus läuft einher mit einer verstärkten Selbstdefinition der Identität über interaktionale Strukturen. Das neue Subjektverständnis, so der Psychoanalytiker Norman Holland, sei einem interaktional definierten Selbstverständnis gewichen. „Dieser Identitätsbegriff [...] dezentriert das Individuum auf eine eindeutig postmoderne Weise. Das Persönlichste und Wichtigste, was ich habe, meine Identität, liegt nicht in mir, sondern in deiner Interaktion mit mir oder in einem gespaltenen Ich" (Holland 1983, S. 304; zit. in: Keupp 1994, S. 242). Auch Keupp lokalisiert die Entstehung der Identität als fortlaufenden Konstruktionsprozess im jeweils wechselnden, aktuellen Interaktionsgefüge: „Identität kann nicht mehr als ‚persönlicher Besitz' betrachtet werden, sondern wird in meinem jeweiligen Beziehungsgefüge definiert" (Keupp 1994, S. 232).

Damit verändert sich auch die Vorstellung einer privaten Innerlichkeit. Sie verschiebt sich zugunsten eines offenen, aushandelbaren Selbst.

„Ohne die Institutionen der ‚Innenwelt' gibt es, soziologisch gesagt, keine ‚Innenwelt'. Sie wird in einer sozialen Konstruktion produziert, die einen sozialen Rahmen für ihr Bestehen liefert. Die Wahrnehmung des Inneren verändert sich. Es ist nicht mehr nur Ort des Geheimnisses, dessen, was einen selbst angeht oder der Gewissensfreiheit, es wird zu dem, was es ermöglicht, sich von einem Schicksal zu befreien, und sich sein Leben aussuchen zu können" (Ehrenberg 2004, S. 128f). Der neue selbst-reflexive Menschentypus, der sich in wechselnden sozialen Kontexten verorten muss, hat sich aus der in den 1960er Jahren geborenen „Innenorientierung", in der das „Selbst" sich „emanzipierte", herausgebildet. Heute gilt die Anforderung, dieses durch vielfältige Psychotechniken erlangte Bewusstsein für das „Selbst" flexibel mit den florierenden Anforderungen in Einklang zu bringen. Leitbegriffe wie „Balance, Stimmigkeit, Synergie" stehen dafür Pate (vgl. Barz et al. 2001).

Auch die Interviewten trugen als hervorstechendes Thema vor, die erweiterte Fähigkeit zu einer authentisch gelingenden Interaktion herstellen zu wollen. Ihre gesellschaftliche Selbstverortung geschieht über das Aushandeln und Erneuern der Identität in aktuellen, wechselnden Bezugsrahmen.

Erwin, der wie zahlreiche andere Interviewte Esoterik als Weg zur inneren „Befreiung" sieht, erläutert, sich mit Esoterik auch von vergangener Erfahrung befreien zu wollen, um sich ständig auf Neues einstellen zu können, unvoreingenommen und offen gegenüber wechselnden Lebenserfordernissen zu sein. Esoterik diene ihm dazu, sich von seiner Geschichte zu befreien, um jeweils passende Handlungsstrategien neu zu entwerfen. Alte, eingespielte Umgangsweisen mit der Welt erscheinen ihm dysfunktional, täglich aufs Neue möchte er bereit sein, sich neu und flexibel umzuorientieren und auf die Gegebenheiten innerlich einzustellen: Der „*Moment der Befreiung*" bedeutet für ihn die

„Befreiung von festgefahrenen Mustern, wo ich nich' mehr frei bin, ähm, (-) entsprechend einer Situation und mir selbst entsprechend zu handeln, sondern wo ich merke, dass (-) aus, ff, Strukturen, die sich in der Vergangenheit irgendwann gebildet haben [...] wo ich merke, ich bin in 'ner Situation nich' mehr, nich' mehr frei. Ich möchte gern mich jetzt offen diesem Menschen hingeben, aber da kommen Bilder und Muster aus der Vergangenheit, die mich daran hindern. Wo ich merke, das is' überhaupt nicht mehr angemessen. Es war vielleicht mal sinnhaft, damals, als irgendwann, aber es dreht sich immer noch weiter in, in meinem, also dass, dass mein Handeln in der Gegenwart durch meine Geschichte bestimmt wird. Also mich von meiner Geschichte zu befreien" (21/30ff).

Er sieht es als erforderlich, sich neue Wahrnehmungs- und Deutungsmuster zuzulegen, bzw. seine alten Sinnstrukturen, mit denen er mit der Welt interagiert, permanent für obsolet zu erklären und zu erneuern.

Der spielerische Umgang mit dem eigenen kohärenten Selbstgefühl, wie er für die reflexive Moderne konstitutiv ist, zeigt sich in diversen esoterischen Spielarten zur Aushandlung neuer Identitäten. Elektra gibt im Interview ein aufschlussreiches Beispiel dafür, wie speziell in der esoterischen Psychotechnik des Familienaufstellens in Anlehnung an Bert Hellinger mit Identitätsnarrationen spielerisch umgegangen wird. Es besteht kein Anspruch auf Wahrheit, welche Narration, welche rekonstruktive Sinnstruktur der eigenen Vergangenheit „richtig" ist. In den Aufstellungen darf vielerlei ausprobiert werden, ja, wird gar laienspielartig inszeniert. Als persönliche, vorübergehende subjektive Wahrheit wird am Ende das angenommen, was sich „stimmig" für die Person anfühlt, womit sie ihre eigene Geschichte stimmig erklären kann und was ihr heute ein Gefühl der Selbstermächtigung und Handlungsfähigkeit ermöglicht. Solches berichtet Elektra über ihre narrative Identitätsherstellung in ihrer esoterischen Praxis des „Systemisch-phänomenologischen Familienstellens":

„Des was so 'ne Aufstellung wirklich bewirken kann, is', sie kann was ans Licht bringen und sie kann vielleicht bewirken, dass des dann als Wahrheit angenommen werden KANN. KANN, Betonung auf KANN, es muss eben nich' so sein [...]. Man bewegt sich ja in einem Bereich von, von ANnahme oder von GEFÜHLSwahrnehmungen, ja. Und ich halte es für ÄUßERST GEFÄHRLICH zu sagen: ‚Ja des WAR so, da WAR eine Abtreibung'. Weil des weiß kein MENSCH. Du, man kann dann hinspüren, du kannst sagen: ‚Fühlt sich des STIMMIG an?' Wes krieg ich für 'ne Resonanz aus 'm Körper, was krieg ich für, auf, als Stellvertreter auf dem PLAtz, ja? Und wie is' es für die andern, wenn dieses, wenn des sozusagen BENANNT is'? Fühlt sich des dann? Also ich, ich krieg ja als St-, in, in dieser Aufstellung mit Stellvertretern hab' ich ja viel mehr Möglichkeiten, a Feedback zu kriegen. Weil Stellvertreter sind ja Menschen, die sind des Wortes mächtig, können Gefühle ausdrücken und so weiter. Können vielleicht auch in 'ne Körperhaltung gehen, ja, wo man raus was erkennen kann" (Elektra 9/29ff).

Identitäre Selbstverortung in der Welt wird hier hergestellt durch kommunikativ-interaktionale Aushandlung der eigenen Identität in der Gegenwart. Dieses kommunikativ-interaktionale Identitätskonzept erstreckt sich im Falle von Elektra nicht nur auf das gegenwärtige Selbstbild, sondern deutet die eigene Vergangenheit entsprechend derzeit gültiger und passender Interaktionsmuster um.

Eigene, konsistente Werthaltungen – das über die situativen Einzelwahrnehmungen auf einer Metaebene konstruierte Selbstgefühl als innerer kohärenter, überdauernder Teil der eigenen „Persönlichkeit" – werden zum Spielball aktuell passförmiger Selbstnarration.

Hoffnung auf authentische Vergesellschaftung: das zähe Ringen zwischen Befreiung von und Selbstschutz des autonomen Ichs

Entgegen dieser Bereitschaft, die eigene Sicht der Welt umzustrukturieren, steht bei den Interviewten der zähe Versuch, an einem inneren stabilen Kern der Persönlichkeit festzuhalten. Dieses innere Kern-„Selbst" wird metaphysisch in Form eines goldenen Fadens des „Karmas" verankert, das sich in der angenommenen „Seele", dem unveränderlichen Kern des Ichs, manifestiere. Hierin verdinglicht sich die Form, in der das eigene Identitätskonzept ausformuliert wird: allzeit bereit, den Wechseln des Lebens zu begegnen, sich zu arrangieren, sich selbst zu „erfahren", um die eigenen Gefühle in den neuen Situationen zu reflektieren. Sie werden sich ihrer Gefühle damit nicht nur gewahr, um zu ihnen stehen zu können, sondern erlernen gleichzeitig, sie von einer Metaebene aus zu betrachten und sich – bei Bedarf – auf dieser Ebene von ihnen lösen zu können. Über allem ragt das Ziel, die Situation mit der eigenen Gefühlswelt in einen „stimmigen" und damit authentisch gestaltbaren Zusammenhang zu setzen, um sie im Sinne der Reflexivität und Eigensinn einfordernden Moderne zu bestehen.

Das Gefühl soll authentisch bleiben, die Umgebung wird zu einem unantastbaren, vorgegebenen metaphysischen Schauspiel, in dem das eigene „Karma", die Gestaltung der eigenen Persönlichkeit, zu realisieren ist. Selbst wenn die geforderten Situationen und Probleme einen nicht mehr annehmbaren Sinn aufweisen, wird durch die esoterische Auslegung eine authentische Einfindung und Annahme ermöglicht: durch Umdeutung der gewohnten Bedeutung der umgebenden Dinge und Situationen. Alles Äußere ist karmisch gegeben, das Ziel ist es, innerlich (spirituell) zu reifen, um mit den Situationen widerspruchsfrei „klarzukommen". Erwin, der an Autorität und Gewalt in der Gesellschaft verzweifelte, sieht es als seine spirituelle

Aufgabe an, nicht mehr mit Ablehnung und Aggression zu reagieren, sondern die Menschen offen anzunehmen. Elektra, die sich in einer möglichen, im Interview vorgetragenen, aber negierten Ausdeutung ihres Lebens als „Opfer beruflicher Intrigen" sehen könnte, zieht es vor, ihre Unfähigkeit, wirklich „groß" und erfolgreich zu werden, in vergangenen Leben zu suchen. Thomas Ranke transportiert die Ausgrenzungserfahrung wegen seines Stotterns in eine menschlich-spirituelle Evolutionsgeschichte, die ihn zum Vertreter einer fortgeschrittenen Spezies erhöht und gesellschaftliche Ausgrenzungserfahrung spirituell rechtfertigt. All diese esoterischen Ausdeutungen gesellschaftlicher Erfahrung ermöglichen die authentische Annahme des Geschehenen, weil sie mit einem lebensspezifisch eigenen Sinnmuster verknüpft werden, welches das Bestehende belässt und eigene Selbstdefinitionen und Weltsicht derart umschreibt, dass sie Scheitern umdeutet und Handlungsfähigkeit suggeriert. Die Handlungsfähigkeit wird durch einen Bedeutungswandel des Geschehenen ermöglicht. Wenn zukünftig gemäß des erkannten eigentlichen inneren Kerns, des Karmas, authentisch gehandelt wird, könnte sich der Erfolg in den wiederkehrenden Problemlagen einstellen, so die Ansicht der Interviewten.

Eine völlige Entgrenzung der Trennung zwischen Innerem, eigener Selbstkonstruktion und äußeren Gegebenheiten findet statt. Alles, was in der Umwelt des Individuums geschieht, erhält persönlichen Sinn, wird als notwendiger Inhalt des eigenen Karmas, einer persönlich anzunehmenden Aufgabe angesehen, auf die sich das Individuum einzustellen habe. So nah das eigene Karma ist, so fern ist das der anderen. In fremdes Karma mische man sich nicht ein, jede_r muss mit seinen gestellten Aufgaben allein zurechtkommen. Eine völlige Entsolidarisierung entsteht. Gesellschaftliche Konstrukte werden individualisiert, als persönliches Schicksal aufgefasst; eine Definition, Erklärung der Umwelt über kollektiv menschlich erzeugte und deshalb ebenso gemeinsam veränderbare Strukturen findet nicht mehr statt.

Der/die Einzelne entgrenzt sich und isoliert sich gleichzeitig. Die Bilderserie (vgl. Kap. III.6), die Erwin mir nach dem Interview zur unterstützenden Erklärung seiner Vorstellungen zusandte, zeigt dies anschaulich: Der Einzelne (die gezeigte Person ist männlich) steht im Mittelpunkt, im Zentrum der gesamten Betrachtung, Übermensch-gleich. Im nächsten Schritt löst er sich auf, tausend Augen – die Gesellschaft, Menschen um ihn herum, die jedoch anonym und gleichförmig bleiben – nehmen ihn in ihre Reihen auf. Er ist eins mit allen, ohne dass Individualität weiter erkennbar ist. Die Menschheit selbst hat sich aufgelöst. Dies ist Erwins Erlösungsvorstellung: Frei zu sein von der Gesellschaft und doch eins mit ihr.

Mit dem Verlangen nach einem subjektiven Kern (der initiativ und selbstreflexiv, autonom handlungsfähig das Zentrum des Menschen bildet, mit dem er als bürgerlich-privates Subjekt die Anforderungen der Moderne meistern soll) und dem gleichzeitigen Verlangen, die scharfen Ich-Grenzen, das innere isolierte Dasein zu überwinden (wobei es sich beide Male um ein aus der bürgerlichen Spaltung des Subjekts entstehendes Bedürfnis handelt) gelangt der Mensch an eine Gesellschaft, die von ihm fordert: Entgrenze dich, zeige dich, dein wahres Inneres, hebe die Masken der sozialen Rolle auf. Entgrenzung des privaten Ichs, Aufhebung der inneren Spaltung, Vergesellschaftung durch eigene Subjektivität lockt. Die Verführung, die in diesem Anraten liegt, wird von den Interviewten angenommen. Die Interviewten erlernen die verstärkte Berufung auf ihre Subjektivität, die sie esoterisch erproben und durch Seelen- bzw. Karmakonzepte absichern, und suchen gleichzeitig das Aufgehen in der Gemeinschaft.

Keupp arbeitet fünf Typen der Identitätserzählung heraus, die sich nach dem hier skizzierten Muster gesellschaftlich veränderter Ansprüche an das Subjekt herausgebildet haben (vgl. Keupp 2005, S. 10ff). Die hier Interviewten stellen eine Kombination von zwei dieser Typen dar: dem der „Selbstsorge" und dem des „fundamentalistischen Selbst".

Der Typus „Selbstsorge" entzieht sich der inneren Fremdstrukturierung durch gesellschaftlich wirkende Kontrollmechanismen und sucht sich in „Empowermentprozessen und Selbstbemächtigung zu entwickeln" (Keupp 2005, S. 10). Er tut das, was Platon mit dem Begriff der *Selbstsorge* als Grundlage des demokratischen Individuums aufgezeigt hat: die Konstruktion eines innerlich autonomen, sich selbst bewussten Individuums, das unabhängig von der gesellschaftlichen Gebundenheit und Beeinflussung als autochthones Ich mit eigenem Antrieb verstanden wird. Foucault greift auf diesen Begriff zurück, wenn er von der im alten Griechenland begründeten „Sorge um sich selbst" (Foucault 1986, S. 60) schreibt, die keine „Übung in Einsamkeit", sondern eine „wahrhaft gesellschaftliche Praxis" (ebd., S. 71) darstelle. Die Art, sich um sich selbst zu sorgen, seine Selbstvorstellung unabhängig von gesellschaftlichen Normen kreieren zu können, ist die Grundvoraussetzung des mündigen autonomen Individuums, das fähig ist, seine gesellschaftliche Existenz verantwortlich zu leben. „Du musst dich um dich sorgen, weil du die Stadt regieren musst" (Dreyfus/Rabinow 1987, S. 272) – so spricht Sokrates zu Alkibiades, und Foucault wiederholt diese Anforderung an das moderne Subjekt.

Die Forderung, sich um sich selbst, reflexiv, zu sorgen, sich zu kennen in Bezug auf gesellschaftlich übernommene Vorstellungen und Werte und die dagegen aufgebaute Konstruktion eines eigenen, inneren Kerns der Persönlichkeit – unkorrumpierbar, autark – ist eine Grundvoraussetzung der Funktionstüchtigkeit des Einzelnen im demokratischen Staatswesen. Dieser Typus der *Selbstsorge* im Sinne Platons und Foucaults meint jedoch, sich der notwendigen Spaltung des Inneren in eine private, authentische und eine gesellschaftliche, entäußerte Form des Daseins bewusst zu sein. Dieses Bewusstsein schließt das Verständnis des Staates als eines menschlich zu gestaltenden mit ein.

In der gegenwärtig stattfindenden Entgrenzung des Subjekts wird die negative rollenförmige Vergesellschaftung nur als Täuschung minimiert. Die Subjektivierung des Austauschs mit der Gesellschaft dient zur Erschließung von humanen Ressourcen, ihre authentische Gestaltung ist dort zu Ende, wo sie an die Grenze der fremdbestimmten Rahmenbedingungen stößt.

Die Chance, die in der neuen Subjektivierung liegt, ist gleichwohl nicht kleinzureden. Sie birgt die Möglichkeit der Gestaltungsmacht zumindest ein Stück weit. Und es kann kaum erwartet werden, noch ist dazu zu raten, dass Menschen freiwillig in stupidere, weil entfremdetere, alte Verhältnisse, einer Art „Kommandosystem" (Peters 2009), in dem die Fremdbestimmung deutlicher spürbar ist, zurückkehren wollten oder sollten.

Um in der Entgrenzung nicht verlorenzugehen, addieren die Interviewten eine zweite Konstante in ihrer Selbstnarration hinzu – von Keupp (2005) als Typus des „fundamentalistischen Selbst" beschrieben. Unverrückbare Ordnungen stehen in diesem Weltbild neben bzw. hinter den neuen Möglichkeiten, sich von sozialen Konditionierungen zu befreien. Ist die Befreiung von diesen Konditionierungen gelungen, ist die Frage, was bleibt vom Subjekt. Was ist es, das „Selbst", das in der Selbstsorge zu entdecken ist? Und je flexibler und kommunikativ-strukturierter das Subjekt sich wechselnd gestalten soll, um so stärker wird von den Interviewten eine metaphysische Absicherung dafür gesucht, dass etwas in ihnen Bestand habe. Etwas, das ihnen in den Umbrüchen ihrer Biographien und Werthaltungen, die sie in ihrer esoterisch begleiteten Neustrukturierung durchleben, die Gewissheit verleiht, unter den vielfältigen Möglichkeiten die richtige gewählt zu haben.

Gefahren und Potentiale der neuen Subjektivität

Selbstsorge, das Erkennen subjektiv eigener, anderer, von den gesellschaftlich herrschenden Vorstellungen teils geschiedener Werte und Sinnhorizonte, ist ein Grundbaustein eines demokratisch verfassten Inneren. Nimmt die Sorge für sich selbst zu, wie es auch durch den vertieften Bezug auf Selbsterfahrungstechniken der Fall ist, so kann dies ein Baustein sein, den „mündigen" aufgeklärten Bürger zu stärken gegenüber einer alles vereinnahmenden und Anpassung fordernden Umwelt.

Die Spaltung des demokratischen Menschen in ein privates Inneres, in dem eigene Werte, Vorstellungen, Sinnhorizonte beheimatet sind, und in einen gesellschaftlichen Teil des Subjekts, in dem gesellschaftlich übernommene Werte, durch Kompromisse mit der Realität geschlossene Werte und Sinnkonstrukte präsent sind, macht sich als innerer Widerspruch bemerkbar: „Das moderne Individuum befindet sich im Krieg mit sich selbst: Um mit sich selbst verbunden zu sein, muss es von sich selbst getrennt sein. Im politischen wie im privaten Leben ist der Konflikt der normative Kern der demokratischen Kultur" (Ehrenberg 2004, S. 11).

Dieser Widerspruch wird im modernen Staatswesen dadurch verschärft, dass er unter den Bedingungen der Entfremdung vonstattengeht. Die rollenförmige Vergesellschaftung des Menschen findet unter den Bedingungen der Entfremdung statt, das Innere und die privaten Beziehungen werden zum Ort der Authentizität stilisiert. Dadurch, dass die Grenzen des Authentischen, Privaten aufgehoben werden, findet noch keine Vergesellschaftung unter nicht-entfremdeten Bedingungen statt. Sie gerät zum Schein als solche, da sie die Verlockung mit sich führt, die starren Ich-Grenzen einzureißen. Entfremdung definieren Klaus/Buhr als „gesellschaftliches Verhältnis, historisch-gesellschaftliche Gesamtsituation, in der die Beziehungen zwischen Menschen als Verhältnisse zwischen Sachen, Dingen erscheinen und in der die durch die materielle und geistige Tätigkeit der Menschen hervorgebrachten Produkte, gesellschaftlichen Verhältnisse, Institutionen und Ideologien den Menschen als fremde, sie beherrschende Mächte gegenübertreten“ (Klaus/Buhr 1975, Bd. 1, S. 324). Auch unter den Bedingungen der Subjektivierung des gesellschaftlichen Austauschs bleiben die Rollen von außen vorgegeben; der Mensch bringt sich nur scheinbar authentisch und entgrenzt in als fremdbeherrscht empfundene Gegebenheiten ein.

Die Entgrenzung des Subjekts gegenüber den äußeren Anforderungen birgt die Folge der vergrößerten Identifizierung mit von außen gestellten Rollenanforderungen. Kein Platz im Inneren bleibt mehr unbesetzt davon, dem Subjekt und nicht der Gesellschaft gehörend. Marcuse nannte die Folgen dessen, dass das Individuum sich mit dem Dasein identifiziert, welches ihm auferlegt wird, eine fortgeschrittene Stufe der Entfremdung (vgl. Marcuse 1970, S. 31). Im privaten Selbst, dem konstruierten Gegenbild zum entfremdeten vergesellschafteten Dasein, liegt ein subversives Moment. Es zeigt, dass das Subjekt, das Leben, anders gedacht werden kann, als es gegenwärtig existiert – wenn auch im konstruierten „Selbst“ vor allem als Gegenstück zur erfahrenen Realität und auf deren Boden. Aber dennoch, mit dem gespaltenen Subjekt und dem eigentlichen Selbst erzeugt „der Kapitalismus beständig auch für ihn unerwünschte Nebenfolgen [... welche] die Möglichkeiten, in Differenzen zum Bestehenden zu denken“, enthalten (Keupp 1994, S. 268).

Ist der Bezug auf ein Selbst nicht darauf gerichtet, Alternativen zur Anpassung der eigenen Person an die Umstände zu entwerfen, sondern dient er lediglich zur erweiterten Leistungsfähigkeit im Bestehenden, so bedeutet er nicht Selbstsorge, sondern ihr Gegenteil. Wozu der Bezug auf das Selbst im Einzelfall gesucht wird, ist, wie in den Interviews deutlich geworden, oft oszillierend zwischen beiden Extremen anzusetzen.

Selbstsorge betreiben die Interviewten in der Abgrenzung negativer gesellschaftlicher Zuschreibungen: Sehr wohl ist eine Frau zu ihrem Kind keine „Rabenmutter“, wenn sie arbeiten geht; sehr wohl sind körperliche Besonderheiten, seien es Nahrungsmittelunverträglichkeiten oder Stottern, gesellschaftlich nicht auszugrenzen, sondern zu integrieren. Das Beharren auf überformten, zurückgestellten subjektiven Befindlichkeiten und das Geltendmachen dieser Bedürfnisse ist eine Form von Subjektivierung der Beziehungen, wie sie die Interviewten mit Hilfe esoterischer Rezepte tätigen und damit ihrem nahen Umfeld ein Stück menschlicheren, toleranteren Umgang abverlangen.

Auf der anderen Seite ist ihr Umgang mit dem eigenen Selbst ein „Fitmachen“ für den Markt, da sie bereit sind, bestehende Deutungsmuster und Werthaltungen zu annullieren und sich selbst in die bestehenden Rahmenbedingungen bestmöglich einzufügen.

Das „Selbst“ ermutigt sie zu Änderungen ihres nahen Umfeldes, in die gesellschaftlichen Rahmenbedingungen dagegen passen sie sich nahtlos ein.

Subjektivierung und Vereinzelung

Gleichzeitig mit dieser verlangten Entgrenzung des inneren, privaten, kreativen Anteils des Selbst und der Rollenidentität gehen ein gesellschaftlich größer werdender Konkurrenzdruck sowie ein Isolationsschub einher. Die Vergesellschaftung jenseits der Verwertungslogik unterliegender „privater“ Bereiche minimiert sich. Der/die Einzelne wird mehr und mehr nicht nur zum *unternehmerischen Selbst* (Bröckling 2007), sondern zum *einzelunternehmerischen Selbst*, das autonom, selbstreguliert, individuell und authentisch den Alltag organisieren und bewältigen soll.

Die Entwicklung verläuft also diametral: Einerseits soll das authentische Selbst eingebracht, mit Teilidentitäten wie der der Arbeitswelt gekoppelt werden, zum anderen wird die reale Gemeinschaftserfahrung, in die sich der/die Einzelne authentisch und nicht-entfremdet einbringen kann, geringer. Das Ergebnis ist ein in verschiedenen Varianten um sich greifender Kult der exzessiven Selbstvergewisserung, wahrnehmbar in Bungee-Jumping oder anderen Extremsportarten, die ein tiefes, exzessives Erlebnis der eigenen Existenz ermöglichen, die „echt“ und authentisch spürbar ist. Zum anderen greifen Psycho-Techniken um sich, in denen die eigene Gefühlswelt, das eigene „Sein“ zum Kult erhoben wird.

Das Aufgehen in einer gesellschaftlichen Einheit bleibt das Ziel der Interviewten, das sie auf jenseitige Welten verlagern. Verdammt seien sie zur isolierten Rollenerfahrung im Hier und Jetzt; unter dem Blickwinkel des Kosmischen betrachtet wird diese aufgehoben und in eine Einheitserfahrung mit allen überführt. Insofern ist das Konstrukt des jenseitigen Aufgehens in einer All-Einheit, das die Interviewten gebrauchen, als künstlerische Entfremdung im Sinne Marcuses zu begreifen, welche eine bewusste Transzendierung der entfremdeten Existenz besagt (Marcuse 1970, S. 80f). Diese dient, so Marcuse, zur Sublimierung. „Sie bringt Bilder von Zuständen hervor, die mit dem bestehenden Realitätsprinzip unvereinbar sind, die aber als Bilder der Kultur erträglich, ja erhebend und nützlich werden“ (ebd., S. 91).

Verteidigung der Subjektivität versus Annahme des Gegebenen im New Age

In der esoterischen identitätsstiftenden Sinngebung wird danach gesucht, das Selbst widerspruchsfrei in die gegenwärtigen Verhältnisse einzuordnen. Eine globale esoterische Orientierung ermöglicht es, Widrigkeiten als momentane, auf der „evolutionär-spirituellen Entwicklungsleiter tiefstehende" menschliche Äußerungen abzutun. Die Bedeutung des angenommenen kosmischen Entwicklungsplans, an den die Interviewten glauben, für die Ausdeutung der Welt und der Identität kann nach den vorliegenden Ergebnissen gar nicht hoch genug eingeschätzt werden. Dass die gegenwärtige Welt Leid und Schmerz bedeutet, die Gesellschaft schlecht eingerichtet sei, erklären alle Interviewten. Da es ihnen darum geht, ein besseres Leben im Hier und Heute anzustreben, wobei die Gewissheit einer positiven Wendung des Weltenverlaufs entscheidend für ihre Motivation und Zuversicht ist, ihren Weg des stillen, passiven Ertragens der allgemeinen Zustände weiterzugehen, ist die Annahme einer baldigen kosmisch eingeleiteten Wendung der weltlichen Zustände eine Quelle der Selbstvergewisserung von nicht zu unterschätzender Bedeutung.

Auch Mona, die sich aus vielen drückenden Rollenanforderungen derzeit zurückgezogen hat und neue, esoterisch begründete Sozialkontakte aufbaut und der Welt gegenwärtig – wie sie mit Tarot-Kartenlegen begründet – mit den Themen „LOSLASSEN, ANNEHMEN, DEMUT ZEIGEN" (14/34) gegenübersteht, erwartet einen großen gesellschaftlichen Umschwung, in dem die „Außenseiter", wie sie sich derzeit charakterisiert, die Norm darstellen werden.

Im Umgang mit der Widersprüchlichkeit des eigenen Selbst zu gesellschaftlichen Erfahrungen und Anforderungen zeichnet sich ein bedeutender Unterschied ab zwischen Nutzern des frei florierenden esoterischen Marktes, wie sie für diese Studie untersucht wurden, und Mitgliedern geschlossener Sekten-Kulte. Die hier Interviewten nutzen Esoterik, um eine Stärkung und positive Unterstützung für ein Konzept des eigenen Selbst zu erhalten.

Karow (1990) stellte in ihrer Untersuchung von Munies (Mitglieder der Vereinigungskirche) sowie Sannyassins (Mitglieder der Bhagwan-Bewegung) fest, dass die Mitglieder beider Sekten-Kulte die Auflösung des Subjekts in der Religion suchten. Religiöses Ziel sei die „Egozerstörung", es gehe in beiden Sekten-Kulten um eine „Ich-Auflösung", eine „Subjektzerstörung", wie Karow als Kernthese formulierte (Karow 1990, S. 234).

Hier zeigt sich ein deutlicher Unterschied zwischen esoterischer Bewegung und geschlossenen Sekten: Während letztere die Diskrepanz zwischen Rollenerwartung, fremder Zuschreibung und Selbstbild dadurch lösen wollen, dass sie das Gefühl für das authentische Selbst vernichten, gewissermaßen „wegmeditieren" (v. a. durch Meditation in den Zustand der individuellen Gleichgültigkeit und Selbst-Aufgabe gelangen), geht es Anhängern der individuell kreierten Esoterik darum, ein *anderes* Selbstbild, eine eigentliche, gewollte und gefühlte Subjektivität, gegen die äußeren Zumutungen, Zuschreibungen, Rollenerwartungen zu *verteidigen*. Aus dieser versuchten *Verteidigung der Subjektivität* rührt das Selbstbild des Revoluzzers, des Opponenten gegen die herrschenden Zustände, das esoterische Menschen immer wieder von sich zeichnen und welches ihnen von Kritikern ebenso regelmäßig abgesprochen wird. Jedoch berührt diese Verteidigung der Subjektivität nur einen Nahbereich ihrer gesellschaftlichen Existenz.

Die Kritik esoterischer Weltanschauung bezieht sich häufig explizit auf gesellschaftspolitische Aussagen ihrer exponierten Vertreter, wie z. B. Rudolf Steiners Rassismus, Rudolf Bahros esoterisch begründeten Ruf nach einem neuen „Adolf" für Deutschland oder Jan Udo Holeys/Jan van Helsings esoterische antisemitische Verschwörungstheorien. Diese explizit politischen Aussagen waren jedoch in keinem Fall der Interviews diejenigen, die die Menschen motivierten, Esoterik zu betreiben. Alle Interviewten wenden Esoterik auf ihren unmittelbaren Nahbereich an, zur Erklärung ihres eigenen Lebens, der Rekonstruktion ihrer biographischen Selbstnarration, der Umdeutung von gesellschaftlichen Gegebenheiten, um sie innerlich annehmen zu können, sowie zur Neustrukturierung ihrer Innerlichkeit durch Selbsterfahrung. Keiner der Interviewten sprach von sich aus gesellschaftliche, weltpolitische Zusammenhänge an, um sie esoterisch auszudeuten. Jedoch wurde durch Nachfragen meinerseits deutlich, dass die Interviewten jederzeit bruchlos in der Lage und bereit dazu sind, auch globale politische Ereignisse, Krieg, Hunger, Katastrophen, esoterisch auszudeuten und als karmisch bedingt positiv zu sanktionieren.

Die Verteidigung der subjektiven Sichtweise, wie sie die Befragten äußerten, paart sich mit der Verteidigung bestehender Zustände. Insofern zeigt sich der anti-emanzipatorische weil gesellschaftsblinde Gehalt dieser Religiosität.

Ansätze für die soziale Arbeit

Als Ansatz für soziale, sozialpädagogische und sozialpsychologische Konzepte für den praktischen Umgang mit den beschriebenen neuen Anforderungen an das Subjekt ergeben sich zwei Blickpunkte. Zum einen einer der unmittelbaren Krisenintervention, zum anderen einer, der die Chancen der neuen Subjektivität begreift und eine Selbstsorge stärkt.

Die unmittelbar nötige Krisenintervention ergibt sich aus den Folgen, die das rastlose Einbringen des Selbst beim/bei der Einzelnen zeitigt. Ehrenberg (2004) beschreibt in seiner Analyse das Massenleiden Depression als Folge ebendieses postmodernen Menschenbildes, in dem nicht genüge „man selbst zu werden, sich auf die Suche nach seiner ‚Authentizität' zu machen, man muss auch selbstständig handeln und sich dabei auf seine eigenen inneren Antriebe stützen" (Ehrenberg 2004, S. 197). „Das ‚unternehmerische Selbst' ist ein ‚erschöpftes Selbst'", pflichtet Bröckling bei (2007,

S. 289). „Weil die Anforderungen unabschließbar sind, bleibt der Einzelne stets hinter ihnen zurück, weil der kategorische Komparativ des Marktes einen permanenten Ausscheidungskampf in Gang setzt, läuft er fortwährend Gefahr, ausgesondert zu werden. Anerkennung ist gebunden an Erfolg, und jedes Scheitern weckt die Angst vor dem sozialen Tod. Fixpunkte und Ruhezonen fehlen" (ebd., S. 289).

Der depressive Mensch sei erschöpft von dieser permanenten Überforderung und dem Gefühl des Scheiterns: „Wenn die Neurose das Drama der Schuld ist, so ist die Depression die Tragödie der Unzulänglichkeit. Sie ist der vertraute Schatten des führungslosen Menschen, der des Problems, er selbst zu werden, müde ist und der versucht ist, sich bis zum Zwanghaften Produkten oder Verhaltensweisen zu unterwerfen" (Ehrenberg 2004, S. 9). Um dieser Unterwerfung des inneren Bereichs vorzubeugen und die Autarkie vor gesellschaftlichen Ansprüchen zu stärken, müsse, so Bröckling, das Bild der Subjektivität als eines verstanden werden, das sich nicht widerspruchsfrei einordnen lassen muss: „Subjektivität könnte als ‚Differenz' deutlich werden, die sich gerade nicht in ‚Identität' auflösen lässt, sondern durch Brüche, Verwerfungen und ‚blinde Flecken' gekennzeichnet ist. Die Genealogie der Subjektivierung erschöpft sich folglich nicht darin, eine historische Ontologie und Deontologie des Selbst zu rekonstruieren, sondern präpariert auch heraus, wo deren Grenzen, Unschärfen, nichtintendierten Effekte und Widersprüche liegen" (Bröckling 2007, S. 34f).

Eine „Kultur des Scheiterns" zu entwickeln, sieht denn Keupp (2005, S. 21) als zentrale Aufgabe, um der permanenten Überlastung der/des Einzelnen entgegenzuwirken. Sie ermögliche, „persönliche Grenzen der Zumutbarkeit" offen zu artikulieren, und leitet damit zum zweiten Teil der nötigen, zu entwickelnden sozialen Kompetenzen über: der nötigen „Grenzziehung" (ebd., S. 25).

Eine bewusste Grenzziehung, die einen subjektiv-individuellen Bereich von der geforderten Vergesellschaftung des Inneren unter betriebswirtschaftlichen Zwecken verlangt, kann zu einer Lösung aus der entgrenzten Selbstverausgabung führen. Diese könne über die „Stärkung reflexiver Kompetenzen" gelingen (Keupp 2005, S. 23), womit jedoch nicht nur die kognitive Reflexion und Instandsetzung eigener Gefühle und Wahrnehmungen und die passende Sinnausdeutung unter der bestehenden Ordnung gemeint ist – wie sie in der Esoterik durchaus „reflexiv" geschieht –, sondern die reflexive „ideologische Auseinandersetzung", die dem „neoliberalen Menschen- und Gesellschaftsbild das Recht bestreiten muss, die angemessene Denkform der reflexiven Moderne zu sein" (ebd., S. 23).

Die nötige Grenzziehung, die Keupp als Schlüsselkompetenz der psychologischen Beratungsarbeit angesichts der Entwicklung anrät, würde auch bedeuten, negative Erfahrung in Teilidentitäten annehmen zu können, bewusst ein Scheitern an den stetig höher, ins Unerreichbare gesteckten Zielen in Kauf nehmen zu lernen. Mit dieser Grenzziehung und der Erkenntnis der Differenz zwischen individuellen Zielen und denen des Marktes wäre eine

Selbstsorge angestoßen, die zu einer selbstbestimmten reflexiven, emanzipatorischen Kompetenz des Subjekts gegenüber der Gesellschaft verhülfe.

Ein zentrales weiteres Anliegen für eine soziale Praxis im Umgang mit der neuen Subjektivität gilt der Vereinzelung, welche mit ihr einhergeht. Dass im Umgang mit Problemen nicht nur individuelle Konzepte greifen, sondern sowohl Problemlagen als auch Lösungsansätze eine soziale Dimension besitzen, geht im Diskurs der derzeitigen Subjektivierung verloren. Im Zusammenschluss mit Gleichgestellten und Gleichgesinnten kann ebenso eine Vergesellschaftung jenseits der vermittelten, entfremdeten erfahren und eine Stärkung von Handlungskompetenz und Authentizität erreicht werden, die dem Subjekt gerecht wird und es nicht verleugnet.

2 VERGLEICHENDE ZUSAMMENFASSUNG DER INTERVIEWAUSWERTUNGEN

a) West/Ost

Auffallend bei Michael wie bei Thomas Ranke – die beide in der DDR sozialisiert wurden – ist, dass sie im Gegensatz zu den Interviewten aus der alten Bundesrepublik gesellschaftspolitisch aktiv sind (Michael in der Linkspartei; Thomas Ranke im freien Radio und diversen kulturpolitischen Gruppierungen). Für sie schließen sich esoterisches Denken und aktive Gesellschaftspolitik nicht aus, anders als bei den Interviewten aus dem Westen.

Bei beiden Interviewten im Osten findet die Auseinandersetzung mit den verschiedenen Gesellschaftssystemen und ihren Grundideen Eingang in ihre esoterisch unterstützten Überlegungen zur Weltdeutung und Selbstverortung.

Das Sample dieser Forschung ist jedoch quantitativ zu gering, um diesen Ost-West-Befund verallgemeinern zu können.

b) Gesellschaftsbild

Die Interviewten benutzten Esoterik zunächst für den persönlichen Nahbereich: ihren Alltag besser gestalten zu können, sich innerlich neu zu orientieren, einschneidende Erlebnisse ihres Lebens zu erklären. Gesellschaftliche Dimensionen spielten bei den Interviewten aus dem westlichen Teil des Landes die Rolle einer drohenden Kulisse. Die Mehrzahl der Interviewten verfügt über eine vage, aber äußerst pessimistische gesellschaftliche Zukunftserwartung, wie Mona sie exemplarisch ausdrückt:

> „Und, ähm, und was ich halt einfach sehe für, für Deutschland, [...] das hab ich schon in den, in den Achtzigern mir immer gedacht, so, so geht des nicht weiter. So kann das nicht funktionieren. Ich hätt' 's aber nicht begründen können, ja. So, als in den Achtzigern, es dann losging mit dieser Ellenbogengesellschaft. Jeder schaut nur noch auf sich und, wie auch immer, ja. Wo ich immer 's Gefühl hatte, irg-, ja, irgendwas stimmt da nich'. Ich hätt', ich hätt' 's aber nie benennen können, ja. [...]. Und seit, seit die EU dazugekommen is', ja, ähm, äh, wird es noch schlimmer, ja. [...]. Also, Deutschland befindet sich, meiner Meinung nach, auf 'm Weg, wo 's irgendwann nich' mehr rauskommt, ja. [...] Und, und ich hab mir schon, ich hab mir schon vor zehn Jahren gedacht, so geht das nich' weiter, ja. Und 's geht immer weiter. Und 's wird immer schlimmer, ja. Und, ähm, und ich weiß nich' wie lang das noch so geht, keine Ahnung (4 sec)" (Mona 31/31ff).

Die konkrete Zukunft wird als ausweglos erachtet, eine positive Veränderung der Verhältnisse wird für eine ferne Zukunft erwartet, dem „neuen Zeitalter". Dieser grundsätzliche Glaube an eine künftige positive Veränderung der Verhältnisse dient als Schutz vor Resignation und erhöht die Selbstanerkennung, da die Interviewten sich selbst als Vorboten dieser besseren Zeit sehen.

c) Esoterik als Geist sinnloser Zustände

Die Interviewten verfügen über ein hohes Bildungsniveau. Bis auf Mona (und Stella-Rosa) durchliefen sie eine universitäre Ausbildung. Sie verbinden Teile ihrer wissenschaftlichen Kenntnis mit religiösen Erklärungsansätzen. Als Beispiele seien genannt:

- Erwin, der Ansätze der transaktionalen Stresstheorie referiert und diese mit einer esoterisch begründeten Suche nach dem ruhenden Pol und einem daraus resultierenden anderen „appraisal" verbindet;
- Elektra, die von sekundärem Krankheitsgewinn ihrer Nahrungsmittelunverträglichkeit spricht und dies mit esoterischen Ansprüchen, sich selbst authentisch mit allem Negativen nach außen hin zu präsentieren, verbindet;
- Michael, der Versatzstücke historisch-dialektischen Marxismus verwendet und diese damit vermengt, dass die Welt möglicherweise unerkannten kosmischen Gesetzmäßigkeiten gehorche und die Menschen diese neuen Gedanken zulassen sollten.

Die wissenschaftlichen Fachbegriffe werden dabei nicht in einen theoretischen Zusammenhang gesetzt und benutzt, sondern als eklektisches Anwendungswissen zur Erklärung des eigenen Lebens herangezogen. Es zeichnet sich die Tendenz ab, dass die Interviewten das fachlich in der Ausbildung vermittelte Wissen als abstrakt und lebensfremd begreifen. Mona bringt diese Ansicht unter Bezugnahme auf ihre abgebrochenen Psychologie- und Philosophievorlesungen auf den Punkt: „Ja, was hat das mit meinem Leben zu tun? Ja. Es hat keinen Nährwert für mich, ja" (8/34f). Sie konnte das dort vermittelte Wissen nicht in Bezug zu einer sinnvollen eigenen Welterklärung setzen; das Wissen verblieb „äußerlich" und vermittelt.

Nicht nur Wissenschaft scheint für viele Interviewte keinen Zusammenhang zu Fragen des Lebens aufzuweisen. Ebenso berichtet Mona von ihrer täglichen, hochqualifizierten Arbeit, die jahrelang ihr Leben bestimmte und der sie, wie ihrer Erzählung zu entnehmen ist, keinen inhaltlichen Sinn beimessen konnte.

Eine Ausnahme stellt der Interviewte Erwin dar, der den theoretischen Grundlagen des Studiums (Materialistische Behindertenpädagogik) hohe Bedeutung beimisst. An einer neuralgischen Stelle des Interviews, an dem die Grundlagen des Studiums und die erfahrene Berufsrealität mit den angenommenen karmischen Gesetzmäßigkeiten inhaltlich kollidieren, lässt er letztere fallen.

d) Handlungsfähigkeit im Alltag

Metaphysische Absicherung eines autonomen authentischen Selbst

Esoterische Hilfskonstruktionen werden von den Interviewten vordringlich dazu genutzt, um eine Selbstverortung in der alltäglichen Lebenswelt zu bewerkstelligen. Die Sinngebung bezieht sich in erster Linie auf den persönlichen Nahbereich; gesellschaftlich weitreichendere Deutungsebenen sind für die Interviewten nachrangig. Esoterik dient dazu, wie Thomas Ranke zusammenfasst, herauszufinden, „wer man eigentlich selber ist. Und was man hier macht, in der Gesellschaft" (Thomas Ranke 7/43f).

Ziel ist eine Verbesserung der Handlungsfähigkeit. Diese erfolgt über eine Neustrukturierung der eigenen Handlungsoptionen, v. a. eine Veränderung eigener Werte, die eine Neubewertung stressauslösender Situationen ermöglicht. Um ein kohärentes Selbst aufrechtzuerhalten, wird eine „Spur des Karmas" als identitärer Faden angenommen, der dem veränderten Selbstbild eine metaphysische Absicherung von Beständigkeit und Richtigkeit und damit persönliche Gewissheit und Zuversicht verleiht. Dementsprechend werden angenommene Vorleben (Reinkarnationen) als Erklärungsursache für gegenwärtige unverständliche Problemlagen herangezogen. Mögliche zukünftige Inkarnationen spielen in der Betrachtung der Interviewten keine Rolle.

Esoterische Welt und Alltagswelt

Häufig wird in den Interviews von „zwei Welten" gesprochen, der esoterischen und der gesellschaftlichen Wirklichkeit, zwischen denen die Interviewten unterscheiden. Mona und Erwin etwa geben an, gedanklich in solchen „zwei Welten" zu leben; Michael ist damit beschäftigt, seine „zwei Weltanschauungen" – ein philosophisch-materialistisches Weltverständnis und ein idealistisch-religiöses – in Einklang zu setzten. Da es allen Interviewten darum geht, den Kontakt zur Alltagswelt nicht nur zu erhalten, sondern durch esoterische Hilfsmittel zu verbessern, versuchen sie, beide Welterklärungsmuster zu vereinigen. Sie wollen nicht „weg" von dieser Welt, sondern nutzen Esoterik, um in ihr zu bestehen. Mona drückt diese Vorstellung explizit anhand eines Berichtes über einen esoterischen Freund aus, der den esoterischen „Weg" sehr weit gegangen sei und dadurch den Kontakt zur Alltagswelt verloren habe:

> „Ich weiß nich', ob ich diesen Weg auch bis zu Ende gehen will, ja. Und ob ich so, ähm. Also, weil der, weil der Ingo [Freund von Mona; CB], der, der is' den Weg halt wirklich sehr, sehr weit gegangen. Und, der is' nicht mehr überlebensfähig in der realen Welt, meiner Meinung nach, ja. Also, der, der verliert halt die Bodenhaftung, irgendwie sehr schnell, auch. [...]. Ähm, (-) ich möchte die Fähigkeit behalten, mich in dieser normalen Welt zu BEWEGEN, ja. Und mein, mein, mein' NORMALEN Menschenverstand behalten, ohne abzudriften in, äh, in den WAHN, sag' ich jetzt so mal, ja. Oder in, in andere Welten, wo du nur noch irgendwelche Dinge wahrnimmst und Seelen, die da rumschwirren, und keine Ahnung was. [...] Ich will auch, auch leben, ja. Und, und 's Leben genießen. Und, also, dann musst halt immer irgendwie so 'ne (--) Balance finden, ja" (Mona 21/4ff).

Esoterik wird von den Interviewten pragmatisch dazu benutzt, diese Welt besser zu bewältigen, „klarzukommen". Dies ist der Maßstab, den sie an die

Auswahl ihrer esoterischen Hilfskonstruktionen anlegen. Auch Erwin drückt dieses Anliegen aus. Er schildert Zeiten in seinem Leben, in denen er vom „normalen" menschlichen Miteinander und gesellschaftlichen Werten enttäuscht war und versuchte, dem Alltag zu entkommen. Er sei dabeigewesen, „total abzudriften". Die esoterische Praxis half ihm, sich wieder in der Alltagswelt zurechtzufinden, sie hat ihn „wieder runtergeholt" vom Versuch, aus dem Alltagsleben „wegzuspacen".

Die Interviewten wollen in dieser unserer Welt bleiben und können es nur durch partielle Umdeutung und Ausblendung beschädigender Realitäten. Die Ohnmacht gegen bestehende Missliebigkeiten wird zur esoterischen Allmacht gewendet, sie innerlich überwinden zu können.

e) Individualisierung von Problemlagen

Grundsätzlich gehen die Interviewten den Weg der Selbstveränderung, um mit erfahrenen Alltagsproblemen besser umgehen zu können. Die Interviews sind geprägt vom Bild des „Einzelkämpfers", der sich isoliert den Anforderungen der Gesellschaft ausgesetzt sieht und auf eigene Faust, aus eigener Kraft heraus versucht zu bestehen. Ansätze, Gesellschaft selbst gestalten, aktiv verändern zu können, sind bei den Interviewten, die aus der alten Bundesrepublik stammen, nicht vorhanden. Der Veränderungswunsch wird transzendiert in ein selbstständiges Umschlagen der Verhältnisse in ferner Zukunft. Das Ausleben von gegenkulturellen Vorstellungen, wie authentische Gefühlsregungen ausdrücken zu können, individuell sein zu dürfen etc., wird in esoterische Freiräume verlagert wie Seminargruppen oder esoterisch gleichgesinnte Freundeskreise.

f) „Der Weg ist das Ziel" – Esoterik als ständiger Begleiter

Die Interviewten befinden sich „auf dem Weg", auf dem Esoterik sie begleitet, „nährt" und „hält" und „trägt" (Elvira Böhm 7/7). KeineR von ihnen ist bislang ans Ende des Weges gelangt, an dem sich ihre Probleme, die sie mit esoterischer Hilfe bearbeiten, völlig gelöst hätten. Der mögliche „befreite" Endzustand der eigenen Persönlichkeit wird zwar angedeutet, verbleibt jedoch im Nebulösen.

Esoterische Methoden sind stete Begleiter der Interviewten, die je nach gegenwärtiger Problemlage variiert werden (vgl. Elektras Weg von Familienaufstellung bis hin zu Channeling, um als fremd empfundene Gefühle zu beseitigen; oder Elvira Böhms esoterisch begleiteten Weg zu mehr Selbstvertrauen von der selbst zugestandenen authentischen Gefühlsäußerung anderen gegenüber im so genannten Heilsamen lauschenden Singen bis hin zu körperlichem Austausch mit Hilfe von Tantra). Die Interviewten nehmen die esoterischen Theorien als unterstützende Konstrukte für ihr Selbstbewusstsein, die Zuversicht und Mut spenden.

3 DIE UNSICHTBARE RELIGION *ODER* DIE MÖGLICHKEIT, IDEOLOGIEKRITISCH ZU LEBEN

Luckmanns Theorie *Jegliche Weltansicht ist Religion* ist im Kern die Frage nach der Ideologie versus der Möglichkeit, Ideologiekritik zu üben. Letztere streitet er ab. Der Mensch habe Religiosität als anthropologisches Grundmerkmal, da er vergesellschaftet lebe und die Gesellschaft ihm nicht verständlich sei. Der Vorgang der Herausbildung eines „Me", den er detailliert beschreibt, führe unweigerlich zur Übernahme nicht verständlicher überwältigender Sinnhorizonte und sei deshalb ein religiöser. Weil Luckmann nicht einbezieht, was Adorno, Horkheimer u. a. schon über die Übernahme irrationaler Unterwerfungskonzepte geschrieben haben (und sie detailliert aus dem gesellschaftlichen Funktionieren heutzutage hergeleitet haben) zaubert Luckmann für die Antizipation eines gesellschaftlichen Standpunktes ins eigene Ich das Zauberwort: Das Individuum – welches zunächst nur ein „sinnloser" biologischer Vorgang sei (Luckmann 1991, S. 85) – *transzendiere*[72] sich hierbei, wo im Wort schon das festgelegt wird, was doch eigentlich in der Theorie erst zu beweisen wäre: Dass es sich um die irrationale Annahme von übermächtig wirkenden Zusammenhängen (Vergesellschaftung) handelt, welche religiös fassbar gemacht werden. Dadurch, dass er Konzepte, die all das vor ihm bereits in gesellschaftskritischer Richtung gedacht haben, außen vor lässt, kann er ebenso deren Weiterüberlegungen negieren.

Die in Kap. I.6 dieser Arbeit skizzierte historische Entwicklung der Individuierung des Selbst (die Herausbildung eines Selbstverständnisses unter vergesellschafteten Lebensbedingungen) wird von Thomas Luckmann als Voraussetzung für die Entstehung von Religiosität betrachtet. Anhand seiner Theorie soll zusammenfassend gezeigt werden, wie durch die – in Entfremdung vonstatten gehende – vergesellschaftete soziale Lebensform des Menschen eine Ich-Spaltung, Identitätsbildung, individuelle Transzendierung durch das Individuum vorgenommen und damit die Grundlage für religiöses Bewusstsein geschaffen wird. Gleichzeitig möchte ich Luckmann dahingehend widersprechen und ergänzen: Lediglich dadurch, dass die Vergesellschaftung unter entfremdenden Bedingungen geschieht, also eine so genannte „negative Vergesellschaftung" ist, greift seine These von der Religiosität, ideologischem Charakter jeder Weltanschauung. Jedoch nur jeder Weltanschauung, welche unreflektiert dem Bestehenden verhaftet bleibt.

Ich beziehe mich dabei auf Luckmanns Werk *Die unsichtbare Religion* (1991, Originalausgabe 1967), indem er Thesen zur Identitätsbildung aufnimmt und nicht nur für religionssoziologische und religionspsychologische Untersuchungen zugänglich macht, sondern vielmehr: Diese als Grundlage

72 „Transzendenz ist, was die unmittelbare Evidenz lebensweltlicher Erfahrung überschreitet" (Luckmann 1991, S. 13).

beschreibt, auf der sich als sozialanthropologische Konsequenz Religiosität zwingend vollzieht.

Luckmann geht von einem funktionalistischen Religionsbegriff aus, der primär das Wesen – und daraus erst sekundär abgeleitet die Erscheinungsform – von Religiosität ins Auge fasst. Er bezieht sich dabei auf Durkheim; in Ergänzung zu ihm siedelt er allerdings die Entstehung von Religiosität nicht erst auf gesamtgesellschaftlicher Ebene an, sondern verlagert die Spurensuche nach der Entstehung bereits auf die Ebene des subjektiven Erfahrens, Sinngebens und Handelns.

Durkeims Religionskritik, welche die nach ihm arbeitende Forschergeneration mit seiner psychologisch-funktionalistischer Religionsanalyse grundlegend beeinflusste, geht davon aus, dass Religion eine Grundkonstante menschlicher Vergesellschaftung darstellt. David Émile Durkheim (1858–1917) untersuchte 1912 (*Die elementaren Formen religiösen Lebens*) die seiner Meinung nach anthropologisch ursprünglichste Ausübung von Religiosität anhand der Gebräuche des „Totemismus" australischer Aborigines. Er folgerte, dass die einem Totem, also einem zunächst profanen Gegenstand, zugesprochene Kraft des „Heiligen", „Anonym-Übermächtigen", ein empfundenes Gefühl für die gesellschaftlichen Gegebenheiten abbilde, welches auf das Totem projiziert werde. Gesellschaft erscheine dem einzelnen Mensch übermächtig, absolut, letztlich undurchdringbar, gleichzeitig entfalte sie aufgrund ihrer Wirkungsmächtigkeit über den/die EinzelneN ein Gefühl der Überlegenheit und unbedingten Gültigkeit, Legitimität. Diese unpersönliche allmächtige Wirkungsweise gesellschaftlicher Verfasstheit werde psychisch auf religiöse Gegenstände, die dadurch von Profanem zu Heiligem erhoben werden, übertragen und konkretisiert. Religion ist also nach Durkheim die transzendierte Übermacht der auf den/die EinzelneN einwirkenden – und ihm sowohl in absoluter Kontrolle als auch Veränderbarkeit entzogenen, deshalb irrational aber tatsächlich empfundenen – Gesellschaft in ein vermeintlich konkretes, mystisch-überlegenes allmächtiges Symbol (vgl. Nünning, 2004, S. 128).

Daran schließt sich die These Durkheims der Funktion von Religion als Integrationsritus für die Einbindung des/der Einzelnen in die Gesellschaft an. Durch die oben skizzierte prekäre Relation, in der Individuum und Gesellschaft einander gegenüberstehen, fänden demnach von Zeit zu Zeit gesellschaftliche gemeinschaftliche Riten statt, welche die Einbindung des/der Einzelnen fassbar, erlebbar und nachvollziehbar machten. Hierzu zählten Versammlungen der Gruppenmitglieder wie Feste, Feiern und auch religiöse Riten. Religion als institutionalisierte Form dient demnach also der Vermittlung gesellschaftlicher Deutungsmuster, die der schwer erklärbaren Einbindung des/der Einzelnen in die Gesellschaft mythologische Grundlage geben und dadurch die Stabilität des Systems gewährleisten. „Jede Gesellschaft bedarf immer wieder der Reintegration, und der Prozess, in dem dies geschieht, ist Religion" (Kehrer 1988, S. 36f).

Luckmann geht davon aus, dass die „Individuation menschlichen Bewusstseins", die Ablösung des Bewusstseins aus der unmittelbaren organisch-biologischen Existenz heraus allein aus sozialen Vorgängen resultiert (vgl. Luckmann 1991, S. 83). Erst müsse ein „Abstand vom Strom unmittelbarer Erfahrung entstehen" (ebd., S. 84), bevor ein Mensch sich selbst als durch die Zeit konstantes, identitäres Subjekt erleben könne. Dieser Abstand entsteht, indem eine objektivierte gesellschaftliche Sicht „in Gestalt eines ‚äußeren' Blickwinkels ‚importiert'" (ebd., S. 84) wird, also durch die Antizipation der wahrgenommenen Sichtweise Dritter auf die eigene Person, in der sozialen Begegnung. Als in die Gesellschaft eingebundener, vergesellschaftet lebender Mensch „trifft der einzelne auf Zeugen seines vergangenen wie auch potentiell Zeugen seines zukünftigen Verhaltens", die ihn „für Handlungen verantwortlich" (ebd., S. 85) machen, was den Anlass zur individuellen Konstruktion einer „moralischen Einheit einer Biographie" (ebd., S. 84) darstellt, welche Luckmann als eine bedeutsame Dimension der persönlichen Identität definiert (vgl. ebd., S. 84).

In Folge dieses qua gesellschaftlicher Existenz auferlegten Prozesses entstehen „zwei komplementäre Aspekte des Selbst" (Luckmann 1991, S. 85). Der Mensch „transzendiert [...] seine biologische Natur", (die Luckmann als „islolierte[n] Pol eines ‚sinnlosen' subjektiven Prozesses" beschreibt), er wird dadurch zum „Selbst", dass er „sich mit den anderen an das Unternehmen der Konstruktion eines ‚objektiven' und moralischen Universums von Sinn macht" (ebd., S. 85). „Der Organismus wird zur Person, indem er seine Natürlichkeit transzendiert" (ebd., S. 87). Unter „transzendieren" versteht Luckmann die individuelle Erhebung aus dem natürlich-biologischen, „geworfenen" Dasein auf eine höhere Stufe: die der gesellschaftlichen Verortung, also der Adaption gesellschaftlicher Sinnsysteme und der Konstruktion einer biographischen, kontinuierlichen Identität, der eine Individuation, eine Herausbildung des Bewusstseins als gesellschaftlich-interaktiv bedingter Vorgang zu Grunde liegt.

Die Vorgänge der Individuation von Bewusstsein und Gewissen, (welches sich im Bemühen um die Aufrechterhaltung der individuellen Biographie herstellt) stellen laut Luckmann die „‚Dialektik' von Individuum und Gesellschaft" dar, welches die „anthropologische Bedingung der Religion" sei (Luckmann 1991, S. 118). Allein in dieser Transzendierung des gegebenen „sinnlosen" biologischen Daseins (ebd., S. 85) durch die interaktiv gesellschaftlich-sozial hergestellte Bedeutungsgebung sieht Luckmann bereits die Grundlage für Religion bzw. religiöses Verhalten.

Luckmann führt weiter aus, dass der Mensch die gesellschaftlich vorgegebenen Sinnzusammenhänge in Form einer „Weltansicht" verinnerliche (ebd., S. 92). Darunter versteht er hergestellte Grundüberzeugungen, „Typisierungen, Deutungsschemata und Verhaltensmodelle" (ebd., S. 94), die ein verlässliches Muster darstellen, ein Abbild der Vorstellung über die Wirklichkeit, auf welchem das Individuum im Alltag interagiert.

Sinnsuche in einer komplexen, sich der individuellen Begreifbarkeit und Veränderbarkeit entziehenden Welt wird bei Luckmann zum Grundmotiv religiöser Erklärungen. Er führt die gesellschaftlich bedingte, aber individuell-psychologisch vollbrachte Herstellung religiöser Deutungsschemata detailliert aus:

Auf basaler Ebene zählten zur „Weltansicht" eines Menschen Vorstellungen über die Beschaffenheit von Alltagsgegebenheiten („ein Stuhl ist dazu da, um sich darauf zu setzen", „Wasser ist flüssig", etc.). Zur Orientierung und zum kompetenten gesellschaftlichen Verhalten seien jedoch „höhere Sinnschichten" (ebd., S. 95) von Nöten, welche dem Subjekt Richtlinien geben, wie es sich im komplexen gesellschaftlichen Gefüge zu verhalten hat. Dabei bietet die Gesellschaft dem einzelnen Mensch „Bedeutungsschemata und Handlungsrezepte" (ebd., S. 94) an, mit Hilfe derer er sich zurecht finden, seine Biographie ausgestalten, seine Identität konstruieren könne: „Der Sinn des täglichen Lebens wird erfasst, indem er den Sinnschichten zugeordnet wird, die den Alltag transzendieren" (ebd., S. 95). In den „höheren Sinnschichten", also jenen, welche die komplexere, abstraktere, nicht immer unmittelbar sichtbare Verortung des Individuums in der Gesellschaft begreifbar machen sollen, herrscht laut Luckmann eine Unsicherheit vor, ein „Verlust an Vertrautheit und Bestimmtheit" gegenüber der Weltsicht (ebd., S. 95). Die unüberschaubare Realität, mit der das Individuum im modernen Lebensalltag konfrontiert ist, entzieht sich sowohl der „Kontrolle gewöhnlicher Sterblicher" (ebd., S. 96), als wie sie sich auch „dem Alltagsverstand nur unvollständig" (ebd., S. 95) erschließt. Diese höheren „Bedeutungsschichten", Sinnebenen sind es, „auf die sich das alltägliche Leben letztlich stützt", und sie sind weder „konkret noch unproblematisch" (ebd., S. 95).

Zum besseren Verständnis sei auf die These der *Entfremdung* hingewiesen, mit dem die Distanz des Menschen vom durch die menschliche Gesellschaft Hervorgebrachten beschrieben wird. Dem einzelnen Mensch erscheinen im entfremdeten Zustand die eigenen Produkte/Verhältnisse seines gesellschaftlich-gemeinschaftlichen Schaffens als unbegreiflich, entäußert, fremd. Die Selbstentfremdung ist ein weiterer Schritt dieses Prozesses entäußerter Verhältnisse, in denen der/die Einzelne die gesellschaftliche Dimension des eigenen Daseins als übermächtig empfindet, den eigenen Gestaltungsanteil an diesem Identitätsprozess nicht mehr wahrnehmen bzw. nicht als konstruktiv begreifen kann, sondern die Fremdbestimmung als dominierendes Gefühl im Inneren verbleibt.

Dem angebotenen Sinnzusammenhang entfremdet, nicht in der Lage, ihn mit individuell als konsistent und wahr Angesehenem füllen zu können, bleiben die Phänomene des Alltags dem einzelnen Mensch schließlich „geheimnisvoll und andersartig“ (Luckmann 1991, S. 96). Die Sinnmuster erhalten eine unbegreifbare, religiöse Konnotation, da sie wirkungsmächtig sind, ihr konkreter Gehalt jedoch teils mysteriös und unbegreifbar bleibt.

Letztlich ergibt die Einverleibung objektivierter, in Teilen unverständlicher weil der subjektiven Erfahrbarkeit und Nachvollziehbarkeit entzogener Deutungsmuster nach Luckmann die Grundlage für Religion. Deshalb ist auch Luckmanns Ansicht nach jegliche Form der subjektiven Ausprägung von Weltansicht als Religion zu bezeichnen. Zusammenfassend schreibt Hubert Knoblauch über die Luckmannsche Theorie:

> „Persönliche Identität, die langfristige, dauerhafte und bewusste Steuerung menschlichen Verhaltens, entsteht in der Interaktion, der ‚Einverleibung‘ sozial objektivierten Wissens, in denen sich ein ‚Selbst‘ gegen ein ‚Ich‘ ausgrenzt. Das Individuum entwickelt ein Selbst, indem es mit anderen ein objektives Universum konstruiert. Genau in jenen Prozessen, denen eine religiöse Funktion zugeschrieben wird, entsteht die persönliche Identität, in gewissem Sinne die Institutionalisierung eines ‚Selbst‘-reflektiven, sich durch gesellschaftliche Objektivierung verstehenden Ich“ (Knoblauch in Luckmann 1991, S. 16).

Luckmann ist insofern zuzustimmen, als dass die für den/die EinzelneN nicht in allen Teilen überschaubare Welt, die aber dennoch ihre Wirkmächtigkeit über das Individuum entfaltet und von ihm verlangt, in Weltdeutungen sinnvoll verinnerlicht zu werden, einen überwältigenden und irrationalen Aspekt beinhaltet. Er setzt die Entstehungsbedingung für Religion in der Ich-Spaltung des Individuum an: „Das Religiöse zeigt sich schon in der Vergesellschaftung des Einzelnen, in der Objektivierung subjektiver Erfahrungen und in der Individuation zum Einzelnen“ (Knoblauch in Luckmann 1991, S. 12). So wenig jedoch, wie Luckmann eine historisch-gesellschaftliche Verortung des von ihm beschriebenen Prozesses der Ich-Spaltung zu Grunde legt, so wenig ist ihm ein Denken über die Grenzen dieses Dilemmas hinaus eigen. Eine Vergesellschaftung, die auf anderer Grundlage als der Identitätsbildung mittels Ich-Spaltung basiert, ist ihm nicht denkbar, da er Vergesellschaftung nur unter den (stillschweigenden) Prämissen gegenwärtiger Existenzbedingungen definiert und analysiert.

Folgt man Luckmanns Gedanken, so gerät letztlich *jede* Form von Vergesellschaftung zur Grunddeterminante für die Entstehung von Religiosität. Ein Ende bzw. Umschlagen dieser Form der irrationalen Selbstverortung des Menschen ist nicht mehr denkbar. Luckmann bestätigt dies: „Deshalb können wir behaupten, dass die Weltansicht als eine ‚objektive‘ historische gesellschaftliche Wirklichkeit eine elementare religiöse Funktion erfüllt. Sie lässt sich bestimmen als die *grundlegende Sozialform der Religion*, eine Sozialform, die in allen menschlichen Gesellschaften zu finden ist“ (Luckmann 1991, S. 89f).

Luckmanns Definition von Religion liegt täuschend nahe an der Auseinandersetzung um Ideologie bzw. Ideologiekritik. Ideologie wird verstanden als die grundsätzliche Standortabhängigkeit menschlichen Wahrnehmens und Beurteilens einer Situation, die es dem/der Einzelnen unmöglich macht, einen umfassenden, objektiven Blick auf die ihn umgebenden objektiven Verhältnisse zu erhaschen. Laut Nünnings Lexikon der Kulturtheorie bildet der Gebrauch des Begriffs *Ideologie* bei Marx und Engels, „bis heute die Grundlage der Diskussion [...]. Ideologie bezeichnet dort die auf der Standortabhängigkeit des Denkens beruhenden Mechanismen, durch die veränderliche, gesellschafts- und interessensspezifische Fakten als naturgegebene, unveränderliche Daten missverstanden werden" (Nünning 2004, S. 279).

In dieser grundlegenden Definition von Ideologie wird jegliche Weltansicht qua des subjektiven Standpunktes des Beobachters als Ideologie bezeichnet. Die Frage ist nun, ob es dem Menschen mit Ideologiekritik gelingen kann, seine verzerrte Wahrnehmung zu durchbrechen und über die Grenzen seines ihm unmittelbar Einleuchtenden hinaus gesellschaftliche Ursächlichkeiten und Wirkungsweisen geistig zu durchdringen. „Insofern steht das Konzept der Ideologie bei Marx und Engels im Kontext der Debatte um die Erkenntnisfähigkeit von Subjekten, die den gesamten philosophischen Diskurs der Moderne durchzieht" (ebd., S. 279). Durkheims wie Luckmanns Erklärung für religiöses Verhalten basieren auf der Unbegreifbarkeit und irrational-projizierten Erklärbarkeit und folgender individueller Unterwerfung unter gesellschaftlich entfremdete, übermächtige Zustände. Letztlich reduziert sich die Frage nach der Dekonstruktion religiöser Anschauungen deshalb auf die Frage der Fähigkeit des/der Einzelnen zur Ideologiekritik, also zur Durchdringung gesellschaftlich auferlegter Beschränkungen in die Einsicht der Vorgänge der Wirklichkeit, in der Überwindung partiell irrationaler Erklärungsmuster für Wirkdeterminanten.

Luckmanns Ansicht, wonach der Mensch gleichermaßen zu religiöser Daseinsdeutung verdammt ist, ist entgegenzuhalten, dass sie eine a-historische ist, die nicht nach den Formen der Entstehung von Religiosität innerhalb wechselnder gesellschaftlicher Anforderungen fragt. Die gesellschaftliche Gebundenheit des Menschen hat ihm bis heute sehr wohl den Zwang zur Unterwerfung unter als übermächtig wahrgenommene und letztlich undurchdringlich erscheinende Zustände auferlegt, jedoch lassen sich innerhalb der jeweils vorherrschenden Machtkonstellationen unterschiedliche Bedürfnisse der Sinnkompensation und damit der religiösen Ausprägung unterscheiden (vgl. Kehrer 1988, S. 61ff). Die von Luckmann untersuchte Form religiöser Selbstverortung im gesellschaftlichen System analysiert deren Zustandekommen unter Bedingungen moderner Entfremdungserfahrung und negativer rollenförmiger Vergesellschaftung in der Periode des Umschlagens der Aufklärung in einen Mythos. Je weniger Gesellschaft dem/der Einzelnen als verstehbar und handhabbar erscheint, je stärker die täglichen Anforderungen dem/der Einzelnen nicht mehr als sinnvoll-vernünftig vermittelbar, sondern als Selbstentäußerung erscheinen, umso stärker sind die Versuche, mittels vereinfachenden Erklärungsmustern, die eine authentische Selbsttranszendierung erlauben, Ersatzrationalitäten, Sinnsurrogate zur nicht mehr entschlüsselbaren Realität anzunehmen. Moderne esoterische Religiosität, psychologisch verstanden als „intrinsisches Prinzip authentischer Selbsttranszendenz“ (Helminiak und Lonergans nach Utsch 1998, S. 202) ermöglicht es dem Individuum, im Luckmannschen Sinne eine „Weltansicht“ anzunehmen, in welcher die Transzendierung – also Sinnstiftung des eigenen Daseins im gesellschaftlichen Kontext und Erklärungsschemata für die Vorgänge der Umwelt – derart ermöglicht ist, dass der Widerspruch zwischen authentischem Ich-Verständnis und den gesellschaftlichen Anforderungen und Rollenvorgaben gemindert wird. Gesellschaft wird derart verstehbar, bedeutungsvoll dargelegt und das Individuum mit derartigen Handlungsanleitungen versehen, dass eine authentische Einfügung des/der Einzelnen ins Ganze subjektiv aufscheint.

Es wäre kurzsichtig, davon auszugehen, dass mit der Umgestaltung der Lebens- und Produktionsverhältnisse – nach der dem einzelnen Menschen eine Kontrolle und Mitbestimmung über die gesellschaftliche (Re-)produktion ermöglicht würde und Entfremdungserfahrung zurückginge – automatisch die Tendenz zur irrational-religiösen Erklärung nicht-vermittelbarer gesamtgesellschaftlicher Zustände abbreche. Luckmann konstatiert mit Recht, dass zentrale Bereiche letzter menschlicher Bedeutung dem Verständnis und der Erklärbarkeit oftmals entzogen bleiben, und der Mensch damit gezwungen sei, irrationale begründete Sinnkonstruktionen, Bedeutungsgebungen vorzunehmen. Zum aufgeklärt-emanzipatorischen Umgang mit der Frage der Religiosität zählt demnach ebenso eine Ausweitung der Fähigkeit zur Ambiguitätstoleranz, also dem individuellen Vermögen, momentan nicht ergründbare aber dennoch bedeutende Wirkungszusammenhänge offen stehen lassen zu können, ohne sie mit Aberglauben füllen zu müssen und ohne in eine Krise der persönlichen Sinn- und Handlungskonstruktion zu geraten. Dass dazu sowohl

- Verhältnisse der Nicht-Entfremdung,
- die weitgehende Bildung und Kenntnisse natur- wie sozialwissenschaftlichc Zusammenhänge sowie
- eine erweiterte, stabile individuelle Handlungs- und Verfügbarkeitskompetenz

beitragen, umreißt den Rahmen der Voraussetzungen, die zum kompetenten Umgang mit dem Phänomen Religiosität unter emanzipatorischen Ansprüchen gehören.

Unter der menschlich-emanzipatorischen Entfaltung dieser drei Bedingungen ließe sich die Voraussetzung denken, dass für religiöse Theorien und metaphysische Selbsttranszendenz keine Bedürfnislage mehr bestünde.

Literatur

Adamek, Karl; http://www.karladamek.de/ausbildung.html#AusbildungPsychoresonanztraining (07.12.07a)

Adamek, Karl; http://www.karladamek.de/pdf/Ausbildung2008.pdf (07.12.07b)

Adamek, Karl; http://www.karladamek.de/pdf/Meridiansingen%20-%20Wissenschaftliche%20Hintergruende.pdf (07.12.07c)

Adamek, Karl; http://www.karladamek.de/index.html (07.12.07d)

Adamek, Karl; http://www.karladamek.de/download.html (07.12.07e)

Adamek, Karl; http://www.karladamek.de/forschung.html (08.12.07f)

Adamek, Karl (Hg.): *Lieder der Arbeiterbewegung*, Büchergilde Gutenberg, Frankfurt a. M. 1981

Adorno, Theodor W. und andere: *Der autoritäre Charakter, Studien über Autorität und Vorurteil*, Band 1, Schwarze Reihe Nr. 6, Verlag de Munter, Amsterdam 1968

Adorno, Theodor W. und andere: *Der autoritäre Charakter, Studien über Autorität und Vorurteil*, Band 2, Schwarze Reihe Nr. 7, Verlag de Munter, Amsterdam 1969

Adorno, Theodor W.: *Minima Moralia. Reflexionen aus dem beschädigten Leben*, Suhrkamp, Berlin und Frankfurt a. M. 2001 (Originalausgabe 1951)

Adorno, 2003 *siehe* Tiedemann

Adorno, Theodor W.: *Soziologische Schriften I*, Suhrkamp, Frankfurt a. M. 1979

Adorno, Theodor W.: *Studien zum autoritären Charakter*, Suhrkamp, Frankfurt a. M. 1973 (Originalausgabe 1950)

AGDAP – Arbeitsgemeinschaft der kritischen Praxis: *Tätigkeitstheorie der Kulturhistorischen Schule* (27.09.2004); http://www.agdkp.de/2.html (05.10.09)

Agethen, Manfred: *Geheimbund und Utopie. Illuminaten, Freimaurer und deutsche Spätaufklärung*, Oldenbourg Verlag, München 1987

AGPF – Aktion für Geistige und Psychische Freiheit, Bundesverband Sekten- und Psychomarktberatung e.V., Bonn: *Zahlen zum Psychomarkt 10 Milliarden Euro Umsatz*, vom 10.03.2000; http://www.agpf.de/Zahlen.htm#Zustand (25.09.09)

Alt, Franz/Bahro, Rudolf/Ferst, Marko: *Wege zur ökologischen Zeitenwende: Reformalternativen und Visionen für ein zukunftsfähiges Kultursystem*, Edition Zeitsprung, Berlin 2002 (mit Unterstützung der Rosa-Luxemburg-Stiftung)

Amberger, Hermi: *Wer glaubt, lebt länger. Glauben heilt, beten hilft, und Ärzte können es beweisen*, Ueberreuter, Wien 2000

Ammermann, Norbert: *Religiosität und Kontingenzbewältigung*, Lit Verlag, Münster 2000

Andritzky, W.: *Alternative Gesundheitskultur. Eine Bestandsaufnahme mit Teilnehmerbefragung*, Forschungsberichte zur transkulturellen Medizin und Psychotherapie, Bd. 4, Verlag für Wissenschaft und Bildung, Berlin 1997

Antonovsky, Aaron: *Health, Stress and Coping: New Perspectives on Mental and Physical Well-Being*, Jossey-Bass Publishers, London 1981 (Originalausgabe 1979)

Antonovsky, Aaron: *Salutogenese. Zur Entmystifizierung der Gesundheit*, dgvt-Verlag, Tübingen 1997

AOK-Bundesverband GbR; http://www.aok.de/bund/rd/136246.htm (30.12.08)

Appel, Claudia/Murken, Sebastian : *Religiöses Coping & chronischer Schmerz, Der Schmerz, 21, Supplement 1, 20.* 2007

Assmann, Jan: *Religion und kulturelles Gedächtnis*, Beck, München 2004

Bandler, Richard/Grindler, John: *The structure of magic*, CA Science and Behavior Books, Palo Alto 1975

Barker, Eileen/Warburg, Margith (Hg.): *New religions and new religiosity*, Aarhus University Press, Gylling 2001

Barrow, Logie: *Independent Spirits. Spiritualism and English Plebeians, 1850–1910*, Routledge & Kegan Paul, London, New York 1986

Barth, Claudia: *Über alles in der Welt – Esoterik und Leitkultur. Eine Einführung in die Kritik irrationaler Welterklärungen*, Alibri, Aschaffenburg 2006

Barz, Heiner/Kampik, Wilhelm/Singer, Thomas/Teuber, Stephan: *Neue Werte, neue Wünsche*, Metropolitan, Düsseldorf, Berlin 2001

Barz, Heiner/May, Susanne (Hg.): *Erwachsenenbildung als Sinnstiftung? Zwischen Bildung, Therapie und Esoterik*, Bertelsmann, Bielefeld 2001

Bauman, Zygmunt: *Wir sind wie Landstreicher. Die Moral im Zeitalter der Beliebigkeit*; in: *Süddeutsche Zeitung*, 16./17.11.1993

Bautz, Traugott (Hg.): *Biographisch-bibliographisches Kirchenlexikon*, Band VII, Verlag Traugott Bautz, Herzberg 1994; http://www.bautz.de/bbkl/p/plotin.shtml (06.11.08)

Beck, Ulrich: *Risikogesellschaft. Auf dem Weg in eine andere Moderne*, Suhrkamp, Frankfurt a. M. 1986

Beck, Ulrich: *Von der Vergänglichkeit der Industriegesellschaft*; in: Schmid, Thomas (Hg.): *Das pfeifende Schwein*, Wagenbach, Berlin 1985

Belzen, Jakob A. v.: *Über Religionspsychologie: Konditionen und Gründe ihrer Existenz*; in: *Journal für Psychologie*, open access Zeitschrift der *Neuen Gesellschaft für Psychologie (NGfP)*, Jg. 16, Ausgabe 3, Pabst Science Publishers, Lengerich 2008; http://www.journal-fuer-psychologie.de/jfp-3-2008-02.html (10.09.09)

Berger, Peter/Berger, Brigitte/Kellner, Hansfried: *Das Unbehagen in der Modernität*, Campus, Frankfurt a. M., New York 1975

Bertelsmann Stiftung (Hg.): *Religionsmonitor 2008*, Verlag Bertelsmann Stiftung, Gütersloh 2008

Bertens, Hans: *Die Postmoderne und ihr Verhältnis zum Modernismus*; in: Kamper, Dietmar/van Reijen, Willem (Hg.): *Die unvollendete Vernunft. Moderne vs. Postmoderne*, Suhrkamp, Frankfurt a. M. 1987, S. 46–98

Beskaya, Bahar/Harms, Natalie/Waldt, Margarethe: *Eine Studie zur Religiosität in Berlin*, Humboldt Universität zu Berlin, Institut für Sozialwissenschaften 2007

Bezirksverbandes der NPD Oberfranken; http://www.npd-oberfranken.de/index.php?inhalt=lexikon (29.08.09)

Bierl, Peter: *Wurzelrassen, Erzengel und Volksgeister – Die Antroposophie Rudolf Steiners und die Waldorfpädagogik*, Konkret Literatur Verlag, Hamburg 1999

Blavatsky, Helena Petrowna: *Die Geheimlehre, Band 1,2,3,4*, Verlag Esoterische Philosophie, Hannover 1999 (Neuauflage der ersten deutschen Gesamtausgabe von 1919)

Bochinger, Christoph: *„New Age" und moderne Religionen: religionswissenschaftliche Analysen,* Chr. Kaiser/Gütersloher Verlagshaus, Gütersloh 1994

Bohleber, Werner: *Zur Bedeutung der neueren Säuglingsforschung für die psychoanalytische Theorie der Identität*; in: Keupp, Heiner/Höfer, Renate (Hg.): *Identitätsarbeit heute*, Frankfurt a. M. 1997, S. 93–119

Böhme, Gernot: *Der Typ Sokrates*, Suhrkamp, Frankfurt a. M. 1988

Böhme, Gernot: *Selbstsein und derselbe sein. Über ethische und sozialtheoretische Voraussetzungen von Identität*; in: Barkhaus, Anette/Mayer, Matthias/Roughley, Neil/Thürnau, Donatus (Hg.): *Identität, Leiblichkeit, Normativität*, Suhrkamp, Frankfurt a. M. 1996, S. 322–340

Bohnke, Ben Alexander: *Stichwort Esoterik*, Droemersche Verlagsanstalt Th. Knaur Nachf., München 1993

Bohnke, Ben Alexander: *Stichwort Esoterik*, ECON Verlag, Droemersche Verlagsanstalt, München 1991

Boltanski, Luc/Chiapello, Eve: *Der neue Geist des Kapitalismus*, UVK, Konstanz 2006

Bordieu, Pierre: *Das religiöse Feld*, UVK, Konstanz 2000

Bordieu, Pierre: *Die Auflösung des Religiösen*; in: ders.: *Rede und Antwort*, edition Suhrkamp, Frankfurt a. M. 1992, S. 231–237

Bretfeld, Sven: Tod, *Wiedergeburt und Erlösung im Manichäismus*, Unipress, Forschung und Wissenschaft an der Universität Bern, Heft 118, Oktober 2003; http://www.unibe.ch/unipress/heft118/beitrag12.html (02.06.09)

Bröckling, Ulrich: *Das unternehmerische Selbst. Soziologie einer Subjektivierungsform*, Suhrkamp, Frankfurt a. M. 2007

Bucher, Anton A.: *Psychopathologie religiöser Entwicklung. Glaubensprofile zwischen Individualität und Universalität*, Verlag W. Kohlhammer, Stuttgart 2004

Bugental, James: *Stufen therapeutischer Entwicklung*; in: Walsh, Roger N./Vaughan, Frances (Hg.): *Psychologie in der Wende. Grundlagen, Methoden und Ziele der transpersonalen Psychologie. Eine Einführung in die Psychologie des Neuen Bewusstseins*, Scherz Verlag, München 1985, S. 212–219

Buggle, Franz: *Warum gibt es (fast) keine deutsche empirische Religionspsychologie?, Forschungsberichte des Psychologischen Instituts der Albert-Ludwigs-Universität Freiburg i. Br., Nr. 73*, Freiburg i. Br. 1991

Burke, Peter J.: *Identity processes and social stress*; in: American Sociological Association (Hg.): *American Sociological Review*, Vol. 56, Washington 1991, S. 836–849

Bürkle, Horst (Hg.): *New Age*, Patmos Verlag, Düsseldorf 1988

Büssing, Arndt/Ostermann, Thomas, Glöcker, Michaela/Matthiessen, Peter F. (Hg.): *Spiritualität, Krankheit und Heilung – Bedeutung und Ausdrucksformen der Spiritualität in der Medizin*, VAS-Verlag, Frankfurt a. M. 2006

Carroll, John B. (Hg.): *Language, Thought and Reality: Selected Writings of Benjamin Lee Whorf*, Wiley, New York 1956

Christ, Sebastian: *„Kein Rassismus im Werk Rudolf Steiners"*, in Stern 16.11. 2007; http://www.stern.de/politik/panorama/:Waldorf-Paedagogik-Kein-Rassismus-Werk-Rudolf-Steiners/602805.html?nv=rss (17.11.07)

Cohn, Norman: *Die Protokolle der Weisen von Zion. Der Mythos von der jüdischen Weltverschwörung*, Kiepenheuer & Wietsch, Köln, Berlin 1969

Conrad, Anne: *„Umschwebende Geister" und aufgeklärter Alltag. Esoterik als Religiosität der Spätaufklärung*; in: Neugebauer-Wölk, Monika (Hg.): *Aufklärung und Esoterik. Studien zum achtzehnten Jahrhundert Band 24*, Felix Meiner Verlag, Hamburg 1999, S. 397–415

Daecke, Karin: *Moderne Erziehung zur Hörigkeit? Die Tradierung strukturell-faschistischer Phänomene in der evolutionären Psychologieentwicklung und auf dem spirituellen Psychomarkt, Ein Beitrag zur zeitgeschichtlichen Introjektionsforschung in drei Bänden, Band 1, Der Tradierungsgrundbestand und seine Ausgestaltung in den wichtigsten Pilotprojekten der New-Age-Bewegung und auf dem Psychomarkt*, Edition Psychotherapie und Zeitgeschichte, Neuendettelsau 2006

Daecke, Karin: *Moderne Erziehung zur Hörigkeit? Die Tradierung strukturell-faschistischer Phänomene in der evolutionären Psychologieentwicklung und auf dem spirituellen Psychomarkt, Ein Beitrag zur zeitgeschichtlichen Introjektionsforschung in drei Bänden, Band 2, Die evolutionäre Psychologieentwicklung nach dem zweiten Weltkrieg und ihre Bedeutung für die New-Age- und New-Era-Bewegung*, Edition Psychotherapie und Zeitgeschichte, Neuendettelsau 2006

Daecke, Karin: *Moderne Erziehung zur Hörigkeit? Die Tradierung strukturell-faschistischer Phänomene in der evolutionären Psychologieentwicklung und auf dem spirituellen Psychomarkt, Ein Beitrag zur zeitgeschichtlichen Introjektionsforschung in drei Bänden, Band 3, Strukturell-phänomenologische Grundlagen einer ideologiekritischen Psycho- und Soziotherapieforschung im Mehrgenerationenfeld. Methoden und Ergebnisse*, Edition Psychotherapie und Zeitgeschichte, Neuendettelsau 2007

Dausien, Bettina: *ICH- und SELBST-Bildung in Lebensläufen*; in: Sandkühler, Jörg (Hg.): *Ich und Selbst. Theorien und Konzeptionen*, Zentrum philosophische Grundlagen der Wissenschaften, Schriftenreihe Band 23, Universität Bremen, Bremen 1999, S. 53–77

Dethlefsen, Thorwald: *Das Leben nach dem Tod. Gespräche mit Wiedergeborenen*, Goldmann, München 1984

Deutsche Bischofskonferenz, Referat Statistik: *Kirchenaustritte*; in: Meintz, René: *Statistik. Kirchenaustritte in Deutschland*; http://www.kirchenaustritt.de/statistik/ (01.10.09)

Deutsche Qigong-Gesellschaft; http://www.qigong-gesellschaft.de/ (30.12.08)

Deutscher Bundestag, 13. Wahlperiode (Hg.): *Endbericht der Enquete-Kommission „So genannte Sekten und Psychogruppen“*, Drucksache 13/10950 vom 09.06.1998, Bonn 1998

Deutschmann, Christoph: *Die Verheißung des absoluten Reichtums. Zur religiösen Natur des Kapitalismus*, Campus, Frankfurt a. M., New York 1999

Dewe, Bernd/Ferchoff, Wilfried/Sünker, Heinz: *Theoriemächtige Subjekte dank Alltagstheorien*; in: Eyfert, Hanns/Thiersch, Hans (Hg.): *Handbuch der Sozialarbeit/Sozialpädagogik*, Luchterhand, Neuwied/Darmstadt 1984, S. 56–72

Die rosaroten PantherInnen (Hg.): *ZEGGsismus. Irdische Informationen zu einem kosmischen Projekt*, Broschüre der AG Sekten des AStA der FU Berlin, Berlin o. J. (vermutlich 1995)

Dieter Duhm: *Politische Texte – Für eine gewaltfreie Erde*, 1992, S. 139; in: Die rosaroten PantherInnen 1995, S. 20f

Donat, Albert: *Spiritualismus und Sozialismus*; in: *Zeitschrift für Spiritismus*, 6. Jahrgang 1902

Dregger, Leila (Hg.): *Die weibliche Stimme – für eine Politik des Herzens*, Nr. 9, Belzig 2003

Dreyfus, Hubert L./Rabinow, Paul: *Michel Foucault. Jenseits von Strukturalismus und Hermeneutik*, Athenäum Verlag, Frankfurt a. M. 1987

Ehrenberg, Alain: *Das erschöpfte Selbst. Depression und Gesellschaft in der Gegenwart*, Campus, Frankfurt a. M., New York 2004 (Originalausgabe 1998)

Eisler, Rudolf: *Wörterbuch der philosophischen Begriffe*, Digitale Bibliothek Band 3: *Geschichte der Philosophie*; http://www.philos-website.de/index_g.htm?autoren/eisler_rudolf_g.htm~main2 (06.11.08)

Elias, Norbert: *Über den Prozess der Zivilisation*, Band 1, Suhrkamp, Frankfurt a. M. 1976

Elias, Norbert: *Über den Prozess der Zivilisation*, Band 2, Suhrkamp, Frankfurt a. M. 1979

Emnid/Data Conzept; Repräsentativumfrage: *Was die Deutschen Glauben*; in: Focus Nr. 16, 10.04.2004, S. 130

Erikson, Erik. H: *Identität und Lebenszyklus*, Suhrkamp, Frankfurt a. M. 1998 (17. Auflage)

ESO-TEAM, Messe- und Kongress GmbH; http://www.esoterikmesse.de/esoterikmesse/cms/20.14.Ausstellerinfos-generell.html (11.08.09)

Evangelische Landeskirche in Württemberg (Hg.): *Handbuch für Kirchengemeinderäte, Kapitel 7: Neue religiöse Bewegungen und Sondergemeinschaften*; http://www.elk-wue.de/fileadmin/mediapool/elkwue/handbuch_fuer_224.pdf (24.09.09)

Faivre, Antoine/Neugebauer-Wölk, Monika: *Ein neues Feld europäischer Religionsgeschichte. Antoine Faivre gibt Auskunft zur Esoterikforschung*; in: *zeitenblicke 5* (2006), Nr. 1, (04.04.2006); http://www.zeitenblicke.de/2006/1/Interview/index_html (28.07.09)

Faivre, Antoine: *Esoterik im Überblick. Geheime Geschichte des Abendländischen Denkens*; Herder, Freiburg i. Br. 2001

Faivre, Antoine: *Esoterik*, Edition Roter Löwe im Aurum Verlag, Braunschweig 1996

Faltermaier, Toni: *Lebensereignisse und Alltag. Konzeption einer lebensweltlichen Forschungsperspektive und eine qualitative Studie über Belastungen und Bewältigung von jungen Krankenschwestern*, Profil Verlag, München 1987

Feuerbach, Ludwig: *Vorlesungen über das Wesen der Religion*, L. Feuerbach sämtliche Werke, Band 8, Verlag Otto Wigand, Leipzig 1851

Flick, Uwe: *Qualitative Forschung. Theorie, Methoden, Anwendung in Psychologie und Sozialwissenschaften*, Rowolth, Reinbek bei Hamburg 1995a

Flick, Uwe: *Qualitative Sozialforschung. Eine Einführung*, Rowolth, Reinbek bei Hamburg 1995b

Focus Nr.16/2004: *Die Glaubenswelt der Deutschen. Über die Suche nach Sinn und Erfüllung*, 10.04.2004, S. 128–140

Foucault, Michel: *Sexualität und Wahrheit,* Band 3: *Die Sorge um sich*, Suhrkamp, Frankfurt a. M. 1986

Fowid (Forschungsgruppe Weltanschauungen in Deutschland): *Datenblatt Religiosität + Schichteinstufung – West/Ost*, Fassung vom 07.09.2005; http://fowid.de/fileadmin/datenarchiv/Religiositaet_Schichteinstufung_Ost-West%2C%202002.pdf (21.09.09)

Fowid (Forschungsgruppe Weltanschauungen in Deutschland): *Datenblatt Gottesvorstellung nach Religionszugehörigkeit*, Fassung vom 27.03.2006; http://fowid.de/fileadmin/datenarchiv/Gottesvorstellung_nach_Religionszugeh_rigkeit__2002.pdf (24.09.09)

Fowid (Forschungsgruppe Weltanschauungen in Deutschland): *Datenblatt Großstädte – Kirchenmitglieder an der Bevölkerung Evangelische/Katholiken 2003*, Fassung vom 10.05.2007; http://fowid.de/fileadmin/datenarchiv/Gottesvorstellung_nach_Religions zugeh_rigkeit__2002.pdf (01.10.09)

Fraas, Hans-Jürgen: *Die Religiosität des Menschen. Ein Grundriss der Religionspsychologie*, Vandenhoeck & Ruprecht, UTB, Göttingen 1990

Freud, Sigmund: *Abriss der Psychoanalyse/Das Unbehagen in der Kultur*, Fischer, Frankfurt a. M. und Hamburg 1965

Freund, René: *Braune Magie? Okkultismus, New Age und Nationalsozialismus*, Picus Verlag, Wien 1996

Frey, Hans-Peter/Haußer, Karl (Hg.): *Identität. Entwicklungen psychologischer und soziologischer Forschung*, Enke Verlag, Stuttgart 1987

Frick, Eckhard: *Sich heilen lassen. Eine spirituelle und psychoanalytische Reflexion*, Echter, Würzburg 2005

Froschauer, Ulrike/Lueger, Manfred: *Das qualitative Interview*, Facultas, Wien 2003

Fuchs, Brigitte/Kobler-Fumasoli, Norbert (Hg.): *Hilft der Glaube? Heilung auf dem Schnittpunkt zwischen Theologie und Medizin*, Lit Verlag, Münster 2002

Fuchs-Heinritz, Werner: *Religion*; in: Deutsche Shell (Hg.): *Jugend 2000*, Band 1, Opladen 2000, S. 75–90

Gabriel, Karl: *Religiöse Individualisierung oder Säkularisierung: Biographie und Gruppe als Bezugspunkt moderner Religiosität*, Gütersloh 1996

Gamm, Gerhard: *Die Vertiefung des Selbst oder das Ende der Dialektik*; in: Barkhaus, Anette/Mayer, Matthias/Roughley, Neil/Thürnau, Donatus (Hg.): *Identität, Leiblichkeit, Normativität*, Suhrkamp, Frankfurt a. M. 1996, S. 341–356

GESIS (German Social Science Infrastructure Service) (Hg.): *Allgemeine Bevölkerungsumfrage der Sozialwissenschaften (ALLBUS) – German General Social Survey 1980–2006, Data Handbook 1980–2006 – ZA No. 4243*, Köln und Mannheim 2008; http://www.gesis.org/dienstleistungen/daten/umfragedaten/allbus/studienprofile/kumulation-1980–2006/ (24.09.09)

Giddens, Anthony: *Modernity and Self-Identity. Self and Society in the late Modern Age*, Polity Press, Oxford 1992

Goldberg, Arnold (Hg.): *Kohut, Heinz: Advances in Self Psychology*, International Universities Press, New York 1982

Goldner, Colin (Hg.): *Der Wille zum Schicksal. Die Heilslehre des Bert Hellinger*, Ueberreuter, Wien 2003

Goldner, Colin: *Die Psychoszene*, Alibri, Aschaffenburg 2000

Goodrick-Clarke, Nicholas: *Die okkulten Wurzeln des Nationalsozialismus*, Marix Verlag, Wiesbaden 2004 (englischsprachige Originalausgabe 1982/1985)

Graf, Friedrich Wilhelm: *Die Wiederkehr der Götter. Religion in der modernen Kultur*, Lizenzausgabe für die Bundeszentrale für politische Bildung, Bonn 2004

Greenwood, John D.: *Realism, Iidentity and emotion. Reclaiming social psychology*, Sage, London 1994

Greve, Werner (Hg.): *Psychologie des Selbst*, Beltz, Weinheim 2000

Grom, Bernhard: *Religionspsychologie*, Kösel und Vandenhoeck & Ruprecht, München, Göttingen 1992

Grom, Bernhard: *Religionspsychologie*, Kösel, München 2007 (dritte vollst. überarbeitete Auflage)

Gruen, Arno: *Der Verrat am Selbst. Die Angst vor Autonomie bei Mann und Frau*, dtv, München 2002 (Originalausgabe 1984)

Hahn, Alois/Kapp, Volker (Hg.): *Selbstthematisierung und Selbstzeugnis: Bekenntnis und Geständnis*, Suhrkamp, Frankfurt a. M. 1987

Hahn, Alois: *Konstruktionen des Selbst, der Welt und der Geschichte, Aufsätze zur Kultursoziologie*, Suhrkamp, Frankfurt a. M. 2000

Hall, Stuart: *Ideologie, Identität, Repräsentation*, Ausgewählte Schriften 4, Argument Verlag, Hamburg 2004

Hall, Stuart: *Rassismus und kulturelle Identität*, Ausgewählte Schriften 2, Argument Verlag, Hamburg 1994

Hanegraaff, Wouter J.: *New Age Religion and Western Culture. Esotericism in the mirror of secular thouht*, Brill, Leiden 1996

Harré, Rom: *Identity projects*; in: Breakwell, Glynis M. (Hg.): *Threatened identities*, Wiley, Chichester 1983, S. 31–51

Haug, Wolf F.: *Faschisierung des Subjekts. Die Ideologie der gesunden Normalität und die Ausrottungspolitiken im deutschen Faschismus*, Argument Verlag, Berlin 1986

Heine, Susanne: *Grundlagen der Religionspsychologie*, Vandenhoeck & Ruprecht, Göttingen 2005

Hellinger, Bert: *Entlassen werden wir vollendet. Späte Texte*, Kösel, München 2002

Hellinger, Bert: *Gottesgedanken. Ihre Wurzeln und ihre Wirkung*, Kösel, München 2004

Hellinger, Bert: *Ordnungen der Liebe*, Carl-Auer-Systeme Verlag, Heidelberg 2000 (sechste Auflage)

Hellinger, Bert: *Vortrag an der Katholischen Stiftungsfachhochschule München* (Abschrift der Videoaufzeichnung), München 14.05.1997a

Hellinger, Bert im Interview mit Harald Hohnen: *Erfahrungen aus letzter Zeit*, Berlin 26.06.2001; http://www.hellinger.com/deutsch/tunnel/tunnelframe_deutsch.html (03.01. 02)

Hellinger, Bert im Interview; in: *Psychologie heute*, Weinheim, Juni 1995

Hellinger, Bert im Interview; in: *Süddeutsche Zeitung Magazin*, No. 47, 21.11.1997b

Hellmeister, G. & Fach, W. (1998): *Anbieter und Verbraucher auf dem Psychomarkt. Eine empirische Analyse*; in: Deutscher Bundestag. Enquete-Kommission "*Sogenannte Sekten und Psychogruppen*", Neue religiöse und ideologische Gemeinschaften und Psychogruppen. Forschungsprojekte und Gutachten der Enquete-Kommission "*Sogenannte Sekten und Psychogruppen*", Hamm: Hoheneck 1998, S. 355–399

Hemminger, Hansjörg (Hg.): *Die Rückkehr der Zauberer*, Rowolth, Reinbek bei Hamburg 1987

Hemminger, Hansjörg: *Grundwissen Religionspsychologie*, Herder, Freiburg i. Br., Basel, Wien 2003

Hempelmann, Reinhard: *Panorama der neuen Religiosität*, Gütersloher Verlagshaus, Gütersloh 2005

Henning, Christian/Murken, Sebastian/Nestler, Erich (Hg.): *Einführung in die Religionspsychologie*, Verlag Ferdinand Schöningh, UTB, Paderborn 2003

Hergovich, Andreas: *Der Glaube an Psi. Die Psychologie paranormaler Überzeugungen*, Verlag Hans Huber, Bern 2001 (zweite vollständig überarbeitete und ergänzte Auflage)

Hergovich, Andreas: *Die Psychologie der Astrologie*, Verlag Hans Huber, Bern 2005

Hero, Markus/Krech, Volkhard/Zander, Helmut (Hg.): *Religiöse Vielfalt in Nordrhein-Westfalen*, Verlag Ferdinand Schöningh, Paderborn 2008

Hinrichs, Per: *Die Lehre von Atlantis*; in: *Der Spiegel*, 36/2007; http://www.spiegel.de/spiegel/0,1518,503647,00.html (09.09.09)

Holland, Norman: *Postmodern Psychoanalysis*; in: Hassan, Ihab/ Hassan, Sally (Hg.): *Innovation/Renovation: New perspectives on the humanities*, University of Wisconsin Press, Madison S. 291–309

Holm, Nils G.: *Bericht über die Arbeit der internationalen Gesellschaft für Religionspsychologie und Religionswissenschaft*; in: Henning, Christian/Nestler, Erich (Hg.): *Religionspsychologie heute, Einblicke. Beiträge zur Religionspsychologie, Band 2,* Peter Lang Europäischer Verlag der Wissenschaften, Frankfurt a. M. 2000, S. 59–65

Holm, Nils G.: *Einführung in die Religionspsychologie*, UTB, Ernst Reinhardt Verlag, München, Basel 1990

Horkheimer, Max/Adorno, Theodor W: *Dialektik der Aufklärung*, Fischer, Frankfurt a. M. 1969 (englische Originalausgabe New York 1944)

Horkheimer, Max: *Zur Kritik der instrumentellen Vernunft*, (hg. von Alfred Schmidt), Fischer, Frankfurt a. M. 1967 (Originalausgabe New York 1947)

Hund, Wulf D.: *Negative Vergesellschaftung. Dimensionen der Rassismusanalyse*, Verlag Westfälisches Dampfboot, Münster 2006

Il canto del mondo/Adamek, Karl: *Mantrentexte* (Arbeitsblatt), Eichen, o. J.

Il canto del mondo; http://www.il-canto-del-mondo.de/wie_alles_begann.html (7.12.07a)

Il canto del mondo; http://www.il-canto-del-mondo.de/canto_elementar.html (14.08.09b)

Il canto del mondo; http://www.il-canto-del-mondo.de/fileadmin/docs/Canto Elementar-Liederbuch.pdf (14.08.09c)

Infratest (Hg.): *Neue religiöse und weltanschauliche Bewegungen. Ergebnisse einer repräsentativen Befragung*, Berlin 1997

Inglehart, Ronald/Basañez, Miguel/Moreno, Alejandro: *Human values and beliefs : a cross-cultural sourcebook : political, religious, sexual, and economic norms in 43 societies : findings from the 1990 – 1993 World Values Survey*, The University of Michigan Press, Michigan 1998

Jaeggi, Eva/Faas, Angelika/Mruck, Katja: *Denkverbote gibt es nicht! Vorschlag zur interpretativen Auswertung kommunikativ gewonnener Daten*, Forschungsbericht aus der Abteilung Psychologie im Institut für Sozialwissenschaften der Technischen Universität Berlin, Nr. 98–2, 2. überarbeite Fassung 1998; http://psydok.sulb.uni-saarland.de/volltexte/2004/291/pdf/ber199802.pdf (21.01.09)

James, William: *Die Vielfalt religiöser Erfahrung*, Insel Verlag, Frankfurt a. M. und Leipzig 1997 (Originalausgabe 1902)

Joas, Hans: *Kreativität und Autonomie*; in: Barkhaus, Anette/Mayer, Matthias/Roughley, Neil/Thürnau, Donatus (Hg.): *Identität, Leiblichkeit, Normativität*, Suhrkamp, Frankfurt a. M. 1996, S. 357–369

Jochum, Georg: *Subjektivierung zwischen hybridem Subjekt und Frontiersubjekt*; http://www.arbeitenundleben.de/downloads/4818_Jochum_Subjektivierung.pdf (21.08.11)

Jörissen, Benjamin: *Identität und Selbst. Systematische, begriffsgeschichtliche und kritische Aspekte, Reihe Berliner Arbeiten zur Erziehungs- und Kulturwissenschaft, Bd. 1*, Wulf, Christof (Hg.), FU Berlin, Logos Verlag, Berlin 2000; http://www.scribd.com/doc/2606193/Identitaet-und-Selbst (19.03.11)

Jörns, Klaus-Peter: *Die neuen Gesichter Gottes: Was die Menschen heute wirklich glauben*, Beck, München 1997

Jüttemann, Gerd/Thomae, Hans (Hg.): *Biographische Methoden in den Humanwissenschaften*, Beltz, Weinheim, Basel 1999

Kant *siehe* Weischedel

Karow, Yvonne: *Bhagwan-Bewegung und Vereinigungskirche. Religions- und Selbstverständnis der Sannyasins und der Munies*, Kohlhammer, Stuttgart 1990

Kehrer, Günther: *Einführung in die Religionssoziologie*, Wissenschaftliche Buchgesellschaft, Darmstadt 1988

Keller, Adalbert/Müller, Severin (Hg.): *Esoterik als neue Volksreligion: Hat das Christentum ausgedient?*, Wißner-Verlag, Augsburg 1998.

Keupp, Heiner (Hg.): *Zugänge zum Subjekt. Perspektiven einer reflexiven Sozialpsychologie*, Suhrkamp, Frankfurt a. M. 1994

Keupp, Heiner/Ahbe, Thomas/Gmür, Wolfgang/Höfer, Renate/Mitzscherlich, Beate/Kraus, Wolfgang/Straus, Florian: *Identitätskonstruktionen. Das Patchwork der Identitäten in der Spätmoderne*, Rowohlt, Reinbek bei Hamburg 2002

Keupp, Heiner/Bilden, Helga: *Verunsicherungen. Das Subjekt im gesellschaftlichen Wandel*, Verlag für Psychologie, Hogrefe, Göttingen 1989

Keupp, Heiner/Höfer, Renate (Hg.): *Identitätsarbeit heute*, Suhrkamp, Frankfurt a. M. 1997

Keupp, Heiner/Hohl, Joachim: *Subjektdiskurse im gesellschaftlichen Wandel. Zur Theorie des Subjekts in der Spätmoderne*, transcript Verlag, Bielefeld 2006

Keupp, Heiner: *Bedrohte und befreite Identitäten in der Risikogesellschaft*; in: Barkhaus, Anette/Mayer, Matthias/Roughley, Neil/Thürnau, Donatus (Hg.): *Identität, Leiblichkeit, Normativität*, Suhrkamp, Frankfurt a. M. 1996, S. 380–394

Keupp, Heiner: *Beratungsziel: Fitness für den Markt oder Selbstsorge in der Zivilgesellschaft? Menschenbildoptionen der Beratung in der globalisierten Welt, Vortrag bei der Ringvorlesung „Beratung in Bildung, Beruf und Beschäftigung" an der Technischen Universität Dresden*, 22. Juni 2005; http://www.ipp-muenchen.de/texte/keupp_dresden.pdf (17.10.09)

Keupp, Heiner: *Psychokultur und New Age. Interpretativer Zugang jenseits von Denunziation*; in: Heider, Christiane E./ Schwendter, Rolf/Weiß, Reinald (Hg.): *Politik der Seele, Reader zum Gesundheitstag Kassel '87, Materialien der AG Spak Band 84*, München 1988, S. 291–303

Kirchenamt der EKD, Referat Statistik, *Kirchenaustritte*; in: Meintz, René: *Statistik. Kirchenaustritte in Deutschland*; http://www.kirchenaustritt.de/statistik/ (01.10.09)

Klaus, Georg/Buhr, Manfred (Hg.): *Philosophisches Wörterbuch*, Bd. 1 + 2, Verlag das europäische Buch, Westberlin 1975

Knoblauch, Hubert: *Die Verflüchtigung der Religion ins Religiöse*, in: Luckmann, Thomas: *Die unsichtbare Religion*, Suhrkamp, Frankfurt a. M. 1991, S. 7–41

Knoblauch, Hubert: *Populäre Religion. Auf dem Weg in eine spirituelle Gesellschaft*, Campus, Frankfurt a. M., New York 2009

Knoblauch, Hubert: *Qualitative Religionsforschung*, UTB, Verlag Ferdinand Schöningh, Paderborn 2003

Kohut *siehe* Goldberg

Könemann, Judith: *„Ich wünschte, ich wäre gläubig, glaub' ich." Zugänge zu Religion und Religiosität in der Lebensführung der späten Moderne*, Leske + Budrich, Opladen 2002

Körbel, Thomas: *Hermeneutik des Esoterik, Eine Phänomenologie des Kartenspiels Tarot als Beitrag zum Verständnis von Parareligiosität*, Lit Verlag, Münster 2001

Koselleck, Reinhart: *Kritik und Krise. Ein Beitrag zur Pathogenese der bürgerlichen Welt*, Verlag Karl Alber, Freiburg, München 1959

Kratz, Peter: *Die Götter des New Age: Im Schnittpunkt von „Neuem Denken", Faschismus und Romantik*, Elefanten Press Verlag, Berlin 1994

Kraus, Wolfgang: *Das erzählte Selbst. Die narrative Konstruktion von Identität in der Spätmoderne*, Centaurus, Pfaffenweiler 1996

Kremer, Raimar: *Religiosität und Schlaganfall. Bewältigen religiöse Menschen anders?*, Lang, Frankfurt a. M. 2001

Kretzschmar, Gerald: *Bevölkerungsstruktur und Religionszugehörigkeit*; in: Müeller, Ulrich/Nauck, Bernhard/Diekmann, Andreas (Hg.): *Handbuch der Demographie Bd. 2*, Springer-Verlag, Berlin, Heidelberg 2000, S. 1138–1171

Lachenmann, Akik: *Sehnsucht nach dem Urwissen*, Stuttgarter Zeitung Nr. 69, 23.03.2006, S. 32

Lambeck, Martin : *Die Deutungen der Quantenphysik durch F. Capra und seine Nachfolger*; in: *Weltbilddiskussion*; in: *Praxis der Naturwissenschaften/Physik*, Heft 2/42, Aulis Verlag Deubner, Köln 1993, S. 17–24

Lambeck, Martin: *Eine Revolution der Physik? Die Unterstützung der Homöopathie und ähnlicher Therapierichtungen durch die Krankenkassen*; in: *Gesellschaft zur wissenschaftlichen Untersuchung von Parawissenschaften* (Hg.): *Skeptiker. Zeitschrift für Wissenschaft und kritisches Denken*, Ausgabe 3/01, Roßdorf 2001, S. 117–122

Lambeck, Martin: *Irrt die Physik? Über alternative Medizin und Esoterik*, Beck, München 2005 (zweite Auflage, Originalausgabe 2003)

Lambeck, Martin: Physik und New Age I+II; http://www.religio.de/dialog/295/295s51.html (04.10.08) und http://www.religio.de/dialog/395/395s19.html#2 (04.10.08)

Lämmermann, Godwin: *Einführung in die Religionspsychologie. Grundfragen – Theorien – Themen*, Neukirchener Verlag, Neukirchen-Vluyn 2006

Lamnek, Siegfried: *Qualitative Sozialforschung, Band 1, Methodologie*, Beltz, Weinheim, Basel 1995 (dritte Auflage)

Lamnek, Siegfried: *Qualitative Sozialforschung, Band 2, Methoden und Techniken*, Beltz, Weinheim, Basel 1995 (dritte Auflage)

Lamnek, Siegfried: *Qualitative Sozialforschung*, Beltz, Weinheim, Basel, 2005 (vierte Auflage)

Langhans, Rainer im Interview mit Mathias Bröckers (taz), *tageszeitung taz* Nr. 2781, 12.04.1989, S. 11–12; http://www.infopartisan.net/archive/trend/trend97/fo069713.html (16.08.10)

Langhans, Rainer im Interview mit Michael Stepper (Focus), *Focus online*, 31.01.2007;http://www.focus.de/kultur/kino_tv/langhans/rainerlanghans_aid_27959.html (16.08.10)

Lazarus, Richard S./Folkman, Susan: *Stress, appraisal, and coping*, New York, Springer Pub Co 1984

Lazarus, Richard S.: *Psychological stress and the coping process*, McGraw-Hill, New York 1966

Linse, Ulrich: *Geisterseher und Wunderwirker*, Fischer, Frankfurt a. M. 1996

Linton, Ralph: *The Study of Man*, Appleton-Century-Crofts, New York 1936

Linzer Akademie für NLP (Hg.): *Das nlp-wörterbuch;* http://www.nlp.at/lexikon_neu/show.php?input=101 (26.10.08)

Lio, Enzo: *Entfremdung als zentraler Begriff im Humanismus von Marx und Fromm*, Beitrag beim deutsch-italienischen Seminar über Die Marx-Rezeption Erich Fromms, 17. bis 19. Februar 1989 in Bologna; http://www.erich-fromm.de/biophil/en/images/stories/pdf-Dateien/Lio_E_1989a.pdf (11.09.2011)

Löhr, Michael: *Die Geschichte des Selbst. Personale Identität als philosophisches Problem*, ars una Verlagsgesellschaft, Reihe Politisches Denken Bd. 11, Neuried 2006

Lotusakademie e.V.; http://www.lotusakademie.de/qi_gong/qigong/index.html (30.12.08)

Lucas, Phillip Charles/Robbins, Thomas (Hg.): *New Religious Movements in the Twenty-First Century*, Routledge, New York 2004

Luckmann, Thomas: *Die unsichtbare Religion*, Suhrkamp, Frankfurt a. M. 1991 (Originalausgabe 1967)

Luckmann, Thomas: *Persönliche Identität, soziale Rolle und Rollendistanz*; in: Marquard, Odo/Stierle, Karl-Heinz (Hg.): *Identität, Poetik und Hermeneutik* VIII, Wilhelm Fink Verlag, München 1979, S. 293–313

Luhmann, Niklas: *Die Religion der Gesellschaft*, Suhrkamp, Frankfurt a. M. 2002

Lührs, Hermann: *„Die blinden Flecken der Ökonomie" und ihr chiffrierter Gehalt*, 2008; *WIP-Online Portal*, Politische Wirtschaftslehre, Vergleichende Politikfeldanalyse, Eberhard Karls Universität Tübingen; in: http://www.wip-online.org/public/47a1f396b9d90luehrs_2008a.pdf (11.09.09)

Lukács, Georg: *Die Zerstörung der Vernunft. Der Weg des Irrationalismus von Schelling zu Hitler*, Aufbau Verlag, Berlin, Weimar 1988 (Originalausgabe 1955)

Magin, Ulrich: *Geheimwissenschaft Geomantie. Der Glaube an die magischen Kräfte der Erde*, Beck, 2002

Magnin, Chantal/Rychner, Marianne: *Ohnmacht – Allmacht. Zur Strukturlogik der Esoterik*, Schriftenreihe Nr. 0796.1 des Institut für Soziologie, Bern 1996

Maharishi Mahesh Weltfriedens-Stiftung: *Transzendentale Meditation nach Maharishi Mahesh Yogi*; http://www.transzendentale-meditation.de/ (26.08.09)

Marcusc, Herbert: *Der eindimensionale Mensch*, Luchterhand, Neuwied, Berlin 1970

Mareis, Ottmar: *Dialektik der 68er*, Kritiknetz. *Internetzeitschrift für kritische Theorie der Gesellschaft*, Werther 2008; http://www.kritiknetz.de/Dialektik_der_68er.pdf (29.08.11)

Marx, Karl: *Thesen über Feuerbach*, Brüssel 1845; in: Marx, Karl/Engels, Friedrich: *Über Religion*, Dietz Verlag, Berlin 1958, S. 54–56

Marx, Karl: *Zur Judenfrage*; in: *Deutsch-Französische Jahrbücher*, 1844; in: Marx, Karl/Engels, Friedrich: *Werke, Band 1*, Dietz Verlag, Berlin 1976, S. 347–377

Marx, Karl: *Zur Kritik der Hegelschen Rechtsphilosophie*, Paris 1844; in: Marx, Karl/Engels, Friedrich: *Über Religion*, Dietz Verlag, Berlin 1958, S. 30–44

Mayring, Philipp: *Einführung in die Qualitative Sozialforschung. Eine Anleitung zum qualitativen Denken*, Beltz, Weinheim, Basel, 2002 (fünfte Auflage)

Mayring, Philipp: *Qualitative Inhaltsanalyse. Grundlagen und Techniken*, Beltz, Weinheim, Basel, 2003 (achte Auflage)

Mead, 1974 *siehe* Morris

Mead, George Herbert, Morris, Charles W. (Hg.): *Geist, Identität und Gesellschaft aus der Sicht des Sozialbehaviorismus*, Suhrkamp, Frankfurt a. M. 1978, S. 187–253

Michael, Nanna: *Kontemplative Kommunikations-Therapie*; http://www.nanna-michael.de/kkt.html (29.09.09)

Michael, Nanna: *Kontemplative Kommunikations-Therapie*: http://www.nanna-michael.de/kkt.html (26.10.08)

Miers, Hors E.: *Lexikon des Geheimwissens*, Goldmann Verlag, München 1993

Miller, Peter/ Rose, Nikolas: *Das ökonomische Leben regieren*; in: Donzelot, Jacques/ Meuret, Dennis/ Miller, Peter/ Rose, Nikolas: *Zur Genealogie der Regulation. Anschlüsse an Michel Foucault*, Decaton, Mainz 1994, S. 54–108

Möller, Britta: *NLP: Ein Erlebnisbericht. Neurolinguistisches Programmieren – seriöse Psychotherapie oder Psychotechnik?*, EZW-Texte Nr. 40, Stuttgart 1995

Morris, Charles W (Hg.): Mead, George Herber: *Mind, Self, and Society. From the standpoint of a social behaviourist*, University Press, Chicago, London 1974 (Originalausgabe 1934)

Muller, Gerhard/Balz, Horst/ Krause, Gerhard (Hg.): *Theologische Realenzyklopädie*, Band 29, Verlag Walter de Gruyter & Co, Berlin 1998

Müller, Claudia/Körber, Jürgen/Huber, Stefan/Murken, Sebastian: *Hilft Glauben bei der Krankheitsbewältigung? Die Rolle von Religiosität bei der Bewältigung von Brustkrebs*; in: Ahrens-Eipper, Sabine/Allbacht, Birgit/Leplow, Bernd (Hg.), 22. *Symposium Klinische Psychologie und Psychotherapie – Fachgruppe Klinische Psychologie und Psychothera-*

pie der DGPs, Halle (Saale), 20.–22. Mai 2004, Pabst Science Publishers, Lengerich 2004, S. 66–67

Müller, Winfried: *Transzendentale Meditation*, 2008; in: *Religio. Das elektronische Informationssystem über Sekten, neue religiöse und ideologische Gemeinschaften und Psychogruppen in Deutschland*, Jena, 1994–2009; http://www.religio.de/indien/tm/tm.html (26.08.09)

Murken, Sebastian: *Gottesbeziehung und psychische Gesundheit. Die Entwicklung eines Modells und seine empirische Überprüfung*, Waxmann, Münster 1998

Murken, Sebastian: *Religiosität, Kontrollüberzeugung und seelische Gesundheit bei Anonymen Alkoholikern*, Lang, Frankfurt a. M. 1994

Nelles, Wilfried: *Die Hellinger Kontroverse*, Herder, Freiburg i. Br. 2005

Newman, Francis, W.: *The soul, its sorrows and its aspirations*, John Chapman, London 1852 (dritte Auflage)

Noelle, Elisabeth/Petersen, Thomas: *Wer glaubt an Wunder?,* FAZ, Nr. 219 vom 20.09.2006

Noelle-Neumann, Elisabeth/Köcher, Renate (Hg.): *Allensbacher Jahrbuch der Demoskopie 1998–2002*, Verlag für Demoskopie, Allensbach 2002

Nünning, Ansgar (Hg.): *Metzlers Lexikon Literatur und Kulturtheorie*, Metzlersche Verlagsbuchhandlung, Stuttgart 2004 (dritte Auflage)

Oevermann, Ulrich: *Ein Modell der Struktur von Religiosität*; in: Wohlrab-Saar, Monika (Hg.): *Biographie und Religion: zwischen Ritual und Selbstsuche*, Campus, Frankfurt a. M. 1995, S. 27–102

Ökologischen Plattform bei der Linken; http://www.oekologische-plattform.de/bildarchiv/index_bildarchiv.htm (29.08.09)

Oppenheim, Janet: *The Other World. Spiritualism and psychical research in England, 1850–1914*, Cambridge University Press, Cambridge 1985

ORF Religion, News vom 06.12.2001; http://religion.orf.at/projekt02/news/0112/ne011206_studie_fr.htm (23.02.11)

Pawlik, Kurt (Hg.): *Handbuch Psychologie. Wissenschaft – Anwendung – Berufsfelder*, Springer, Berlin 2006

Payer, Margarete (Hg.): Payer, Alois: *Entwicklungsländerstudie. Teil I: Grundgegebenheiten. Kapitel 12: Überzeugungen und Einstellungen*, Ofterdingen 1999; http://www.payer.de/entwicklung/entw12.htm (31.08.2009)

Pearlin, Leonard I./Schooler, Carmi: *The structure of coping*; in: *Journal of Health and Social Behaviour 19*, 1978, S. 2–21

Petereit, Anne-Kathrein: *Leben statt gelebt zu werden. Rezension*; in: *tarantel Nr. 34, Vierteljahreszeitschrift der Ökologischen Plattform bei der Linkspartei.PDS*, III/September 2006, S. 24–26; http://archiv2007.sozialisten.de/politik/publikationen/tarantel/pdf/tarantel34.pdf (29.08.09)

Peters, Klaus: *Wie Krokodile Vertrauen schaffen. Die neue Selbständigkeit im Unternehmen: Arbeiten ohne Ende?* 2002; http://www.cogito-institut.net/pub/peters/docs/KP%20Krokodil.htm (17.10.09)

Piegeler, Hildegard/Prohl, Inken/Rademacher, Stefan (Hg.): *Gelebte Religionen. Untersuchung zur sozialen Gestaltungskraft religiöser Vorstellungen und Praktiken in Geschichte und Gegenwart. Festschrift für Hartmut Zinser*, Königshausen & Neumann, Würzburg 2004

Pike, Sarah: *New Age and neopagan religions in America*, Columbia University Press, New York 2004

Platon: *Alkibiades der Erste*; in: Apelt, Otto (Hg.): *Platon. Sämtliche Dialoge. Band III*, Nachdruck 1993, Meiner, Hamburg 1993, (Originalausgabe: *Plato: Euthydemus*, S. 149–228)

Pollack, Detlef/Pickel, Gert (Hg.): *Religiöser und kirchlicher Wandel in Ostdeutschland (1989–1999)*, Leske + Budrich, Opladen 2000

Pollack, Detlef: *Religion*; in: Joas, Hans (Hg.): *Lehrbuch der Soziologie*, Campus, Frankfurt a. M. 2007 (dritte überarbeitete Auflage), S. 363–394

Popp-Baier, Ulrike: *Bekehrung als Gegenstand der Religionspsychologie. Die klassische Bekehrungsanalyse von William James*; in: Henning, Christian/Murken, Sebastian/Nestler, Erich (Hg.): *Einführung in die Religionspsychologie*, Schöningh UTB, Paderborn 2003, S. 94–177

Przyborski, Aglaja/Wohlrab-Sahr, Monika: *Qualitative Sozialforschung. Ein Arbeitsbuch*, Oldenbourg Wissenschaftsverlag, München 2008

Rätz, Herbert: *Die Religion der Reinheit*, CONTE Verlag, Saarbrücken 2006

Reckwitz, Andreas: *Das hybride Subjekt. Eine Theorie der Subjektkulturen von der bürgerlichen Moderne zur Postmoderne*, Velbrück Wissenschaft, Weilerswist 2006

Reinhold, Beate: *Kann der Glaube Berge versetzen?; in: Impulse für die Wissenschaft 2004*, VolkswagenStiftung, Hannover 2004, S. 46–49

REMID (Religionswissenschaftlicher Medien- und Informationsdienst e.V.): *Religionen in Deutschland. Mitgliederzahlen*, 24.09.09; http://www.remid.de/remid_info_zahlen.htm (01.10.09)

Reuter, Elisabeth: *Gehirn-Wäsche. Macht und Willkür in der „systemischen Psychotherapie" nach Bert Hellinger*, Peter Lehmann Antipsychiatrieverlag, Berlin 2005

Ries, Jens-Uwe: *Auf der Suche nach einem neuen Zeitalter. Eine Auseinandersetzung mit Esoterik, Anthroposophie sowie Fragmenten eigener Utopien*, Packpapier Verlag, Osnabrück 1994

Rudolph, Enno: *Odyssee des Individuums. Zur Geschichte eines vergessenen Problems*, Metzlersche Verlagsbuchhandlung, Stuttgart 1991

Sarbin, Theodore, R./Allen, Vernon L.: *Role theory*; in Lindzey, Gardner/Aronson, Elliot (Hg.): *Handbook of social psychology*, Band 1, Addison-Wesley Publishing Company, London 1968, S. 488–567

Schowalter, Marion/Murken, Sebastian: *Religion und psychische Gesundheit – empirische Zusammenhänge komplexer Konstrukte*; in: Henning, Christian/Murken, Sebastian/Nestler, Erich (Hg.): *Einführung in die Religionspsychologie*, Schöningh UTB, Paderborn 2003, S. 138–162

Schütze, Franz: *Was ist „kommunikative Sozialforschung"?*; in: Gärtner, Adrian/Hering, Sabine (Hg.): *Modellversuch „Soziale Studiengänge" an der GH Kassel, Materialien 12: Regionale Sozialforschung*, Kassel: Gesamthochschulbibliothek, Juli 1978, S. 117–131

Schütze, Fritz: *Sprache soziologisch gesehen*, Band 1 + 2, Fink Verlag München, München 1975

Schwanitz, Dietrich: *Biographische Doppelgänger*; in: Bohn, Cornelia/Willems, Herbert (Hg.): *Sinngeneratoren. Fremd- und Selbstthematisierung in soziologisch-historischer Perspektive*, UVK, Konstanz 2001, S. 231–248

Selinger, Katrin/Straube, Eckart R.: *Coping-Funktion religiöser Glaubenssysteme*; in: Henning, Christian/Nestler, Erich (Hg.): *Konversion. Zur Aktualität eines Jahrhundertthemas*, Lang, Frankfurt a. M. 2002, S. 213–256

Seminar- und Zencounterzentrum Mitte; http://www.zentrum-mitte.de/ (11.06.07; 18.08.09)

Sennett, Richard: *Der flexible Mensch. Die Kultur des neuen Kapitalismus*, Berlin Verlag, Berlin 1998

Simson, Trutz (Hg.): *Leben! Das Stadtmagazin, Monatszeitung für alternative Medizin in Braunschweig/Magdeburg*, Medien-Verlag Braunschweig, Ausgabe November/Dezember 2005

Sozialistische Jugend Deutschlands – Die Falken (Hg.): *Laut, schrill & manchmal leise; Das Liederbuch der SJD – Die Falken*, Eigenverlag, Bonn 1992

Sozioland (Hg.): *Tabellenband Mystery und Esoterik*, Köln 2008; http://www.sozioland.de/rp/mystery2008/tabellen_mystery.pdf (03.05.09)

Spilka, Bernard/Hood, Ralph W., Jr./Gorsuch, Richard L.: *The psychology of religion: An Empirical Approach*, Prentice-Hall, Englewood Cliffs, New Jersey 1985

Spilka, Bernard/Mc.Intosh, Daniel M. (Hg.): *The psychology of religion: Theoretical Approaches*, Westview Press, Colorado, Oxford 1979

Spöttel, Michael: *Vergebliche Hoffnung. Der Mythos von sanften und natürlichen Krebstherapien*, Alibri, Aschaffenburg 2006

Statista, Online-Statistikportal, Hamburg; http://de.statista.com/statistik/daten/studie/2192/umfrage/durchschnittliche-arbeitslosenquote-nach-bundeslaendern/ (03.09.09)

Steiner, Rudolf: *Die Erziehung des Kindes vom Gesichtspunkte der Geisteswissenschaft*, 1907; *Rudolf Steiner Archive*: http://wn.rsarchive.org/Articles/ErzKin_index.html (08.12.07)

Stenger, Horst: *Der "okkulte" Alltag. Beschreibungen und wissenssoziologische Deutungen des "New Age"*; in: *Zeitschrift für Soziologie*, Jahrgang 18, Heft 2, April Bielefeld 1989, S. 119–135

Stenger, Horst: *Die soziale Konstruktion okkulter Wirklichkeit. Eine Soziologie des „New Age"*, Leske + Budrich, Opladen 1993

Stiftung Warentest (Hg.): Federspiel, Krista/Herbst, Vera: *Die Andere Medizin. "Alternative" Heilmethoden für Sie bewertet*, Berlin 2005

Straube, Eckart: *Heilsamer Zauber. Psychologie eines neuen Trends*, Spektrum Akademischer Verlag Elsevier, München 2005

Strauss, Anselm: *Grundlagen qualitativer Sozialforschung. Datenanalyse und Theoriebildung in der empirischen und soziologischen Forschung*, Fink UTB, München 1994

Strauss, Anselm/Corbin, Juliet: *Grounded Theory: Grundlagen Qualitativer Sozialforschung*, Beltz, Weinheim 1996

Streib, H/Schöll, A. (Hg.): *15 Fallanalysen okkultfaszinierter Jugendlicher, Forschungsbericht*, Universität Bielefeld, Bielefeld 1999

Studentischer Sprecherrat der Universität München (Hg.): *„Niemand kann seinem Schicksal entgehen..." Kritik an Weltbild und Methode des Bert Hellinger*, Alibri, Aschaffenburg 2005 (dritte Auflage)

Sundén, Hjalmar: *Die Religion und die Rollen. Eine psychologische Untersuchung der Frömmigkeit*, Alfred Töpelmann, Berlin 1966 (schwedische Originalausgabe 1959)

Sundén, Hjalmar: *Religionspsychologie. Probleme und Methoden*, Calwer Verlag, Stuttgart 1982 (schwedische Originalausgabe 1977)

Suttner, Barbara: *Dieses Buch wird ihr Leben verändern! Zur politischen Rationalität aktueller Lebensführungskonzepte*, 06/2002; http://soziologie.ch/sozmag/sozmag-3/dieses-buch-wird-ihr-leben-verandern (21.08.11)

Taylor, Charles: *Quellen des Selbst. Die Entstehung der neuzeitlichen Identität*, Suhrkamp, Frankfurt a. M. 1994

Tiedemann, Rolf (Hg.): Theodor W Adorno, Gesammelte Schriften, Band 6: *Negative Dialektik/Jargon der Eigentlichkeit*, Suhrkamp, Frankfurt a. M. 2003 (Originalausgabe 1966)

Uhl, Anton: *Das Unbehagen an der Kultur und die Suche nach dem neuen Bewusstsein*, Books on Demand, Regensburg 2000

Utsch, Michael: *Religionspsychologie*, Text der Evangelischen Zentralstelle für Weltanschauungsfragen, 3/2008; http://test.reddot.gep.de/test/ezw-relaunch/images/EZW_Utsch_Lit_Relpsy.pdf (08.04.09)

Utsch, Michael: *Religionspsychologie. Voraussetzungen, Grundlagen, Forschungsüberblick*, Verlag W. Kohlhammer, Berlin und Köln 1998

Vogelsang, Waldemar/Welker, Frank: *Jugend und Okkultismus. Ergebnisse einer Jugendstudie am Beispiel Trier*; in: Forum demokratischer Atheisten (Hg.): *Mission Klassenzimmer. Zum Einfluss von Religion und Esoterik auf Erziehung und Bildung*, Alibri, Aschaffenburg 2005, S. 143ff von Randow, Gero (Hg.): *Mein paranormales Fahrrad und andere Anlässe zur Skepsis, entdeckt im „Sceptical Inquirer"*, Rowolth, Reinbek bei Hamburg 1993

von Stuckrad, Kocku: *Was ist Esoterik? Kleine Geschichte des geheimen Wissens*, Verlag C. H. Beck, München 2004

Voß, Günter im Interview mit Stephan Kaufmann: *„Die Unternehmen wollen die Seele der Menschen". Industriesoziologe Voß über Verantwortung, Selbst-Ausbeutung und den Verlust von Privatleben*; in: Berliner Zeitung, 29.05.2006

Vowinckel, Sigrid: *Bert Hellinger unter der Lupe: Was bedeutet sein Ansatz für Frauen*, Fetz: Frauenberatungs- und Therapiezentrum Stuttgart e. V., Stuttgart 1999

Walbiner, Waltraud: *Edukinesiologie. Ein neuer Heilsweg in der Pädagogik?*, Arbeitbericht Nr. 290 im Auftrag des Bayerischen Staatsministeriums für Unterricht, Kultus, Wissenschaft und Kunst, München 1997

Vogeler, Heinrich: *Symbole der neuen Zeit*; in: Ju*nge Menschen. Blatt der deutschen Jugend. Stimme des neuen Jugendwillens*, Verlag junge Menschen, Hamburg 1922; Faksimile in: Walter-Hammer-Kreis/Hammer-Hösterey Erna/Piehl, Otto: *Junge Menschen. Monatshefte für Politik, Kunst, Literatur und Leben aus dem Geiste der jungen Generation der zwanziger Jahre 1920–1927*, dipa-Verlag, Frankfurt a. M. 1981 (Nachdruck von 1920–1927)

Waßner, Rainer: *Neue Religiöse Bewegungen in Deutschland. Ein soziologischer Bericht*, Evangelische Zentralstelle für Weltanschauungsfragen, Information Nr. 113, Stuttgart 1991

Weischedel, Wilhelm (Hg.): *Immanuel Kant, Werke in sechs Bänden, Band II, Kritik der reinen Vernunft*, Wissenschaftliche Buchgesellschaft Darmstadt, o. O. 1956 (Originalausgabe zweite Auflage 1787)

Wiebus, Hans-Otto: *Lexikon Jugendkulte*, Carlsen Verlag, Hamburg 1995

Wright, Rachel: *Indian town's sex abuse claims*, BBC Two Newsnight (22.05.08); http://news.bbc.co.uk/2/hi/programmes/newsnight/7413982.stm (21.08.11)

Wolf, Stephan/Deusinger, Ingrid, M.: *Religiöse Orientierung und psychische Gesundheit verschiedener Statusgruppen*, Waxmann, Münster 1996

Wunder, Edgar: *Astrologie – alter Aberglaube oder postmoderne Religion?*; in: Kern, Gerhard/Traynor, Lee (Hg.): *Die esoterische Verführung: Angriffe auf Vernunft und Freiheit*, Alibri, Aschaffenburg 1995

Wundt, Wilhelm: *Völkerpsychologie. Eine Untersuchung der Entwicklungsgesetze von Sprache, Mythus und Sitte*, Verlag Wilhelm Engelmann, Leipzig 1904

Zander, Helmut: *Geschichte der Seelenwanderung in Europa. Alternative religiöse Traditionen von der Antike bis heute*, Wissenschaftliche Buchgesellschaft Darmstadt, Darmstadt 1999

Zinser, Hartmut/Schwarz, Gerhard/ Remus, Babett: *Psychologische Aspekte neuer Formen der Religiosität. Studien am Religionswissenschaftlichen Institut der Freien Universität Berlin. Empirische Studien Band 1*. Medien Verlag Köhler, Tübingen 1997

Zwingmann, Christian/Moosbrugger, Helfried (Hg.): *Religiosität: Messverfahren und Studien zu Gesundheit und Lebensbewältigung*, Waxmann, Münster 2004

Zwingmann, Christian/Moosbrugger, Helfried/Frank, Dirk: *Religiosität – (k)ein Thema der deutschsprachigen Psychologie?*, Arbeiten aus dem Institut für Psychologie der Johann Wolfgang Goethe-Universität Frankfurt a. M., Heft 9, 1995